U0717479

拉贝日记

[德]约翰·拉贝　著
本书翻译组　译

凤凰出版传媒集团
江苏人民出版社　江苏教育出版社

图书在版编目(CIP)数据

拉贝日记/(德)拉贝著;《拉贝日记》翻译组译.
--南京:江苏人民出版社,2015.7(2025.7 重印)
ISBN 978-7-214-15926-7

Ⅰ.①拉… Ⅱ.①拉… ②拉… Ⅲ.①南京大屠杀-史料②拉贝,J.(1882～1950)-日记 Ⅳ.①K265.606 ②K835.167

中国版本图书馆 CIP 数据核字(2015)第 150086 号

书　　名	拉贝日记
著　　者	[德]约翰·拉贝
译　　者	本书翻译组
责任编辑	包建明　曾　偲
出版发行	江苏人民出版社　江苏教育出版社
地　　址	南京市湖南路 1 号 A 楼,邮编:210009
照　　排	南京展望文化发展有限公司
印　　刷	江苏凤凰通达印刷有限公司
开　　本	960 毫米×1304 毫米　1/32
印　　张	18.75　插页 3
字　　数	540 千字
版　　次	2009 年 4 月第 2 版
印　　次	2025 年 7 月第 23 次印刷
标准书号	ISBN 978-7-214-15926-7
定　　价	68.00 元

(江苏人民出版社图书凡印装错误可向承印厂调换)

约翰·拉贝

拉贝和夫人多拉

出版说明

1. 1942年约翰·拉贝将1937年～1938年在南京所记日记《敌机飞临南京》整理成书稿《轰炸南京》。本书依据后者原稿翻译出版。

2. 书中插图及说明词均取自《敌机飞临南京》原件,包括美国圣公会约翰·马吉牧师现场摄录的影片《在南京的残暴罪行》中的画面(书中边缘虚化的图片),以及德国礼和洋行工程师克里斯蒂安·克勒格尔拍摄的照片。

翻译组人员

刘海宁　郑寿康　杨建明

李清华　郭鸣琴　钦　文

贺艳玲

特邀审稿

段月萍　朱成山

总责任编辑

蔡玉华

责任编辑

包建明　章俊弟

责任校对

潘守华　尚新莉

目 录

序

胡绳

60年前，侵华日军制造的南京大屠杀惨案，是日本法西斯在中国所犯严重罪行之一，是中国现代史上极其惨痛的一页。虽然日本当时当权者和以后当权者中的许多人竭力否认有这样的惨案，企图隐瞒事实真相，但事实就是事实，不断有身经这个惨案的人(包括当时的日本军人)提供了揭露惨案真相的材料。最近，江苏人民出版社和江苏教育出版社共同翻译出版了《拉贝日记》。这是当年在南京的一名德国友人亲身目击南京大屠杀所作的真实记录。在标志中国开始全面抗战的卢沟桥事变60周年的时候，这部被长期尘封而又具有重要价值的历史资料首次出版面世，是很有意义的一件事。

这本书的作者约翰·拉贝(John H. D. Rabe)于1882年出生于德国汉堡。1908年到中国，不久作为德国西门子公司的雇员，在北京、天津、南京等地经商。拉贝和他的家人在中国生活了将近30年，他的子女和外孙女均出生在中国。他们与中国人民结下了亲密的友谊。他是一个虔诚的基督教徒，对本世纪二三十年代处在内忧外患中的中国人民抱有深切的同情。1937年日军进攻南京前夕，他和十几位外国传教士、教授、医生、商人等共同发起建立南京安全区，并担任安全区国际委员会主席。他和一些国际友人在当时极其危险艰难的战争环境中，四处奔走呼号，奋不顾身地抗议和尽其所能地阻止侵华日军对中国人民疯狂施暴。他们设立的南京安全区为大约25万中国平民提供了暂时栖身避难的场所。在他自己的住宅和小花园里，也挤进了600多名中国难民，受到保护。他还在他的日记和其他文字中记述了侵华日军在南京犯下的一桩桩令人发指的暴行。他在1938年4月回到德国以后，连续举行报告会，向德国当局呈送书面报告，继续对日军在南京的罪恶进行揭露。在受到德国警察盖世太保的讯问和警告之后，他仍然暗暗地细心整理自己的日记和有关资料，将这些历史记录留给后人。

《拉贝日记》是近年发现的研究南京大屠杀事件中数量最多、保存得最为完整的史料。这部日记所记述的，都是拉贝的亲历亲见亲闻，非常具体、细致和真实，无人能否认其可信度。在写作日记的同时，拉贝还精心保存了80多张现场拍摄的照片，并对这些照片作了翔实的说明。这些文字对中日交战双方的实际情况和政治是非作了客观公正的评价。拉贝的祖国在第二次世界大战中是日本的盟国，他本人是德国纳粹党南京小组的负责人(代理)。这就使他的记述具有别人难以代替的特殊作用。当然，由于拉贝当时活动的范围主要在南京安全区内，又只是他个人和他周围人的所见所闻，这部日记不可能对日军南京大屠杀的全过程作出完整的系统的论断和估计。这是不可以苛求的。尽管如此，《拉贝日记》仍然具有很高的史料价值。它是对侵华日军制造这一惨绝人寰的大屠杀的血泪控诉，是对日本军国主义者犯下的严重罪行的有力证词。

法西斯主义是20世纪初期资本主义制度内在矛盾恶性发展的产物。第二次世界大战是德意日这些法西斯国家挑起来的。战争中种种罕见的野蛮残暴行为，都是这些国家的法西斯势力所制造的。奥斯威辛集中营和南京大屠杀是其中显著的事例。这种灭绝人性的法西斯主义，遭到全世界绝大多数国家的政府和人民包括许多具有资产阶级民主传统的国家的政府和人民的反对。即使是德意日这些国家，也有数量众多的人是对法西斯不满和反对的。这样就形成最广泛的世界反法西斯统一战线，凭借这个强大的统一战线的力量最终取得打败德意日法西斯的胜利。拉贝作为一个德国商人，甚至是一名纳粹党员，也还是以他的正义感和人道主义精神在中国参与了反对日本法西斯暴行的斗争，对中国人民给予了极其可贵的援助。中国人民永远不会忘记这位可亲可敬的国际友人。拉贝这部日记的出版和他的这些斗争事迹的传播，再一次向世人昭示了正义必将战胜邪恶、文明必将战胜野蛮的历史真理。读者将从这部历史资料中得到许多有益的启发。

前　　言

这不是一本消遣性读物，虽然开头部分可能会给人以这样的印象。它是一本日记，是一个真实情况的报告。我写这本日记并且把它整理出来，不是为公众，只是为我的妻子和我的家人。假如有朝一日它适宜出版的话，必须事先取得德国政府的同意，但今天由于不言而喻的原因是绝对不可能的。

书中所有报告和南京安全区国际委员会致日本大使馆的公函，以及与美国当局的往来信函都是由我从英文译成德文的。

约翰·拉贝

1942年10月1日于柏林

亲爱的读者，我想在此明确肯定地说，成为活菩萨即使对一个西藏人来说也不是件十分容易的事，对一个“汉堡人”来说就更是绝对不可能了。尽管如此，当我把我的日记说成是“一个活菩萨的日记”时，为了不致被认为是自大狂，或者像汉堡人说的“高兴得要发疯”，我必须委婉地指出，加给我的这个称谓，如同接受勋章一般，无法予以拒绝。我不想被人们视为理智不正常。这一称呼是怎么来的，请您倾听下面的叙述。

我从来都不是特别的悲观主义者。我竭力回避那些具有“预卜吉凶目光”的人，以免有朝一日被骂成是“不祥的乌鸦”①。虽然我健全的理智不会总是百分之百地冤枉这些悲观估计者，但我在最后一刻总会用一句“得啦，约翰尼②，别害怕”来宽慰自己，躲进乐观主义者的阵营里去。不这样，我怎能在这个远东地区坚持30年！这里军阀和各省当权者之间的战争与革命，就像一条转动的传送带正在迅速地交替着，它对商业也产生了影响。上海和天津之间的交通动脉——津浦铁路，由于战事不断，已完全瘫痪了两年之久，就是一个小小的例子。战事不止一次地切断了我和我的家人以及北平的外界联系达几周或数月之久，但我并没有因此产生某种“特别的”担心。我们对自己说，这些战争只是中国人的事，我们欧洲人是不会因此受到真正威胁的，但我们必须忍受这些，就像人们忍受夏季的炎热、尘暴和“赤色分子”那样。

因此，1937年夏季在北平郊区卢沟桥发生所谓的“中日摩擦”时，在

---

① “乌鸦”在德语中和“拉贝”为同一个词。

② 拉贝的昵称。

南京的我们曾认为，这起发生在北方的小小的事件会在当地加以调停解决的。后来天津也遭厄运，去北方的铁路因此而中断，造成了不便。

南京的夏天变得十分炎热。因此在七八月间，人们都到青岛海滨、烟台[1]或是位于天津和沈阳之间的美丽的北戴河去度假。我的妻子已于1937年6月去了北戴河。因为从陆路（津浦铁路）不再能驶到天津，我便乘坐开滦煤矿管理局的一艘内燃机轮船去秦皇岛。施密特先生的两个女儿对此非常高兴，因为她们的旅行目的地和我相同，但要是没有男人的保护就不许她们从上海去北戴河。后来她们以唱歌和幽默等最愉快的方式缩短了我的行程和时间。轮船相当肮脏，但我的舱房宽敞而凉快。要是我早知道舱房里的那张外交官办公桌是两用的，掀开桌面就是一个盥洗台的话，那我就会更好地享受这次旅行，而不用经常到洗澡间去了。人们在真正认识这艘破旧的小内燃机船之前，决不应该咒骂它。带着家眷的挪威船长对他的旅客感到很兴奋（我们是他船上仅有的旅客），抵达秦皇岛后，他邀请我们到煤矿管理局的俱乐部去喝咖啡。这天晚上的小聚后来发展成了一场音乐茶会，过得非常愉快，尤其是秦皇岛有声望的人也陆续都来了。在这个茶会上，我遇到了我以前熟悉的开滦煤矿管理局的一个经理，我开玩笑地向他打听与他共事的日本经理的情况。“嘘！”他做了一个手势，“您千万别招鬼，他就站在后面！”秦皇岛那时已被日本人占领。不断有运送军队的火车驶向天津，每列火车都架有高射火炮，这使我感到有些紧张，情况看来要比我估计的严重得多！

在北戴河（距离秦皇岛约一小时路程），人们对日军早已占领此地似乎没什么感觉，但空气有些紧张，它促使我立刻在秦皇岛请人给我预订返回上海的飞机票。回答却是：“两个月内的机票已售完。”正当我在考虑怎样才能尽快返回的时候，传来了一个消息，说是上海受到了日本人的进攻。因此眼下已不能指望经上海港返回了。这使我不知如何是好。而此后又逐渐传来消息说，日本飞机已经袭击南京，南京受到了猛烈轰炸，这时我醒悟到了形势的严重性。现在就只有从天津经海上去烟台或青岛，再从那儿坐胶济铁路的火车经过济南回南京。1937年8月28日，

---

① 原文系“芝罘”，烟台旧称。以下统译为烟台。

我在夜幕下告别了我的妻子。约15个小时后我到达天津，晚了一会儿。一些好朋友在那里给我搞到了英国海轮的船票，这艘轮船连烟囱边上都挤满了中国难民。我正好还有足够的时间看到了战争在天津造成的破坏，其中有一个我们花了很大精力建造起来的自动电话局被损坏就证实了这一点。街道上设置了铁丝网路障，但每处日本兵都让我们德国人顺利通行。在倾盆大雨中，一只小小的拖轮拖着两只挤满了逃难的中国人的小船。从白河向下游驶去，数小时后才到达大沽。那里，那艘应该送我们去烟台的轮船一下子拥上了许多中国难民，我在拥挤中一度丢失了行李，后来用了很长时间才找到。除此以外，一路上再没有发生什么事。在烟台，下船时又下起了倾盆大雨，爬过几道铁丝网路障后，我好不容易找到了一辆送我到旅社去的人力车。这时已是黄昏时分。我把人力车顶篷推到边上，以便看一眼我冒冒失失来到的这个地方。我们经过了一家、两家、三家、四家水兵光顾的小酒馆和一所教堂，又是一家、两家、三家小酒馆和两所教堂，接着又是几家小酒馆。之后，人力车到达普拉察旅社，车夫想在那里停下来。我这个人虽然并不太刻板，但是作为一个已是两个孙辈孩子的爷爷来说，和普拉察旅社前面那么多衣着单薄的姑娘们是很不相称的，这点我总还是明白的。我不得不用了一句我熟悉的中国最难听的骂人话"王八蛋"来骂他。这话虽然不那么文明，但却很管用。于是，那个可怜的人力车夫只得迈开他疲乏的双腿，把我拉到了靠近海滨大道尽头的海滨旅社，它看上去要像样得多。到达那里时我已成了一只"落汤鸡"。我们在烟台的代理是安茨公司，它的一位老板布瑟先生是我的老朋友。1919年我曾和他一同被遣返回国(他那时是我在诺瓦拉海轮上建立的应急货币银行的经理，该银行有自己临时签发的纸币)。我与他接通了电话："亲爱的布瑟，我经过了9家小酒馆和3所教堂，好不容易才摆脱了普拉察旅社。除此以外，这里还有什么值得看的吗？"
"好家伙，"他回答说，"您几乎连一半还没有看到哩！"

烟台的位置很好，安茨公司的老板布瑟先生和施密特先生都是讨人喜欢的人。我很快以贵宾身份被领进国际俱乐部，这家俱乐部拥有中国沿海地区最令人兴奋的俱乐部酒吧。据说以前在酒吧桌子后面有一个暗钮，如果有个外国人(一位贵宾)在"石头、剪子、布"的行拳游戏中输了一个回合，就会出现一个戏剧性的场面。一旦这个外国人的命运骰子落定，活门就会落下来，露出一块牌子，上面的文字是"We always stick foreigners"（外国人被我们捉弄了）。布瑟是一个烟台通，德国俱乐部过去就是在他的客厅里建立的，俱乐部规则就嵌在墙上镜框里，其内容是：

第一条：原则上禁止酗酒。

第二条：至多可以在星期日痛饮一番。

第三条：两个人会面应约在星期日。

因为我是个糖尿病患者，想给自己带些胰岛素回南京备用。我和布瑟出去寻找，我们找遍了当地的所有药店。在我们搞到了满满两大管胰岛素后，布瑟说："好吧，我们现在到我的仓库里去一下，看看是否还有存货。因为我是代销胰岛素的，原先仓库里有很多货。"他没有充分利用当时的有利时机宰我一刀。次日，当所有的药店老板为了充实他们空空如也的货柜来向他订货时，他才着实赚了一笔。

布瑟和施密特轮流请我吃饭。我在他们两人家里和在烟台的其他所有地方一样十分愉快。在施密特家里，有一群孩子蹦来跳去地嬉闹玩耍，我好长时间都不知道他们是哪家的孩子。他们都叫一位冠以"密斯"[①]称呼的年轻女士为妈妈，这使我疑惑不解。后来我才知道这位女士（施密特先生的女儿）是一位早已结了婚的人，她的丈夫姓密斯。所有知情人对我的"笨脑瓜"大大打趣了一番。当布瑟的女儿（后来为克勒格尔夫人）从南京经青岛到来时，我就更为高兴了。但她带来的消息却是不妙的：南京在8月中旬就受到了猛烈轰炸，居民们都在纷纷逃离。此外，烟台的周围地区遭到了水灾。乘机动车到胶济铁路去是不可取的，因为布瑟小姐乘坐的汽车途中就不得不多次停下来，全部乘客被迫下车，车子才重新发动起来。

"您让我来办吧。"布瑟说，"我给您搞一张去青岛的轮船票。"轮船票

---

① Miss（密斯），英文指未婚女子。

果真搞到了。

告别烟台时，我的心情很难受。那里有那么多快活的人，我几乎忘记了战争。我登上的那艘轮船也是到处挤满了中国难民。我已作好住统舱的准备。但与布瑟很要好的船长不同意这么做，他给了我一个设备舒适和漂亮的舱房。

我在青岛碰见的第一个德国人是“阿里大叔”——阿尔布雷希特·冯·拉梅灿男爵。他是南京中国政府的军事顾问，正准备回国，顺便陪施特雷齐乌斯将军的儿子约亨和将军夫人到青岛，因为后者在南京遭到空袭时发了心脏病，到青岛来疗养。我从这两个人的口中获悉了日机第一次空袭南京的详情。施特雷齐乌斯夫人激动地描述说，当炸弹落在她的左右时，她多么为她那个正在街上玩耍的男孩的生命担心。这男孩倒是安然无恙，遗憾的是，他的母亲却在我离开青岛几天后死于心脏病。后来我去拜访了我的老朋友奥贝林，还拜访了赫尔曼·施利希蒂格尔，后者已在青岛购买了一所房子，过起了乡绅般的生活。我同他漫步走去，为的是再看一看那些曾经属于德国的地方，我们也看到了日本人撤出的地方。我自己可以确信，那时它还很完好，据说后来它被中国人破坏得十分厉害。

我坐火车从青岛到济南十分顺利。胶济铁路两边远远近近的村庄和田地都被水淹没了，有些居民蹲坐在自家倒塌房屋的梁木上。只要火车一停下来，乞讨民众的凄惨的哀求声就从各个窗口传进来。在济南，我再次被安排住进了一家德国旅馆。这家旅馆以其美味的香肠而闻名——那里的人唱道：

香肠香肠好香肠，
济南府有好香肠；
牛肉牛肉小牛肉，
济南府有好牛肉。
德意志人有二十，
一个没留多可惜；
领事先生多忙碌，

好肠好肉没口福。

接着，我经津浦铁路顺利地到达了浦口，再从那里渡过扬子江到南京。有个好奇的中国官员愚蠢地询问我是谁，我回答：德华大兵（就是说，德国军事顾问）。这个暗示是“阿里大叔”告诉我的。“德华大兵”在那里很吃香。

1937 年 9 月 7 日

和平时期坐火车只需 40 个小时的行程，可是这次我花了 10 天半时间，才又回到了南京。

在我的办公桌上，堆放着这期间德国大使馆寄来的函件。从这些信函中我得知，已经建立了一个委员会（克鲁姆马赫尔、平克内勒和霍特），其任务是就安全问题给在南京的德国公民出主意。由我建立的德国学校协会的理事会已经宣布解除了与全体教师的工作合同，以及与我的校舍的合同。这些信函中还包括：防空委员会发布的关于防空警报信号以及空袭时注意事项的通知；中国政府制定的关于在紧急状态时实行交通管制和戒严的规则（译文）；一份日期为 1937 年 8 月 27 日德国大使馆给所有并非由于职业或其他紧急原因而留下的德国公民的通知，该通知再次劝告他们离开南京。

所有富裕的和经济情况比较好的中国人都早已溯扬子江而上，逃到汉口去了。在所有的院子和花园里，在公共场所和街道上，人们都在紧张地构筑防空洞。除此以外，一切仍然很平静，直到——

9 月 19 日、20 日

在这两天里，我在 4 次空袭中受到了战斗的洗礼。从这一天起开始了——

我的战时日记

在那些狂轰滥炸的日子里，我和我的中国人坐在一个自己设计建造的防空洞里，它虽然不是绝对安全，但可以保护不受榴霰弹的炮火和炮弹碎片的伤害。在院子里还撑起了一块长 6 米宽 3 米的帆布，我们在帆布上画了一面有卐字标记的德国国社党党旗。中国政府建立了一个很好的警报中心。约在空袭 20 分钟～30 分钟前就响起清脆的警报声，发出某种较短信号时，所有行人都要离开街道，一切交通都要停止。步行者全部躲进前面已经提到的各条街道上修筑的防空洞里，尽管有些防空洞相当简陋。在防空洞里蹲上几个小时也是相当不舒服的！

9 月 21 日

昨天(9 月 20 日)通过德国大使馆传来上海日军司令官的消息，从今天(9 月 21 日)中午起，将再次开始加强对南京的轰炸，因而告诫所有的外国人尽快离开南京。日本人甚至要求英国、法国和美国以及几个有军舰航行在扬子江下关段的较小国家的大使馆，通知他们的军舰离开现在的停泊处，转移到长江的上游或下游去，否则它们会因轰炸受到危害，日本对可能造成的损害概不负责。

结果是：英国和法国在其答复中声明，他们认为没有理由改变他们军舰的停泊地点，假如英国和法国的财产受到损害或是英国和法国公民受到伤害的话，理所当然地要由日本负责；与此相反，美国大使则带着他的全体使馆人员登上了美国军舰“吕宋”号，打算按照日本人的建议行事。但事实上，“吕宋”号当时仍然停在下关原来的泊位上。可能是英国人和法国人的榜样引起了他们的思考。（英雄精神会传染！）

德国的大使及其使馆全体人员今天上午 9 时做好了出发去上海的准备。许多美国人和德国人（例如施罗德博士、希尔施贝格大夫家的女士们和哈普罗公司的部分职员）据说同样记住了日本人的告诫，逃走了。

昨天夜里，我自己对这情况从各个方面作了充分的考虑。我从比较安全的北戴河回到这里来不是出于冒险的兴趣，而首先是为了保护我的财产，为了代表西门子洋行的利益。当然洋行不会期待（也决不会这么做）我为洋行而被打死在这里。我绝对不想为了任何东西（洋行的或是我自己的一些破东西）轻率地去拿我的生命冒险。但是，这里还有一个道德问题，我作为一个“正派的汉堡商人”至今还无法跳越过去。我们的中国佣人和职员连同他们的家属约有 30 人，他们都在看着“主人”。如果他留下来，他们就忠实地站在他们的岗位上直到最后一刻（这情况我以前在中国北方的战争中见到过）；如果他跑了，那么洋行和私人的房子不仅会无人居住，而且有可能被人抢劫一空。撇开最后一点不说（尽管这会使人感到难受），迄今我还无法作出辜负人们对我寄予信任的决定（像我这样一个在平时毫不起眼的无用人，人们还如此信任，这怎能不令人感动）。我给了我的助手韩（湘琳）先生一笔预支款，使他能够把他的妻子和两个孩子送到安全的济南去。他十分坦率地说：“您在哪里，我就在哪里。如果您离开，我就跟您走！”其他那些可怜的勤杂工绝大部分来自华北地区，他们根本就不知道到哪里去为好。我多么想至少能把那些女人们和孩子们送走。我给了男人们一笔旅费，但他们不知道应该怎么办。他们当然很想回到华北去，回到他们的家乡去，但那里也在打仗呀。于是他们更愿意跟随我。在这种情况下，我可以而且应该逃走吗？我认为我不能这么做！谁要是两只手各抓住一个身子颤抖着的中国孩子，空袭时在防空洞里蹲上几个小时,他就会与我抱有同感。在我的潜意识里终究还有一个最后的、不是不重要的、但对我显得是理所当然的原因,使我坚持留在了这里。我是一名德国国家社会主义工人党的党员,是有职务的,甚至还当过短时间的地区小组副组长。在我对作为我客户的中国当局和各个部委进行商务拜访时,他们一再向我提出关于德国、关于我们的党和政府的问题,我总是这么回答说:

是的——
我们是劳动者的士兵,
我们是工人们的政府,
我们是工人们的朋友,
我们不会抛弃困境中的工人(穷人)。

诚然,我作为国家社会主义者讲的只是德国的工人们,而不是中国的工人们。可是中国人对此会怎样评价呢?今天,善待了我30年之久的东道国遭遇到了严重的困难,富人们逃走了,穷人们不得不留下来,他们不知道该到哪里去,他们没有钱逃走,他们不是正面临着被集体屠杀的危险吗?我们难道不应该设法帮助他们吗?至少救救一些人吧?假如这些都是我们自己的同胞呢??

我不在南京时,我们的中国人挖了一个防空洞,现在已快要倒塌了。于是,我们把这肮脏的防空洞进行了整理,重新作了很好的布置:加了牢固的梁木,铺上了地板,垒上了沙袋(今天一只空袋子价值一元钱),右边当然有入口和出口。当我们发现一根内梁木有折断的危险时,我们没有气馁,仍费力地换上了另一根。干到这里,一夜就过去了三分之二。为了对付炸弹爆炸产生的气浪,我们还在两个洞的门口垒起了沙袋。我把全部家用药品和这期间已关闭的学校的药品都搬进了防空洞里,还准备了用于遭到毒气进攻时的浸醋绷带。从上午11时起,食品和饮料就已经放在篮子里和热水瓶里准备妥当,可是现在已经是下午3时30分了,那些日本鬼子还没有在天空出现,简直让人无法相信!他们已经发出严厉警告了,怎么会不来呢?我想,他们总不会是因为看见我挖了一个坚固的防空洞才不来的吧。我打开收音机,听到这么一条消息:“上海有雨!”这就是日本人不来的原因吗?这不正好吗?我为什么要着急呢!我宁愿丢脸,也不愿意日本人来。到底是怎么一回事,我自己还是没有把握。

9月22日

我又十足地赢回了我的面子,尽管这次我对面子问题已毫不介意!日本人在今天开始了他们宣布的狂轰滥炸——就是说推迟了一天。从上午10时30分至中午12时15分,从下午1时15分至2时30分,我们又遭到了相当严重的轰炸。除了来我处做客的克莱因施罗特外,在我的防空洞里蹲有约28个中国人,其中我自己认识的还不到14个人。在我认识的人中有一个邻居鞋匠,在和平时期我与他对鞋子的价格从不能取得一致意见,因为他总是把自己返还给佣人的扣头也计算在内,可是我只是睁一只眼闭一只眼。我的防空洞并不比其他防空洞好多少,但它是在一个德国人的名下建成的,因而想必是特别牢固的。今天我还经历了第五次和第六次空袭。我的中国人,他们全都一声不响。如果没有克莱因施罗特和我说话,防空洞里就根本听不到说话声。有人会说,人就是这样慢慢地习惯战争的。可是这话在此时并不完全正确。我们一再极度紧张地注意倾听着空袭者突然俯冲的呼啸声,分分秒秒地等待着落下的炸弹声。今天的情况十分严重,肯定投下了许多炸弹。后来我们不再计数了。大地在颤抖,爆炸声一个接一个,间隔时间很短,我们觉得所有投掷的炸弹都是冲着我们来的。但据我后来查明,这些炸弹都落在离我们的房子比较远的地方。

当信号(长信号)宣布第二次空袭结束后,我就坐车出去查看了全城。日本人的目标特别针对了国民党中央党部,那里还有中央广播电台的行政机关及播音室。电台今天上午曾请我们去收取一笔欠款,幸运的是一个偶然的情况使韩(湘琳)先生和我没有能去成。否则,我们会正好在轰炸的时候到达那里。我仔细查看了轰炸的走向。第一批炸弹坑就在距离施罗德博士家(他已在前一天去了汉口)约200米远的地方,直径约6米,深2米~4米。现场和战壕周围没有造成更多的损失。施罗德家房子西边的窗玻璃全被气浪震得粉碎。除此以外,我没有看到其他损失。在第二批扔下的炸弹中，有一枚落在铺有石子路面的繁华街道即中山路上，就在紧靠我们称之为“巴伐利亚广场”①的交叉路口，离德国大使馆不太远。这个弹坑立即被填没，看来这枚炸弹没有造成人员死亡。再往南一些，就在礼和洋行办事处附近繁华街道旁边的空地上也有一个弹坑。它后面约有 4 所～6 所房子全都布满了窟窿，屋顶被炸得特别严重。我没有听说有人员伤亡，大概是在警报拉响后人员全部离开了房子。紧靠中央党部大门的西边看上去情况要严重得多。通向交通学校（以前的炮兵学校）的街道拐角没有了，拐角处的一所房子消失了。在它的后面，紧靠城市铁道路基（火神埃利亚斯）旁，两枚炸弹炸毁了 6 所房子。一大群人站在巨大弹坑的周围，正在从这些中国房子的废墟里寻找出尸体碎块，放进准备好的棺材里。人群里寂静无声，只听见站在后面的妇女们在哭泣。在炸毁的房屋前面，两个十分简陋的防空洞居然未受到损坏，里面的人也没有受到伤害。中央党部里不许我进去。据说在那里投下了 5 枚炸弹，当场死了一些人（具体数字没有公布）。在机关大楼的后面，最后一枚针对国民党中央党部的炸弹命中了一个靠墙的防空洞，炸死了 8 个人。一个从防空洞里朝外张望的女人的脑袋没有了。只有一个大约 10 岁的小姑娘奇迹般地幸免于难，她自己也不知道是怎么搞的。只看见她从一群人走向另一群人，讲述着她的经历。现场已被军队封锁，人们正在最边上的一口棺材前面焚烧纸钱。

9 月 23 日

今天天气很闷，下着小雨，因此没有空袭。我听说，那个带着使馆全体人员登上在下关码头游弋的美国军舰“吕宋”号的美国大使现在已决定，不离开它目前停泊的位置（我不是说过吗？——英雄精神会传染！）。英国大使和法国大使一开始就坚决拒绝了日本人要他们离开南京的要求。据说我们德国的大使同样留在了南京，也有说他旅行去邻近城市（芜湖?）后又返回了。基士林克—巴达糕饼店的面包师（谢尔先生）搬进了前哈普罗公司一名职员在新住宅区的一所房子里，那里被视为特别安

---

① 即山西路广场。

全。可是经过昨天空袭后，现在人们已不再信任它。他随即在今天又搬家了。搬到哪里去了？我还没有找到。糟糕的是，谢尔不再烤面包了，因此我们也不再有面包了。我刚从国家资源委员会带回一张价值 1 500 英镑的订单。在战火纷飞时得到这样一笔订货真不赖，虽然这仅仅是个一般性成绩。西门子洋行上海总部来了一封十分亲切的信，信内表达了理事会对我安全的担心。根据该信的意思，我可以采取一切我认为对我个人安全有利的步骤，也包括离开南京。多谢了！信使我感到高兴，但是，假如我留在这里，此刻该怎么办理战争保险呢？对此也许会来一个答复。

9 月 24 日

以往，人们都会为阳光明媚的一天而高兴，现在我们却担心万里无云的晴朗天空。阳光明媚的天气对我们来说意味着日本人的空袭，为此我们希望晴天要尽可能地少。昨天是阴雨天，所以我们没有挨轰炸；今天收音机里报告说，一个由 40 架日机组成的飞行大队昨天已经飞往南京，但在半路上又折了回去。今天下了雨，云层很低。因此我们都高兴地走了出来！所有报纸上都刊登了全体欧洲国家以及美国对违反国际法空袭南京平民的抗议。日本人对此却平静地答复说，他们只是一如既往地轰炸了建筑物或是军事目标，绝对没有伤害南京平民或是欧洲友好国家侨民的意图。其实根本不是这么一回事！至今绝大部分的炸弹并未命中军事目标，而是落到了平民百姓的头上，而且调查表明，所有平民百姓中最贫穷的人受害最严重。挤满难民的火车和仓库，受到了最猛烈的轰炸。上海市民以别出心裁的方式对此表示了极大的同情。最近，在一场猛烈的轰炸和在防空洞里蹲了几个小时以后，我打开收音机（波长 600——上海），想听点音乐换换脑筋，却听到正在播送贝多芬的《葬礼进行曲》，末了，播音员还情绪过分激动地说："此首乐曲是上海殡葬机构理事会的深情奉献！"

此时还有更好的奉献吗！

德国大使馆送来一份请柬：

定于今天(星期五)下午 3 时 30 分举行座谈会,敬请全体德国公民参加。

9 月 25 日

阳光明媚,天气晴朗!这样我们就可能会有空中来访。假如紫金山被乌云笼罩,那就不会有危险,因为朋友和敌人都担心自己的飞机会撞上山头。这是中尉阿德霍尔特对我说的。他一定知道这事,因为在这里他是探照灯和高炮方面的专家。

根据今天德文《远东新闻报》的简讯称,德国大使陶德曼博士为保障留在南京的德国人的安全,已做好了准备。我们听到后都急于想知道他要怎么做。昨天在大使馆举行的座谈会上,他透露了一项很不错的计划。他向怡和洋行包租了一艘英国轮船"库特沃"号,据说,每天租金为1 000墨西哥比索,这艘轮船将载着凡是能离开的德国人溯江而上,也就是说离开危险区,但不太远,以便不久又可以返回。我说这是个好主意。遗憾的是,我们暂时还不知道我们应该怎样登上这艘轮船,因为还缺少必不可少的运送我们登船的摩托艇。尽管大使馆的几位官员(许尔特尔和霍特)有一艘摩托艇,但它目前并不能使用,据说是发动机有毛病,即使能开动,每小时也只能行驶两海里。这样,要登上轮船就很困难。为此还必须再找到一艘汽艇。此外,"库特沃"号还必须尽可能驶入下关,停在一艘外国军舰的附近,以便人们能迅速和安全地登上轮船。

9 月 25 日,晚上 7 时 30 分,在烛光下

哎,我们的来访者早该走了,它们的表现很不得体,逗留的时间太长了,即:9 时 30 分～10 时 30 分;12 时～14 时 30 分;15 时～16 时 20 分。

后来,在 16 时 45 分还有一次虚传的警报。这样,我陪同施特拉斯尔博士进午餐的时间只有半个小时(14 时 30 分～15 时)。施特拉斯尔博士是在到银行去的途中躲避到我这里来的,不得不在我这里待了一整天。上午 11 时～12 时之间我正在铁道部,幸好还能够很快地和李法堂及冯谈了有关合同事宜。16 时 20 分,我试图和韩(湘琳)先生赶到下关去看看电厂的情况,但两次都被军人和警察挡了回来,因为城北方面还没有收到“警报解除”的信号。突然之间，电动警报器都不起作用了，人们开始改用警察设置在交叉路口的警铃报警，看来发电厂遭到了一定程度的破坏。在我们第三次去电厂的途中，到了厄梅上尉那里（西流湾）就停下了，新一轮警报（后来证实拉错了）又把我们吓走了。我们冒着危险坐汽车回到了家。下午5时左右，一切危险都过去了，我们才又到下关去查看。有8枚炸弹落在电厂。当时击落了一架日本轰炸机，飞机的残骸和失去脑袋的日本飞行员的尸体掉在总机房的后面。电厂里没有人遇难，只有几个苦力因玻璃碎片受了轻伤。但有一个女人和一个孩子被炸死在电厂的大门口。他们当时一定是想逃进某个防空洞去的。那里的大楼看上去破坏得最惨。有几枚炸弹（据说只有两枚）击穿了房顶和配电设备上方的混凝土板，在配电房里爆炸，配电设备因此被全部破坏。几乎所有的办公室都被炸毁了，其中三分之二已不复存在，余下的三分之一已被挤成一团。办公室里所有东西被炸得粉碎，楼上办公室的墙壁都炸飞了，只剩下了钢筋水泥柱，其中一部分已经开裂或是弯曲了。很粗的T形钢结构横梁很好地经受了考验，只有一个地方轻度弯曲。锅炉设备以及涡轮机奇迹般地依然存在，没有损坏，只有位于南墙的一台涡轮机（我估计是一号涡轮机）似乎受到了一点损坏，至少钢外壳上有几道箍脱落了。整个机房地板上的玻璃碎片（大约1厘米大小）达几厘米厚。肯定是由于炸弹的气浪产生一种吸力，把总机房的全部窗子向内撕拉而造成的。我和陈厂长以及几个工程师一起对大楼简单地查看了一下后，便决定由我请求我们在上海的总部派一名工程师来，查看损坏的情况，并提出意见，给予帮助，因为最高统帅对此十分关心，要求电厂尽快恢复正常。我们在黑暗中坐了片刻。晚上7时，街上的路灯又亮了。我还不清楚是哪里来的电。韩（湘琳）先生说，它来自浦口铁路照明用电发电站。

城里落下了一大批炸弹。又有一架日机在城南被击落，礼和洋行的梅尔基奥尔刚才打电话告诉我，他从瓦茨尔家的房顶上看到，这架飞机是在3 000米高空被击落的。

9月26日

呸，天皇殿下！午夜2时30分，他们还把我们从床上叫了起来！电动警报器又恢复正常了。据我此刻得到的证实,浦口津浦铁路的电厂已和南京的市内电网并网。这是一件大好事。我房子里的电灯也亮了(今天凌晨2时30分还是黑洞洞的)。于是,我没有系领带,只穿着睡衣和睡裤就走进了防空洞。如同往常那样,这里已挤满了中国朋友们,有男有女。当我在下面觉得太难受时,就坐到了学校房子的大门口去,身旁放着盛有茶水的热水瓶。天下起了小雨。我等待着,一直等到4时,才响起了"警报解除"的呜呜声。机群转向另一个方向飞走了。阿德霍尔特先生说得对:下雨天我们就有"和平"。我补睡了一会儿觉。今天是星期天。乌拉!还一直在下雨!我多么高兴啊!!

9月26日,上午10时

这个时间我们不应该"高兴"——这不言而喻!韩(湘琳)先生刚才来了电话,说中央广播电台昨天受到了严重破坏,城里电台的广播电缆也断裂了。这么说,日本人达到了目的:南京的中央广播电台暂时被炸成了哑巴。但据说当时没有人遇难,真是谢天谢地。如果允许的话,得出去看看情况。

9月26日,下午4时

我坐车在全城刚刚查看了一遍回来。中央广播电台昨天中了10枚炸弹,但电台本身没有受到很大损失。我不能说这消息百分之百的准确,有可能是别人对我说了假话。可惜刘工程师不让我进入大楼,因为他们正在那里进行某种秘密设计(自己制造的10千瓦电台)。但他们告诉我,他们对外界说电台被炸毁了,实际上损失并不很大。就在电台的前面,在投弹的方向,有好多房屋(可能是军营)以及政治犯监狱的一部分围墙都被炸毁了(当场炸死了一些人)。除此以外没有看见别的情况。

距离中山路上德国黑姆佩尔饭店不远处,在天生药房和远洋办事处的对面,大约有12所中国人的房屋被几枚炸弹炸得精光。房子前面一个防空洞里,除去坐在中间的一个人外,里面的所有人都因炸弹爆炸产生的气浪而丧生。有一个伏在防空洞后面地上的行人被抛出了10英尺，却幸免于难。总共被炸死30人。一些上面印有红卍字标记的普通木头棺材还是空空的，人们从昨天下午起就在废墟中寻找其余的尸体。街对面房子(约有8所)的窗户和门全部都被炸弹产生的气浪冲坏了。远洋通讯社不得不把办公室迁走。中央医院里落下了15枚炸弹。这很难说是否就是把医院当作轰炸目标。但看上去很像是这样，因为许多弹坑一个接一个，就在中山路的方向。它的后面就是国家资源委员会及其一些实验室，它们已经被轰炸过一次。想必医院在昨天空袭后已经迁走，因为它受到了严重的破坏。虽然只炸死了两个人，但实物损失巨大。在院子里可以看到两个弹坑，它的直径约20米，深5米～6米(500公斤的炸弹)。它后面约10米～15米处有一个防空洞，200多人躲在里面，全都幸免于难。外国通讯员和记者对所有破坏情况都拍了照，以便让外界了解破坏的程度。

昨天晚上，西门子洋行上海总部的周工程师经过26个小时的火车行程后才到达这里。他是在交通部官员陶先生的提议下出差到这里来修理多路电话设备的。周先生是我们最好的工程师。在交谈中我问他，他的家人对他只身到这里来是否放心，会不会担心他途中发生意外，他给我的回答是令人十分感动的。他回答说:“我对我的妻子说了，万一我遇到了不幸，你不要指望西门子洋行，决不可对西门子洋行提出任何要求，你要回到北方老家去，和孩子们一起在那里依靠我们自己的薄田为生。我这次出差不仅仅是为了洋行的利益，而首先是为了我的祖国的利益。”一般情况下，是不能指望每个中国人都具有这种精神的，但是周先生的这番话证明了这种精神的存在，并且赢得了越来越大的影响，特别是在中下层的人士那里。

9月27日，上午9时

多坏的天气——就是说，天空阳光灿烂！我们准备经受再一次的空袭。全世界一定已经获悉了这里在上星期六(9月25日)遭受的灾难，将会再次进行抗议。但是，这里谁都不相信日本人会理会这类抗议，星期六对中央医院的轰炸就是对美国和欧洲各国先前所有抗议的一种最明确不过的回答。

9月27日,晚上7时30分

今天我们在一天内遭到了3次空袭:从10时到11时;从12时到13时10分;从13时30分到14时。上午天空有云,很难看得见空袭者,后来发现时它们已在远处。

采用我们机器设备的永利铔厂受到了猛烈的轰炸,据说部分厂房已被炸毁。我想,永利铔厂是生产煤气的!多么危险的事情!

后来据说浦口火车站也挨了几枚炸弹,炸毁了两节车厢。除此以外,我再没有听到其他情况。我觉得似乎自来水厂也受到了空袭,但自来水龙头还有水流出,我们家里的电灯也亮着。乌拉!厄梅上尉今天晚上回国去了,给我留下了罐头食品、一台收音机,这些东西一共作价60元(收音机在没有找到买主以前我可以一直保留),还有两张水表和电表的银行保证单(这是两张在任何交易所都不能上市的有价证券,因为出于某种原因工厂不再支付保证金)。他也托我把这证券保管好,等待战争结束后为他兑付。除了拉贝以外,居然还有别人是乐观主义者!好吧,那就祝你一路平安,我亲爱的厄梅!!如果有人离去,倒也有好处——今天晚上我就吃了罐装的俾斯麦无刺腌鲱鱼。

9月28日

多好的航空天候——出了太阳,天空少云。中午以前很平静。在中午12时~下午2时15分有警报。日本人来访了。我数了一下,有6架飞机,它们受到了高炮中队的射击,便分两个梯队各3架拐向东面和西面飞去。听到投下了一些炸弹。然后,天空的云越聚越多。看见有4架中国飞机不断地在城市上空盘旋,但已不再有日本飞机。我刚才听阿尔纳德少校说,当时他正在一座山上值勤,看到日本飞机从他头顶上方约100米高处飞走了。

今天,远洋通讯社(艾格纳先生)搬进了我的学校楼里。远洋通讯社的中国职员们不想再在他们原来的办事处继续工作了,因为它已被落在附近的炸弹损坏(窗玻璃、门和室内的天花板都被气浪损坏了)。

9月28日

上午7时,普罗布斯特博士和安装工里贝两位先生刚从上海到达这里。他们的任务是检查被炸的下关电厂，并和电厂的有关领导商谈恢复发电事宜。

9月29日

今天是雨天，不用担心有飞机空袭。我和普罗布斯特博士拜访了大使陶德曼博士、大使馆参赞菲舍尔、下关电厂、中校阿德霍尔特[①]和纳可可公司的C. 恽。

晚上，阿德霍尔特带来消息说，施特雷齐乌斯夫人在青岛因心脏病去世。

9月30日

今天雨下得很大，天空一片模糊，什么也看不清。上海来的两位先生遇上这种天气真走运，他们不用担心有空袭。访问永利铔厂的安排取消了，因为我们在下关等待何博士来，结果空等了一场。我们的汽车在铁道部的前面出了故障。我们去军政部拜访了联络处的黄将军。后来去访问了哈普罗公司(阿斯特尔)。

10月1日

今天阳光灿烂。7时45分，普罗布斯特博士乘坐中国航空公司的汽车去芜湖，再从那里乘飞机去汉口。他打算从汉口去桂林接他的家眷，他们正在那里避暑。他现在想陪他们经南京返回上海，然后从上海回德国。

从9时30分到10时30分有空袭警报，但只是一场虚惊。是不是日本老爷们记住了日内瓦的抗议?? 但愿如此!!

10月2日

天空略有云。8时响起了警报，但不久就取消了。一定是信号装置什么地方有毛病。周工程师9时乘轮船去汉口。

---

① 前文为中尉，原文如此。

收到的来信有：

妻子从天津寄来的，落款日期9月24日；

奥托从埃尔兰根寄来的，落款日期9月9日；

维利从宾德寄来的，落款日期9月11日。

维利的信带来了他父亲于9月11日去世的消息。噩耗使我很悲痛。他的家人们会怎样呢？但愿他的母亲有权申请养老金！这个噩耗让我领悟到一个道理：在这个遭受狂轰滥炸的地方也不必太担心，命运选中了谁，那就是谁，在这里或是在和平的德国都是如此。

收到了德国大使馆的下述通知：

> 德国政府为大使馆包租的印度支那轮船航运公司（怡和洋行）的“库特沃”号轮船已于昨天驶抵南京，停泊在下关上游约两英里处。
>
> 该轮船供全体德国公民作应急的住宿处。
>
> 德国大使馆
>
> 1937年10月1日于南京

10月3日，收获感恩节

天气阴沉沉的，正在下小雨，可以预料不会有空袭。今天我们可以到“库特沃”号轮船上去庆祝收获感恩节。

住在我那里的里贝先生回来时带来消息说，电厂的领导部门现在已决定对电厂进行修理。他们有一段时间曾经犹豫不决，考虑是否撒手不管。人们反复考虑，上次轰炸时抢救出来的机器十分宝贵，难道还要让它们再经受一次空袭？他们都很清楚，只要电厂的烟囱又冒烟，就会再次发生这样的空袭。可是，不管发生什么情况，通过加快修理，首先是我们又挽回了面子，也就是赢得了声望。里贝先生现在正忙着将2号和3号涡轮机再安装起来，它们在空袭时被炸弹的气浪震得挪了位。

有人说，最高层（特别是蒋夫人）对德国没有多大好感，因为我们和日本结盟反对苏联，并拒绝参加布鲁塞尔会议，说我们不愿和苏联坐在一张谈判桌上。据传，蒋夫人说过，谁不支持我们就是反对我们。那么让我们来看看德国吧！是谁引进了今天中国人为之自豪的对空防御系统（高炮部队）？是德国顾问！是谁训练了这里的部队（经过训练的部队今天正在上海附近英勇作战，而未经训练的部队在北方一触即溃）？是德国顾问！在南京又是谁还坚守在自己的岗位上？是德国顾问和德国的商人！！今天南京这个地方有多少德国人，并且成了日本人的“活靶子”，或者正如大使馆参赞菲舍尔说的“人像靶子了”？！

厄梅上尉在归国途中从上海寄来一封问候信，他在信中说得对：“经过了长途跋涉（坐汽车到上海）和先前发生的其他一切，我在这里又逐渐复活了！炸弹爆炸声离我很远很远，在南市①或许还有轰炸，我还听得见它的声音。在经受了前6周的压力后，现在已不再有活靶子的感觉了，这真令人感到无比的解放！由此看来，留在南京的同胞们是一种十分有意义的牺牲，中国人在自己国家里对此是决不会作出正确评价的！”

刚才我花80元钱在商场买了4只箱子，想把我自己已写的16本日记装在里面。我们的中国工程师周先生将在两周后从汉口回到这里。我想请他把它们带到上海去。把它们放在那里一定会比这里要安全些。我会请德伦克哈恩先生替我保管好。

药品越来越紧缺。天生药房在上次轰炸中受到严重损坏（架子上的药瓶全都打碎了），已经关了门。这是唯一还有6瓶胰岛素的一家药房。我真是个傻瓜，为什么在轰炸前不尽快把它们买下来呢？但是我想节省——废话——下次我们要聪明些了！我将设法从上海买20安瓿～30安瓿回来，但愿能办到。兄弟药房几乎已经卖空了。南京不久就不再有开门营业的药房了。我刚才还在一家小药房里弄到2瓶乙醚和2瓶酒精，还花1.1元买了一卷药棉，质量很差，平常只值2角5分钱。如果不再有绷带包扎材料，那些可怜的受伤者怎么办呢？人们可能根本没有想到这一点。每天都有一辆辆满载着轻伤员的卡车到这里来，看上去他们全都很可怜，扎着肮脏的绷带，身上还有一层干泥巴，仿佛他们是刚从战壕里来的。我高兴的是希尔施贝格大夫还在我们这里，他的家眷也还在这里（他们又回来了，或者说并没有完全离开），如同大使馆人员那样只

---

① 原文为Nantau（南桃），当指南市。以下统译为南市。

是到邻近地方去郊游的(这完全是受了美国大使的影响,他们很快撤到了安全地方,后来又回来了)。

10月4日

天空云层密布——不必担心有空袭!

在"库特沃"号船上庆祝收获感恩节很愉快。我为此给德文《远东新闻报》和《中德新闻》寄去了下述文章:

在南京的德国人庆祝收获感恩节

发自船上的报道

亲爱的读者,亲爱的亲友们,在国内和国外的你们正怀着恐惧和担心关注着我们的命运,请你们从容而冷静地阅读这个标题:在南京的德国人庆祝收获感恩节。

——在南京吗?(有人一定会这么问)——是的。——是在空中被包围的南京吗?那里的生活不就是意味着长期蹲在防空洞(应读成"英雄地下室")里吗??——住在那里的人,正如我们中的一人不久前说的那样只是作为"人像靶子"到处奔跑,他说的不是一点没有道理——是的!就在南京!你们听吧,你们惊讶吧,以便你们大家心头一块沉重的石头能够落地。

我们的贴心报纸德文《远东新闻报》于今年9月21日发表了一份电讯稿:"……德国大使馆作好了准备,保证留在南京的80名德国公民的安全……"连那些老东亚人都摇摇他们智慧的脑袋,有个天生悲观的汉堡人对这份电报作了这样的旁注:"老弟,老弟,你别这样,你什么都不做,就什么错误都不会犯。"一切怀疑论者都应该去治病。只要有良好的愿望,加上精力和干劲,有些困难就会被克服。我们的大使陶德曼博士先生做的这件事就是如此,是他包租了英国"库特沃"号轮船(不是图克沃?①),一旦有危险,它就可以载着德国人向上游驶去。今天我们正是在这艘轮船上庆祝收获感恩节的。

---

① 拉贝在这里玩了文字游戏,意为"哪儿在开战"。

今天遇上极好的非航空天候(这里应对不明情况者加以说明:“非航空天候”的含义是雨天或阴霾的、昏暗的天气,这时就不会有空袭;相反,“航空天候”就是有阳光的晴天,这样就会有日本人来访)。这正是我们所希望的。14时,我们登上了已经停在下关的渡船,它用20分钟就把我们送到了善良的老“库特沃”那里。经常载着我们在长江上颠簸的这位亲爱的“老姑娘”(建造于1895年),这时正躺在那里,一点没有冒烟,悠然地享受着星期日的安静,表面上看无动于衷,实际上在密切注意着中央广播电台的报道,只有船上的卐字旗表明了它特有的作用。我们在熟悉的舱间里作短暂参观,连最爱挑剔的老东亚人也无法对轮船的整齐清洁挑出一点毛病。具有查理大帝风格的船上大厅,依然保持了它原有的舒适感,餐厅的桌上已经摆好咖啡,它使所有顾虑膳食不佳的人哑口无言,更不用说那个从中山路被赶走的基士林克—巴达糕饼店老板(党员谢尔)了,从水面上就可以看见他正悠闲地依傍在烟囱处(要不就是船舷栏杆?)。

船上已经安置了几个常住客人:女士有鲍曼夫人、齐默尔曼夫人及女儿,还有克勒格尔小姐。她们代表东道主亲切热情地招待着客人们,并获得了成功。

我们第一批客人分散在各个甲板上聊天。14时15分,出现一艘带有卐字旗的流线型摩托艇,腹部有“拉尔克”船名。难道是用英国旗舰的司令艇送德国大使上船来?错了!原来它只是一艘装饰成节日气氛的许尔特尔—霍特有限公司的电报艇,是船主委托几个胆大的朋友这么干的。让我们揭开它的面纱吧:它(拉尔克)的确只是每小时航行一海里多,因此与“长江客车”的外号是不相称的。15时,大使先生带着其他成员来了。人们高高兴兴地欢迎大使先生,并陪同他再次参观了全船,客人们被邀请和英国船长及其军官们一同共进下午5点钟茶点。人们愉快地接受了邀请。大家聚在餐厅里吃点心,花了一个多小时。前甲板布置了卐字旗和装饰花束(我们本来准备送给女士们的)的临时讲台,眨眼间变成了节日的会场。我们在庄严的气氛中走了出来,一小群忠诚的人围聚在他们的头目国社党党员平克内勒的周围。他代表缺席的地区小组长致欢迎词,

并感谢德国大使的努力和关心,使我们能在这个安全的避难所庆祝收获感恩节。

陶德曼博士先生用令人感动的话语讲到了为什么要举行庆祝会的缘由,并感谢仁慈的命运,它一直都在保佑着身处异国的我们免除一切危险,也保佑我们日夜挂念着的家乡有一个大好收成。他特别感谢我们祖国的政府,我们尊敬的元首阿道夫·希特勒①,他没有忘记生活在危险关头的我们,他使我们在这艘船上有一个避难所。在这艘船上,我们可以安全而平静地迎接未来可能发生的一切事件。令人难忘的庆祝会结束时,大家三呼元首和德国万岁,唱了《国旗之歌》。此情此景我们这些与会者可能谁都不会忘记。

庆祝会的仪式结束后,接下来就是非仪式部分,也即愉快的聚会,喝莱茵葡萄酒。我可以断言,聚会上没有谁公开抱怨过。等我们回家后才出现公开而严厉的批评。"一切都很好,很愉快。"一位来自上海的客人说,"但是你们不会唱歌,《国旗之歌》唱起来就像是贝多芬的《葬礼进行曲》。"他说得对!是我们在这里建立一个歌咏协会的时候了。做这件事,时间倒是不缺!

约翰尼

① 作为德国人,囿于当时的政治环境,拉贝和他的朋友在信件及日记中多次提及希特勒,这并不代表他们的政治信仰或意识形态。二战结束后,盟国肃清纳粹法庭复议庭认定拉贝为非纳粹分子。

10月5日

航空天候。8时30分响起了警报,以后是一片安静。我们等待着第二次信号。

德伦克哈恩先生在上海为我搞到了一副18倍的望远镜。我早就希望有一副望远镜了。我用它一定会看清我们现在看不清的情况。没有望远镜什么也弄不明白,我经常无法区分清楚朋友和敌人。

10时30分,警报被取消了。我们没有见到日本人,据说他们飞往芜湖去了。那是被欧洲人看作安全的地方。

白天很平静。我收回了中央广播电台的1.1万元,它又充实了上海那里的钱箱!

下午5时30分有警报。我们看见3架中国飞机在南京高空飞行。虽然无法看清楚它们的标志,但它们肯定是中国飞机,因为高炮中队没有朝它们开炮。远处来了6架日本飞机,它们在城南投炸弹,看来是向自来水厂飞去的。它们受到了中国飞机的跟踪和进攻,中国飞机用机枪扫射,一架飞机垂直地栽了下去,但是没有燃烧。后来就再没有看到什么,但是听到了空中的许多嗡嗡声。这时天黑了下来,嗡嗡声很长时间没有停止。

下午6时45分,警报取消了。解除了警报,我们终于又安静了。

报纸报道说:对南京的空袭一无所获——击落一架空袭的飞机。

10月6日

多么卑鄙无耻！午夜12时响起了警报。里贝太疲劳了，根本就没有起床。我在黑暗中穿好衣服，走到楼下去，因为有太多的人（大约30人）躲在我的防空洞里，必须有人去照管，不使有更多的人到我这里来。我安排好一切后，便和衣倒在蚊帐里，在床上打起盹来，直到凌晨2时终于解除了警报。

10时30分，又响起了警报——第一次汽笛声，紧接着是第二次汽笛声。似乎有好多架日本飞机，四面八方都有高射炮在射击。一架日机被击中，燃烧着掉在城南，或者也许还要更远一些（在城墙外面），我的中国人一片欢呼雀跃。其余日机掉转头去，还扔下了好几枚炸弹。12时30分危险过去了。

14时45分，警报又接连而至。天空阴沉沉的，很难辨清飞机。所有高炮中队都开了火。16时，敌人消失了。就今天而言，轰炸已经够多的了。我想要安静。普罗布斯特博士从桂林打来了电话，他将于星期五带着家眷坐"武汉"轮到达芜湖，他带了很多行李，想要两辆汽车。我决定宁愿和韩（湘琳）先生用3辆车亲自去接他，使之能一路平安。他还说，想在当晚就去上海。普罗布斯特博士的最后一些话几乎听不清楚，因为我们这里又响起了警报。当时正好17时，天空发出轰隆轰隆的响声。这可能是中国人，也可能是日本人。外面什么也看不见。17时30分警报解除。

18时～19时，德国大使陶德曼在我处喝茶。我们一同坐了一小时，讨论了一般局势。我俩都有点悲观情绪。华北已丢掉了，对此已无法挽回。但中国人似乎把上海视为主要战场，因为南京要以上海来作屏障。可是，还会坚持多久呢？

20时，再次响起了警报！今天似乎没完没了了。四周灰蒙蒙的，里贝刚好来得及赶回家来。我把我们的许多中国人领进防空洞去后（我不知道是否把他们找齐了，总觉得院子里黑暗处还有什么在来回摸索），便和里贝在黑洞洞的起居室里坐了下来。我俩立刻就睡着了，我们确实太疲劳了。21时30分响起"警报解除"的信号时，我几乎无法唤醒他。可惜我自己也觉得身体很不舒服，一定是着凉了。吃了一片阿司匹林，才觉得好了一些。

我还给在桂林的普罗布斯特博士发了电报。据太古洋行的经理麦凯先生说，他的“武汉”轮是直驶下关的，为什么我们要到芜湖去接他呢？通行证我已经有了，但我对 3 辆汽车开到芜湖并不感到很兴奋。要是汽车抛锚或是发生了其他损坏，就再没有汽车可以驶往上海了，但愿普罗布斯特博士还能收到我的电报。往往会有许多琐碎的事使人不得安宁。

各家报纸都报道了飞机再次空袭南京的消息——又击落了一架日本轰炸机。

10 月 7 日

安宁的下雨天，终于有一天安静！

10 月 8 日

阴霾的天气，雨水就挂在我们的头顶上方。我和韩（湘琳）先生、普罗布斯特博士的司机以及我自己的司机总共开了 3 辆汽车一同到达了芜湖，却是空跑一趟。普罗布斯特博士乘坐的轮船直达下关。他到达时，我们正好经过 7 个小时的行程后回到南京，累得筋疲力尽。普罗布斯特博士的司机还在途中甩掉我们，因为我跟不上他的速度。后来一辆军用卡车和他开的车发生碰撞，把普罗布斯特博士精美的普利茅斯轿车损坏得很厉害，幸好还没有坏到不能再使用的程度。他还当着我的面撒谎，说是我叫他一个人在前面开的，这令我大为生气。普罗布斯特夫人的肚子不好，脸色很难看，坐车到上海去对她很不轻松。行李重新包装，整齐地放进了汽车里。下午，我们还查看了中山路上被投下的炸弹炸成废墟的地方。普罗布斯特博士拍了照，没有被发觉（目前是禁止拍照的）。晚上，他们全家出发了。两个大人和司机、两个孩子以及令人难以置信的许多行李，整整一车子。但愿他们一路平安，顺利抵达。天空整天都是阴沉沉的，不必担心有空袭，但必须在午夜以前出发，使他们不会拖到中国人的国庆节 10 月 10 日这一天才到达。据说日本人要在这天大举进攻。

为了感谢我写的那篇关于在南京过收获感恩节的文章，德文《远东新闻报》任命我为“名誉职工”。真了不起，对吗？

10 月 9 日、10 月 10 日

下雨天，大家的情绪都很好。为了调剂一下，星期日下午（10 月 10 日）我又到“库特沃”号轮船上去喝咖啡。只有少数几个人在那里。大使馆的罗森博士现在也成了船上的常住客人，这个人的言谈举止给我的印象很深。他坦率地承认说，他对轰炸很害怕，有过教训。他如此坦率，不是每个人都做得到的。我也不喜欢轰炸。但现在就撤到安全的地方去，不，这样做我还下不了决心。假如日本战舰突破扬子江封锁，直达下关，用舰上的火炮轰击南京，那么，也许才该考虑到“库特沃”号轮船上来休养一段时间。因为到那时，我认为，谁都会哭的，或者说，南京没有一所房子是安全的了。不过，我们还没有到这个地步，但愿不会到这个地步，尽管今天谁也不知道事情会发展到什么地步。

10 月 11 日

依然还是十分美好的下雨天！

但愿防空洞不会被水泡软！真忙呀！访问了政府各部门，也有令人生气的事，但都过去了。德文《远东新闻报》的胡尔德曼先生收到了我的一封信，也许他会把它刊登出来。

现在报纸上刊出了关于施特雷齐乌斯夫人在青岛去世的讣告。记得我旅行路过青岛探望她时，她还要我向她丈夫问候，并请我叫她丈夫不要为她的健康担心。可惜尽管作了很大的努力，她去世的不幸消息还是很迟才传到她丈夫施特雷齐乌斯将军那里，使他在她的葬礼几天以后才到达青岛。

10 月 12 日

阳光灿烂，今天肯定会有猛烈的轰炸。我们已经作好了准备！

尽管天气很好，奇怪的是一直都很安静。我和韩先生坐车去国民党中央党部，在那里收到 6 000 元钱，我想到银行兑换成美元。在去中央银行的途中响起了警报，我们掉转车头，安全地回到了家。警报状态从 11

时持续到11时30分，看来是一场虚惊。我们又开车出去，顺利地得到了美元支票。我们在中央党部时，那里的地下室里正在放映一部在上海拍摄的中国战争片。我和韩先生被允许不受干扰地看完这部电影，但我作为唯一的一名欧洲人在中国士兵中引起了小小的轰动。

13时30分，又响起了警报。14时，第二次警报。城南、城北和城东都落下了炸弹，我们看到了城南的一场空战。双方对抗了几分钟，一架飞机被击中，坠落下去，随即升起一阵褐色的烟云。我们希望是中国人战胜了。第二架飞机奇怪地摇摆着向下落去。它也被击中了吗？没有望远镜，我无法确定。上海那边曾答应给我一副望远镜，现在到了该给我的时候了。15时20分响起信号：警报解除。危险过去了。

普罗布斯特博士先生带着他的家人高高兴兴地安全到达上海。

今天(10月12日)西门子电气总公司①在德国庆祝开业90周年！难道是上海那些人忘记了还是故意不予理睬？不管怎样，这里没有收到应该庆祝的命令！真遗憾！

16时～16时30分，一次虚传的警报。

各家报纸报道说，总共击落了5架日机，2架在城里，3架在城外。

10月13日

天晴，少云。是个很不安静的一天，但一切都发生在远处。8时有警报，8时15分又解除了。是中国飞机在从上海飞往天津去轰炸塘沽的途中，被误认为是日本人的飞机。从9时30分至10时，从13时至14时30分，从16时40分至17时55分，一再响起警报，各有第一次和第二次信号。我们看到城南和城北有大批飞机，但没有听到高射炮的射击声。一部分飞机在上空盘旋了好几个小时，可能都是正在值勤的中国飞机准备击退日本入侵者。

每次响起警报时，一大批穷苦的居民(有男人、女人和孩子)奔跑着经过我的房子到五台山去，那里的山丘下挖有一些较大的防空洞。这是一种灾难。我真不愿意看到这种痛苦的景象，何况妇女们怀里还抱着很

---

① 此处指西门子舒克尔特工厂，系西门子三大公司之一。

小的孩子。今天他们叫嚷着从这里过去了 4 次。

我自己的防空洞里又来了更多的人。上海商业储蓄银行会说德语的黑尔德·森和冯先生也从他们以前大行宫的分行(因为大部分职员在上次轰炸后都逃走了)迁到了中山路(在我的房子附近)。现在只要一响起警报声,他们就逃到我这里来。还有经常给我送信的两名邮差也成了我的常客。不久我就会不再知道应该把他们大家安置到哪里去。我自己在最近一些日子里已不再到防空洞里去了。

里贝先生有病回家来,肚子不好,但愿不是霍乱。上帝保佑!上帝保佑!上帝保佑!

各家报纸报道了中国飞机空袭塘沽日本人仓库的消息,还报道了阿道夫·希特勒要从中国召回德国顾问一事,柏林方面对此毫无所知。文章并且指出,德国军官都是私人身份,可以自己决定去留。路透社从罗马报道说,意大利官方否认了将从中国撤回空军顾问的报道。

10 月 14 日

早晨 7 时,阳光灿烂,因而是极好的航空天候!谢天谢地,里贝先生的身体又好了。他只是消化不良,今天又快活地上班去了,就是说,到下关电厂去了(这大概是南京最危险的地方)。

9 时 35 分,响起了第一次警报,10 分钟后随即响起了第二次警报。天空几乎看不见一丝云。太阳火辣辣地如同夏日般照射下来。我们看到城市上空很高处有一批日本飞机,飞得很高,高得常常看不到它们。四面八方的防空高射炮都开了火。但我们感觉到射击的命中率远不如先前了。对呀,我们都不是专家,可是我们都会批评,总觉得他们不是射击得太高就是太低了。不管怎么说,没有击中。(连一个商人也可以判断出这一点!)坦率地说,如果我们不是批评,而是走到“英雄地下室”去,走到妇女们和孩子们那里去,那就明智得多了。因为天空中出现许多榴霰弹云,各种碎片四下飞落,行人不得不严加小心。10 时 45 分,危险过去了,一直平静到中午。

午餐后,我想小睡一刻钟,却被街上很大的喧闹声吵醒。我看见有一辆卡车载着击落的日本轰炸机停在我的门前。汽车似乎发生了小故障，但很快就被排除了。这时，每个过路的中国人都想从被击落的飞机上剥下一小块残骸作为战利品。

16 时 40 分又响起了警报！天空起了云。出现了几架日本飞机，它们受到了高射炮的猛烈射击，但没有被击中。它们随即就向西面溜走了。北面浦口方向也在射击，东面中央广播电台附近也是如此。17 时 30 分，警报解除了。只要不是在我们附近进行空战和乱扔炸弹，我们就会很高兴。

今天夜里，将近午夜 12 时，我收到妻子 10 月 13 日从天津发来的电报，是答复我 10 月 12 日关于我身体很好的电报消息。妻子很节省，只有我用电报询问她时她才拍电报给我。与天津的信件往返变得越来越慢了。妻子已 20 天没有收到我的信，虽说至今我已发了 3 封。

所有报纸全是报道日本空袭南京的消息。

10 月 15 日

下雨天。上午很安静。14 时响起警报，一直持续到 16 时，不断听到飞机马达的轰鸣声，但从我们的院子里看不见飞机。留在家里的韩（湘琳）先生打来电话说，在他那里（鼓楼前面）听到浦口方向有炸弹落下的声音。

今天清早，我去了纳可可公司，它的办公室就在我附近（美国大使馆的对面）。人们以为在美国大使馆附近会得到特别保护，虽然自来水厂的水池距离它并不远，水厂肯定迟早又会受到袭击。尽管如此，他们对此毫不担心，因为他们已建造了一个防空洞。在我的生活中，我还是第一次见到这样的防空洞，就是说，他们朝小山里挖了一个坑道（他们住在小山前面一所不起眼的小房子里），十足的矿工式建筑，甚至在门口还铺上了砖头，装上了坚固的门。但我还可以给他们出个好主意，就是要筑沙袋路障，保护洞门不被气浪损坏。我认为，如果还要干的话，应该具有真正的保护性能。头顶上有了 10 米厚的泥土，人们会感到更安全些。

10 月 16 日

晴空万里。令人奇怪的是好长时间很安静，因而我得以去访问铁道部、交通部和中国银行。午饭后，14 时 30 分，响起了警报。我看到高空有 3 架日本飞机，受到了高射炮的射击，后来就在天空中消失了。在南面，密集的炸弹像下雨，无法看见飞机。15 时 30 分解除了警报，16 时 30 分警报再起。天气好极了，天空见不到一丝云，也没有飞机。日落时，从北面飞来两架中国飞机，在南面降落。18 时 30 分警报解除。

刚才，我粗略地计算了一下，上个星期我们受到了日本人多少次空袭。根据我的计算，我们只受到 12 次轰炸，由此整整损失了 14 个工作小时，大约相当于 2 个工作日。

我刚才从德国大使馆那里收到了妻子 10 月 2 日从天津的来信。她很想到这里来。我该怎样答复她呢？据说陶德曼夫人在劳滕施拉格尔博士的陪同下来南京，现正在途中，对此我感到惊讶。夫人们当然可住在“库特沃”号轮船上，但我认为这也不是妥善的办法。一旦响起警报，轮船就要起锚溯江而行驶向安全的地方，轮船上的夫人们知道自己的丈夫和亲人留在城里，就会焦躁不安，最终还得忍受一切痛苦，为此必须要有健康的心脏。夫人们要是像我妻子那样长期住在城外，她们就会承受不了。为什么要来经受这种危险呢？我们大家为我们的妻子都在安全的地方而感到很高兴！

10 月 17 日

星期日，多么美好的天气，天空万里无云，也没有空袭！里贝先生还没有看过中山陵，我就和他开车前去。哦，会有这等事！中山陵的牌坊和墓道上的建筑物和墓室都搭起了竹脚手架，外面还都包上了油布。这是不是为了防止炸弹碎片？谭延闿墓那里也是如此，拱门、大理石柱、石狮和长寿龟全都用松树枝遮盖了起来。就连古老的明孝陵也不再让人进去。整个陵园地区停满了军用卡车（都是空车），随时准备待命出发，因为每辆车里都有一名中国驾驶员，打着瞌睡。就是说，最高统帅就住在灵谷塔附近的某个地方。

位于小红山的主席官邸[1]还从没有人住过，它从下到上刷成了黑色，

---

① 今称美龄宫。

看上去真可怜！

我们不再伤脑筋去思考今天为什么日本人没有来空袭。也许他们认为天气太好了！确实不应该去扰乱秋天里的一个如此美好的阳光灿烂的星期天！我们对此表示同意！

刚才听我们的佣人说，施罗德博士先生今天从汉口回来了。

许多人都在谈论日本人使用毒气的事。日本人则声称，已经查明中国人使用过毒气。这肯定仅是一个借口，他们想以此先发制人，并逃避人们的谴责。据这里一份报纸的文章证明，这里的医院已证实接收过毒气中毒的中国士兵。今天到达这里的一期德文上海报刊有一篇文章，标题是《对国际新闻界表演毒气袭击》。文章报道说，日本人竭力要把使用毒气的罪名加到中国人头上，但他们迄今也找不出证据！

我们大家怀着极大的担心等待着毒气袭击的时刻，因为南京的平民百姓并未备有防毒面具。虽然已发布了通告，告诉人们可以使用在醋或其他液体中浸过的口罩保护自己，以免受毒气伤害等简单方法，但这些应急的用品数量也不够，况且在紧急情况下根本不顶用，因为它一点也起不了真正的保护作用。至今我只在中央党部遇到几个士兵、警察和官员，他们带着长形的金属套筒，据说是防毒面具。私人即中国老百姓几乎不知道在哪里能够买到这东西。坦率地说，我自己也不知道。

据报纸报道，在日本人最近的一次空袭中，广西有700名平民被炸死或炸伤。

10月17日

7时，阿曼先生来了。他是一家美国石油公司的德国代表，经常为了商务事宜驾着自己的汽车穿梭往返于上海和南京之间。今天他亲自经历了对嘉定火车站的轰炸，当时日本飞行员也注意到了他，向下俯冲到50米高度，想从近处看看他。他把挂在自己汽车上的卐字旗角拉起来，并站到了汽车旁边，向上撅着嘴，使飞行员能够确信他是个欧洲人。这样做必须要有一点勇气才行。假如日本人判断错误的话，就会用机枪进行扫射。英国大使许阁森先生，还有英国大使馆的一名秘书，不久前就受到过对他们和他们的汽车雨点般的子弹扫射。阿曼先生留下来直到用晚餐。我想听一点新闻,他很会讲。再说,他还从里贝夫人那里带来了一个黑面包和火腿卷,还要给普罗布斯特博士带一只柜式大行李箱到上海去。对这个箱子他很有意见。他说箱子太大了,汽车门放不进去。再说,即使是新的,在上海也只值 40 元。我不得不再对他(当然是对阿曼)说一些甜言蜜语。

编辑胡尔德曼先生在 1937 年 10 月 6 日的来信中任命我为"名誉职工",我给他回了信,他只将信的最后部分登在德文《远东新闻报》上。从他的引言中清楚地看出他是多么为难。他,可怜的人,删去了一个多么好的开头部分。也许他是对的。这个胡尔德曼先生,他的确不能把我所写的东西全都刊登出来,因为作为编辑的他不能去触别人的痛处。但是为什么偏偏删去我那封信的开头而只留下后面部分呢?下面就是那封信的开头部分:

尊敬的胡尔德曼先生:

感谢您 10 月 6 日的亲切来信。任命我为贵报"名誉职工"是您的一番美意。我深信,我的没有头衔的名片上在名字后面有了"《远东新闻报》(名誉)职工"这几个字一定会十分好看,何况我的英国朋友们十分重视字母多的名片,他们一定会羡慕死的。但是,尊敬的胡尔德曼先生,我担心,您这是自找麻烦。您一点也不了解我!并且,我担心您也有点低估了您的读者。他们自称对此"极端认真",而我对此却毫不介意。我正是有这个可怕的"才能",多半能在不恰当的时候,以我的所谓幽默让我周围可爱的人高兴一下。我想在此以我们家人之间的通信方式为例,我的男孩子,20 岁,目前正在德国参加青年义务劳动,他在给我的信中写道:"亲爱的父亲!要是你能听到这里收音机里对中国都说些什么(简直令人难以置信!)就好了。报纸的报道还要糟糕,我根本不愿瞟上一眼。此外,我深信你的身体肯定非常好,我决不怀疑!向你致以亲切的问候……"我不会去说什么现在的局势不严峻,目前的局势的确非常严峻,如果有人不承认这一点,那么他的头脑肯定是太简单了。局势不仅严峻,而且会变得更加严峻。那么怎样才能对付目前这种严峻的局势呢?

我认为，应当拿出自己的最后一份幽默，对着自己的命运说上一句："对不起，我就留在这里不走了！"天如果整个塌下来，那么大家都知道，所有的麻雀都会死去；如果是一枚炸弹掉下来，而且正巧掉在一只乌鸦的头上，那么死的则只有乌鸦一个，它再也不会去"呱呱"叫了。但是真要到那个时候，我想，扬子江还是会一如既往地尽情流淌。现在我每日的晨祷和晚祷的祈祷词是这样的："亲爱的上帝，请你保佑我的家人和我的幽默，剩下来的小事情就由我自己去保佑了。"

现在你们一定想知道我们到这里来是干什么的，目前我们的生活怎么样以及我们是怎样甘于忍受这些轰炸的。

是这样的，我个人是9月初在北戴河休假后，从水路绕道回到这里的，因为我：

1. 作为一个德国商行的代表，要在这里代表它的利益。

2. 我在这里还有许多放心不下的破旧东西。（尽管有个柏林女士恳切地劝告我：别胡闹！你不该为那些不值50芬尼的破东西操心！）

3. 那好吧，我们问心无愧地承认，我想永远做一个负责的人，不忍心在这样的时刻对洋行的职工、佣人及其家属弃之不顾，而是想要全力帮助他们——这本来就是理所当然的！

对第1点还必须指出，我们十分尊敬的中国客户还想不断向我们订货、签订合同，但必须按照下述条件：

支付条件：(1) 签订合同时预付5%。

(2) 我们取得战争胜利后4周再支付95%。

供货时间：2个月以内运抵南京，送货上门。

保战争险：没有必要。但如果你们愿意投保，我们同意！

这当然不行，我得苦口婆心说服客户！

对第2点还必须说明，那位柏林女士说的是对的。

对第3点来说，首先还要有一个十分安全的防空洞，显然我们并没有。我在这里所见过的防空洞，没有一个是很安全的，但它们看上去全都是防空洞，而这就足够了！

接下去就是已经刊登出来的内容：

一声长“呜”，三声短“呜”

南京来鸿

我们曾请求一位我们在南京的读者，给我们写一下在南京发生空袭时的情况，作为“一个局外人”的态度如何，德国人在偶然陷入困境后做什么和究竟做了什么。我们随即收到一封长信，现发表如下：

人们是怎样建筑防空洞的？如果他有许多钱，就委托一位中国的防空洞建筑师承办一切（自然，他一窍不通），付给他 500 元～3 000元，建筑师分别按照付款的多少，运来大方木料、厚木板、沙袋、铁轨、陶土水泥管，以及我也不知道是什么的大堆大堆东西，事情就完了。我是自己操办这事的，就是说，我雇用了 10 名苦力，吩咐他们挖一个深坑（矩形的），一直挖到双脚浸水为止，坑深 1.5 米时就出现了水。于是，我们在坑底铺一些墙砖和圆木头，然后再铺上地板。地板上必须留一个洞，以便我们能够取到地下水。你们一定听说过怎样降低地下水位？真是简单极了！只要每天放一只桶或是空的食品罐头下去。我们还在墙边竖了几根柱子，支撑住上面的横梁，再把方形厚木板放在上面，然后覆盖泥土，要许多许多泥土和沙，堆成一个约 1.5 米高的土丘，再把妻子的花盆放在上面，我们称这花盆是伪装，日本飞机就不会识别出下面藏着什么。更使日本人不易察觉的是我们把这个巧妙的地下坑洞建筑在一棵树的底下，树根这时可能就长在它的上面。我们给四周的墙壁蒙上干净的草垫子，开了两个门，一个门供人们进出，一个门专供运送货物。后来还在这两个门外垒了沙袋路障，保护不受炸弹爆炸产生的气浪破坏。

人们都跑到我这个防空洞里来占位子！为什么？我不知道！它有这样的名声：特别牢固。

我在建筑这个“英雄地下室”时，估计最多可坐 12 个人。但在建筑好以后发现我大大地估计错了。我们共有 30 个人，坐在那里就像罐头里的沙丁鱼一般。所有这些人是从哪里来的呢？十分简

单！我的每个勤杂工都有妻子，有孩子，有父亲、母亲、祖父和祖母，如果他没有孩子，就收养一个！（顺便说一下，多么兴旺的业务！）此外，我还得接纳一个邻居和他的家人。他是一个鞋匠，战前我曾对他发过火，因为他把20%的扣头计算在制鞋价格之中。后来突然发现他是我佣人的一个亲戚，我能怎么办呢？我让他们都进来了。我不能让自己丢脸呀！我在这个地下室里给自己放了一张办公室的椅子，其他人都蹲坐在低矮的小凳子上。我自己理所当然地也得进入这个防空洞，至少在轰炸离得很近而且很厉害的时候是如此。并且，我坐在里面时，孩子们和女人们会由于看见我也可怜巴巴地坐在里面而感到放心。这时我发觉，我在北戴河下决心尽快地赶回来是做得对的。

假如现在我这么写，说我一点也不害怕，那我一定是在撒谎。在防空洞开始剧烈震动时，也有一种感觉悄悄爬上我的心头，类似“哎呀，我们要再见了！”在我的防空洞里有一只家用药箱、手提灯、铲子、十字镐和榫凿，但是，坦率地说，当我想到，我们大家有可能都会被埋在这个老鼠洞里时，那些东西并没有给我提供多大的安全感。说真的，是害怕了。可是，为了消除害怕，说几句快活的话，或编造一个笑话，大家跟着笑一笑，炸弹的威

力就大大减小了！老实说，只要炸弹没有刚好落到自己的头上，人们逐渐地也习惯了狂轰滥炸。每次轰炸的间隔时，孩子们都迅速地跑出去。这是可以理解的，但你无法想象得出，这时会发生什么事。

夜间轰炸既有弊也有利。第一次警报信号响过几分钟后，电厂拉断了电。领带可以不要，但在这几分钟内我至少必须穿好裤子和皮靴。然后，当我把所有要保护的伙伴安全地藏进地下室后，才可以悄悄地在暗处坐下。继而我经常会摸索着回到我的起居室里去，悄悄地找一张最舒适的椅子，转眼间便睡着了。这是我在孩提时代练就的功夫，那时，只要下雷阵雨，我就常常这么做。

可是(我们的室内生活写得太多了)只要危险一过去，防空洞里的客人们和我之间的家庭式关系自然也就中止了。必须是这样。除去工资以外，必须有一个区别，不至于会失去纪律。

现在再写一点有关这个城市和警报信号的情况：

谁要是在战前即两个月前，熟悉这个重新繁荣起来的南京城的，谁要是在当时，特别是中午时分，观察过市中心繁忙的交通情况的，如果他听说过大约100万～120万居民中至少已有80万人离开了这个城市，那他对现在城里到处是死一般的寂静和几乎空荡荡的街道和广场就不再会感到惊讶了。所有红色的砖瓦屋顶都刷成了黑色，就连整个红砖瓦的住宅区也都刷成了黑颜色。每隔50米～100米就有供行人躲避用的防空洞，有些只是上面堆些土的洞，刚好够一个人爬进去。

所有的电影院、大部分旅馆、绝大部分商店和药房都已关闭。有些小手工业者还在半开着的大门和百叶窗后面悄无声息地干活。

一排排的房子之间，可以看到一些缺口，面积大约有6所～12所房子那么大，这是轰炸造成的破坏。但是事情过后呢，人死了(虽然不是很多，但也够多了)，现场清理干净了，于是便几乎不再有人注意这些缺口，事情也就忘记了。

同样也漆成了黑色的公共汽车还在行驶，在中央各部等单位下班时车里挤得满满的，因为政府官员都照样工作，星期天也如此！街上的秩序是无可指摘的。军人、警察和平民纠察队谦和而正确地履行着他们的义务。在两枚炸弹炸开了中山路主干道的碎石路面半个小时后,就已填补了那些坑洞,修复好了路面。修路时交通一点也没有中断。

没有一个外国人(这里的外国人已经不多,德国人约有12名妇女和60名男子)受到过干扰。相反,人们都怀着惊讶的好感注视着我们这些还坚持留在这里的外国人!

警报突然会响起。以前我们用作报时信号的电器汽笛响起了拉长的"呜——"声,这是第一次信号:警告信号。就是说敌机已经起飞,正在飞往南京途中的某个地方。所有的人都赶快奔跑回家,或者奔向附近的防空洞。住得比较远的人就坐人力车赶到安全的地方去。有幸坐在汽车里的人突然发觉,他们的老式小汽车在和平时期时速还跑不到10里,现在却一下子达到十六七里的速度。当我喜形于色地祝贺我的司机取得这个出色的成绩时,他露出一种调皮而尴尬的脸色。看来是我击中了他的唯一致命弱点。

回到家以后,我就派人在大门两边守着,以检查拥进来的人们。邮局和电报局的公务员受到每个人的欢迎,随时都得安置他们。除此之外,凡是与我的家庭没有关系的人,都拒绝入内:"真对不起,没有地方。请您别见怪,我们没有多余的位子了。"

抱着婴儿的妇女们受到优先照顾,允许她们坐在防空洞的中间,然后才轮到带着较大孩子的妇女,最后是男人。这是我始终顽固坚持的顺序,它使男人们感到无比惊奇。

几个大胆的男人——管家、司机(他穿着西式服装,必须有相应的举止)等,还有本人只能暂时留在外面。

第二次信号!一再重复的一长三短的"呜"声,表示敌人正在南京上空。现在全城空荡荡的,一片死寂,无丝毫动静。街道上不时有步行或开着车的哨兵在巡逻,也有城市民众应急队队员。

我们数着敌机的架数,同时为正在追赶它们的中国歼击机感到高兴。在高射炮(防空火炮)开始射击时,肯定有纷纷落下的炮弹碎片,我们便慢慢走近防空洞的入口。轰炸机向下俯冲时,发出巨大的呼啸声,紧接着是100公斤~500公斤炸弹猛烈的爆炸声。当炸弹接连不断地落在不远处时，大家都张大着嘴，一声不吭地坐在防空洞里。我们给孩子们和妇女们在耳朵里塞了棉花团。只要稍一平静，就有“英雄”一个接一个地从地下室里走到外面去，想看看周围的情况。每当有一架敌人的轰炸机被高射炮击中后燃烧着摇摇摆摆地栽下来时，中国人就高兴得热烈鼓掌。只有这个滑稽的、让人难以捉摸的“主人”的表现又一次令人不可思议，他一声不吭地抓抓帽子，喃喃地说：“别吵，死了3个人！”鞋匠嘀咕道：“怎么啦，他们可是想要你的命呀！”

在云层后面，撤退的日机和追击的中国飞机还隆隆地响了好长时间。然后响起了缓和的“呜——”声，警报解除了，危险过去了！大家平静地却是大声地谈论着重去干活。

这段时间确实很有意思！没有谁埋怨无聊。现在已是晚上10时了，警方的戒严时间开始了，街上一切交通都已停止！

德国学校已不再存在（它已关闭），解聘了教学人员，退掉了校舍。孩子们均已乘飞机离去，去了安全的地方。这是过去的事了！但是不要担心，我们一定会再办起来的！

老鸹

“老鸹”是已故领事海因里希·科德斯给我起的一个中国外号，意思是“老拉贝”，并无其他含义。

10月18日

仍然是阳光灿烂的天气，天空没有一丝云。8时45分，刚用完早餐，响起了第一次和第二次警报，但是什么也没有看见，什么也没有听到。9时45分又取消了警报。“假的。”中国人说。它相当于“骗子”“伪装”或诸如此类的含义，照意思翻译是“虚惊”或“虚传的警报”。

中午以前很平静，我和韩（湘琳）去中国银行和铁道部作了商务拜访。午餐后，14时30分，又响起了警报。这次我们听到了飞机飞来的声音，但它们仍在比较远的地方，受到了高射炮的射击。它们在南面某个地方（似乎是在城墙外面）扔了许多炸弹，没有向下俯冲。16时解除了警报。又损失了一个半小时。谢天谢地，我们仍然很健康。这时我们想要安静。

里贝先生整个时间都站在电厂里他的涡轮机旁。这个漫不经心的傻瓜！他今天刚把修理好的机器重新开动了起来，所以不想让电厂立刻再停下来。“假如日机真的成群密集飞来，”他说，“当然我也会躲起来的。”是的，亲爱的，但愿你还有时间去躲起来！

10月19日

哼，今天日本人对我们可真照顾！

午夜2时，响起了警报，我正在穿第二只靴子时炸弹已经落了下来，震得整个房子都抖动起来。只有里贝没有动弹，仍然安静地在睡觉，仿佛什么事也没有发生。这家伙什么都不当回事！正当我朝他叫喊“喂，里贝，第二次警报”的时候，响起了几枚炸弹的猛烈爆炸声。我的朋友里贝却平静地回答说：“是是是，我听到了！”今天夜里，我们又看见了我们西门子舒克尔特厂制造的探照灯在照射。我走进防空洞里，不得不再维持一下秩序，因为有个远洋公司的报务员，他身材肥胖、大腹便便，总是会挤占妇女们和孩子们中间的好位子。我略微调整了一下位子，因为太激动，掉进了地下水的洞里，把我臀部也弄湿了。今天凌晨，防空洞入口处出现一张用德文、中文和英文写成的醒目的大海报：

致我的客人们和本洋行成员的通知

凡经常使用我的耐轰炸的防空洞者，必须遵守下述规定，即应该让孩子们和妇女们（无论是谁）占用最安全的位子，也就是防空洞中间的位子。男人们只可使用两边的坐位或站位。

有违反本规定者，今后不得再使用本防空洞。

约翰·拉贝

1937年10月19日于南京

胖子报务员把这事放在心上了！凌晨4时，危险终于过去了。我们大家对此也没有多大的兴趣了。

刚上床又响起了警报，时为凌晨4时30分。这次得保持冷静。我疲乏地又穿起衣服。当我终于穿着完毕，站在那里时，警报又解除了，时为4时50分。这是一次虚传的警报。人们把巡逻返航的中国歼击机误认为是敌机了。警报取消很长时间以后，我正躺到床上时，高射炮中队突然又射击起来。想必那些人是完全搞糊涂了，但愿他们没有击中自己的同胞。后来我想把失去的睡眠再补回来，但在凌晨时刻很难睡得着。那么，我就洗澡去吧！

月光皎洁的夜晚又变成了一个阳光灿烂的白天。在8时55分，来了第一次警报。如果再这样下去，今天我们大概做不成多少事了。里贝把不让他工作的日本人大骂了一通。9时55分取消了警报。我们没有见到敌机：又是一次虚传的警报，或者说，日本人从南京边上飞过去了。

中午12时15分响起了今天的第四次警报。警报拉响后，我们已不再那么匆忙了，到第二次信号我们还有一些时间。可是，这次几分钟后就狠狠地干起来了，猛烈的轰炸声就在很近的地方。我们大家都快步朝防空洞奔去。天空阳光灿烂，几乎无法认出敌人的飞机。防空中队开炮了，但是没有击中。由于很有可能会被纷纷落下的碎片击中，我便命令大家都进防空洞去。我们等了约10分钟，城北和城南都有可怕的炸弹落地声，南面升起一个很大的烟柱，在天边慢慢地散开，没有火光，只有爆炸产生的烟尘。13时10分，危险过去了。里贝先生吃饭来迟了，他说，今天他也不得不进了防空洞。日本人在电厂总机房不远处投下了一批炸弹，但电厂未受损害。里贝又一次交了好运！

10月20日

上午8时，出了太阳，天边有一些云。日本人今天一定会来访。

昨天浦口的轰炸一定很严重。我听说，津浦铁路局的办公大楼和附近的煤场被炸了。据说炸死了9人，伤10人。现在日机已不再向下俯冲，而是直接从高空扔下一连串炸弹。因为它们向下俯冲受到了很大损失，有许多飞机是在重新抬升时被击落的。

里贝先生在修复电厂中做了很好的工作。2号涡轮机已全速运转（5 000千瓦），此刻正在修复3号涡轮机。中国人是否也承认这样的成绩呢?但愿如此!还有一个值得提出的事实:此刻只有我们那台老的博尔齐希锅炉在运转,它是我们6年前供的货。从那时以来它一直都在运转,根本就没有再让有名的美国锅炉生火。德国的产品质量再次证明是过硬的,但仍有人在挑我们的毛病。

12时30分,响起警报!飞机出现在北面和南面的高空,在南面投下了许多炸弹,可能又是落在飞机场上。南面的方向出现了巨大的尘雾,这是炸弹的成果。有3架大型轰炸机从我们的上方飞过,高炮中队的射击又是劳而无功。为了提防炮弹碎片,我们(里贝和我)回到防空洞,待了几分钟,那里早已挤满了中国人。当我们又从防空洞走出来时,轰炸机正在北面(浦口方向)轰炸。我们也听到了那里有许多炸弹落地的声音,间或还有机枪的扫射声。想必也发生了空战。13时30分,一切又都过去了。

日本人还是很配合的:让我们安静地吃了午饭,我甚至还能小睡20分钟的午觉。

14时30分又响起了警报。我照样平静地工作,等待着第二次警报。15时40分,发出了拉长的“呜——”声,警报解除了。这是一次虚传的警报。

桂林来了消息,著名的弹道学家、枢密顾问克兰茨博士教授在那里去世了。愿死者安息!他是一位可亲的老先生,今年82岁。我最后一次见到他时正值初夏,他想要到青岛去,但后来大概还是选择去了桂林。他顺便提到,这大概是他在地球上的最后一次暑期旅行。我想要劝阻他时,他却亲切地挥手拒绝了。想必他对此更清楚,而且被验证了。

德国大使馆的霍特先生躺在鼓楼医院里。一次在长江上作舢板射击比赛时,他后面的人一颗铅弹打中了他的小腿肚。他在一艘英国军舰上作了急救包扎。(在战争中人们什么事都会碰上!)偏偏是打中了小腿肚!要是再高一些也许会更消受些。不过,我还是不批评为好。我自己在非洲时不也是这么做的,只是那时没有打仗。我要去请教一下,我是否应该为他受伤的小腿肚授予他一枚“抗射击嘉德勋章”[①]。我相信,我应该这么做!

---

① 1350年爱德华三世颁发的系在膝下方的英国最高级勋章。

有家报纸报道说，上海的德国领事馆就日本人轰炸在上海的德国领地提出了抗议。中方和日本都否认了这期间出现的有关和平的谣言。

《大陆报》（南京版）的一个编辑说，南京人已经习惯了日机的空袭。这说法显得有些夸张。他还说空袭警报信号已经成了每天的家常便饭。不过这个情况倒是确确实实的！第一次警报时，人们根本不走出办公室，最多是机械地整理好办公桌上的东西。第二次警报时，我才吩咐勤杂工把装有最重要药品（胰岛素）和包扎用的材料等东西的手提包拿到防空洞里去，再打开房子里的所有门，使之不被可能有的气浪摧毁。同时指示办公室勤杂工站到外面去观察天空，等敌人的轰炸机飞近了再通知我。当天空响起发动机的轰鸣声时，当然就意味着得赶紧了。大家随即从房子里跳出来，朝四周看看，假如出现了危险，碎片满天飞，就赶快奔进防空洞里去。可是，一旦敌人的大型轰炸机飞到一定距离时，人们又会出来张望。这种行为并不总是明智和安全的。但蹲在防空洞里也并不是一种快乐，何况，有30个人一同蹲在里面。如果响起了警报解除信号，危险过去了，大家就又平静地去做各自的工作，仿佛什么事也没有发生。当然，有时还会热烈地讨论一下轰炸的程度以及可能造成的损失，但是不久就会平静下来。大家都在忙着工作，要想一些别的事情。

10月21日

今天夜里3点钟收到一份电报，说沃尔特马德先生今天下午乘汽车抵达。但愿他运气好，我们希望他一路平安，那段路几天来一直受到日本人的猛烈扫射。

上午8时，天空万里无云，一个极好的航空天候。

9时15分响起警报；9时55分又解除了。我们没有见到飞机，它们也许是在南京前面就改变了航向。最近，如果日机的飞行目标位于浦口的北面，它们就会绕过南京。

我在去下关电厂的途中，拜访了施罗德博士。他的夫人还在汉口，很想到这里来，但不许她来。施罗德博士考虑是否可以让她住到“库特沃”号船上去。我劝阻了他！施罗德博士不大相信克兰茨教授去世的消息。据他所知，克兰茨和夫人几个月前就已在回国途中。看来是他们对溯江而上的情况不甚清楚。施罗德博士还不知道施特雷齐乌斯的夫人已在不久前去世。我在施罗德的住房里发现了里尔茨先生丢失的最后一只箱子,我要把它带回去,把他的全部行李都放在一起。我正想到电厂去时,12时30分响起了警报。我刚好还来得及坐汽车赶回家。大家在那里很是激动。躲到我防空洞里来的上海商业储蓄银行会讲德语的职员们说,他们从上海和南京之间各个支行得到的电话消息称,日本飞机在飞往南京的途中投了毒气弹。我们没有防毒面具,只有简单的用浸过六胺或醋的漂白薄纱布做的口罩。我检查全体躲在我这里的人是否都有这种口罩,我的手提箱里一直都放着这种口罩。女人们都只有一条手帕或小毛巾。我让人把我余下的最后一些口罩分给她们,这些口罩我原本是要剪开作绷带用的。正在关门的一瞬间,院子里又来了3个寻找防空洞的穷孩子。他们瞥见我时撒腿就跑,但我又把他们喊了进来,安排在防空洞中间的位子上。我的目的是使我的客人们以此为榜样,懂得在危急关头每个人都是同样重要的,不管是富人还是穷人。

日机飞来了,但却是在蓝天里,非常高,几乎辨认不出来。四面八方的高炮中队开火了,天空中弥漫着薄薄的榴霰弹云。我命令所有的人躲进防空洞,我也在里面待了几分钟。在南面(可能又是城外的飞机场,日本人千方百计地想要摧毁它),炸弹一个接一个地落下去。再次出现了死一般的寂静。我听到敌机同时在北面及南面轰炸,一定是投下了大批炸弹。我们耐心地等待着恶魔离开,我们无法确定他们是否投了毒气弹。谢天谢地,我们的健康没有受到损害。下午2时(一个半小时以后),危险过去了。我派人用汽车去接里贝回来吃饭,这段时间他躲避在扬子江饭店。午饭烧焦了的厨师在骂娘。看来,每个人都有点自己的烦恼。

各家报纸报道说,日本人在上海附近突破了中国防线,在苏州附近又有两辆载有外国人的汽车遭到了日机的袭击。

10月22日

早上8时,沃尔特马德来了。他是今天夜里1时到达南京的,但为了不打扰我,他住到了首都饭店。从上海到南京用了18个小时。他曾相信中华特别快车公司会在8个小时内将他送到这里，但是，这家公司所谓的德国司机实际上是一些失业的犹太人，他们对开汽车并不太在行，不过是为了挣钱。车费是每人75元。这些犹太司机中有一个人的行为令人讨厌，大使馆想要没收他的德国卐字旗，认为他作为犹太人没有资格拥有这种旗子。

虽然阳光灿烂，但上午是平静的。我和"电量计先生"①去拜访了哈普罗公司，15时20分响起了警报。在城南(大校场)投下了一批炸弹。尽管沃尔特马德先生给我从上海带来了极好的蔡司望远镜，但我们仍没有见到飞机。16时15分警报解除。

10月23日

美丽的秋日天气，阳光灿烂。

8时45分有警报，10时15分警报解除。我们没有见到飞机。

11时再次响起警报。飞机飞得很高，我甚至用了望远镜也没有发现。12时警报解除。我们正要去用午餐，12时20分又响起了警报信号。这一次榴霰弹云密布天空。根据猛烈的高炮火力判断，一定是在无法看见的远处出现了日本飞机，我用望远镜发现了正在飞行的3架日本轰炸机在我们房子上方很高的地方，它们的上方还有一架日本飞机在交叉飞过去，看上去正燃烧着，后来钻进一阵烟雾中消失了。情况看来挺危险，最好还是进"英雄地下室"。城南和城北遭到了持续的狂轰滥炸，估计投下了将近30枚炸弹。弥漫的尘雾冲天而起。13时15分，一切过去了。我多次试图开车出去，到铁道部去，到中国银行去，但均被街上的军人和警察赶了回来。直到下午才平静下来。这是星期六下午，现在我可以去做被延误的工作了。傍晚时分，我正在写信，电灯熄了，我点亮蜡烛继续写。我和沃尔特马德先生、里贝和阿曼3位客人共同进餐。然后我们度过了一个平静而舒适的晚上，消灭了最后的3瓶啤酒，那是佣人在某个地方没收来的。现在只有味苦的杜松子酒和威士忌，苏打水也喝完了，算了！我们就喝茶吧，茶叶有的是。

---

① "电量计"在德语中和沃尔特马德先生的名字谐音。

明天是星期天，中国人说：日本人在星期天从不进攻，至今只有两次例外。哦，你不会搞错吧！！

晚上收到了从上海来的第二副望远镜——一副18倍望远镜，是德伦克哈恩先生给我弄到的。现在我配备了望远镜，真像一个参谋长。只要住在对面的蔬菜商有黄油卖，我用这副望远镜甚至能把他的最新的黄油价格看得清清楚楚！太不可思议了！奥托，这副望远镜将来一定要送给你，你可以在巴伐利亚山区派上用场，当然我多么希望将来能和你一块儿上山，但是有这个可能吗？

10月24日

星期日，一碧如洗的天空。韩(湘琳)先生和他的朋友们真的搞错了，10时30分响起了警报。在城南和城北，炸弹和榴霰弹再一次雨点般地密集落下。事后据顾问们告诉我，我们经历了一种形式的周年纪念日：昨天在南京投下了第700枚炸弹。绝大多数炸弹落在城南的飞机场。11时55分，危险过去了，余下的时间是平静的。我和沃尔特马德散了一会儿步。我们发现，在中国老板开的所谓的德国肉店的橱窗里放有爱福牌啤酒，我们赶紧把库存的9瓶全买了下来。埃利卡·布瑟幸福的未婚夫克勒格尔来探望我们，我们一同喝了咖啡，一起度过了愉快的几个小时。司机刘每当遇上警报时，为了赶快回家去，就会开“惊慌快车”。汽车减震弹簧终于在开“惊慌快车”时断掉了，汽车不得不再送去修理。我们还听说，永利铔厂在上次轰炸时受到了严重破坏，已不再需要用电厂的电了，因为该厂已不得不停产。看来他们也想使还没有恢复的电厂再次停工。

晚上，收音机里传来不幸消息，说日本人已攻下了上海前线太仓城。假如这个消息确切(而这不是我们所希望的)，我们可能不久就会和上海完全切断联系。

10月25日

美丽的秋日天气，十分平静。

我相信，日本人知道今天我要庆祝28周年结婚纪念日，所以特别照顾。妻子发过上次的电报后可能已到北京去了(就是说，日本人把“北平”的名称重又改为了“北京”，现在就只差他们把现在的“南京”改称为“南平”即“南方和平”了——它与狂轰滥炸真是多么相称！）。不过，为了保险起见，我还是给在天津的老地址拍了电报，着实出了不少汗，因为用英文写东西不是那么轻松的。不信你试试看！在节前的快活气氛中，受伤的霍特先生获得了“抗射击嘉德勋章”，就是说，是一个系在白色袜带上并写有“霍尼[1]也许是想错了”字样的勋章（取自我的勋章箱子），图案为两枝交叉的火枪，包装是一只蓝绸面子和白绸衬里的雪茄烟匣子。效果相当不错！霍特几乎笑得伤口也痊愈了，并且完全没有预料，全世界都在说：这只能是拉贝做的好事！

妻子请韩（湘琳）先生给我送来了 4 大盆紫莞花（读作：菊花），除此之外，我还收到了她的两首诗（一首是她自己写的，另一首只可能是出自察恩之手），同时她还在里面附了一张奥托的照片，就是孩子在以前送给我的那张照片，后来被她从我这里偷走了，这件事她也许早已忘记了。多多多……谢了，妻子!! 我真是高兴!! 此外，我又收到了妻子的两封来信（10 月 15 日和 16 日的），其中一封是通过德国大使馆转交的，一定是由目前在上海的陶德曼夫人带来的，大使到她那里去过。

中国人全都垂头丧气的。上海传来的坏消息看来已得到了证实。现在情况怎样了，我们还不知道。

乌拉，刚才又收到了奥托从萨勒姆寄来的一封信，落款日期是 9 月 26 日。快活而又无忧无虑的奥托正在参加摘梅子和拾苹果的劳动。我为奥托·拉贝不久就要成为一名士兵而高兴。祝我的孩子幸福！

下面是我收到的礼物。

察恩的诗：

你 的 儿 子

现在你成了一个大人，我的孩子，我的孩子，
显示出你的才干吧！
愿你朝气蓬勃，迈入生活！

---

① 霍特的昵称。

愿你大胆勇敢，万事成功！
你是我树干上长出的分枝，
如今已变成一棵独立的大树。
给它泥土吧，而不是沼泽和泥泞。
扩大空间让它根枝蔓生。
让清新的风，
摇曳和摆动枝枝叶叶；
让绿色枝叶的花环，
高高竖起向着太阳！
让鸟儿在树枝间歌唱，
世界多么美丽如春天！
天际会怒吼，会呼啸，
要迎着风暴，
挺直站立，绝不屈服。

现在你是一个大人，我的孩子，我的孩子！
是人材之林中的一根栋梁，
尽管有石头，有洼地，
你健康快活而自豪地耸立着！

妻子的诗：

纪念1937年10月25日

朦胧的预测已经变得明晰，
命运从不是偶然幸运的产物。
人生的道路如同行星的轨迹，
唯有大智之道在宇宙中运筹，
才能决定是合是分。

多拉

1937年10月9日于天津

10月26日

航空天候！但上午仍很平静，我们可以安心地去做我们的工作。14时30分有警报，15时15分又解除了。我们没有见到飞机，但是据说在飞往南京的途中发生过激烈的空战和轰炸。16时又响起了警报。我用18倍的新望远镜，第一次在我的头顶上方看到有7架轰炸机，我随即迅速地向后退了几步。我一放下望远镜，就几乎看不见飞机了。由于望远镜放大的倍数很高，我把敌机的距离搞错了。我必须先习惯这一点。日机在城南方向又投下了一批炸弹，16时15分，危险过去了。

里贝先生完成了在电厂的工作，他可以到长沙去了，上海却发来了电报："等待信示。不要急于结束工作！"我在西门子洋行工作了27年，还没有收到过这么好的电报，我真想也成为一名涡轮机装配师。为此我在下午买了一只中国钢盔，一方面为了留作纪念，另一方面是防止上海总部电讯部来电话揍我的脑袋，因为我收取炮兵学校过去的外欠债务进度太慢。各家报纸报道说，太仓仍然在中国人的手里。但从这里人们的脸上看得出情况有些不真实，肯定已经被攻占了。无论如何，我们德国人在扬子江上还有"库特沃"号轮船作为最后一个避难处，这确实令人宽慰。我看到过这里的政府已经溜过一次①。这种事还会再次重复。以后

① 指1932年初国民政府仓促撤往洛阳。

城里是否还能保持秩序是个大问题。

有家报纸说：在从 1937 年 8 月 15 日至 10 月 15 日对南京的 65 次空袭中，已有 200 人丧生、300 人受伤。此外，日本人承认，他们在上海至今已被打死 1 万人。

10 月 27 日

日本人攻占太仓的消息现在已得到中国人的证实，后者现在已撤到了他们所谓的“兴登堡防线”[1]。上海的邮件、电报之类还收得到。据说，甚至还可以坐火车到达上海西站。上海是一片混乱！战斗想必十分激烈。在国际租界的边界处的战斗中，欧洲人也受到了日机的扫射。有两名德国人受伤，一名英国士兵被打死。接着，英国士兵得到了守卫这一段国际租界的命令，射击任何一架飞越国际租界边界的日本飞机。今天，南京这里十分平静，尽管是很好的航空天候，但完全没有空袭或警报。我不断听到关于日本人在使用毒气弹的传说。据说已有 200 箱带红十字标记的日本弹药运到了上海。施爸爸[2]家庭生活的下述经历，说明目前上海局势不是“完全没有”问题，在此，要感谢我，我把它重复一遍。如有不妥，我保留意见，不承担责任。在施先生住房的附近落下了几枚很大的炸弹，把许多房屋炸得稀巴烂，甚至后来还在报纸上作了报道。施爸爸随即打电话要他的妻子和孩子们到他的办公室里来，他认为那里要安全些。当一家人终于到他那里时，他正等得相当不耐烦。他开口就对他们说：“你们在哪个地方待了那么长时间？”“我们没有能很快找到妈妈。”小女儿回答说。“哦，哦，她躲到哪里去了呢？她不可能在家里走失的。”最小的孩子（用格蕾特尔 · 加尔博的语气）接口说：“她躲在衣橱里！爸爸，你能猜得到吗？？”

10 月 28 日

天空有些云，尽管如此，9 时 10 分还是有警报。但只是一场虚惊，9

① 即沪嘉国防工事。
② 指后文的施佩林先生。

时 40 分就取消了。除此以外，这一天很平静，是工作忙碌的一天。晚上出了一点小事，据说调皮的厨师蔡为晚餐准备了奶酪，但吃饭时却没奶酪。我发了火，骂了他，并说要在下月 1 日就解雇他。他斗不过我，转身就走开了。走就走吧，就我而言，我不会让步，我要我的奶酪！

10 月 29 日

下雨天，估计日机不会来。我不得不惭愧地承认，厨师和奶酪都成了完全次要的事情。上海防线的战斗对我们大家的情绪都产生了影响，在这场战斗中，除去双方都有巨大损失以外，其他一切肯定也都超过了至今有过的程度。这样，日本人在上海实际上也许已经或接近达到了他们的目的。我们不相信他们会向中国的“兴登堡防线”发起冲锋，虽然谁也不知道他们现在究竟还有什么打算。中国人不是没有进行过英勇的防守，我们现在看到的已足以证明，他们维护了中国军队的声誉。我们在这里作过许多估计和讨论，日本人是否能够突破扬子江上的水雷封锁区，并攻占扬子江的防御工事。如果出现了这种情况，南京就会面对日本的舰队，那将会是一个令人痛心的结局，不过我们还没有到这个地步，也有些人认为这是不可能的。

沃尔特马德昨天继续旅行到汉口去了。里贝还在这里，他在结束了电厂的 2 号涡轮机和 3 号涡轮机的修理工作以后，就打算要离开，何况电厂最近已将涡轮机停机，因为永利铔厂这个用电大户仍然没有投产。现在却突然来了指示（可能是蒋介石统帅的），要求全部机器应该立刻开机。中国各家报纸报道说，日本人已将带有黄十字标记的 350 箱毒气弹药运到了上海。（他们是否想用来对扬子江的防御工事施放毒气？）皮尔纳少校带来一个坏消息说，上海商业储蓄银行已岌岌可危，由于上海爆发战争使它损失惨重。据说提供这个银行资金的一些较大的康采恩已被日本人摧毁。我至今还未能证实这个消息。施彭勒告诉我，他听到皮尔纳的消息后，从上海商业储蓄银行提出了他的存款，铁道部不想以英镑签发期票。我感到真滑稽！难道欧洲的形势尖锐了？今天报纸上发表的一篇文章“阴云密布”，也不适合安抚情绪。偏偏又来了这桩倒霉事！

据说蒋介石夫人乘车去上海途中，汽车驶进了一条沟里，她从汽车里被抛了出来，折断了几根肋骨。据说在太白岩①附近（在去芜湖的路上）一艘装有 300 万元弹药的中国炮舰，被日本轰炸机炸得粉身碎骨。皮尔纳声称见到了这一情况，并说也知道这是间谍活动造成的?! 劳滕施拉格尔从北戴河经过上海回到了这里，给我带来了妻子在天津为我购买的胰岛素。这东西我现在有了 3 个月的储备。

我收到了西门子电气总公司寄来的 100 份 1938 年的德国记事日历，作为送给客户的圣诞礼物。辛施兄弟公司从汉堡寄来了每年都要提出的请求，要求寄送圣诞包裹。辛施公司的人还附上了一张十分精美的汉堡冬季风景明信片，使我们的“心肠完全变软了”！天呀，圣诞节——我们还一点也没有想到！今年我们会在哪里过圣诞节呢?? ——喂，你别哭，拉贝。过去你可不是这样的!!

下面这些诗句是我趁脑子清醒的时候写下来的：

和人人都相干

我一再有把握地说：
哎呀，要理智，
蹲在防空洞前，
这可是缺乏理智！
首先，因为轰炸机的炸弹
大都是从上面落下的，
高空也会掉下碎片，
击中谁，痛得要命，
如果劈啪爆炸，不及时走开，
你肯定会说：啊——我想，
还有足够时间躲开，
我只想看一下……
别说废话了——快些吧，
走进你的“英雄地下室”去！

---

① 即采石矶。

你的理智在命令你！

10月30日

下雨天，多么美好的雨天。"库特沃"号已决定驶往芜湖，去装运刚刚挖出的煤。女士们全都离开了船，在这段时间内留在"危险的"南京。

收到了妻子10月17日和20日的邮件。乌拉！妻子在天津的《华德报》上读到了我关于在南京庆祝收获感恩节的文章，重新获得了勇气。这就对了。妻子！这文章首先是为你写的。你立即就理解了，使我很高兴。

10月31日

雨还在静静地下，好极了。我们根本就不想有比这更好的天气。

上海的战斗在紧邻外国租界区的地方继续进行。战斗中又有一批人员被打死，其中有3名英国士兵。另外有一批过路人受了伤。所有外国人，当然还有全体中国居民，交口称赞500名或800名中国人，他们在被切断联系的情况下，仍然在一个仓库里①英勇地抗击日本人，表现得视死如归。我在报纸上读到了第一批和平序曲，不过也只是看上去像是那么回事！没有橄榄枝的和平鸽，一点用处没有。

11月1日

天空稍有云层覆盖，但是没有空袭。我们可以安静地做我们的事。

11月2日

雨大滴大滴地下着，看不见山，一切都淹没在云层中。尽管如此，9时15分响起了警报，我们不得不中断我们例行的商务访问。9时30分，一架中国飞机在离我们房子仅200米的高处一掠而过，警报就又解除了。我听说，如果有中国轰炸机升空，现在也发警报。人们想以此防止暴露中国人隐蔽自己飞机的地方。L. A. 施密特先生从上海发来电报

---

① 指上海四行仓库。

说:“请电告需要的食品。”背后肯定包含有妻子的极大担心。她想在天津给我寄一箱松脆面包,但未办成,现在要由施密特先生来做了。我答复说:“非常感谢。目前我有足够的食品。”因为我确实还有我需要的一切东西,松脆面包片没有的话,黑面包也行。我刚从医生处回来,血糖正常,只是有时心悸得厉害,凌晨3时更为严重。这是神经性的现象,也许是可以医治好的,我想试试看,也许是我用的胰岛素太多了。

根据蒋介石的命令,“敢死营”的尚存者撤出了仓库。蒋介石做得对!仓库里已有将近100名士兵丧生,最后的人员撤出时还会有损失,然后这个插曲也就此结束。但它也提供了这样的证明:如果有必要,中国士兵也会死得其所。

11月3日

还是出色的下雨天。14时45分有警报,但15分钟后又取消了。没有人知道为什么要发警报!也许只是想干扰我的午睡,他们连一丁点儿快活也不想让人享受。这里的一张报纸上最近有一则简讯说:当局即将对城内的全部防空洞进行检查,检查它们是否顶用,就是说,它们建造得是否牢固,是否具有足够的保护作用。我当时并未重视这则简讯。现在有人偷偷地告诉我,这是我在上海德文报纸《远东新闻报》上那篇署名“老鸹”的诙谐文章的后果。尽管不是这么回事,但他杜撰得很好!这正合我意。也许并没有检查出多少问题,虽然在那则报纸的简讯中提到过,对那些不完善的防空洞必要时将予以重建或修理。遗憾的是,只有十分富有的人才会建造得起一个真正的抗轰炸的防空洞。为此需要有很粗的树木或是铁轨,相当多的黄沙和更多的钢筋混凝土!这些东西可惜我们都没有!统统没有!

11月4日、11月5日

天空云层密布,不时下雨,没有日机到我们这里来。糟糕的是,我患了重感冒。头痛,低烧,咽喉痛,嗓子沙哑,咳嗽,脉搏每分钟95次,心悸,使我整夜都没有睡觉。医生说:“并不严重!!”好吧,我想我是病了!不过,一定是我有什么事搞颠倒了。因为,今天夜里有过“警报”,我肯定是没有听见，因此我还是“傻乎乎的”！不能再这样下去！医生随即给我(估计是治“傻病”)开了药特灵、洋地黄、丫啶黄、阿达林和溴剂。另外，我还主动服用了阿司匹林。我看到账单(今天这里的药价是原先的3倍)时，我的病已好了一半，但愿另一半会便宜一些！只是不要让妻子知道，否则她会毫不顾及日本人，沿着津浦铁路的路轨从天津步行跑到南京来。此外我还在考虑，在陶德曼夫人(德国大使的太太)到达这里后，我是否也让妻子来。大使能做的事，我们也可以做嘛!！尽管我认为这确实是不明智的！

11月6日

如果一个汉堡人和一个柏林人走到一起，通常都会产生意见分歧。这肯定是出于古代他们好争论的原因，就是说，他们每个人都自称有最伟大的“快舌”，也即最伟大的辩才。我当然站在汉堡人一边。汉堡人说话也许会夸张，他们的话也许要打些折扣；但柏林人纯粹是“吹牛皮”，这就更差劲了！例如柏林人说：“傻瓜就是傻瓜，是无药可救的，即使阿司匹林也不顶用！”这不对！阿司匹林对我就起了作用，今天我感到已有起色。3天的虾蟆肿病之后，今天又动笔写日记了。谢天谢地！

日本人对我的病(我患了重感冒)照顾得令人肃然起敬。前3天几乎什么事也没有发生，至少在南京是如此。总的战局对我没有什么影响，因此我的身体已经复原了。

中国人对目前正在布鲁塞尔举行的九国会议寄予很大希望。他们总是认为，您应该看到，美国一定会帮助我们！哎，但愿是这样。但我并不相信这一点。在英国已经出现了公开的抱怨声，说英国与日本的贸易减少了，因为英国在日本遭到了憎恶。一旦事关“镑”或“美元”，那就不是闹着玩的了，英国或美国都是如此。第一是做生意，中国人民以及诸如此类的事还远远轮不上呢。有人说，现在英国需要大力保护在中国，尤其是在扬子江沿岸的贸易利益。干吗要和日本打仗呢？不，还是不要打!！况且在日本也投了资，而且为数不少。英国是这样，美国也是如此。由此可见，对整个会议又能寄予多少希望呢？他们一定会竭力促成一个折衷的和平。但是中国不想要这种和平。中国要求九国予以保证，它目前正在捍卫的是不可侵犯性。也许通过发布实施制裁会有帮助，可是即使这一点也是成问题的，因为日本已经发出了这样的威胁：一旦用制裁措施给我们制造麻烦（石油禁运等等），我们就加强对中国海岸线的封锁，就是说，欧洲国家和美国至今还享受的一切特权就要中止。然后日本就对中国宣战！在此以前还只是一种“友好的争论”！可怜的中国呀！

我们读到中国军队在上海抗击纪律严格的日本部队的有关报道时，确实是惊讶的，而且那还是一支征募制军队（虽然南京政府规定了普遍义务兵役制，但并没有得到实施）。虽说是向上海派出了由德国军事顾问训练的（据说这些顾问三分之二已经阵亡）南京最好的部队，可是如果得不到足够的装备，即使是最好的部队又能有什么办法？在装备方面实在差得太远了！日本的现代化军队装备有重型火炮、无数的坦克和轰炸机等等，力量远远超过了中国军队。这些都是不可忽视的问题。日本当然最明白为什么他们的进攻不可等得太久。再过四五年之后，它面对的就是一支中国的人民军队，这支人民军队有很大的可能会战胜它。这个风险日本人是不愿意冒的！

11 月 7 日

还是倾盆大雨的天气，完全像我们所希望的！

最近的伙食不太好，但我还没有弄清楚是“战争问题”还是“佣人问题”。我们的管家请了 3 天假，在他不在期间，他叫来了一个替工，令人无比高兴的是他会讲一口地道的无可否认的上海洋泾浜英语。今天早餐时我们之间有过如下的交谈：

主人：你过来！火腿和煎鸡蛋吃起来有鱼味，这是怎么一回事？

佣人：鸡也没有办法，主人，现在已没有真正吃的东西了，只有吃鱼了。

主人：可是黄油也是这个味道，难道你认为奶牛也只有吃鱼吗？

佣人：我一点儿也不知道。主人，我要去问问它。

现在我真的想知道，奶牛将会回答什么！如果他把煎锅清洗一次，也许就会把鲸油的味道洗去。我将对此提出建议，因为很有可能我的那些防空洞的客人都是用的这只煎锅——就是说,我的煎锅!

除此以外没有什么新闻!

11 月 8 日

今天是一段时间雨天后的第一个晴天,天空一碧如洗,而且没有轰炸!值得尊敬的日本老爷们不是忘记了我们,就是在上海忙得不可开交。下面防空洞那里看上去漆黑一团!

今天我们在这里搞"大扫除"。城里到处都在排干防空洞的积水,一些地方有军人和消防人员在帮忙。我这里不需要帮助。我们的"英雄地下室"里虽然已有 2 英尺深的地下水,可是我们自己把它抽干了,就是说,用的是水桶和食品罐。

我外出作例行的商务访问时,听到了相当多的坏消息。看来在中国人中间正在逐渐蔓延一种"准赤化情绪"。里贝先生不久前已经告诉过我,电厂的工人们在一定程度上都染上了"红色"。有人直接问过他,成为一个共产主义者是不是更好些?俄国人似乎在这里暗暗地作了大力宣传。今天有个商务方面的朋友(一个在美国上过大学的人,我不想说出他的姓名)私下里对我说,全体有文化的中国人都认为,如果美国人和欧洲人在布鲁塞尔的九国会议上抛弃了中国,他们都会投向布尔什维克主义。中国人对日本人的憎恨如此强烈,以致他们宁愿受俄国的控制而不是日本。多么周到的考虑!!谢谢!!究竟还会把中国引到哪里去呢?据说与上海的公路联系从昨天起就中断了。第一次没有收到上海的英文报纸(即 11 月 7 日的报纸)。

11 月 9 日

美丽的航空天候,但没有空袭。

这很可能与上海的战事有关系。上海的报纸今天也没有到。上海的电台广播说,上海陷落了,就是说,上海地区内不再有一个中国士兵了。这样,南京和上海的联系完全被切断了,只要陆路不通,就不能恢复联系,至少暂时是如此。至于水路能否通行,需要过几天再看。类似情况在 1932 年初这里已经发生过一次。如果除了上海邮件一时到不了,再没有其他什么问题的话，我也就算了。但是，很有可能会随之产生与此相关的这个或那个问题，例如缺乏食品等。那时会变得怎样，暂时谁都不知道，我更是一点不知道。韩(湘琳)先生说，中国人即使必须退到西藏，也不会讲和。但韩(湘琳)先生一个人的话是算不了数的。在上海的日本将军松井 10 天前曾预言在 11 月 9 日将中国军队赶出上海。他言中了。他同时还声称，随着上海的陷落，战事也就告结束。如果他在这件事上也言中的话，我不会反对。中国人确确实实英勇地进行了保卫！连日本人也不得不承认这一点。中国人之所以不能赢得战争，是因为他们缺少日本人的现代化技术装备。我们从收音机里听到，太原今天也陷落了。这样，就如同我们说过的，我们在这里暂时就无计可施了。假如说布鲁塞尔九国会议真的没有作出中国同意的而又不丢面子的决议(目前看上去很有可能)，我认为，日本人将会采取的下一个步骤是，全力把中国政府即蒋介石统帅赶出南京。我可以设想这事也不会太难。据我的判断，日本军队要从陆路上推进无疑是不容易的，需要突破类似“兴登堡防线”的战线，会有重大的人员伤亡。要征服水路也不是那么容易，至少得清除扬子江上的水雷封锁，要摧毁江阴附近的要塞。就我听说的，日本军队只有用大规模的毒气进攻才能实现，我相信日本人实际上也会这样做的。不过还有一个另外的途径，也即以前已经宣布过的，加强对南京的空袭。据别人告诉我，日本人目前在上海拥有将近 600 架飞机。据说前几次大规模战斗时，在大批歼击机和护航机的掩护下，有 60 架～100 架轰炸机同时投掷了炸弹。如果这样的一支空军部队进攻南京，毫无疑问，他们定会达到自己的目的。我希望(上帝保佑)不会到这一步。万一真的到了这一步，到那个时候我宁愿待在“库特沃”号轮船上。不过，别说不吉利的话了！你这个呆瓜！上帝保佑！上帝保佑！上帝保佑！我们还是别去管那种预言了。冥思苦想得越多，一个人的情绪就越糟。一场现代化战争就是地球上的一座阎王殿，我们在中国正经历着这场灾难，若与欧洲一场新的世界大战相比，也许它意味着只是一场儿戏。但愿善良的命运保佑我们免受此难!!

多么有趣，刚才收到了北方来的邮件：妻子 10 月 31 日从北平来的信，奥托 10 月 6 日从萨勒姆来的信，格蕾特尔 10 月 9 日从哈尔特恩来的

信，并附有维利10月8日从柏林给她的信，连乌尔西①也附了一张自己画的画。这是我在一天内收到的全家的好消息。奥托告诉我，他在去慕尼黑入伍之前，想于10月25日去探望格蕾特尔四五天。格蕾特尔得到柏林来的消息说，维利又要到中国来了(但愿这是真的!)。其实维利是孤身一人住在柏林。

11月10日

阴天，云层很低。尽管如此，13时15分响起了警报。约有9架飞机在城市上空交叉飞行，高射炮对它们进行了猛烈的射击但毫无成效。前前后后一片爆炸声。当高射炮弹的碎片开始在周围屋顶上劈里啪啦作响时，我立即命令大家躲进防空洞。只有里贝除外，他正站在学校走廊里用我18倍的蔡司望远镜观察天空。每次，当我们躲过了这样的“暴雨”安然无恙地走出来时，我总是很高兴。可是，现在督促人们及时躲进防空洞却越来越难了。因为老天保佑，至今还没有出过事，他们也就变得麻痹大意起来。要是我在当时不偶尔狠狠地发一通火，他们就不肯相信会有危险。我们的防空洞被水泡得很软，我们辛辛苦苦地把地下水弄出去。我们不得不连续几个小时地排水。什么都又湿又滑，今天我就从台阶上笔直地滑了下来，把我的裤子搞得很脏，还丢了脸。为了不再发生这种事，现在一定要砌一个砖石台阶。14时45分，危险过去了。我注意到没有中国的防空飞机升空。难道已经没有防空飞机了？也许这不足为奇!

今天，我们的办公室勤杂工和佣人被征召去当兵了。他俩约为30岁出头至35岁左右，他们可能只是早上受训几个小时，因而白天的其余时间是有空的。

现在我们这里只有《远洋电讯服务》的消息来源了，它是《大陆报》(南京版)的一张对开四版的小报，通常只是“远洋电讯”的翻版，它试图以令人感动的方式在简短的“编者说明”中掩饰中国人遭受的巨大损失。

---

① 拉贝对其外孙女乌尔苏拉的昵称。1996年12月，乌尔苏拉·赖因哈特夫人在纽约将《拉贝日记》公之于世。

只要我们能听到上海电台，我们当然就会知道发生的事情及其严重性。我们已不抱太大的希望，目前的形势“很难说”。对此我们也不得不听天由命！从上海前线回来的军事顾问们报告说，前线的后方有一批轻伤士兵在四处流浪，不守纪律。人们在夜间只有手里拿着毛瑟手枪才能出门！

11 月 8 日一篇发自东京的“远洋电讯”很有意思，它报道如下：

> 六国清楚地知道，为什么他们不能指责日本人违反了“华盛顿协定”。因为这样日本就更有理由可以向英国和美国提出这样的指责。例如 1923 年 3 月 23 日，美国和英国炮舰轰击了南京，而且这种行为当时是得到美国同意的。他们似乎要我们日本人相信，1927 年英国炮舰和 1930 年美国炮舰对中国敌意的进攻也只是自卫措施。这样，理所当然地他们也必须同意日本拥有同样的权利！

一着高明的外交妙棋！那时，其他国家都在反对中国的布尔什维克主义，或者说他们是在保护自己不受布尔什维克的侵犯。今天，日本这样做，大家却叫嚷起来！如果戴上一副日本眼镜(欧洲就有一批人戴着这样的眼镜到处游说)，世界看上去就是另一个样子！

11 月 11 日

哈哈，云层密布，而且是厚厚的云层。我的防空洞里的水“几乎”已经排干了，砌了好几级挺漂亮的砖石台阶。我们已准备就绪！上午的情况还好，一切都很平静。可是到了下午 1 时 15 分，里贝和我坐在那里用午餐。佣人说，警报响过了，我们应该稍微吃快一点。我们没有听到第一次警报信号，因为上海电台的音乐太动听了。尽管在打仗，那里可还在庆祝世界大战停战纪念日。我们刚刚咽下最后一口食物，就响起了爆炸声。我们数了一下，有 9 架飞机，其中的重型轰炸机正慢慢地朝我们的房子飞来。后来有一架向下低飞时，我已进入防空洞，我的中国客人们都一个不缺地躲在里面。只有里贝还在外面，他认为有以前学校校舍大门作掩护就够了。在北面和南面，炸弹雨点般地落下来，各个角落伴有熟悉的高炮和机枪的“音乐”。外面突然响起欢呼声：高炮击中了一架轰炸机。转眼间防空洞里的人都跑光了，大家都想去看看。飞机断裂成两半，冒着大火和浓烟栽到地上。我们看见约 5 名～7 名机组人员中有两人在大火和浓烟中跳了下来（没有降落伞）。傲慢的轰炸机在 20 秒钟后除了留下一些碎片和尸体外，什么也没有了。14 时 15 分，一切危险都过去了。

城内又一次传开了最惊人的谣言。据说某个政府机构发出了警告，大家必须预先烧好 3 天的饭菜，因为将有一次大轰炸，这样就不会有时间烧饭了。这就是说，要在下过 8 天雨后到处还在滴水的防空洞里蹲上 3 天。多么“美好”的前景！但愿不要像预言的那样严重。另一些谣言说已在暗地里开始和平谈判。对别人讲给我听的事我都点点头，表示我知道了，当然我什么也不知道，我听说的并不比他们知道的多。不过，我是一只聪明的“老鸹”，为我的声誉必须这么做！

今天又收到奥托 10 月 11 日从萨勒姆寄来的一封信。他还是在摘苹果，但不会太久了，只有 12 天了。

妻子今天收到了我的一份例行电报：“7 时，一切都好。Hguk，约翰尼”“Hguk”的意思是“衷心地问候你，吻你”。打电报我也得节约呀！

11 月 12 日

雨大滴大滴地落下来，真是幸运。否则，也许有日本人来访。在证实了昨天这里不是击落一架，而是两架轰炸机以后（对敌人来说，不仅意味着人员伤亡，而且同时还损失了大约 50 万元），日本人肯定会很快派他们的飞机前来报复。

今天一开始就很反常。办公室杂工蔡（子良）来报告说：“警方要您升中国国旗。”我当然断然拒绝。身为德国人,我不会升起另一面旗帜来取代卐字旗。杂工蔡(子良)走了,却把佣人张(国珍)打发来了。他说:“蔡(子良)弄错了,是请您下半旗(我这里日夜飘扬着两面德国国旗)。今天是官方哀悼日。”那就下半旗吧!刚刚下了半旗,我一眼瞥见了日历,发现今天是已故孙中山博士的诞辰纪念日。这时,我忍耐不住了,把蔡(子良)和张(国珍)责备了一通。两面国旗再一次升起。原来,警方只不过是提出请求:今天是纪念日,请大家无论如何要升旗。那个退了位的萨克森国王怎么说的?“我看你们都是心怀嫉妒的共和党人!”这话我也说给我的下属们听了,但是用的是汉语,并加重了语气!为了和我言归于好,在购买用来遮盖防空洞的29张草席时,他们只花了5元钱,这是因为他们主动放弃了扣头,否则要花14元。如果防空洞不用草席遮盖,那么下起雨来就很有可能会变成一个类似钟乳石洞的洞穴。如果一天的开头是这样,那么通常会发生一连串这种事情。刚才有一位我连她名字都没听说过的德国妇女打电话给我:“啊呀,请您马上派您的工程师来,我的缝纫机坏了!”“太太,”我答道,“我们是‘西门子’,不是‘辛格’!”“我知道,”她说,“‘辛格’那儿我已经去过了,那人太蠢。我现在到您这儿试一试,因为是一台电动缝纫机!”“我该怎么办呢?我明天就让我们的电话安装工宋先生去一趟,今天他抽不出身,他在修理黑姆佩尔饭店的电冰柜。”看来生意又要兴隆啦!

我们收到了一份从香港来的电报,简略得太过分。费了很大的劲儿才弄清楚,是叫我们去拜见某某长官(某省的司令)。此人据说是西门子洋行的挚友。考虑到今后的生意,我们必须与他保持最友好的关系。香港方面主动提出支付我们接待这位途经此地的长官所需的全部费用。于是,我们查遍所有的旅馆,找到了他的落脚点。即刻前往,恭敬地寒暄一番,说了半个小时的甜言蜜语(当然是生意方面的)之后,我们才发觉这位“司令”根本不是我们要找的那位,而是他的什么第一侍从或诸如此类的人。于是,我板起了面孔,结果那位真正的司令这才露面。事情这样才算是对了头。唉——,如此等等,今天就写到这里。这类叫人哭笑不得的事情已经够多的了。我现在和里贝一起去黑姆佩尔那儿喝上一杯!

要修缝纫机的那位太太又打来一次电话:“我想要工程师先生下午就来。”“非常乐意,夫人。”(你可以在月光下见到我!)

11月13日

我们又一次错误地估计了日本人！虽然是很好的航空天候,但是到现在为止,意料中的报复性空袭并没有发生。我们当然不是为此而夸奖我们的敌人,尤其是刚才从一个上海运输公司驻本地代表那儿传来消息说,里贝先生的皮箱和一个木箱全被炸毁了。皮箱里装着他和他同事埃默尔的冬季用品,木箱里装着安装涡轮机的专用工具。这些箱子装在一辆卡车上,于11月3日驶离上海。箱子在上海到这里的途中,停在松江时遭到轰炸,给我的一箱食品很可能当时也被炸毁了。从这里派出去接应卡车的小汽车空车返回,全部货物丧失殆尽。

中国邮局毫不屈服！11月5日的信件和11月6日～8日的报纸刚刚从上海运到这里。和往常一样,上面又刊登着宣传与苏维埃俄国友谊的新闻报道。为了庆祝苏维埃社会主义共和国联盟成立20周年,11月7日的《大陆报》(南京版)出了一份特刊,上面登有许多优秀的摄影作品和文章,自然是大力颂扬苏维埃的。人们可能以为,苏俄是人间天堂,斯大林是和平天使。可怜的中国——它受骗了！

11月14日

星期天,天气晴朗,也没有轰炸。韩先生说:“日本人不喜欢星期天来。”原因何在,他也不知道。“也许他们要休息吧。”这使我想起了我们以前在天津的买办雍先生。这个人懒得很,只在写每天的日记时,写上他拜访了哪些客户,参与了哪些买卖。每个星期天,他都以一贯的尖刻写道:“今天是星期天,休假。整整一天无生意可做!”

中国人目前都很悲观,人人都撇着嘴,踱来踱去。这当然可以理解。形势简直糟糕透了。上海的电台报道说,日本人清除了南市附近的水栅(即江上用来阻止船只通行的障碍物),正开着战舰逆流而上。他们对付了第一个水栅,可能也会用同样的办法对付第二个、第三个水栅。我心里早就有一种不祥的预感(妻子把这称作下意识):日本人有一天会开着他们的战舰出现在下关的。对于舰上的大炮，我这个汉堡人心里充满了敬畏。

里贝本来想今天早上去汉口，却没有走成。除了怡和洋行船上的“甲板间”以外，再没有其他位子了。本来也想买船票的哈普罗公司是这么说的。一位哈普罗公司的人打算同日搭乘这艘船，而他认为“甲板间”不够体面。我要是他，就接受“甲板间”，然后坐进一等舱，等着船长或大副来妥善安排我。英国人对待欧洲人总是彬彬有礼的。

11 月 15 日

秋天的天气，晴朗宜人，仿佛天空里在酝酿着什么，今天我们一定有客来访。中午时分，天空布满薄云，是理想的航空天候。然而一切仍旧静悄悄的，直到下午 2 时警报响起。10 分钟以后，发出第二次警报。2 时 30 分，出现了 6 架日本飞机。它们遭到了高射炮的猛烈轰击，但是没有被击中。城南肯定还有其他的轰炸机在轰炸，因为听见那边传来机关枪开火的声音，以及大约 15 枚炸弹落地的声音。3 时 15 分，警报解除了。大使馆参赞菲舍尔来访。他想买一部“库特沃”号船上用的无线短波电台，却买不到。德国德律风根公司可以提供，但是要等 3 个星期。他请我问一下交通部，能否出让给他们一部这种类型的电台。这种做法毫无希望，不过我答应尽力办。我立刻被拒绝了。在交通部里，我确信政府正在准备撤离南京。交通部的走廊上、办公室里放满了皮箱和木箱。人们打算迁到扬子江上游的长沙去。我去了铁道部，那儿的一个杂工偷偷告诉我说，铁道部明天也要装箱打包。为什么？因为日本人已经到了昆山附近，离苏州大约 30 里路。有几个人断定日本人已经越过了苏州。但是，这不是真的。上海电台播音员证实了有关昆山的消息。我拜访了德国大使陶德曼和夫人，一起喝了茶。在那儿遇见了从太原来的施佩曼将军。“库特沃”号可能会先把妇女和其他一些贵重物品送到汉口，再回到这里接大使馆剩下的人员。“中国政府一逃走，大使馆就得撤离。”他们这么告诉我说。否则，就留在敌占区了。正当我考虑自己留在哪儿的时候，施罗德博士夫人和她丈夫来了。我大吃一惊。偏偏在这种危急时刻，施罗德夫人从汉口回到了这里。她说，她要接她丈夫走。还说要带我走！天哪，求求你了！！

11月16日

雨天，没有空中来客。但是我心情不好，南京很沉闷，跟暴风雨来临前一样。佣人们挨了骂，因为下雨的时候，他们没有把防空洞遮盖好。要是我自己不事事操心，就没有人动弹。他们都像做了催眠术，也像蛇笼里的老鼠。远洋公司也挨了骂，因为他们拆掉了房子里的一根水管，拆坏了一个洗手盆，弄丢或偷走了一个门闩。后来，我的心情渐渐地好多了！我和默勒（里贝感冒了，躺在床上）开车从哈普罗公司去太古洋行，给他和里贝预订11月20日从这里开往汉口的“武陵”（音译）号船票。所有的客舱都预订满了，结果我们只能预订散席票。不太好，可是路上说几句好话，也许他们还能在船舱里找到铺位。最重要的是，他们能离开南京了。如同我在大使馆里听说的一样，“库特沃”不打算把妇女们先送到汉口了。人们已经估计到了几天以后局势的变化，即南京失陷。所以要妇女们11月18日带着行李上船，然后在下关附近的船上等候消息，看看中国人是否封锁去汉口的水路。如果封锁，运送德国人的轮船就不开往汉口，而开往上海。整整一天，我都下定决心在这里坚持到底。这时候却听说，溃退的中国军队在苏州大肆抢劫。这使我产生了顾虑。再说，人们认为，即使日本战舰从江面上用大炮轰击这座城市，南京也是会抗击日益逼近的日本人的。那可太可怕了！话又说回来，这么多依靠着我的中国人怎么办呢？？韩先生又预支了工资。他原来想快点儿把妻子和孩子经过济南送到青岛，他在那儿有朋友。现在他听说这条路不通了。济南前方的一座铁路桥（在泺口？）被中国人炸毁了，为的是给日本人前进制造困难。我早看到了这一步，可是没有人愿意相信我。照此下去，日本人会到达离黄河不远的地方或者黄河岸边。那时韩先生也许不得不把他的家人也送往汉口。他现在还在等一家关系亲密的朋友，让他们陪着他的家人同行。但愿他不要犹豫得太久。

从上海来了一大堆邮件，注明的日期是11月6日～10日，还有11月10日～12日的报纸。

礼和洋行的费舍尔先生坐船途经运河等河道从上海回来了。他说瓦茨尔先生这几天去欧洲出差，却把他的妻子和孩子留在这里。还真有胆大的人。不是胆大又是什么呢?

刚才我的朋友王先生和他妻子来了。他是军事通讯学校的工程师，妻子是奥地利人。他俩想上“库特沃”。我请示了大使，遭到拒绝。妻子可以上船，但丈夫，跟每个中国人一样，不允许上船。而妻子不愿意丢下她丈夫不管。我劝他们立即(尽可能当天晚上)去汉口。他俩伤心地走了。“库特沃”号只有 50 个卧铺，但却要用来安置 112 名可能上船的德国人。

11 月 17 日

还是雨天，我们很欢迎。我们现在真的不需要炸弹了，这里已乱成了一团。整个夜间大街上熙熙攘攘，汽车一辆接一辆，卡车甚至还有坦克一起缓慢而又沉重地、隆隆地向前开。政府的大迁移开始了。听说中国国民政府的主席林森先生已经走了。我为韩先生一家担心。他们必须离开，而且要尽快。从上海来了很多迟到的信件，也有钢铁联合公司的电报，都是五六天以前的。现在关注任何一个项目都毫无意义。找不到一个人谈生意，所有的人都在收拾行装，最后连我也不例外！我自己编写的书已经包装完毕。现在轮到衣服了，然后是银器(多好听啊)，剩下的几件很快装箱，然后在箱子上贴上我的地址。我从银行取了钱，因为有人劝我带现金。反正银行也要关门了。昨天晚上很晚的时候收到了德国救援委员会的通知(1937 年 11 月 16 日第一号)，其中第五条写道：每家只准带一个佣人上“库特沃”。我读到这一条时，决定把韩先生当作我的佣人偷偷带上去。王工程师又来了，他想向我借钱，遭到婉言谢绝。几个月前，他送他的岳母和小姨子回家时，才从我们这儿借了钱，这笔钱还没有归还。我把救援委员会的通知拿给他看，劝他以他妻子“佣人”的身份登上“库特沃”。他马上明白了这个暗示，满意地走了。这样，他既省了钱，又和他妻子一起同时得到了妥善安置。他刚走，埃拉·高太太(高将军的妻子，德国籍)和她女儿(将军第一个妻子所生，中国籍)来了。两位女士前不久刚从北平来，以为这里一切很安全。幻想！不过两个人看起来已经了解了情况，她们表示必要(?)时要上“库特沃”，好像以为别人肯定不会拒绝她们，我看可能也不会拒绝。她们来是请我帮助她们看管这里房子的，万一日本人来了的话，我当然一口答应。可怜的拉贝还能派什么用场呢?！陶德曼夫人像往常一样无比客气、亲切，一千次地请求原谅她的打扰，她问我们这座城市是不是真的有220伏交流电。"是的，阁下，我们有！"是什么使可怜的大使夫人感到那么烦恼，大使馆总不可能去买一台涡轮机吧。原来她担心的只是一台无线电收音机，陶德曼博士阁下不敢给它接电源。我在这里公开泄露此事有些不大恭敬。不过，大使馆里出现了一台蓝点牌收音机，而我们的装配工人不会接电源！据说是因为他看不懂标签上的文字。这可能是骗人，这个懒虫只会接通他的(德律风根牌)收音机！

我刚从下关回来，目睹了妇女们和行李上船的情景。中山码头十分拥挤，不过一切显得从容不迫、有条不紊。王太太带着"佣人"已经到了那里，施罗德太太和她丈夫也在，还有一大群十分熟悉的人。我现在恐怕也得考虑把我的几个皮箱送上船去。佣人张(国珍)已经积极地打好了行李。韩先生准备怎样把他的家人送走，我还不清楚。通往下关的路上，行进着成百上千辆装满了行李的人力车，以及跟车的中国人，他们都想乘坐那几条即将驶往上游的轮船到安全的地方去。新征召来的士兵队伍让人触目惊心：所有的人都穿着有些破烂的平民衣服，背着行李卷儿，臂上挎着一枝生了锈的火枪。如果连这些人都得不到训练和军服的话，可见处境已经十分困难。但愿这不会带来什么恶果！我现在也听说日本人最近能如此迅速推进的原因了。张学良(北方军)的大约5 000名士兵在苏州拒绝执行命令。听说蒋介石亲自去了苏州，动用了一个团的精锐部队，解除了这帮反叛者的武装。这位统帅可不轻松，真佩服他的干劲！在最高统帅亲自干预以后，据说苏州的中方阵地稳住了。由于日本人的迂回攻势，"兴登堡防线"也就成了无用之物，随之而来的是冯·法尔肯豪森将军制定的美好防御计划恐怕也要完蛋了。如此出乎意料的事，人们可是没有想到！

11月18日

雨天！今天连《大陆报》(南京版)也没有送来。印刷工人可能逃跑了。满载行李的人力车、手推车、小汽车和卡车还在日夜不停地开出城去，大都开往江边，因为多数人想去扬子江上游，逃往汉口或汉口以远的地方。与此同时，从北方来了许多新兵团，开进城里。人们看来要坚守这座城市。很多士兵看上去十分狼狈。整个队伍到达时，没有一个人穿鞋袜，也可能是因为正下着雨。所有的人默默走来，没有歌声，也没有说话声。一支望不到尽头、一言不发、精疲力竭的队伍。

昨天我的感觉跟妻子不久前在北平时的一样，那时让她把格蕾特尔和维利房子里的东西打包装箱。我一个房间一个房间地走过来，挑选自己要装入箱子、送上"库特沃"的东西。这时，我才发觉自己多么舍不得这些旧东西。我叫来佣人张(国珍)："你挑一些你太太喜欢的东西吧！"他听后径直走向卧室里的写字台，取出了集邮册。我尴尬地笑起来，随后我把奥托的照片放了上去，我俩达成了默契。这个小小的插曲却使我兴奋起来。凡是放在地上、靠着皮箱的东西必须拿到楼下去。接着我们装箱，一直忙到半夜。今天上午10时，打点好了第一批6件行李，可以送到码头了。用两辆马车，每辆车费5元。办公室杂工佟(柏青)接受了运输任务。11时，汽艇应该从中山码头驶向"库特沃"。在这段时间里，继续抓紧打包装箱。下午，孔斯特—阿尔贝斯公司的西格尔先生开着一辆卡车来了，取走了另外3个皮箱和里尔茨老师的5个皮箱。因为里尔茨调到了施巴拉托，我就把他的箱子放在了我这儿。晚上7时，杂工佟(柏青)还没有回来，这时候我坐车去了下关，正好赶上汽艇到港。汽艇本来应当上午11时到。装运行李的时候出现了可怕的混乱，每一个佣人都想先把自己主人的行李安放好。为了防止行李和佣人落入水中，我出面制止，大声喊叫"别忙"，就冲了过去，结果和一个佣人发生了激烈的争吵，他顶撞说："闪开！这儿你说了不算！我扛的是德国大使阁下的地毯，他第一个！"我一声大喊，封住了他的嘴。他不再吭声了。尽管如此，我还是让他搬运大使的地毯。晚上8时，堆积在栈桥上的600件行李绝大部分都顺利地送上了汽艇。20分钟后，当我们冒着倾盆大雨、摸黑儿把一些妇女和她们的孩子以及行李分别送上船以后，发现里尔茨的一个皮箱不见了，不过后来又找到了。我们全都破口大骂起来。晚上9时，我湿淋淋地、精疲力竭地回到了家。然后我们继续不停地打包装箱，一直干到午夜,直到后来箱子装得不能再装。

在“库特沃”船上还发生了一件事:王太太在行李舱里找到了我,告诉我说,她丈夫(我让他作为她的佣人偷偷上了船)在佣人中间受不了了(他可能没有交够佣金),他自己也没带吃的。总而言之,他们又想下船去,试图坐火车去汉口。请便,随便,随您的意,只当我没有想过这些事一样。拉贝,你活该,这都是那乐于助人的好心肠造成的!

11 月 19 日

雨还在不停地下,行李还在不停地包扎。所有的箱子都装满了以后,我们又按最高价买来了蹩脚的樟木箱子。木工给箱子钉上了木板封条,这些封条几乎跟樟木箱子一样贵。一辆马车现在要价 6 元,而汽车又租不到。第二批行李已经装上了两辆车,又得卸下来,因为我们从电话里得到消息说,汽艇因暴风雨天气不能航行。

我想努力结算好我的往来账目,可是我忙得无法工作。韩先生收进一笔不小的款子。我把本行的绝大部分钱和我个人的 2 000 元汇划到了汉口。所有的工作人员都领到了他们 11 月份的工资,好让他们在最后一批商店关闭以前能够买些食物等东西。一罐煤油的价钱从 4.7 元涨到了 7 元。一吨煤现在 28 元,而不再是 20 元。我还能储备一吨煤和 4 罐煤油,眼下不可能得到更多的东西了。

韩先生还是买不到去汉口的船票,始终无法把他的家人送到安全的地方去。佣人们睁着惊恐的大眼睛走来走去,因为大家以为我也要乘“库特沃”离去。我明确地告诉他们,不管发生什么事情,我都会留在南京。这时候,他们又高兴起来。

成立了一个国际委员会(主要由鼓楼医院的美国医生和在金陵大学任教授的传教士组成)。委员会试图建立一个难民区,即位于城内或城外的一个中立区。一旦城市遭到炮击,非战斗人员可以躲避到那里去。有人问我(我要留在这里的消息已传出)是否愿意参加这个委员会,我表示愿意。晚上在史迈士教授家吃饭的时候,我结识了很多美国籍的委员。

德国大使馆暂时留下 3 位先生:许尔特尔、罗森博士和沙尔芬贝格。

我不明白为什么把罗森博士留在这里。据我所知，他并没有主动提出留下。所以我请陶德曼夫人在大使面前说情（大使正好外出不在），请他撤销这个命令。陶德曼夫人答应尽力试一试。一个不能把全部心思扑在工作上的人，我们要他留在这儿有何用。罗森博士当然对我的干预一无所知，也无需让他知道。礼和洋行的梅尔基奥尔试图说服我改变留在这里的决定，他提醒我注意自己所冒的巨大风险，我谢绝了，我并非盲目参与这一事件，我决心已定。（亲爱的多拉，请不要为此生我的气，我别无选择！）另外，希尔施贝格大夫全家和冯·舒克曼太太以及德士古石油公司的主管汉森先生也都留在这里。可见我不是唯一不顾生命危险的人。韩（湘琳）先生决心与我同甘共苦。这也是我对他唯一的期望。他是一个正直的人！

11 月 20 日

尽管气压大大升高了，雨仍旧下个不停，防空洞又被水淹了，而我们没有时间舀干里面的水。我们必须包扎行李，不停地包扎。第二批行李中午运走，由办公室杂工顺利地装上了“库特沃”。韩先生的一个皮箱不幸裂开了，没有时间去修理，只好敞着送上旅途碰运气了。前线的消息越来越糟糕，听说日本人在常熟突破了防线。如果消息属实，苏州将很快失守。还听说日本人已经在清除扬子江上的障碍物了，和我预料的完全一样。我今天可以结算好账目，然后交给里贝带走，他今天晚上去汉口。他订的是“武陵”号的船票。这艘船今天早上已满员，经过南京时没有靠岸就开走了。不过又专门调来了另外一艘名叫“武昌”号的船。一路平安，里贝先生！他实在帮了我很多忙，的确是一个好同事。

刚才我收到了妻子 11 月 9 日的来信，附有一封格雷特尔 10 月 20 日从哈尔特恩寄来的信。谢谢，妻子，现在的一封信意味着什么，多么美好的语言都无法表达。何况不可能总是遣词造句，特别是在饭前，两只脚冰冷，就更难了！所以我们还是算了吧！

下午 6 时，一家中国报纸出了一期专刊，宣布中国政府要迁移到重庆。南京中央广播电台证实了这个消息，同时宣布要为保卫南京战斗到最后一滴血。

11月21日，星期日

雨水夹着冰雹——我们不可能指望比这更好的天气了。因为一旦日军司令部得知中国政府离开了这里，外国大使馆也已离开，那么可能会有更加猛烈的空袭，至少这是我们的估计。刚才我又把4个装着书籍和瓷器的木箱送上了“库特沃”，但愿装船顺利。还没有得到汽艇是否开往“库特沃”的消息。听说昨天中国士兵持枪没收了汽艇。为了重新得到和使用这条船，德国大使必须首先出面干预。他为此求助于中国外交部。

我的防空洞中的水涨得越来越高，让我发愁。我担心这几天不能使用它，因为我们暂时还没有时间把它里面的水舀干。我正在寻找一个好一些的防空洞。听说现在城里确实有几个经得起轰炸的防空洞，如果我能碰巧给我和我保护的人找到这样的地方，那可好极了！

电厂厂长白先生请求住在我的房子里。同意！现在总工程师陆法曾先生也来了，想带他妻子以及佣人们住在这儿。由于远洋公司搬上了“库特沃”，校舍空出来了，可以提供给他们使用。

下午1时30分，我坐车去了中山码头，想搭乘定于2时开船的汽艇去“库特沃”查看我的行李。码头上又是前几天那番景象。来来去去的士兵们挤成一团。尽管如此，栈桥的一部分还是被封锁了，因为冯玉祥要启程。正当人群挤得水泄不通的时候，他的卫兵出现了，拔出手枪为他开出一条路。这时，我简直不敢相信自己的眼睛：一个卫兵用他的毛瑟手枪友善地抵住我的肋骨，示意我必须向后退。（毛瑟手枪的保险已经打开，子弹处于待发状态，能让人相信这是真的吗?）下午4时，汽艇终于来了。在“库特沃”上我只有10分钟时间去行李舱里走了一圈，我找到了今天早上运到的最后一批木箱，感到很满意。我向那些安静地坐着打扑克、喝啤酒的旅客们作简短告别以后，坐上已经急得大声鸣笛的汽艇驶回下关。这最后一座通往外界的活动桥梁随之被拆除了。回到家以后，我见到了高将军，他请我在紧急情况下接纳他和他的佣人，我答应了。但是把这些人都安排在哪儿，我一时还真的不知道。

我拜访了贝伦施普龙博士先生（他是冯·拉梅灿男爵的继任者，目前主管警察局），我想要一个汽车特别通行证，以便在第二次警报拉响后和晚上10时以后也能不受阻拦地开着我的汽车出去(为安全起见,我也应当请人提供这样一个通行证)。贝伦施普龙也是明天去汉口,他刚刚获得了最高统帅颁发的勋章。他让我明天带着他的名片去找警察厅厅长王固磐将军(如果王将军还没有离开的话)。我对王将军很熟悉,从在北平时一直到现在。这件事我本来不必麻烦贝伦施普龙先生,可是,哪怕能帮上一点小忙也行啊!

上海电台播音员宣布外交部部长王先生将暂时留守南京。人们估计,这样一来外国大使馆就不会撤离,因而也就有可能使南京免遭炮击。我不相信这种哄骗,外交部的各个机构早就撤走了,部长总不会一个人留在这里。我在下关遇见了冯·法尔肯豪森将军,他也得到了相同的消息。

11月22日

天气晴朗,非常好。我的"气压表"又预报对了。7时30分,我还躺在浴缸里的时候,警报响了,不过只是一场虚惊。8时又取消了。我的那个鞋匠邻居真该滚开!只要警报一响,他就跑来了,带着老婆、孩子、爷爷、奶奶以及天知道多少其他的亲戚。可是,现在防空洞里的水有75厘米深,却看不到他来参加排水。唉——你听,这时,上海电台播音员正在播放一首优美的歌曲《献给你邻人一片爱》。要是这家伙不来排水的话,也没有办法!!苦力葛(文海)认为,舀干防空洞里的水太难了,就是说,时间要很长。现在我们给消防队打了电话,请他们带一个合适的水泵来帮助我们,他们暂时答应了。不过,消防队来不来,还得等着瞧。

罗森博士先生打来电话,要求我们几个留下来的德国人10时到腾空了的大使馆里商量将来怎么办。我非得有一个汽车特别通行证不可,否则我就无法走出这座院子!

厨师曹(保林)生病了,请来了一个中国医生。可是我看不懂诊断书:"内热表寒,不日即愈!"

消防队出洋相了。他们没有给我送来水泵,而是送来了一部中国水车,一个所谓的绞盘。我不会用它。在这段时间里,我把所有能支配的人全都召集起来舀防空洞里的水。应该原谅鞋匠,忘记他原先的一切所作所为。他、他妻子和他的3个孩子,还有他六七个亲戚舀水时很卖力。我们终于把地洞里的水排干了,却遗憾地发现防空洞的一部分即西墙倒塌了,非常讨厌的事。原来帮我钉封条的那个木匠要是还在的话,他就要倒霉了,但是这人已经走掉了。这段时间,这里的警报一个接一个:10时～10时45分的警报是一场虚惊;下午1时～2时40分则发生了一场空中混战。东面一架飞机勇敢地自卫以后,起火坠落。后来又有一架飞机坠毁在南面,看上去好像是飞行员被打死了。可惜我用了望远镜也不能确定被击落的飞行员是哪个国家的。不过,后来听说被打死的飞行员中至少有一个是中国人。高射炮没怎么开火,即便开火了,也都没有击中目标！南面落下一连串的炸弹。停了5分钟以后,警报又重新响起,从下午2时45分到3时20分,这又是一场虚惊。

刘工程师带着罗先生从中央广播电台来了,请我把该台的一部分设备送到“库特沃”船上安全的地方。为此,他许诺给我一部大使曾经提出的功率为100瓦的电台。我们以最快的速度开车去大使那儿。可惜来晚了,陶德曼博士先生正准备上船。真遗憾,两位先生早几天来就好了。

在两次警报的间隔时间里,我和罗森博士在德国大使馆里交谈。罗森博士还是留在了这里。我的游说毫无作用。

下午5时,国际委员会开会讨论成立一个南京平民中立区。大家选举我当“主席”,我推辞不掉,为了做件好事,我让步了。但愿我能够胜任这个也许会变得十分重要的职务。德国大使在上船前不久通过我的介绍认识了史迈士博士(委员会秘书)。大使同意委员会草拟的有关建立安全区的建议,该建议将通过美国大使馆(有一个电台)电发给上海美国总领事再转交给日本大使。我们已经获得了英国大使和美国大使的同意。我们在委员会会议上决定:在上海日本大使收到电报以前,不准公开发表电报内容。我们十分希望我们向日本人发出的呼吁不是枉费唇舌。因为这里没有法国人、意大利人,所以委员会里没有法国代表及意大利代表。从英文翻译过来的电文如下:

考虑到可能在南京或南京附近爆发敌对行动这一情况,由丹麦、德国、英国和美国公民组成的国际委员会特此建议中国政府和日本政府为逃难的平民建立一个安全区。

国际委员会有责任取得中国政府的特别保证：撤除拟建的安全区内所有军事设施和包括军事交通指挥机构在内的军事机构；安全区内不准驻扎武装人员，携带手枪的平民警察除外。禁止所有士兵与军事团体进入安全区，无论这些军事团体具有什么性质，无论其军官军衔为何种级别。国际委员会将努力使上述保证得到尊重和令人满意的执行。

以下具体标明的地区，国际委员会认为适合用来保护逃难的平民。这个区域位于城区的西部，迄今为止，日本空军在空袭时始终注意使其免遭破坏。

所建议的安全区界定如下：

东面：以中山路为界，从新街口至山西路交叉路口；

北面：从山西路交叉路口向西划线（即新住宅区的西边界），至西康路；

西面：从上面提到的北界线向南至汉口路中段（呈拱形）（即新住宅区的西南角），再往东南划直线，直至上海路与汉中路交叉路口；

南面：从汉中路与上海路交叉路口起，至新街口起点止。

国际委员会将负责用白色旗帜或其他有待确定的标志清楚地标出这些边界，并将其公布于众。委员会建议从收到双方政府表示完全同意的通知之日起，视安全区为正式建立。

国际委员会特别希望日本政府从人道主义出发，保证安全区的民用性质得到尊重。委员会认为，为平民采取这种人道主义的预防措施，将会给双方负有责任的政府带来荣誉。委员会恳请日本政府迅即回复，以便能够尽快结束与中国政府进行的必要谈判，为保护难民做必要的准备。

国际委员会满怀信心地希望此建议能够得到友善考虑。

顺致崇高的敬意

J. M. 汉森

G. 舒尔兹·潘廷
P. H. 芒罗·福勒
约翰·马吉
P. R. 希尔兹
艾弗·麦凯
约翰·H. D. 拉贝
J. F. 皮克林
M. S. 贝德士
爱德华·施佩林
W. P. 米尔斯
C. S. 特里默
D. J. 利恩
查尔斯·H. 里格斯
刘易斯·S. C. 史迈士

（作者注：姓名下面划了线的先生们在被占领期间留在了南京。）

11月22日

开完委员会会议回到家，佣人张（国珍）求我给他妻子请一个医生。希尔施贝格大夫来做了检查，确诊张的妻子大约半个星期以前小产了。她必须立即去鼓楼医院。厨师得了动脉硬化症，照医生的看法，他静养几天以后就会复原，并可以工作。这些病来得不是时候，可是又怎么办呢？据我所知，佣人张是唯一能马马虎虎代替厨师的人。可是现在他妻子病了，拖累着他。我很想知道谁能来接受做饭的工作。我不能雇用一个新人。必须找一个解决办法。

韩先生最近考虑干脆不送走他的家人了，请我给他出个主意，他应该怎么办。但是我不知道该怎么办，无法预言将来会发生什么事情。

乌拉，做饭的问题解决了。苦力葛（文海）和办公室的杂工蔡（子良）愿意一起做饭。

晚上10时，现在再听一下新闻广播。然后什么也不干，上床睡觉！

11 月 23 日

今天是我 55 岁生日。衷心祝贺你，拉贝！首先，我今天得到了阴沉沉的天气，我们现在正好用得着！从妻子那儿我得到一份电报和一条很漂亮的围巾——谢谢妻子！不过，围巾还没有收到。她是请陶德曼夫人把围巾捎过来的。这个小小的包裹本当 11 月 23 日能到，可是根据陶德曼夫人的解释，她好像又改从邮局寄了，而邮局却没准时送到，对此我感到不可理解。无可奈何！这一次，我也不得不放弃插着一圈蜡烛的蛋糕，因为厨师病倒了。办公室杂工蔡说，他不能用蜡烛做出蛋糕来。这个笨家伙总是把事情理解颠倒了！但是我有办法补救，收音机还能用嘛。中国总是有人在过生日，常常让人从上海电台用电波向自己表示祝贺。因此播音员总是备有一张特别的唱片"祝君长命百岁"。我索性听这张唱片，想象着这是为我播放的！早上 5 时，骑兵上尉洛伦茨打电话把我从床上叫起来。他刚从前线来，也想上"库特沃"。别做梦了，骑兵上尉先生，"库特沃"昨天晚上就开走了。6 时 30 分，电话铃又响了，可是我躺在浴缸里，不想被人打扰。清洁高于友谊！7 时，胡尔德曼先生(《远东新闻报》的编辑)和沃尔夫·申克按响了门铃。他俩好不容易从上海来，要与大使面谈。两个人要坐许尔特尔的汽车去芜湖，希望在那儿还能赶上"库特沃"。如果他们成功的话，胡尔德曼和申克想搭乘"库特沃"继续前往汉口。送他俩去芜湖的许尔特尔则返回这里(他说，他得看守大使馆里的椅子腿，不让它们逃走)。

8 时，我把张(国珍)的太太送进了鼓楼医院。这个可怜的女人痛苦万分。跟平时一样，我们在医院里等了好大一会儿工夫，才在特里默大夫的帮助下就诊。厨师曹(保林)走路还有点儿摇晃，不过也许很快就会恢复健康。

史迈士博士打来电话说，路透社在发电报时已经无意中把我们关于建立安全区的秘密泄露出去了。我们让人正式发电报致歉，以免激怒上海的日本当局。

不断有伤员到达下关火车站。史迈士博士派医科实习生去火车站照顾这些伤员，我得把我的汽车借给他们用。韩先生带来一个好消息：他的一个中国朋友要送给我两辆卡车，上面装有 100 罐汽油和 200 袋面粉。这是一件生日礼物，我满心欢喜。用这些东西能办些事情，尤其是我们急需食品和汽车给委员会。现在可以安排定期送大学生去火车站了。当然我必须把这些汽车开到我的房子里保护起来，不过我们很乐意这样做。要是这个消息确实——?? 这消息好得让人不敢相信!

胡尔德曼和申克来告别了——一路平安！要快，孩子们，不然你们就赶不上了!

下午5时，在张群先生(前外交部部长，现任外交部政治司秘书长[①])那儿参加茶会。到场的除了大约50个美国人和欧洲人以外，还有负责保卫首都的唐将军、警察厅厅长王固磐将军、市长马先生以及其他各界著名人士。好几个人致了辞，全由霍林通·董[②]翻译。这个茶会的意图是要我们这些留下来的欧洲人和美国人每天晚上8时～9时之间在国际俱乐部碰头，在那儿我们可以和中国领导人士或他们的代表保持接触。这个主意不错。类似这种"圆桌会议"的活动，在第一次世界大战期间，我们在北京也有过，只是现在扮演的角色不同了。

今天有两次警报：上午11时10分～11时20分；下午2时25分～2时45分。不过两次都是虚惊。

我那美好的生日礼物，即带有司机、汽油和面粉的两辆卡车，只剩下了一辆既无司机又无货物的空车。据说其余的东西在关闭了的和平门外面某个地方。明天将全体行动，把东西送交给我。我想完完全全地拥有我的生日礼物。另外，我还从韩先生那儿得到了4棵非常漂亮的圣诞树。这一定又是妻子暗中送的。多谢了，妻子！现在我的桌子看上去整整齐齐，像过节一样。

11月24日

前面提到，路透社提前发出了关于国际委员会计划的电报。史迈士博士立即对此表了态，即对这条消息做了如下更正：为平民百姓建立一个中立区的倡议不是美国大使馆，而是一个私人性质的委员会发起的。

---

① 此处拉贝有误。张群时任国民党中央政治委员会秘书长，兼外交专门委员会主任委员。

② 即国民党中央宣传部国际宣传处处长董显光。

罗森博士昨天中午就从广播里听到，东京已经根据路透社电报的消息提出了抗议。东京方面问道，已经离开了南京的美国大使馆与这些计划究竟有什么关系。罗森博士随即在美国海军的帮助下，向上海德国总领事馆发去了下面的电报：

> 由德国西门子的代表拉贝领导，其成员为英国、美国、丹麦和德国人的本市国际私人委员会，基于某些城区在以往的空袭中免遭破坏这一事实，请求中国人和日本人针对南京可能直接卷入军事行动这一情况，建立一个平民保护区。美国大使将此项建议通过总领事馆转交给了上海日本大使和东京。新的保护区在特别情况下只向非战斗人员提供安全庇护。与此同时当然仍旧希望以往受保护的城区今后也完好无损。
>
> 鉴于主席职务由德国人担任，恳请对这一人道主义的建议予以非正式的、然而同样热情的支持。
>
> 我这里只有记录手册。请转发东京。你们及东京大使馆的答复尽可能通过美国海军发到这里。
>
> 罗森

防空洞里的水又满了，但是没有上一次那么糟糕，我们还能赶在第一次警报(从10时到10时30分的预备警报)发出之前及时把水舀干。今天天气好极了。11时20分又有一场虚惊。11时45分，解除了警报。下午2时20分，第三次警报响了。我没有听到第二次警报，这时四面突然响起了枪炮声。在我们的南面，但又好像是在城墙里边落下了许多炸弹。我看见两架轰炸机从大约2 000米的高空往下投炸弹，便一头钻进还很潮湿的防空洞，里面挤满了中国人。接着一片寂静。3时40分，一切危险都过去了。韩先生整个上午都在跑来跑去，打算领取那辆装着汽油和面粉的卡车，可惜他一无所获。一个司机逃跑了。第二辆卡车以及汽油和面粉已经被第八十八师看管起来了。这个师占用了存放着上述物品的院子。要不是我那些很有影响力的中国朋友(杭立武博士)帮助我的话，我可就吃亏了。那就太遗憾了，我本来可以用这两辆车好好帮助伤兵的。伤兵问题变得越来越严重。中央医院院长J. 亨利·刘博士走了,他留下的两个主管医生也全跑了。要不是美国的教会医生坚持到底的话,我不知道那么多伤兵会变成什么样子。在这段时间里,我动用了别人送给我的那辆卡车。只要我不需要司机刘(汉臣)给我开车,就由他驾驶那辆车。他开车时打着德国国旗,以免汽车被征用。中国士兵现在碰到卡车就征用。我听礼和洋行的克勒格尔说,已经发布了一道命令,让全体南京市民撤离这座城市(这个消息还有待核实)。

11月25日

秋天的天气好极了,阳光灿烂。医生的问题使我们忧心忡忡。我们给香港、上海和汉口的红十字会拍了电报,请求派遣医生和寄送药品。跟所有其他大使馆一样,美国大使馆也在敦促他们的同胞离开南京。由于电报是由美国大使馆发出的,我们无法找到外国医生。

我做梦也没有想到,还要我帮助抢救中国皇家古老的奇珍异宝,然而事情竟发展到了这一步。我过生日时怡和通砖瓦厂送给我的两辆卡车中的一辆有一段时间曾用来运送大学生去照料伤员,现在归杭立武博士先生使用。他调集了一个车队,要把1.5万箱(你信也好,不信也好,千真万确)珍宝送到码头,政府要把它们带到汉口去。人们担心,万一这些珍宝落入日本人手中,它们就会被送到北平(本来它们就属于那里!)。

昨天,收音机里报道了上海的情况。日军司令部对我们努力在本地为平民建立一个中立区的反应是友好的。正式答复还没有到。

收到了妻子11月11日的来信(路上走了14天)。现在我担心可能不会再有信来了,因为陆路也许很快就会被封锁。多谢了,妻子!乌尔西的纸娃娃我保存起来了,当作护身符。

到现在为止,已有两次虚惊:9时5分～9时30分,11时40分～12时30分。

韩先生的防空洞现在也坍塌了,他只好再挖一个。另外,他正在学校里准备一个房间,让他的家人搬进来。埃拉·高太太送来一些木箱和皮箱托我保管,里面有两个挂钟,用纸包着,上面贴着“小心,钟表”的标签。所有物品都送进了车库,否则我真不知道把它们放到哪儿。

马市长来电话邀请我参加下午 6 时在国际俱乐部举行的茶会。好的，我们去，正好调剂一下生活！

礼和洋行的丁先生征求我的意见，他能否把自己的旅馆托付给施佩林先生管理。他当然能。一个施佩林总不会扛走一个旅馆！

我的邻居鞋匠（这个令人讨厌的鞋匠）现在成了我的朋友，我们同心同德。他和他的家人整天都在舀防空洞里的水。他还给我（花 10 元钱）做了一双漂亮的棕色靴子。我自愿多给他 1 元钱，让友谊粘得更紧。他说要再帮我做一双靴子，来配我的国社党制服。一个人是会变的，这个希望永远不能放弃。还有，你要把爱心送给你的邻居！据上海电台播音员报道，昨天有 40 人在城市遭轰炸时身亡。有几枚炸弹落在所谓市立剧院的附近，当时我们正在里面参观画展。

除此之外，电台还报道说，日本人对于建立平民中立区一事至今还没有给予“最终”答复。我决定通过上海德国总领事馆和上海国社党中国分部负责人拉曼给希特勒和克里伯尔发电报。今天发了下面的电报：

上海德国总领事馆

转国社党中国分部负责人拉曼：

我恳请您代为转发以下电报。

第一封，

致元首：

国社党南京地区小组组长、本市国际委员会主席请求元首阁下劝说日本政府同意为平民建立一个中立区，否则即将爆发的南京争夺战会危及 20 多万人的生命。

谨致德意志的问候

拉贝

西门子驻南京代表

第二封，

致总领事克里伯尔：

恳请您支持我今天请求元首劝说日本政府同意为平民建立一个中立区,否则即将在南京爆发的战斗将不可避免地引起可怕的血腥屠杀。

希特勒万岁!

拉贝

西门子代表

南京国际委员会主席

如有必要,我将支付电报费。请西门子洋行(中国上海)从我账上预支。

拉贝

由于我不能肯定拉曼先生会不会被高额电报费吓退,所以请他让人从西门子洋行(中国上海)预支这笔费用,记在我的账上。

下午1时30分~3时30分空袭:轰炸城南。

英国海军上将霍尔特请我去别墅俱乐部参加告别酒会。看来我必须参加,尽管我从来也适应不了鸡尾酒会。英国海军似乎也要撤离。这并不怎么令人高兴!

今天公共汽车停运。据说所有的公共汽车都开到汉口去了。现在大街上或许会变得安静一些,虽然据说这里还有20多万中国人(平民百姓)。我多么希望(上帝作证)希特勒会帮助我们,让我们终于能够建立起中立区。

怡和通砖瓦厂的孙先生,是韩先生给我带来的一个新朋友。他愿意给我们修筑一个新的防空洞,原因是老的防空洞里总是充满了地下水。如果这个"伟大的想法"能够变成现实的话,我会很高兴的。因为泡在有水的防空洞里可不是一件愉快的事!

在国际俱乐部马市长举行的茶会上约定,请我们留下来的外国人每天晚上6时~7时在北平路69号英国文化协会里与中国人见面。除此以外,没有商谈任何重要的事情。英国上将霍尔特在别墅俱乐部举行的告别酒会也进行得平淡无奇。我借此机会把我给希特勒和克里伯尔的电报托付给美国大使馆官员艾奇逊先生，他答应帮我设法发到上海。

我从收音机里听到，汉口方面对建立中立区表示担忧，因为事先没有征求中国政府的意见。电台还报道说(《上海晚报》通讯社提供)：江阴要塞不久就要投降。如果情况属实，那么南京痛苦的结局就要来到了。因为这意味着日本战舰将从扬子江开过来，从江面上轰击这座城市。这是我的看法。在这种情况下，实际上根本无法想象怎样保卫南京。不过我觉得这条消息报道得早了一点儿。也许上海电台的播音员根本得不到中方的新闻，而只有日本的。

11 月 26 日

天晴，阳光灿烂，可能会有高朋来访。

有个中国人来找我，想请我在首都饭店(南京最大的旅馆之一，据说是他亲戚的)升一面德国国旗。我们可没有那么傻，断然拒绝了！再说，亲属关系也不对，因为我对店主了解得很清楚。

此时此地，我们生活在一个“谣言”时代。四周充满了最惊险离奇的传闻，当然，要把它们写下来是不值得的。刚刚传来的一条消息说，最高统帅决定将防守部队的前沿阵地确定在城外 50 里处。这个消息受到了欢迎，因为大家都愿意相信它。一旦防线被敌人突破，人们将撤离这座城市。我无法判断有没有这种可能性，或者说从军事角度看是否可信。但是对于外行人来说，它毕竟听起来不错！

许尔特尔先生把胡尔德曼和沃尔夫·申克送到了芜湖他们要去的地方，带来了关于“库特沃”号的最后趣闻。听说我的朋友(通讯学校的工程师王先生和他妻子)果真又下了船，好像是坐火车去汉口了。还听说“库特沃”号船上成立了一支类似警察的纠察队，由布伦德尔少校领导。这很有必要。因为已经查明，在德国人上船的时候，原来给德国乘客准备的二等舱已被中国人占用。这些中国乘客是由船上的中国船员(所谓茶房)偷偷带上船的(当然要收取高额酬金！)。

杭立武博士刚才在回答我的询问时告诉我说，我们不必为中国政府是否同意建立中立区一事担心，最高统帅本人已经表示赞同。我们现在也为委员会找到了一名外国人作总干事，即南京基督教青年会的菲奇先生。现在我们只等日本人同意了。

德国大使馆收到了上海总部给我的一份电报，内容是：

转西门子洋行

本西门子洋行通知：请您本人决定是否离开南京。为了避免人身危险，建议迁至汉口。望回电告知您的打算。

我请人通过大使馆答复如下：

转上海西门子洋行

11月25日来电敬悉，谨表谢忱。我已决定留在南京主持国际委员会工作，以建立中立区保护20多万平民。

拉贝

韩先生成功地从怡和通砖瓦厂取出100罐汽油，还有20袋面粉。院子里正在修筑新的防空洞，我还得另外找一个地方存放汽油。100罐汽油放在院子里，对于我个人来说，也有点儿太危险。

史迈士博士打来电话说，据电台报道，一家东京报纸认为南京中立区将给占领这座城市带来很多困难，会拖延时间，不能把南京和南市相提并论。虽然这只是一篇报刊报道，但总还是一种值得注意的表态。如果计划不能实现，我们该怎么办呢？困难确实很大！我寄希望于希特勒！我的收音机今天中午报道说，中国人承认江阴要塞那里情况危急，但是中国人正在全力自卫，仅仅是逐步后撤。关于这里的防御计划还听不到任何新消息。

晚上6时，在英国文化协会开会。王固磐致辞。没有发布任何新闻，比如战场情况等。我们只是听说明天中午12时可以在中央银行兑换小额纸币(1元的和更小的)。这我肯定用得着，因为零钱已经相当短缺。罗森博士请我吃饭。在去他那儿的路上，汽车抛锚，我只好步行。司机把车停在马路上，车门也没有锁，就优哉游哉地找汽油去了。马路上漆黑一团，可是卡车仍在忙着运送木箱和行李。必须十分留神，不要在黑暗中被车压伤。在罗森那儿，我还见到了沙尔芬贝格、许尔特尔和克勒格尔。克勒格尔没有买到船票，所以只好留在这里。等了很久，骑兵上尉洛伦茨也来了。他当天晚上必须启程。我们闲聊着度过了一个美好的夜晚。罗森博士称赞洛伦茨是最后一个离开这里的德国顾问。城市可能遭到炮击，罗森很担心，不知我们大家能否在这之前及时乘怡和洋行的三桅帆船离开。希尔施贝格一家也想在万不得已时坐这条船逃离。毫无疑问，这一切都考虑得非常合乎情理。可是，如果始终只想着逃跑或者听别人谈论此事，颇让人感到沮丧。我周围的中国人那么镇静、沉着。对他们来说，最重要的是主人不逃跑，其他一切问题都会逐步解决。我越来越觉得，我无论如何必须在这里坚持到底。只是我承认，一个比我自己的住宅更安全一点的地方，我还是想要的。或许我能得到另外一套住宅。张群部长的房子已提供给罗森博士使用，这座房子有一个很棒的防空洞。我得去一趟，看看这座堡垒。接着一个大问题就来了：搬不搬家？在这段时间里，很多人聚集到了我身边，我不可能把他们都带走，但是我也不可能同时住在两所房子里，这终究要看我目前拮据到什么程度。必须找到一个巧妙的解决办法！

11 月 27 日

天空有云，又一个航空天候。昨天我们一整天没有受到骚扰。今天我们从 9 时 40 分到 9 时 45 分有预备警报。此刻，我正在写这篇日记的时候（下午 1 时 45 分），警报又重新响起，不过只是第一次信号。

厨师曹（保林）还一直病着。给他开了药（碘卡扑拉尔），可是买不到了，因为药店全都迁走了。今天，事过 5 天以后，人们才想到告诉我这件事。我暂时从我自己少量的备用药品中拿了一些给他。另外，他一个人躺在一间没有取暖设施的房子里已经一个星期了（肯定是节约的缘故）。于是，我借给他一个煤油炉。问他为什么不添置一个煤炉，他回答说，卖白铁制品的商店都关门了，买不到烟囱。我觉得这不是实情。我知道，这个好人曹（保林）在其他职工那儿不太讨人喜欢，所以他们现在就不管他。这当然是不允许发生的！

罗森博士尽心竭力照顾我，令人感动。留在这里的德国人当中，我是最让他操心的"孩子"。他担心(这是有理由的)我要留在这里,而不和他以及其余的德国人、英国人等乘怡和洋行的三桅帆船逃走。他塞给我一张英国领事普里多-布龙的证明,凭着它我可以登上怡和洋行的三桅帆船,此船不久将被拖着逆流而上。就连前部长张群的房子,他也想方设法给我弄到了,以防万一,不管我用得着用不着。总之,凡是他用某种方式能做到的,他都做了!我们昨天下午谈了心里话,就是说,他给我讲了他的遭遇。他祖父①和贝多芬是朋友,他给我看了贝多芬写给他祖父的一封信。他的家族近100年来一直从事外交工作。他父亲当过部长,可是他也许永远当大使馆秘书——他祖母是犹太人,这断送了他的前程②。一个不幸的人!

下午6时在北平路69号开会。唐将军到会致辞。他提醒说,在保卫战即将来临之际,他的部队里可能会出现混乱。只要是在他的权限以内,他将向所有外籍人士提供保护。城门将被关闭,但是我们外国人有机会通过城门,直到最后时刻。

罗森博士、普里多-布龙(英国领事)和艾奇逊(美国大使馆秘书)今天下午要去最高统帅蒋介石那里,他们要了解关于城市防卫方面的真实情况。这是一个极好的主意!

由于我们国际委员会还没有得到日本当局的答复,所以今天通过美国大使馆再次给上海的日本大使发去了下面的电报:

> 国际委员会承蒙美国大使馆帮助于11月22日向日本政府递交了建立安全区的建议书,谨此再次恳请对此建议予以友善考虑。由于必须采取适当措施以安置只有在安全区才能找到避难场所的成千上万名平民,委员会急需立即开始工作。出于人道主义,特此请求即刻答复委员会的建议。
>
> 约翰·H.D. 拉贝
>
> 主席

---

① 经与罗森档案资料核对,此处应为罗森的外曾祖父。

② 罗森在1938年夏奉召回国,后去英国。1945年9月,他曾给中国驻美大使写信,告知德国档案中有大量关于日军暴行的资料。此后下落不明。

我给希特勒和克里伯尔的电报是否起了作用，我当然无法确定。不过我认为，电报现在应当到达柏林了。

下午3时，我们决定明天召开国际委员会会议。即使我们得不到日本当局的答复，我们也必须采取某些预防措施，就是说，至少得制定安全措施。

我贪婪地把一些过期的上海报纸看完以后，最新的一批现在送到了。即便是最新最新的一期能到，我也不会感到惊奇。邮局本领真大！全是11月15日～19日的消息。下面是几个标题：

《九国会议商讨给日本的新声明(今日表决)取决于美国的态度》，《日本人希望与韩复榘缔结特别和约》，《松井将军向饶神父难民区捐款1万日元》，《日本军队向昆山挺进》，《南京政府撤离》，《保卫南京》，《德国妇女儿童在南京登船》，《可以向南京发动全面进攻》。

11月28日

罗森博士把昨天与最高统帅谈话的下述结果告诉了我。对“未来的防御战是只限制在城外，还是在城内也继续进行”这个问题的回答是：我们对两种情况都有准备。对下一个问题即“如果出现了最坏情况，谁来维持秩序，即谁将作为最后一位行政长官留在城里，动用警察的力量来制止不法民众的骚乱”，卫戍司令长官唐将军答道：在这种情况下，日本人有责任维持秩序。换言之，没有行政官员留在这里，没有人为千百万市民的公众利益牺牲自己！多么“美好”的前景!!

上帝啊，但愿希特勒愿意帮忙！如果这座城市真的遭到炮击，那么它所遭受的不幸将无法想象。

从罗森博士那儿我还听说，大使在汉口曾经打听是谁给元首发了电报。现在陶德曼博士先生已经收到了罗森博士的信，信中述说了详情以及我给希特勒和克里伯尔的电报内容。收音机里今天中午只字未提关于中立区的事。

施佩林接我去参加下午3时在史迈士博士家举行的委员会会议。会上正式任命菲奇先生为委员会总干事，杭立武博士为中方共事总干事。我们认为，在得到日本当局消息以前，我们不可能采取进一步行动。

米尔斯牧师建议我们尽快做一次尝试，即提请中国最高领导人(最高统帅和唐将军)注意，从军事角度看，固守南京是荒唐的，能否考虑和平让出这座城市，这样做是不是更好一些。杭立武博士反驳说，现在不是采取这种行动的适当时机，我们要耐心等待，直到得到日本当局同意建立中立区的肯定答复。我们下午 4 时 30 分散会，没有取得很大进展，因为一切还是未知数。

下午 6 时，在英国文化协会开会。邮政专员李奇通知说，邮局将正式关闭，只有几个邮票销售处和一个小邮局仍然开门。但是，还可以把信件投入信箱，有时会有人来取。李奇先生似乎有些紧张。他那迄今为止工作得相当出色的庞大班子跑得一个人都不剩。有人议论说，日本人到了离芜湖大约 60 公里的地方，3 天就可以到达这里。这有点儿不对头，我认为这根本不可能，尽管我不像施佩林那么乐观，他估计日本人两个月以后才能到达这里。会上，我们还收到了印着中国字的大纸条，让我们把它们贴到住房的大门上，以免中国兵痞骚扰。听说一位德国顾问在城里的房子今天被士兵们光顾了，不过事情得到了迅速解决。今天，我让人在宁海路 5 号我的新住宅钉上了有我名字的牌子，悬挂了德国国旗。然而，我以后只是名义上住在这座“宫殿”里。这段时间，我院子里的第三个防空洞正在热火朝天地施工。第二个防空洞的建造工作不得不中断，因为坑里全是水。警察厅厅长王固磐再次声明，还有 20 万①中

---

① 关于南京市人口，据民国时期南京市政府的档案资料记载，1937 年 6 月，南京城区与乡区人口总数为 101.545 万人。南京沦陷前夕人口变动较大，一部分随国民政府迁移，一部分有钱的人逃离南京。据南京市政府 1937 年 11 月 23 日致国民党军事委员会后方勤务部的公函称：“查本市现有人口约 50 余万。”这一数字，从日本有关资料可以得到佐证：1937 年 10 月 27 日，驻沪冈本总领事以机密第 2144 号函致广田外务大臣称：“南京市内公务员和军人眷属均已避难，人口剧减，据警察厅调查，现有人口 53 万余，都是各机关公务员，财产无法转移和当地商民等需要在南京坚持到底的人。”该公函是日驻沪总领事派谍报人员赴南京所作的调查结果。南京沦陷后，即 1938 年 3 月～4 月，国际委员会成员史迈士博士曾进行调查，结果是：1937 年，“南京市人口恰好超过 100 万，到八九月，人口急剧减少，11 月初，又上升到 50 万。”从以上几个方面的资料可说明，南京沦陷前夕仍在南京的人口应是 50 余万。加上未能撤离南京的中国守军和从上海、苏州等江南地区流入南京的外地难民，则总人口数应为 60 余万。

国人住在南京。我问他是否留在南京，他的回答果然不出所料：能留多久就留多久！（这就是说，他要溜！）

11 月 29 日

我今天发觉一个富人也有他的忧愁，虽然我只是以代理方式拥有我的财产，即我的新“宫殿”（张群部长的房子）。我曾很随便地让这家佣人为我带来的卐字旗弄一根旗杆来，他也很快就把所要的东西弄来了。可是，他拿给我看的旗杆账单上写着：35 元！因为前几天我在我的院子里竖起了两根新旗杆，所以我恰好熟悉这些价格（战争时期的价格！）：一根旗杆 3 元，而我的佣人张（国珍）买的旗帜是每面 2 元。这个“宫廷仆人先生”毫不犹豫地把一个工资不菲的佣人一个月的工钱算进了旗杆里。我没有狠狠地斥责他。但是韩先生认为，这在富人家里司空见惯，富人就是要比别人多付出“一点儿”。抱着这样观点的这些男孩子想要赢得战争——根本不可能！

施佩林打来电话说，警察厅厅长王固磐下台了，任命了一个新人接替他的位置。史迈士博士就此报告说，这个新人或许会留在这里，就是说，不会带着他的警察部队逃跑。这回终于有了一个好消息。下午 4 时召开了委员会会议。我们必须有所进展，无论以什么方式，即使日本人不承认中立区。

昨天，我们享有一整天的安宁。今天下午 1 时～2 时，预备警报干扰了我收听电台节目。罗森博士打来电话说，他 12 时 40 分已经收听了上海台，刚好听到：根据东京一则报道，日本人还在考虑是否接受我们关于建立中立区的建议。不久前，在英国文化协会召开了会议。会上，唐将军作了报告。他在报告中表示要坚决保卫南京。这次报告使日本人顿生疑心。我觉得，德国方面也许从我们的利益出发，已经进行了干预，而类似唐将军这样的讲话必定对我们有害而无利。然而也不能因为唐先生的观点而指责他，他本是一位将军，以这种身份讲起话来，自然有点儿火药味。但就目前的情况来看，这种做法的确不妥，更何况根本不可能对这座城市进行有效防御。我们这里位于扬子江的夹角地区，正坐在捕鼠器上！

整理房间的时候，一张元首的相片偶然落入我手中，上面写着巴尔杜尔·冯·席拉赫的一首诗：

这正是他最伟大之处：
他不仅是我们的元首，是民众的英雄，
而且他为人正直、朴实而坚定；

我们世界的根须静卧在他心里，
他的精神轻抚着群星，
而他始终是和你我一样的普通人。

这再次给了我勇气。我仍然希望希特勒帮助我们。一个和你我一样的普通而朴实的人想必不仅对自己民族的灾难，而且对中国的灾难也有着最深的同情。我们当中（德国人或外国人）没有一个人不坚信，希特勒的一句话（也只有他的话）会对日本当局产生最大的影响，有利于我们建议的中立区，而且，这句话他一定会说的！！

下午4时，委员会内部会议召开，我们讨论了许多有待解决的问题。6时，在英国文化协会举行例会，市长当众宣布了国际委员会成立。接着，我多次讲话，我讲得有点不妥，因为我声明，我们还不能公布安全区的边界（迄今为止只针对南京的中国人而言），而实际上安全区的所有边界已通过史迈士博士向路透社和其他通讯社记者公布了。我通知说，我们得到了所有大使馆道义上的支持；在美国大使馆的帮助下已给上海日本大使发去了两份电报；我个人不但给元首，也给克里伯尔发了电报。我不能期待希特勒的答复，因为这种纯粹的外交问题也许要通过其他方式来解决。但是我表示，我确信元首会给予帮助。我请求与会人员再耐心等待一两天，因为我仍然没有放弃还能得到日本当局同意的希望。报社记者（不少人到场）提醒我注意，现在不能再失去时间了，应该向公众广泛宣传我们的事情。人们说的其实是对的。晚上10时，电台播送了一条新闻：江阴要塞失守了。这是结局的开始！现在距离日本人到我们门前恐怕只有几天了。我和史迈士博士通了电话，同意他和贝德士博士以及米尔斯牧师给新闻界起草的电报。最高统帅向委员会提供10万元经费。我提议礼和洋行的克勒格尔担任财务主管。他得到了认可，毫不迟疑地接受了这个职位。我请克勒格尔搬进我的新房子（宁海路5号），他对此表示同意。我的卡车尽管有德国国旗，还是被守卫内政部的士兵抢走了。我给唐将军的代理龙上校打了电话，晚上11时领回了汽车。

11月30日

我催韩先生带着他全家搬到我这里来。他现在住在学校的几间房子里，已经请人修建了厨房和洗澡间。他的朋友、怡和通砖瓦厂的老板孙先生（我的施主）也搬到了我这里。新的防空洞还没有建好，我们十分紧张地干着。除了垒起的砖墙（我们没有水泥）两面用厚木板支撑着，我们还在防空洞里使用了金属板（当然是铁做的！）。我不知道是谁弄来的这些铁板，反正它们一下子就出现了。别的东西也是这样。我院子里的情景看上去妙极了。卡车还得去拉一个巨大的水箱，因为我担心自来水厂会断水。煤油我们也买好了，蜡烛也有，还贮藏了大约能用一个月的煤。我用了一整夜的时间，把自己准备注射胰岛素的器械全部煮沸消毒。我总是随身带着一套器械和3安瓿胰岛素。张（国珍）的妻子还躺在医院里，厨师也在医院，不过他已经好些了。他服用了我的药，因为难吃得要命，他便觉得对他有帮助！从芜湖来了一个医生（布朗大夫）和一个法国神父。人们想在芜湖也建立一个中立区，请我们出主意。而我们自己在这方面还不知所措，因为我们当中还不曾有一个人面对过这么艰巨的任务。但是，我们会完成它的，无论如何必须克服困难。

昨天夜里，30辆满载弹药的卡车在离城不远的地方爆炸了，有40人死亡。

我正在努力收集更详细的资料，想知道留下来的市民有多少。这时传来了谣言，说那个本想给我提供“相当准确”资料的人，即前警察厅厅长王固磐先生被捕了。他辞去自己的职务，是因为他不是军人，感到不能胜任这一工作。这条消息尚未被证实。

史迈士博士打来电话说：我们在城里有6万袋米，在下关有3.4万袋米。这也许够用了。我们缺少的是用于临时住所（草棚）的席子。天气寒冷，不管怎样，得安排人们住宿。

下面是国际委员会必须解决的问题一览表：

1. 经费
2. 警察
    安全区入区检查
    安全区边界守卫
    警察人员的数目及其安置
3. 士兵与涉及军队的事项
    撤出命令及其检查
    军队开始逃跑时的措施，伤员的照料
4. 伙食
    食品的数量
    食品的储存和分配
5. 运输与运输工具
6. 难民的住宿
    监督
    住房的使用和管理
        (1) 公共建筑物(政府的)
        (2) 学校等教会建筑物
        (3) 空闲的住房
    芦席棚
7. 公共设施
    提供水、电和电话
8. 卫生设施与医疗保健
    专用厕所
    垃圾和粪便的清理及运输
    医院和医疗设施

11 月 30 日

11 时 15 分～11 时 45 分，有警报，但没有空袭。晚上，上海电台报道说，水栅(即封锁河道的障碍物)已被破坏，据说水栅上已开了一个 50 英尺宽的口子。小型日本炮艇通过了这个口子，正在布雷区扫雷。中国

人又设置了两个新的水栅。

下面是南京安全区国际委员会成员名单：

（1937年11月29日）

姓　　名	国　籍	地　　址
1. 约翰·H.D. 拉贝，主席	德　国	西门子洋行(中国)
2. 史迈士博士，秘书	美　国	金陵大学
3. 芒罗·福勒	英　国	亚细亚石油公司
4. 马吉牧师	美　国	美国圣公会
5. 希尔兹	英　国	和记洋行
6. 汉森	丹　麦	德士古石油公司
7. 潘廷	德　国	兴明贸易公司
8. 麦凯	英　国	太古洋行
9. 皮克林	美　国	美孚石油公司
10. 施佩林	德　国	上海保险公司
11. 贝德士博士	美　国	金陵大学
12. 米尔斯牧师	美　国	长老会
13. 利恩	英　国	亚细亚石油公司
14. 特里默	美　国	大学医院
15. 里格斯	美　国	金陵大学

序号为3、5、6、7、8、9和13的先生们在被占领之前离开了南京。

克勒格尔　　德国　　礼和洋行

在列名单时还没有把他作为委员会正式成员登记上去，不过后来补登了。克勒格尔在被占领期间留在南京。还有

乔治·菲奇　　美国　　基督教青年会

后来也正式加入了委员会，在整个被占领期间留在南京。

12月1日

9时30分，我与克勒格尔和施佩林一起开车去平仓巷，委员会在那

里开会。我们进行了分工,列出了人员名单。马市长带着他的一班人来参加会议,答应给我们3万袋大米和1万袋面粉。可惜我们还没有卡车把这些粮食运进难民区。大米和面粉我们可以卖掉(为了防止"牟取暴利",必须由我们限定最高价格),把所得收入用来救济难民。当然我们也可以自己做主把一定数量的大米或面粉免费分给穷人。我们将建立施粥处(粥厂)。

鼓楼医院收到了我送的12罐汽油。韩湘琳叫人把水箱送到了我们的院子里。我们院子里的第三个防空洞就要建好了,顶上是铁板,砖砌的入口。下午,我从卫戍司令部(龙顺钦和林先生)那里收到了2万元。最高统帅答应捐献给我们10万元,这是支付的第一笔款子。我问什么时候能够得到其余部分,杭立武博士对此耸了耸肩说,也许还会支付大约3万元。看来我们不得不利用大米和面粉尽可能多赚些钱了。不然,我们的现金很快就会用完。

菲奇、克勒格尔、史迈士博士、基督教青年会的王先生、里格斯等和我一起参观了我在宁海路5号的新房子,明天我们要在这里正式开设委员会办事处。史迈士博士对房子的美观和设施的豪华(防空洞价值1.75

南京安全区国际委员会总部,宁海路5号,自花园方向拍摄。中国外交部长张群将其私宅交给德国大使馆使用,大使馆转交给我们作为总部。为防空袭,草坪上铺着安全区区旗(红圈里套红十字)。蹲在院子里的中国人等待着分配食物或少量现金。

万元)感到很兴奋,他决定从此以后只称呼我为约翰·H.D.拉贝·洛克菲勒。晚上6时在英国文化协会召开委员会会议。会后,召集新闻记者和欧洲人等开会。我们向新闻界公布了计划和各个职务的分配情况。晚上7时30分,在首都饭店召开委员会会议。我们很难决定是否继续开展建立难民区的工作,因为我们始终还没有得到日本当局的答复。如果我们要求留在南京的市民搬进中立区,之后却又遭到日本人断然拒绝,那么我们将负有很大的责任。表决的结果是,大多数委员赞成我们继续工作下去。开放中立区公告的行文必须十分谨慎。我们先要向这里每一个代销报纸的中国人打听:有没有人,都是些什么人留在这里。就是说,我们要查看一下中国人情绪的晴雨表。我们将暂时把中立区称作"难民区",而不是"安全区"。这样,如果以后有人指责我们的话,我们就多少有些保护。罗森博士从美国人那里得到消息说,国社党中国分部负责人拉曼把我给希特勒和克里伯尔的电报转交上去了。谢天谢地,现在我敢肯定,我们有救了。元首不会丢下我不管的!给东京德国大使馆的电报也已转发过去。许尔特尔打电话来说:罗森博士请德国人集中一下,商量什么时候必须登上三桅帆船。结果是:克勒格尔、施佩林、年轻的希尔施贝格和哈茨(一个奥地利工程师),这些先生们全都要留在这里帮助我。那么就没有必要、也不值得磋商了。考虑坐三桅帆船的有:希尔施贝格太太和女儿,两个人已经在船上了(希尔施贝格太太要把三桅帆船给妇女们收拾得更好一些,听说船上情况很糟糕);此外有罗森博士、许尔特尔和沙尔芬贝格(3个人都是大使馆的)、两个售货员(诺伊曼小姐和一个我不知道姓名的俄国妇女)以及基士林克—巴达糕饼店的会计。不过,最后这位也有可能还留在这里,我需要给克勒格尔领导的财务部找会计。希尔施贝格大夫在冯·舒克曼太太的陪同下,把生病的张群送到了汉口。在此之前我把我储备的胰岛素给了他一些。希尔施贝格大夫想坐飞机回来(他说的),因为我们迫切需要医生。晚上8时,在首都饭店和马市长、林勋欣(音译)、林度信(音译)、谢晓春(音译)和刘泽方(音译)共进晚餐。中国人和我先后致辞。除此以外,没有讨论什么值得注意的事情。反正这是一次"告别宴会"。韩先生和他那位怡和通砖瓦厂的朋友孙先生被我任命为粮食委员。韩先生喜笑颜开,他有生以来还没有担任过这么高的职务呢。我当然也是首次任命这么高的职务。今天，我们在这段时间里听到了3次防空警报，但没有空袭。韩（湘琳）说，他看见20架崭新的中国飞机朝西边飞去了。

12月2日

法国饶神父（上海南市难民区）给我们转来了日本当局的电报。下面是译文：

1937年12月1日电
致南京大使馆（南京美国大使馆）：

根据您11月30日来电
给南京安全区委员会答复如下：

日本政府已获悉你们建立安全区的申请，却不得不遗憾地对此予以否决。

若中国军队对平民及（或）其财产处理失当，日本政府方面对此不能承担任何责任。但是，只要与日方必要的军事措施不相冲突，日本政府将努力尊重此区域。

签名：饶神父（上海）
高斯（美国大使馆官员）

据电台报道，伦敦把这个答复视为断然拒绝。我们这里的看法不同。从外交角度看，这个答复措辞巧妙，留了一条后路。但是从总体上看，还是有利的。我们根本就不指望日本人为"中国军队的处理失当"承担责任。电报的结束语"但是日本政府将努力尊重此区域……"等等，已经令人非常满意。我随即通过美国大使馆发去了下面的回电：

我们恳请您把南京安全区国际委员会的下列意见转发给饶

神父：

衷心感谢您的帮助。日本政府承诺，只要与日方必要的军事措施不相冲突，它将尊重安全区区域，对此，委员会表示认可和感谢。中国当局完全同意严格执行我们原来的建议。因此，委员会将继续开展安全区的组织和管理工作，并通知您，难民已经开始迁入安全区。委员会将在适当的时候，在进行适当的检查之后，正式通知中国政府和日本政府安全区业已开放。

委员会恳请您，以最友善的方式再次与日本当局取得联系，促使对方注意：如果对方直接给委员会一个带有保证性的通知，将会大大减少陷于困境中的居民的忧虑。我们诚恳地希望不久便能收到日本政府相应的通知。

签名：约翰·拉贝
主席

德国大使陶德曼博士和使馆参赞劳滕施拉格尔博士从汉口回来了，这使人们感到很意外。罗森博士在回答问题时解释说，这件事与委员会的工作毫无关系。不过罗森博士私下还告诉我：大使不完全同意我给元首和克里伯尔发的电报，他认为没有必要发这两份电报！明天我要登门拜访陶德曼博士，因为今天没有时间。我估计，他的归来与德国的和平斡旋[1]有关。马市长为此向我打听情况，我当然无法给他一个明确的答复。

我们很难找到运输工具去拉运给我们的大米和面粉。其中一部分存放在离安全区很远的地方，无人看管。听说军事机关已从中取走了大量的米。给我们的 3 万袋米据说只剩下了 1.5 万袋。

晚上 6 时，在英国俱乐部举行的例会上，新闻界得到了下面的简报：

南京安全区国际委员会特此公布，今天早上收到了饶神父从上海发来的电报。据该电报称，日本当局已声明：只要与日方必要的

① 即陶德曼调停。

军事措施不相冲突，日本当局将努力尊重安全区区域。

根据这个半官方声明，同时在希望得到日本当局直接答复的情况下，委员会在今天下午举行的会议上决定开始各项准备工作，以安置即将迁入安全区的难民。

委员会已经得到了中国军事当局和民政机关的明确保证，即全面尊重安全区的民用性质。

鉴于上述保证，委员会感到有责任为安置大批遭受苦难的居民而采取预防措施。

饶神父建立了上海南市难民区。前面提到他的电报全文如下：

（电报全文见前）

这份电报是对委员会 11 月 29 日晚致上海一个国际小组电的回电。委员会的电报全文如下：

我们恳请您，从安全区的利益出发，尽快拜会日本大使馆官员日高和日本大使，并授权您通知对方，中国当局已完全同意我们的建议，并向我们提供大米及其他物品表示支持。——万分紧急。

与此同时，委员会主席约翰·H.D. 拉贝先生于 11 月 29 日晚给上海日本当局发送了下述电报：

国际委员会承蒙美国大使馆友好帮助于 11 月 22 日向日本当局递交了关于建立南京安全区的建议书。本委员会不揣冒昧，再次恳求对此建议予以友善考虑。由于必须事先采取措施以救助成千上万名只有在安全区才能找到避难场所的平民，委员会急需立即开始工作。出于人道主义，迫切希望即刻对此建议作出答复。

11 月 22 日，用电报把原建议书全文发给日本当局。当我们得知对方已于 11 月 23 日晨收到此件后，即于 11 月 24 日把建议书全文交给新闻界发表。建议书全文如下：

（建议书全文见前）

方孝(音译)上校以警察厅联络官的身份出席了记者招待会。

罗森博士根据大使馆警察的叙述,通知说:警察得到命令,将与军队一起撤离这座城市。马市长对此予以否认。

晚上8时,在福昌饭店参加杭立武博士的告别晚宴。丁先生重新开办了这家饭店,表面上则由住在那里的施佩林管理。杭博士今天晚上携带1.4万箱皇宫珍宝①去汉口。由于运输条件跟不上,他不得不留下1 000箱。我们为他的离去而深感惋惜,因为他极其能干,曾给予我们很大帮助。我们希望他能重返此地。

我们今天听到了3次警报。投掷了炸弹,发生了多次空战。据说空战时击落了3架日本飞机。

12月3日

罗森博士来看望我,并向我转达陶德曼博士的问候。陶德曼博士昨天晚上已经搭乘他来时乘坐的海关巡逻艇又回到汉口去了。罗森犹豫了片刻后还是承认了,大使确实带着和平斡旋的建议去了最高统帅那儿。当然,关于和平建议的细节我是不可能从罗森先生这儿了解到的,因此我也不在这方面费神了。只要真的采取了这类步骤,对我来讲就足够了,但愿这些建议能带来好的结果!罗森博士又给我看了一份给大使本人的电报,内容如下:

发自:汉口,12月2日

发往:南京,1937年12月3日

南京德国大使馆:

东京1937年11月30日电:

日本人想尽量保护城市、国民政府、外国人的生命财产以及和平的中国百姓。日本希望中国政府能在列强的影响下使首都免除战争的摧残。出于军事上的原因不同意设立南京特别保护区或要塞区域。有关这点日本人将发布正式声明。

绍肯

① 即故宫文物,现藏台北"故宫博物院"。

罗森博士断定，其他国家的大使没有得到类似内容的电报。这样，委员会就可以自己决定如何处理这个消息，同时又不泄露发电人是谁。罗森博士建议我们和蒋介石的夫人取得联系。

尽管负责守卫南京城的唐将军向我们保证从难民区中撤出全部军事人员和军事指挥所，我们仍然发现，上述区域内有3处地方新挖了战壕和高射炮阵地。我告诉唐将军的特使，如果不立即停止修筑工事，不履行将军人清理出安全区的许诺，我便辞职并解散国际委员会。人们对我们提出的所有要求立下了书面保证，但同时又指出，执行起来还需要一定的时间。

我们对一家中国小报（蚊报）的一篇文章提出了异议，这家报纸呼吁读者，不要进入所谓的外国人的安全区，宁可把自己的全部财产烧得寸草不留，也不要让它们落到日本人的手里。马市长指出，对这种无稽之谈他要表明自己的态度。18时的新闻发布会上发布了以下通告：

新闻简报 1937年12月3日

1. 宣读了12月2日回复饶神父电文的副本。

2. 今天早晨委员会要求中国军事当局开始从区内撤出全部军事设施。

3. 委员会的成员和朋友们观察到，在区内西南地区的3个地方，中国军人重新开始了掘土作业，今天下午委员会进行了实地观察，并将此事件通报了南京卫戍司令总部。我们满意地看到，总部立即颁布命令，必须停止修筑工事。

4. 委员会决定安全区采用和南市难民区相同的标记符号：白底红圈中间一个红十字。

我们今天经历了数小时的空战。伦敦电台已经报道了德国大使昨天对南京的访问，并简短地提到，陶德曼博士给最高统帅带去了和平建议。上海的一个电台报道说，此地的一个日本阅兵仪式因为一个中国人的炸弹行刺事件而受阻。行刺者当场身亡，一些士兵受轻伤或重伤。日本人随即占领了国际租界。

12月4日

我们将中国军人从安全区清理出去的困难是很大的。士兵们非但没有如唐将军所许诺的那样撤出，反而继续挖掘新的战壕并在安全区内架设军用电话设施。我提出严厉抗议并指出如果再这样下去，委员会只能听其自然了。在这种情况下，他们不断向我们保证，3天之内从安全区撤出全部军人。这个时候又有谣传说，日本人再过两天就会兵临城下。我甚至觉得已经听到了炮火声(也有可能是我弄错了)。运粮的8辆卡车今天只来了一半。我们又经历了好几个小时的空袭。我的朋友克勒格尔当时正在飞机场上忙碌，离他100米远的地方落下了好几枚炸弹，他差一点就丢了命。我们委员会开了一个长会，讨论了是否可以利用一下11月30日东京发给陶德曼博士大使电报中罗森博士已经传达了的内容。我们作不出任何决议，因为中国人现在看上去是执意要守卫城市，因此中国人很有可能会愤怒地拒绝我们的建议，从而危及正在筹备成立的中立区。上海的电台报道说，由陶德曼博士在牯岭(有意改动地点，因为最高统帅目前正在南京)带给最高统帅部的和平建议遭到了蒋介石的一口回绝，当然，此间我们对此深表怀疑。

难民们开始陆陆续续搬进安全区。一份小报(蚊报)反复告诫中国人，不要进入"外国人"的难民区。这家煽动性的报纸写道，即使城市遭到炮击，中国人也应当正视危险，这是每一个中国人的义务。

在18时的新闻发布会上，报界得到以下消息：

供新闻界和警方的专稿 1937年12月4日

在安全区(中文翻译用的是"难民区")
安置居民及分发食物的暂行措施

一、安置

1. 安全区内还没有做好大规模安置居民的准备。目前的战局还没有达到必须这么做的地步。

2. 为了在紧要关头(也就是最后的时刻)将逃进安全区内的人数控制到最小程度,委员会建议,各个家庭可以和亲朋好友私下协商现在就安排好自己的住处。委员会保留在必要的情况下在这些房子里安置难民的权利。

3. 一个负责安置难民的特别委员会目前正在区内忙于了解所有可以考虑安置难民的房屋的情况。凡是无法通过私人关系在区内找到住处的难民,该委员会将通过协商解决。不到万不得已(也就是战局紧迫)时,将不实施该办法。一旦这个时刻到来,将会发布正式通告,正式宣布启用安全区。

4. 私下协商仅适用于私房,不包括公共建筑或学校。

5. 安全区内可供使用的空间有限,故家具或类似的财产不得带进区内。只允许携带铺盖、衣物和食品。

二、膳食

1. 目前区内还没有足够的食品储备供大量难民食用,所以现在已经搬进安全区的难民必须备有至少能维持一周生活的食品。

2. 建议专事米、面和其他食品以及燃料供应的商人现在就进入区内继续经营。

3. 储备专供委员会在区内分发用的大米和面粉,待私商的粮食库存全部用尽时再使用。一旦出现这种情况,储备的粮食将交给持有委员会执照的私商出售。

三、运输工具

委员会急需卡车和板车向区内运送储备物资,为此请求无偿或有偿地将运输工具提供给委员会使用。

四、安全区的启用时间

中方军事人员及其全部军用设施没有离开该区域之前,无法正式启用安全区来安置难民。

签字:南京安全区国际委员会

(中文文本中称为:难民区)

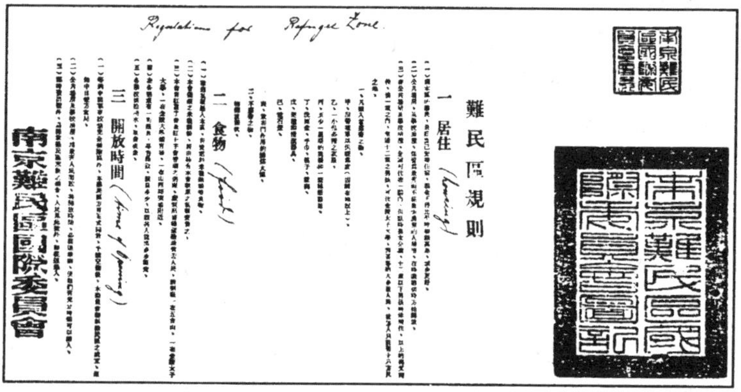
Regulations for Refugee Zone

難民區規則

一 居住 (Housing)

二 食物 (Food)

三 開放時間 (Hours of Opening)

南京難民區國際委員會

安全区管理委员会

（1937 年 12 月 3 日的情况）

一、理事会：

1. 国际委员会主席：约翰·H.D. 拉贝
2. 秘书：刘易斯·S.C. 史迈士博士
3. 总干事：乔治·菲奇
4. 副总干事：杭立武博士
5. 财务主管：克里斯蒂安·克勒格尔
6. 中方秘书处主任：汤(忠谟)系主任

二、委员会：

1. 总稽查：爱德华·施佩林
2. 粮食委员会：韩湘琳　主任

休伯特·L. 索恩　副主任

孙耀三

朱　静

蔡朝松(音译)

晁老五(音译)

萧

C.C. 孟

周保新(音译)(红卍字会)

3. 住房委员会：王　廷　主任

查尔斯·里格斯　副主任

查尔斯·吉

朱舒畅(音译)

欧文·C.C. 朱

许豪禄(音译)

王明德

Y.S. 张

王有成

4. 卫生委员会：沈玉书　主任

C.S. 特里默大夫　副主任

5. 运输委员会：E.L. 希尔施贝格　主任

R.R. 哈茨　副主任(非委员会成员)

12月5日

阳光明媚的星期日，刚到早上8时，一天的烦恼就开始了。应该来接我的司机把我丢下来不管，于是被我狠狠训斥了一顿。发牢骚——解雇——道歉——重新聘用。我想这可能是第25次解雇他后又聘用他了，简直就像周年庆祝！当我终于坐到汽车里时，又响起了警报，炸弹扔了下来。我现在有了通行证，即使警报响了第二遍，我仍然可以开车出去。再说要做的事情太多了，已经顾不上炸弹了，这听上去很有些英雄气概。但是非常幸运——太棒了，太棒了——炸弹总是落到其他的地方。我们终于通过美国大使馆收到了东京关于安全区的正式答复，虽然内容详细些，但和前几天饶神父转给我们

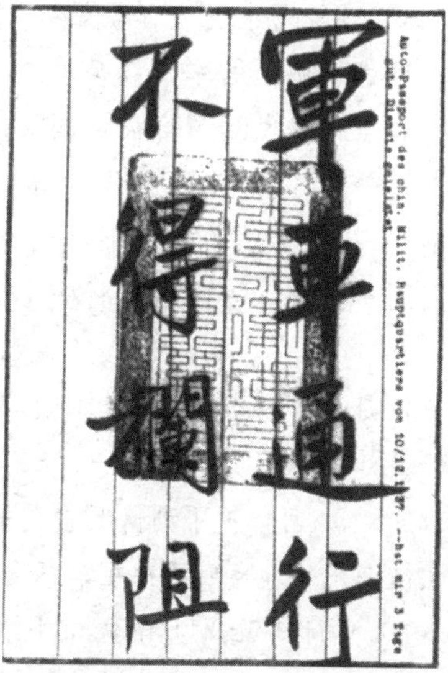

的电报答复没有什么大的不同，这就是说日本人再次拒绝了，但是答应尽可能保护安全区。电报全文如下：

海军电台

汉口大使馆　　发自：上海

南京大使馆　　发往：南京，1937年12月5日

北平大使馆　　明码电报

华盛顿国务院　　南京安全区

1087　12月4日，18时

文及：南京1937年11月22日944号电报

事由：南京安全区

日本当局仔细考虑了南京国际委员会的建议，日本大使现通过总领事将下列通告通知美国大使：

1. 考虑到一旦发生紧急情况，委员会不具备完全切断安全区与外界联系的自然条件与人工设施，有必要给安全区领导层提供足够的物资材料或其他特别权力，以便安全区附近发生战斗时，能够阻挡中国武装部队进入安全区寻求保护或将安全区用于军事目的。

2. 此外还必须考虑到，不论是在安全区内，还是在安全区的附近都有中国的军事设施和据点，一旦在南京发生战斗，这些设施和据点很难做到不会被中国军队使用。

3. 鉴于上述原因，日本政府认为，即使该建议受到中国当局的欢迎，但仍然不能保证做到在南京发生战斗时，能够完全阻挡住中国军队进入安全区并将安全区用于军事目的。

4. 尽管日本政府完全承认对此建议负责的领导层的高尚动机，但是在这种情况下，日本政府不承担在未来对所述区域免遭炮击或轰炸的保证义务。

5. 可以把下列情况看成是一种表态，日本军队无意对未被中国军队使用的地点或不存在军事设施或没有部署中国军队的区域发动进攻。

（此件抄送汉口、南京、北平、东京）

签名：高斯

我和贝德士博士以及施佩林拜访了唐将军(南京卫戍司令),想从他那儿得到保证,立即将所有军事人员和军事指挥所撤出安全区。我们早已得到3天之内开始撤军的保证。当唐将军通知我们说,这是不可能的,至少要过两周军队才能撤离安全区的时候,我们的惊讶是无法形容的。这简直是当头一棒!日本飞机很容易就能确认出区内尚有军队留存,这样日本提出的区内不得部署中国军队的条件就没有得到满足。目前我们根本不可能考虑建一个"安全区",这至多只能是一个"难民区"。当然不能因此而绝望。委员会经过长时间的开会,讨论了这一事态,并拟定了以下新闻稿。新闻界是不能了解到全部事实的,否则我们就等于自己毁了自己。

1937年12月5日中国新闻发布会

1. 在美国海军无线电站善意地传递下,委员会今天早上收到了日本驻沪当局的直接回答,复函附后。

2. 今天上午11时,委员会主席约翰·H.D. 拉贝先生、总稽查爱德华·施佩林先生和M.S. 贝德士博士拜访了唐生智将军,和他讨论了如何从规定的安全区的区域内撤出军事设施的问题。在答复中,唐将军先生作出以下声明作为他在1937年12月3日所致委员会函件(附后)的说明。

(1) 如果建议内提出的安全区有清楚明晰的标记,中国军方将考虑不再在区内设置新的军事设施。

(2) 此外在区内不应再继续设立或使用军事堡垒设施,包括高射炮(抵御飞机用的火炮),从区内撤出其他全部武器和武装部队。

(3) 其他不包含武装部队或常备军的服务性设施,在必要的情况下撤出安全区。

在今天下午举行的会议上,委员会根据以上声明决定现在开始工作。安全区将在和唐将军约定的时间范围内用旗子围起来,以便居民和军人能熟悉安全区边界。只有在向交战双方发出正式声明后,委员会才对外宣布安全区的正式启用。在所有商定的条件未得到满足之前,目前暂不发表这类正式声明。

南京卫戍司令唐生智将军 1937 年 12 月 3 日函件译文：

致约翰 · H. D. 拉贝先生
南京安全区国际委员会主席

尊敬的先生：

尊函已收到。我获悉贵委员会本着仁爱的精神，为了保护平民百姓计划在南京成立难民区。您请求我作为负责城防的司令官承诺从区内撤出所有的军事设施和指挥所(包括交通指挥所)，禁止军事人员在区域内居住或进入该区域。鉴于在上海已有设立这类区域的先例，考虑到这样一个区域能拯救许多穷苦人的生命并减轻他们的苦痛，我原则上完全赞同成立这么一个区域的想法。

我可以保证满足您的愿望，但同时我又必须指出实际执行所面临的困难。事情总有轻重缓急，因此有些事情必须予以考虑。

关于从安全区撤出所有军事组织和交通设施一事，我已经下达命令，根据您的愿望执行。我会尽快敦促军事人员不得在区域内居住或穿越该区域。总而言之，我会在我的权限范围内满足您的愿望，因为作为卫戍司令，我钦佩贵委员会的工作并愿意竭诚与您合作。

希望您的努力能有成效。

谨致问候

您忠实的
签名：唐生智
南京战区卫戍司令

12 月 5 日(续)

炸弹一枚接一枚地落下。如果爆炸声太响了，我们就挪动椅子，离开窗户稍远一些。我们院子里的防空洞是最好的，可惜我们没有时间去用它。上海的电台报道说，日本人不会承认我们的安全区，他们现在距南京仅有 13 公里。如果这个消息属实的话，那么再过两三天日本人就到城门前了，而不是像唐将军所说的那样要过两个星期。城门将要堵死,3个城门洞只留下了半个城门是开着的。从城门到施梅林家的马路两旁美丽的白杨树全被砍了用来封锁街道。这种路障对坦克来讲就如同儿戏。人们想出这个主意,只是为了做做样子。但是谁又知道呢?我们紧张忙碌地向区内运送米面。界旗和墙头布告已经准备好,布告用于向区外可怜的百姓介绍安全区,对这些可怜人的安全我们不敢作出任何保证。饶神父在上海也面临过同样的困难,直到南市遭炮击后,交战双方才认识到他的安全区的价值。罗森博士对中国军人很有意见,据他所知,中国军人潜入区内,是因为他们感到在那些挂着德国国旗的空房子里比区外要安全些。我不敢断定这事是否属实。不过有件事倒是事实,唐将军今天就是在难民区内的一所房子里接待我们的。

12月6日

从7时30分起,空袭警报一个接着一个,但是谢天谢地,我们的难民区没有遭到轰炸。从芜湖传来消息,停泊在船坞的"塔克沃"号(怡和洋行)和"大同"号(太古洋行)两艘轮船遭到了轰炸,死了许多中国人,据说"塔克沃"号完全被烧毁。停泊在附近的一艘英国炮舰的舰长在空袭中被弹片击中受伤。现在,南京居民开始陆续地进入安全区。明天,安全区通道的墙上要贴上布告,这个区域要用委员会的会旗(白底红圈红十字)围起来。留在此地的大部分美国人今天登上了一艘美国军舰,剩下的人作好随时乘船的准备,只有我们委员会的成员拒绝登船。罗森博士告诉我一个机密消息,蒋介石接受了由陶德曼博士大使递交的和平建议。罗森博士希望,和平能在日本人占领南京之前来到(但愿他的希望有道理!)。上海的电台报道说,日本人占领南京指日可待。

在今天的空袭中,对浦口铁路设施的轰炸炸死了20个人。

我和现在住在我旁边的"军官道德修养协会"的黄上校进行了一次很有意思的交谈。黄坚决不赞成设立安全区。他认为这样一个区会瓦解南京部队的士气。他向我解释说:"我们是因为自己的过错才输掉了这场战争,我们应当能守卫得更好一些。我们应当用自己的热血来保卫祖国,不让日本人占领一寸土地。但是我们退却了。南京应当守卫到最后一个人。如果你们不建立安全区,那些现在搬进区内的人们本来是可

以帮助我们的士兵的。”对这种奇谈怪论我能说什么？这么个人竟然是最接近蒋介石最高统帅部的高级官员！“是这样的：留下的人之所以留下，是因为他们没有钱带着自己的家人和一点点财产逃走，他们是穷人中最穷的人，难道应由他们以生命来弥补军方所犯的错误吗！尊敬的黄先生，你为什么不命令南京那些富有的市民，那些逃走的有钱的 80 万市民留下来？为什么总是要那些社会最贫穷阶层的人来献出他们的生命？”我们还谈到了军事人员和军事指挥所何时离开安全区的问题，他认为要到最后一刻，也就是南京街道爆发巷战时，再撤出来，一分钟也不能提前，在南市就是这样的。尽管如此，饶神父仍然设立了安全区，并因此而获得了巨大的成功。但是黄先生忘了一点，南市随时都可以从毗邻的外国租界得到食品和其他必需品。而我们在南京，要想准备得充分，就必须在日本人到来之前在安全区内备好米面、盐、燃料、药品、炊具和其他我也说不清楚的东西，等到了最后关头我们就什么也筹集不到了，因为那个时候我们就和外界断了联系。我们要考虑有医生、护理人员，要安排粪便的清运，要考虑安葬、警察，必要的话还要考虑后备警察，因为警察极有可能会和退下来的士兵一起撤退，如果这个时候出现了暴徒闹事，那问题就严重了。难道这些准备工作都要到最后一刻才做吗？对这种情况我甚至想都不敢想！在一个半小时的交谈中我力图改变黄先生的想法，但是没有结果，他是中国人，对他来讲，几十万同胞算得了什么，他们贫穷，没有任何用处，只有去死！我们还谈到了城市的守卫问题。冯 · 法尔肯豪森将军和所有德国顾问都指出，守卫城市是毫无希望的，既然不会有结果，为什么要牺牲生命？当然，设立一道外围防线是必要的，也不能要求一个要面子的将军拱手交出城市，但是展开城墙战斗，展开巷战，这是地地道道的胡闹，是残忍的大屠杀！但是，说什么都不管用，我的口才帮不了任何忙！黄先生说，荣誉要求我们战斗到流尽最后一滴血！啊，那我们就等着瞧吧！南京发电厂厂长白先生和总工程师陆先生也曾经说过，为了保证电厂的运转，要在南京坚持到最后一刻。现在电厂仍然在运转，但是谁在负责我还不知道，反正白先生和陆先生早已走了。

供报界专稿 1937年12月6日

1. 今天下午，委员会向卫戍司令唐生智将军先生递交了一封信函，对他在12月3日就安全区一事所作出的具体表态表示感谢，并告知，他提出的给安全区标记出界标的建议应立即执行。考虑到安全区必须完全平民化的必要性，以保证将来搬进安全区的数以万计难民的必要的安全，委员会希望，卫戍司令能继续努力尽快从区内撤出中国军人。我们完全信任卫戍司令的许诺，我们赞赏卫戍司令对需要保护的平民所给予的充满同情的关心，并对此表示感激。委员会将在此基础上继续自己的工作。

2. 今天下午1时，委员会发出了电报，对昨天收到的日本当局的电报予以答复：

1937年12月6日致日本当局电：

1. 日本当局的答复国际委员会已收悉，委员会对内容已作了记录。中国当局目前正在减少区内的军事设施的数量并从区内撤出军事人员。委员会已经开始用旗子标记出区域的界线，旗子的图案是白底红圈红十字(红圈象征安全区)。在安全区转角处的地上或建筑物的房顶上水平悬挂画有上述标记的大横幅。

2. 鉴于安全区内剩余的中国军事人员正在逐步撤离，同时考虑到数以万计涌进区内的难民和其他平民的忧虑和困境，委员会希望日本军队在安全区筹备期间以及设立后不要轰炸该区，也不要对该区域发动任何形式的进攻。国际委员会将努力尽快完成赋予其的工作。

3. 国际委员会获悉，日本当局在答复电第5段中作出了承诺，我们对此表示感谢。日方承诺内容如下：可以把下列情况看成是一种表态，日本军队无意对未被中国军队使用的地点或不存在军事设施或没有部署中国军队的区域发动进攻。

4. 国际委员会在此通知日本当局，共有15名～20名外籍人员志愿管理安全区。外籍成员继续留守在城市表明，他们认为中国以及日本当局在安全区方面所作的保证是诚实并且可信的，此外这还表明，委员会将坚定地负责将所有有关安全区的规定实施到底。

签名：约翰·拉贝

国际委员会主席

南京宁海路

1937年12月6日

致唐生智将军先生

南京战区卫戍司令

南京

尊敬的唐将军先生：

昨天您十分友好地和委员会主席及代表进行了交谈，委员会在此就您对委员会工作的首肯以及在帮助南京难民和平民方面所给予的支持表示衷心的感谢。

委员会特别要感谢的是您就安全区事宜所给予的详细的保证：

1. 在安全区域内不设立新的军事设施、战壕或其他掩体，同时也不得在区内留有火炮；

2. 在安全区域作出明确标记后，下令禁止所有军事人员进入安全区；

3. 所有属于军事指挥所或其他部门的军事人员必须逐步撤出安全区。

对于您提出的为安全区作出明确标记的建议，委员会将立即执行，以便于中方军事人员执行您的命令。

委员会和受您指挥的警察局长方先生商定，张贴致中国军人的通告，向他们简要地介绍安全区的性质和作用，以便他们能理解禁止他们进入安全区的理由。

委员会关切地并充满理解地注意到了您的表态，即：委员会的愿望具体实施起来会面临很大的困难。对此委员会要指出，接待大规模难民有一定的困难。他们寻求得到保护，但是只要安全区内布置有军事设施和军事人员，这种保护就不能得到。

委员会不否认您说法的正确性，即：短时间内从安全区撤出武装军事人员比较困难。但另一方面请允许委员会冒昧地指出，由于通讯联系的难度越来越大，总有一天，当等到最后一分钟才开始从区内撤出全部军事设施时，几乎就不会再有机会通知日本人安全区开始启用了。而在这一段时间内日本人会轰炸区内的难民，并指责中国军方因滞留在所谓的安全区而必须对此负责。

为此，委员会希望您继续努力，尽快从安全区内撤出所有部队。委员会已经发表了一项声明，表达了对您所作承诺的充分信任。

最后，委员会在此对您充满同情地顾及平民百姓的利益表示感谢，请求能继续得到您的友好合作以及您关于安全区各项努力的建议。安全区维系着许多中国人的命运。

此致崇高的敬意

签名：约翰·拉贝

12月7日

昨天夜里可以听到热闹的来往汽车声。清晨约5时许，大批飞机从低空掠过我们的房顶，这是最高统帅蒋介石的告别仪式。我昨天下午拜访的黄上校也走了，这是奉了最高统帅的命令！留下来的全部是穷苦的人民和我们几个决心要和最穷苦的人们在我们的所谓"安全区"共患难的欧美人。据上海方面电台的报道(13时)，日本人已经推进到了汤山，距离南京只有几个小时的路程。现在可以看见贫穷的百姓带着生活用品和铺盖从四面八方进入我们的安全区，这些人还不是最贫穷的，他们只是先头部队。他们还有点钱财，可以花钱借住在安全区内的亲戚朋友处。真正一无所有的人还没有进来。安置他们必须要开放中小学和大学，以集体住宿的方式安置，由粥厂向他们提供膳食。答应提供给我们的粮食，我们最多只运进来了四分之一。我们缺乏运输工具，现有的运输车辆不断地被军方征用。今天上午，我们的两辆卡车被军方拖走了，现在只归还了一辆，另外一辆尚未归还，车上还装着我们急需的两吨盐。我们一直在找这辆车。最高统帅部刚才又发给我2万元，这样，我总共得到了4万元，而不是答应的10万元。该对这个数字满意了，许诺和守信根本就是两回事！对这种分期交付赠款的方式最高统帅似乎一点也不知道,不能因此而去责备他。明天所有的城门将关闭,剩余的美国人将送上美国军舰。我今天还通过美国大使馆的艾奇逊先生向德国大使馆发了一份给西门子洋行的电报,请求把应付的人身保险费通过上海德华银行付给多德韦尔公司,但愿这份电报能发过去,保险费这个月到期。今天下午,安全区已经用委员会的旗子标记出来了。接下来就是我们等待已久的艰难时刻了。我希望我们首先能健康地活下去,当然我们是沉着的,是充满勇气的!或许情况并不像我们想象的那么糟糕。上帝保佑!上帝保佑!上帝保佑!

此外上海方面的电台还报道,陶德曼博士先生在结束了对南京的短暂访问后乘海关巡逻艇已经抵达了汉口。据说他提出的和平建议被蒋介石拒绝了。关于南京城的守卫,电台报道说,市区内不会发生战斗,因为日本人不打算摧毁各个国务部门富丽堂皇的建筑,这些消息和这里目前的实际情况形成了鲜明的对照。前面我已经提到,根据罗森博士的秘密通知,陶德曼博士提出的和平建议已被最高统帅接受。此时,城内正在为保卫战做最后的准备。这里的每一个士兵都声称要战斗到最后一个人。当然,出于外交惯例,人们在报道中会有意地歪曲事实。这不足为奇。城门外的房子被烧掉了。人们要求那些住在城郊接合部、房子被烧的老百姓躲进我们的安全区,这说明人们还是默认了我们的安全区。克勒格尔刚从施梅林家(南门内[①])回来,他发现房门已经被撬开,部分物品遭劫。出于实际的考虑,他让人先把剩下的饮料全部带了回来。许尔特尔报告说,他今天在去汤山的时候,进入了中日双方战线之间的地区,幸运的是他没受到任何伤害。这样我们就得到了确切的消息,日本人真的已经推进到了汤山,没多久就会到这里了。我们在山西路入口处竖起第一批委员会旗帜时,美联社记者还给我们摄了影。在18时的新闻发布会上,马市长没有露面,外国人也仅有一半人出席,估计其余的人可能已经上船了。有人谣传城内靠近城门的房子也要烧掉。这在那些住在南门附近的穷苦百姓中造成了恐慌,几百户家庭的一家老小涌向我们安全区,但是在黑夜中又找不到住宿的地方。妇女和儿童瑟缩哭喊着坐在

---

① 施梅林家在中山门外,应为东门。

铺盖卷上,等待着去找住处的丈夫和父亲。我们今天运进了2 117袋米,明天是否还能进出城门就要打问号了。

供报界专稿 1937年12月7日

一、今天下午(大约过了16时),已经开始在山西路交叉路口处安置界旗。

二、根据警察局方局长的报告,唐将军已经发布命令,从安全区境内撤出全部军事设施。我们的总稽查(施佩林先生)确认,高射炮阵地已经从五台山撤出,此外我们还注意到,其他一系列军事设施也正准备运走。

三、今天晚上发布了通告,要求所有店主将商店迁进安全区,并尽可能多地将储存的商品带进安全区。

四、今天晚上还向中国报界提供一份公告文本(附后),该公告将于明天在安全区域内广为张贴,公告用通俗易懂的语言向市民介绍安全区的意义。

五、同时还向中国报界披露安全区的行为守则,该守则也将于明天在安全区内广为张贴。下面是该守则中特别关于住宿和膳食问题的几个要点:

1. 住宿:

(1) 建议居民尽可能在安全区内达成私人住房协议。需交付的房租应尽可能的低,绝不应超过和平时期通行的价格。

(2) 安全区内的公共建筑以及学校是给没有能力签订私人住房协议的最贫穷的人预留的。学校只有在迫不得已的情况下才予以开放。

(3) 对于居留在公共建筑物和学校的家庭,其家庭成员可以共同安置在一起,但是寝室的安置将根据性别区分。该住宿的安置是免费的,为了能安置大规模的难民,向每人提供的寝室面积不超过16平方英尺。

(4) 在安全区启用后,若以上设施不足以安置全部难民,委员会将要求安全区内所有空房或仅得到部分使用的房屋的主人免费接纳剩余的无家可归者。

2. 膳食：

(1) 指定分发给委员会并由委员会储备的大米、面粉由经过委员会特许的私商出售。

(2) 穷人的膳食(稀饭)由红卍字会和红十字会负责管理的粥厂以低价提供。粥厂分别位于五台山、金陵大学附近,以及山西路交叉路口。

3. 安全区的启用时间：

(1) 一旦中国军方撤出全部军事设施,委员会将向双方(中方和日方)正式宣布启用安全区。

(2) 公共建筑物和学校设施将尽快开放,安置最贫穷的人,开放事宜将另行公布。

(3) 安全区的最终开放还将通过报纸的专版予以公布。

供中国报界和安全区布告使用：

告南京市民书①

在不久以前,上海战争的时候,国际委员会曾经向中日双方当局建议,在南市一部分地区设立一个平民安全区。这个区域为双方所赞同的。中国当局允诺中国军队不进入指定的区域。这个区域既然没有驻兵,日方也就赞同不再攻打那个地方了。这个协定为双方所遵守的。在那个区域以外的南市各地方,虽然有恐怖和毁灭的事,然而这个难民区域却是被救了,而且又救了整千整万人的生命。

现在在南京的国际委员会也为本城作了同样的建议,这个区域的界址开在下面:“东面以中山路北段从新街口到山西路广场为界;北面以山西路广场沿西到西康路(即新住宅区的西南界路)为界;西面以由西康路向南到汉口路交界(即新住宅区的西南角),又向东南成直线到上海路与汉中路交界处为界;南面以汉中路与上海路交界

① 《告南京市民书》的文字,采用拉贝在日记中保存的中文原件。

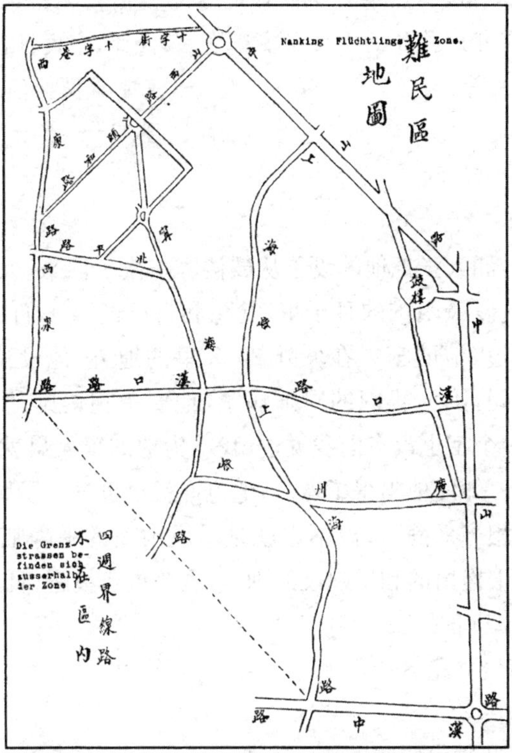

处到原起点的新街口为界。”这个区域的边界都用了旗帜作记号。在旗帜上面有一个红十字，红十字以外再有一个红圆圈，并在旗上写了“难民区”三字。

为着要使上述的区域为平民成为一个安全地点，卫戍司令长官曾允诺在本区域以内所有的兵士和军事设备一概从速搬出，并且允诺以后军人一律不进本区。日本一方面说：“对于规定之区域颇难担负不轰炸之责。”在另一方面又说：“凡无军事设备，无工事建筑，不驻兵，及不为军事利用之地点，日本军队决无意轰炸，此乃自然之理。”

看到以上中日两方面的允诺，我们希望在所指定的区域内为平民谋真正的安全。然而在战争的时候，对于任何人的安全自然不能担保的。无论何人也不应当认为进了这个区域，就可以完全保险平安。我们相信，倘然中日双方都能遵守他们的允诺，这个区域以内的人民，当然比他处的人民平安得多啦，因此，市民可以请进来吧！

南京难民区国际委员会

民国二十六年十二月八日

12月8日

昨天下午，佣人张把他的妻子从鼓楼医院接了回来。她还没有完全恢复，但是在这段最困难的日子里，她想和自己的孩子们在一起。我们的勤杂工很难过，他的家人在城外20公里的地方，他没法把他们接过来。他没有时间，因为我们的厨师病了，他要承担厨师的一部分工作。关于此事，他一个字也没有向我说过，我以为他的家人早就在这里了，但现在为时已晚。即使他出得了城门，他也许就再也进不了城了。

昨天晚上相当平静，这说不定就是暴风雨前的平静吧?！电台报道了由陶德曼博士提出的和平建议的细节，据该报道披露，日本要求中国：

1. 承认“满洲国”；
2. 在上海设立租界；
3. 改组国民党；
4. 加入反苏维埃联盟。

这原本听上去并不过分，应当是可以被蒋介石接受的，不过电台对此的说法恰恰相反。也说不定日本人想先占领南京，然后再签署和平协议。

一个人将来会变成什么样，有时是意想不到的！两年前在北戴河的一次茶会上，陶德曼博士用这么一句话来和我打招呼：“看，南京市长来了。”我当时听了他的玩笑还有些不高兴(那时我是南京地区小组副组长)。可是现在，这句玩笑几乎要变成真的了。当然，一般情况下，一个欧洲人是不可能成为一个中国城市的市长的。但是现在出现了这么一个情况：前一段时间一直和我们合作的马市长昨天离开了南京。于是委员会不得不开始在难民区内处理应由市政府处理的市政管理工作和问题。这样，我真有点像一名“执行市长”了。拉贝呀拉贝，你得意忘形了！

电台根据《上海晚报》报道，蒋介石打算辞去中国军队最高统帅的职务,他的继任者是现在的军政部长何应钦。汪精卫被推举为新的国民政府的首脑。不过也有传闻,说随着南京失陷后和平协议的签订,蒋介石将再度进入政府。目前日本人试图包围南京。现在看来,中国人只有扬子江一条路能通往汉口,但是在撤退时,这条路会遭到日本人的猛烈轰炸。我听说,下关的人口已经开始疏散。成千上万的难民从四面八方涌进我们这个所谓的"安全区",街道上比和平时期活跃了许多。看着那些一贫如洗的人们在街上漫无目标地流浪,真是催人泪下。那些还没有找到落脚处的人们,在寒冷的黑夜来临时,一家老小就躺在房子的角落里睡觉,还有些人甚至就躺在露天大马路上。我们紧张地为安全区的建设工作着,但遗憾的是总是有军方人员的干扰。他们还没有撤出安全区,而且看样子好像也不急于撤出。在周围城郊,人们烧毁了房子,然后把难民送到我们这里来。我想人们可能觉得我们愚蠢得要命,因为我们开展大规模的救助活动却什么也不图。有几个外国人认为,中国的所有抵抗都只是做做样子,他们只想打一场给别人看的战役,为的是不丢面子。但是我的看法不同,我担心的是,守城的唐将军可能会毫不留情地献出他手下的士兵和平民百姓的生命。在中国,几个人甚至几十万人的性命又算得了什么,中国每年都有大约100万人死于饥荒或洪水。

我现在要开一个换钱银行,零钱太紧张了。两位和我要好的中国政府官员答应向我提供帮助。

英国文化协会的建筑物已经对难民开放。从今天晚上起,我们今后的新闻发布会就在我们的总部宁海路5号举行。

我们大家都已经近乎绝望了,中国的司令部给我们造成了巨大的困难。中国士兵把我们刚竖起不久的界旗拿走了不少。安全区要缩小,人们需要空出来的地方构筑火炮阵地和防御工事。这样一来,我们原来的计划就会告吹。如果日本人听到了风声,就会毫不留情地对我们进行轰炸,那么安全区就变成了一个巨大的危险区。明天我们必须对安全区的边界再作一次检查。我们没有料到会出现这种背信的行为,因为中国人早在11月22日就已经正式承认了安全区,而且是在接受了安全区以后我们才将有关这方面的情况通知了日本人。

M.S. 贝德士博士(金陵大学)致约翰·拉贝先生的情况通报

1937年12月8日

今天早上中国士兵出现在汉口路小学和旁边的房子里,以及金城女子工业专科学校。

在何应钦公馆①后面的徐府巷2号也有一个武装的中国岗哨。

此外在陶谷新村也有许多中国士兵,这批士兵今天早晨运进来了较大数量的大米储备,没有迹象表明这些士兵将会很快离开安全区。特别值得一提的房子有3号、5号、8号和10号。

签名:M.S. 贝德士

供中国报界专稿 1937年12月8日晚

南京安全区国际委员会一周工作回顾:

8天前,也就是1937年12月1日,市长马先生来到南京安全区国际委员会,要求委员会承担管辖安全区的全部责任,现将他信中所要求的内容附录于后。他此外还请求委员会任命一名欧洲人为总干事,他的要求得到了满足。南京基督教青年会的乔治·菲奇先生担任这一职务。杭立武先生在和中国当局就安全区的谈判中给委员会提供了很大的帮助,菲奇先生任命杭先生为副总干事。在当天的成立大会上,菲奇先生任命:

韩湘琳先生为粮食委员会主任;

许传音为住房委员会主任;

沈玉书牧师为卫生委员会主任;

爱德华·施佩林为总稽查;

克里斯蒂安·克勒格尔为财务主管;

系主任汤忠谟先生为中方秘书处主任。

除了几名勤杂工和司机外,委员会及其全体成员,自愿并且无偿地从事自己的工作。

马市长请求卫戍司令唐生智将军调拨给委员会2.1万袋米和2

① 现位于南京大学鼓楼校区北园内。

万袋面，以缓解这里的困境；同时为了弥补支出，划拨10万元给委员会，到今天为止我们已经收到了其中的4万元。为了将储存在城外的米面运进来，粮食委员必须拥有一支机动的车队，但是在目前的情况下这一点很困难(注：城郊正在燃烧)。到昨天为止他一共筹集到了12辆车运进了6 300袋米(相当于7 875担)。面粉目前还运不进来，不过粥厂用的煤和500袋盐已经有了保障。遗憾的是，应急用的煤已经不可能再得到了。我们的粮食委员每天都运进了米面，这每一天都是一场胜利，这在今后的艰难岁月中将起到很大的作用。鉴于储备仍然不够，我们请求所有的囤积有粮食和燃料的商贩尽快将物资运到安全区来出售。此外还有必要再次指出的是，委员会希望商贩们以能够接受的价格出售商品。

住房委员会在上周详细了解了区内所有可供使用的房屋情况。如果区内的私房主以及私房的租户能像我们期待的那样慷慨和爱国，与朋友合住，或者将房子以和平时期的半价出租，那么我们估计，安全区内有足够的房子安置市内剩余的居民。

昨天的报纸已经公布，公共建筑物和学校留给最贫穷的人使用。调查表明，如果每人需要16平方英尺的面积的话，这些建筑物可容纳3.5万名贫穷的难民。区内的几乎每一所学校都随即自愿慷慨地同意将建筑物用于此目的。在上一周这些学校已经为安置贫穷的难民作好了准备。

这些建筑物何时对穷人开放，将会尽快对外公布。目前这些房子的主人还未获准接纳任何人。

如昨天所通告，红卍字会和红十字会已经自告奋勇地在区内成立了粥厂并且已经开始了积极的筹备工作。此外红卍字会还将负责安葬那些不幸在区内死亡的穷人。大学医院(鼓楼医院)位于区内，负责承担病人的治疗和护理工作。目前该医院只拥有数量很少的医生，为此请求所有目前还在城里的医生，自愿为鼓楼医院提供服务。

沈牧师先生正着手在区内建立负责卫生设施的组织。由于缺乏工人，因此在这方面也有不少困难。

12月7日下午4时，施佩林先生开始竖立区界旗，并在12月8

日上午结束了这项工作。

中国军队的军事设施正撤出安全区。宣布安全区为非军事区的通告近期将会正式发布。

以第一区警察局方局长和阎清鹏(音译)局长为首的警方,合作得非常出色。他们将看守安全区边界,并负责区内的治安。已经分配给安全区400名警察,他们将佩戴上有安全区标记的袖章。

由于在目前的紧急形势下没有其他出路,所以国际委员会只有非常不情愿地承担了由马市长转授的负责安全区行政管理工作的责任。一旦困难时期过去,委员会承担的责任也将随即停止,并将应南京市政府的请求将这种责任归还给市政府。

马市长请求委员会接管安全区行政管理的信函全文如下:……(中文信函现保存在南京国际委员会档案材料中)

12月9日

空袭从一大清早就持续不断。中国的飞机已经不再来这里,但是高射炮还在射击。城南落下了大量的炸弹,可以看见那儿升起了巨大的烟柱,一场大火正在南面蔓延。我们仍然忙着将大米从城外运进来,遗憾的是我们的一辆卡车损坏了,我们的一个卡车搬运工失去了一只眼睛,被送进了医院。委员会将负责照料他。剩下的美国人以及罗森博士、沙尔芬贝格和许尔特尔(罗森的两个随从)也上了船。但他们又表示,如果"空气不紧张",今天晚上还要上岸来参加新闻发布会。

另外一辆卡车的押车员从南门回来时惊恐万状,南城门遭到了轰炸。城门的守军开始不放他们出城,后来通过协商还是同意了。当这辆车从城外返回的时候,全体城门守军,共40人已全部被炸死。

下午2时,我和贝德士博士、施佩林、米尔斯、龙和参谋部的一位上校巡视了唐将军不满意的安全区沿线(西南界线)。从山丘的顶上我们可以看见被火光和烟雾笼罩的城郊,中国人为了将那里辟作战场把房子都烧了。我们发现,在安全区西南界内有一排高射炮阵地。就在我们巡视的时候,3架日本轰炸机掠过我们的上空,距我们约10米远的高射炮阵地进行了猛烈的射击。我们都卧倒在地上,扬起脸朝上观察着高射炮的炮火。可惜的是炮火总是打偏，或者应当这么说，幸运的是总是打偏了。我时时刻刻都在担心上面会有炸弹投下来，但是我们很走运，日本人越过扬子江朝浦口飞去了。上校在安全区的界线的问题上不肯让步，于是我威胁说要甩手不干，并说我将致电元首，由于唐将军的失信，难民区无法继续存在。上校和龙先生忧心忡忡地回去了。这个时候我们拿定主意，走出重大的一着，当然对这一着棋我们自己也没有多大把握。我们想再面见唐将军一次，力争说服他放弃对内城的保卫。令我们感到十分意外的是，唐将军竟然表示同意，但条件是我们必须征得最高统帅蒋介石的同意。我和米尔斯牧师，还有贝德士博士在龙上校和一名士兵的陪同下来到了美国炮艇“巴纳”号上，通过美国大使馆的艾奇逊先生发出了下列电报：

致美国大使馆——汉口　　1937年12月9日

国际委员会从卫戍司令唐生智处得到许可传递以下电报中所涉及的内容。唐将军请我们通过您将一号电文传给最高统帅蒋介石。二号电文我们将通过艾奇逊先生传给东京和上海的日本当局。请将该建议内容通知其他大使馆。国际委员会希望这些建议也能得到这些大使馆的同意。

签名：约翰·拉贝

主席

（以下是电文）

一号电文

在国际委员会能成功地得到日本军事当局在可能的情况下放弃对城墙内南京城的进攻这一保证的前提下，已经在南京城设立了安全区的国际委员会将出于人道主义的考虑向中国当局建议，在城内不采取军事行动。为了达到这个目的，委员会建议南京附近的所有武装力量停火3天，在这3天内，日军在现有阵地按兵不动，中国军队则从城内撤出。考虑到大量受到危害的平民的困境，委员会请求立即对此建议表态。

签名：约翰·拉贝
主席

二号电文

在国际委员会能成功地得到中国军事当局在可能的情况下不在城墙内南京城采取军事行动这一保证的前提下，已经在南京城设立了安全区的国际委员会将出于人道主义的考虑，向日本当局建议放弃对城内的进攻。为了达到这个目的，委员会建议南京附近的所有武装力量停火3天，在这3天内，日军在现有阵地按兵不动，中国军队则从城内撤出。考虑到大量受到危害的平民的困境，委员会请求立即对此建议表态。

签名：约翰·拉贝
主席

我们从"巴纳"号上岸，穿过燃烧的下关回城简直不可思议。晚上7时，在新闻发布会结束前，我们刚好赶回家。我们听说，日本人在此期间，已经推进到城门前，或者是离城已经没多远了。我们可以听到南城门和光华门上的炮火的轰鸣声和机枪扫射声。路灯熄灭了，在夜幕中，可以看见伤员在街道上蹒跚，没人去帮助他们，已经没有医生、卫生员和护理人员了，只有鼓楼医院的几个正直的美国医生还在坚持着。安全区的街道上挤满了带着大包小包的难民。原来的交通部（武器装备部）已经对难民开放，仅仅一会儿的时间，里面就挤满了人。我们关闭了两个房间，因为在里面发现有武器弹药。难民中也有逃兵，他们扔掉了自己的军服和武器。

供中国报界专稿 1937年12月9日晚

安全区安全措施

1. 战争期间没有任何地方是绝对安全的。

（即使在上海的国际租界也有1 000多人死于流弹、高射炮弹片、炮弹片和日本飞机及中国飞机误投的炸弹。)

2. 我们要记住,日本人从来没有保证过,不对我们的安全区进行炮击或轰炸。

3. 日本人仅仅保证在安全区内不存在中国士兵和军事设施的前提下不蓄意进攻安全区。

4. 为此我们紧急呼吁居民,空袭期间进入防空洞或地下室。(瓦房同样也能保护不受高射炮弹片的伤害。)

5. 一旦城市开始遭炮击或轰炸,只要可能人人都应当进入防空洞或地下室。

6. 即便只是听到城里有步枪或机枪声,也应当进入防空洞或地下室,或以围墙作掩护。射击时,在砖结构房子里的人不应当停留在门窗旁边。

7. 空袭、炮击、步枪或机关枪射击时,如果有人正好在街道上,而且无法很快找到安全的地方,如有可能,应当在坑里或围墙附近掩护自己。

8. 如果在城内或周围地区爆发战斗,行人不应成群结队,而应尽可能散开。

9. 伤员可以送到鼓楼医院,要救护车请拨打电话 31624。

10. 发生火情请打下列电话:

大方巷消防站:31058

鼓楼消防站:31093

南京安全区国际委员会

12 月 10 日

昨天夜里非常不安宁。隆隆的炮火声、步枪声和机枪声从昨天晚上 8 时一直响到今天凌晨 4 时。然后这种震耳欲聋的轰鸣声渐渐减弱,到 5 时完全停了下来。我听说日本人昨天差一点就把城市占领了。他们一直推进到了光华门,据说那里几乎没有防御。中国的一个后备团没有及时补上,但是应当被替换下来的部队除了少数几个连以外都撤了下来。恰恰在这个时候,日本人出现了。在最后的紧要关头,赶到的后备部队经过艰苦的战斗才将敌人打退下去。今天一大早听说，日本人已于昨晚推进到了扬子江边的自来水厂附近。大家普遍认为，至迟今天晚上，城市将要落到日本人的手里。我们决定公布昨天晚上发出的两份电报，但是开头章节不予公布，免得唐将军出丑。3 名记者此刻正在努力通过美国炮艇“巴纳”号的帮助(艾奇逊先生)将这两份电报发出去。现在只有通往下关的城门是可以通行的，记者们要想把这条消息发出去，很有可能就要拿自己的生命冒险，因为他们不像我们昨天晚上那样有军队掩护。

金大夫会讲德语，他表示愿意向委员会提供帮助。他手下领导有 8 所军医院，全部位于安全区以外，这 8 所军医院安置的全是轻伤员。据金大夫讲，其中大部分人是为了保护自己而自残致伤。金大夫想把重伤员安置到我们安全区来。这种做法原本是违反协议的，但是我希望日本人知道了以后不会因此而提出责难。我告诉金大夫去和鼓楼医院的特里默大夫联系，他是我们的卫生委员会方面的负责人。根据金大夫的说法，他能提供 80 名中国医生。我们是一点都不知道南京还有这么多的医生。当然如果真的有那么多，而且他们能到我们这儿来，那我们是很高兴的，人越多越好。在过去的两天里，城里已经有 1 000 名伤员了。

约翰·马吉牧师打算在这里成立一个红十字会的欧洲分会。虽然他也有经费(黄上校给了他 2.3 万元)，但是却没有进展，因为没有得到红十字会总部的答复。而没有总部的批准，他自己显然不敢着手办此事，多么可惜！要是换了我，我是不会犹豫不决的。如果好事能成，何必要请示来请示去呢？反正到最后总会同意的。

我们紧张地等待着日本当局和蒋介石对我们电报的答复。城市的命运和 20 万人的性命处于危险之中。

安全区的各条街道上挤满了难民。许多人找不到合适的落脚处，仍然露宿街头。遗憾的是，我们不断发现，区内仍然有许多军事人员。我们和龙上校以及赵先生终于达成了以下协议：

1. 唐将军明确承认安全区的五台山界线(西南线)。

2. 龙负责粥厂的建设工作不会受到士兵的干扰。

3. 卫戍司令部的3名代表和委员会的3名成员共同巡视安全区，沿路遇到的每个士兵都将被逐出安全区。唐将军的3名代表中的任何一个人都拥有全权将士兵逐出安全区。

韩先生报告说，下关的士兵要烧掉我们剩余的粮食储备，龙答应立即干预。我得到了一个可以进出城门前往下关的军方通行证。城东好像在准备战斗，可以听到沉重的火炮声，同时还可以听见飞机进攻的声音。五台山上的高射炮仍在向日本人射击，阵地确实位于安全区内。这实在是让人感到绝望！如果再不改变这种情况，我们的安全区就将遭到炮击，这无异于一场可怕的血腥大屠杀，因为区内的街道上挤满了人。日本人哪怕是只给一个肯定的答复也好！让人感到最为遗憾的是，无法将全部的真相告诉给留在这里的欧洲战地记者们！有些人必须受到谴责，因为将军事人员清理出安全区的保证始终没有兑现。今天早上我再次向这些人声明，我不愿意就这些事情讨价还价，更不愿意拿中国人的名誉当儿戏。之后他们是让步了，但是没有拿出行动。然而现在已经是一分钟都不能耽误了！

我们大家都深感沮丧！从汉口美国大使约翰逊那里传来消息，他已经把我们的电报转交给了蒋介石，并且他本人也同意并支持我们的建议。同时他又发了一份秘密电报告诉我们，在汉口的中国外交部已经正式口头通知他，他们认为唐将军同意停火3天并从南京撤出部队的看法是错误的。此外，蒋介石已经宣布，他不会接受这类的建议。我们再一次确认了一下，我们没有弄错。龙和林在我们发电报时也在场，他们确认一切属实。据他们看来，最高统帅肯定会同意这件事的。可能是汉口外交部的某一个高官对此事提出了刁难，结果导致了我们的建议被拒绝。我们反复给蒋介石发电报，同时给在汉口的德国大使陶德曼也发了电报，请求他在有关我们的建议上予以支持。现在已经是一分钟都不能耽误了！

海军电台

序列：　　发自：汉口

华盛顿国务院　　1937年12月10日14时

驻南京大使馆　　　　　　　　　　　文及：国际委员会和平建议
驻北平大使馆
驻上海领事馆
第24号——1937年12月10日11时
南京电报号1026——12月9日18时

下列内容已于12月10日11时发给驻汉口外交使团：

美国大使于1937年12月9日夜间12时收到美国驻南京大使代办艾奇逊先生于下午6时发来的无线电讯。该电讯包含有南京安全区国际委员会分别致日本当局和中国当局的两份电报，就如何避免在南京城内的战斗及如何防止众多平民在战斗中不可避免的死亡提出了建议。委员会请求我将电报通过美国驻东京大使馆和美国驻汉口大使馆转交给有关当局。现附上艾奇逊先生的电讯稿副本，供汉口外交使团传阅。

收到上述消息后，副本已经美国驻汉口大使馆递交给了汉口的中国有关当局。中国有关当局今天早上回复，该建议已经呈送给最高统帅部。一旦统帅部有回复，将会立即告知。

可以估计，1937年12月9日晚，该消息以同样的方式已递交给了东京和上海的日本当局。

我在此要指出的是，国际委员会紧急请求所有大使馆支持这项建议。美国大使已经代表自己通知了中国当局，完全支持南京国际委员会的人道主义建议，如果该建议能够完整地并且在军事指挥人员的计划下得到实施，他将表示欢迎。

此电原件传南京。

抄送北平、上海，经北平发往东京。

签名：约翰逊

海军电台

序列：　　　　　　　　　　　　　　　　　　　发自：汉口
华盛顿国务院　　　　　　　　　1937年12月10日15时30分

驻南京大使馆　　　　　　　　　　文及：国际委员会和平建议

驻北平大使馆

驻上海领事馆

第25号——1937年12月10日15时

本人电报——1937年12月10日11时

我得到中国外交部口头但却是正式的通知，国际委员会认为唐生智将军已经同意停火3天并将中国军队撤出南京城内的估计是错误的。此外我还得到进一步的通知，蒋介石将军已经表示，他不能（我再重复一遍：不能）接受这项建议。

此电原件传南京。

抄送北平、上海，经北平发往东京。

签名：约翰逊

1937年12月10日电

致美国大使约翰逊先生阁下

汉口

机密！仅供大使本人阅

委员会在此明确确认关于唐将军表态的消息。此间总部坚信，如果蒋介石将军了解军事形势，他是会同意的。

签名：拉贝

主席

1937年12月10日电

致德国驻汉口大使

奥斯卡·陶德曼博士阁下：

本人作为国际委员会的主席已于12月9日将建议电告美国大使，诚挚地希望您能支持该建议。

签名：拉贝

1937年12月10日电报

致最高统帅蒋介石：

国际委员会在此诚挚地请求将此消息转达给蒋介石将军：卫戍司令唐生智将军出于人道主义的考虑欢迎停火建议。但由于唐将军必须奉命保卫城市，因此关于中国军队撤退的问题须交最高统帅决定。南京成千上万的平民百姓因为军事行动已经流离失所，还有20万人的生命正处于危险之中。在此紧要关头，国际委员会冒昧地再次重申自己的建议，望迅即接纳该建议。

签名：拉贝

主席

12月10日

中午，听电台广播说，如果唐将军不立刻撤出他的部队，日本人明天将对南京发动大规模的进攻。今天城市全天遭到了轰炸，玻璃窗被震得直响。紫金山上有几座房子在燃烧，城郊也仍在燃烧。我们难民区内街道上的居民们感到是那么的安全和保险，他们几乎不去理会那些日本飞机。上帝啊，如果哪一天人们发现自己的感觉是错的，也就是说遭到了日本人的轰炸，那么这个血腥的屠杀必定是毁灭性的！我一直在希望局势会朝好的方面扭转。日本电台报道说，南京将在24小时内被攻占。中国军队的士气已经明显地低落。首都饭店（城内最好的饭店）已经被军队占据。士兵们一个个在吧台旁喝得醉醺醺的，懒洋洋地躺在俱乐部的沙发上，他们要逍遥一下。有相当数量的人认为，城市在一夜之间落入日本人的手中是完全有可能的。不过到目前为止，看上去还不至于如此。外面静悄悄的，又有一批难民带着妻儿露宿街头。

12月10日

22时30分，据上海海员电台报道，南京今天下午已经被日本人占领。由于唐将军在中午12时之前没有将他的部队撤出去，所以日本人现在正在忙于将中国军队的残部清理出城市（肃清残敌）。当然这里面没有一句话是真实的。但是现在距离以前曾经提到过的“艰难的时刻”

却是没有多远了。我和衣而眠。午夜2时30分的时候,响起了猛烈的炮火声,其间还伴有机枪声。炮弹开始可怕地从我们的房顶上呼啸而过,我让韩先生一家以及我们的佣人们进入防空洞,我自己则戴上了一顶钢盔,头"最为高贵",一定要完好无损。东南面起火了,火光将周围照得通明,前后长达数小时之久。所有的窗户不停地发出铮铮的响声,建筑物在炮弹爆炸的轰鸣中以几秒钟为一个间歇有规律地发出颤抖。五台山高射炮阵地遭到了炮击,同时也进行了还击,而我的房子就在这个炮击区域范围内。南面和西面也开始炮击。对这阵震耳欲聋的爆炸声稍微有些适应了以后,我又躺到床上睡觉去了。其实根本睡不着,只是打个盹。

12月11日

上午8时,水电都停了。炮击还在持续。有时炮火声会稍微减弱一些,但紧接着又会重新开始。我们的金丝雀"彼德"好像很喜欢这个,它放开喉咙唱着,这金丝雀似乎比"乌鸦"更加镇定,我可没这份心情唱歌!安全区的街道上已经挤满了人,他们对炮击的轰鸣声已经不介意了,他们比我更加相信"安全区"。实际上安全区并不"安全",这里仍然有武装士兵,想将士兵清理出去的所有努力都是徒劳的。看来一个中国将军的话顶不了什么用!可悲呀!我们无法像原来计划的那样通告日本人:安全区内已经没有军队。

上午9时,安全区落下了第一批炮弹,地点在福昌饭店、世界剧场的附近,共有21人死亡,约12人受伤。负责管理该饭店的施佩林被玻璃碎片击中受轻伤。饭店前的两辆汽车燃烧了起来。另有一枚炮弹落在安全区内(中学),炸死13人。一再有人抱怨中国军队没有撤出安全区。鼓楼医院前,而且是在安全区一侧正在构筑工事。执行这项任务的军官拒绝在街道的另一侧施工,他觉得医院一侧的沙质土丘更为合适。我和马吉开车去那里,打算平心静气地调解此事。在路上,我们发现士兵们正在山西路广场内挖壕沟。那些在广场边上形成一个尖角的房子被士兵砸开了,我亲眼目睹了门窗被砸开。为什么要这样,没人能给我解释!许多伤员从中山路上被抬过去。士兵们正在准备中山路的防御。那些

沙袋做的路障、被砍倒的树木以及铁丝网等，对坦克车来讲几乎算不了什么障碍。我们和鼓楼医院前的军官交涉，他客气但却坚决地拒绝遵从我们的愿望。我在鼓楼医院给龙打了电话，请他立即和唐将军联系此事。

下午6时，参加下午6时新闻发布会的除了报界的代表外，就只有我们委员会的成员了。其他外国人要么上了怡和洋行的三桅帆船，要么就上了“巴纳”号美国炮艇朝上游去了。史迈士博士说，名义上隶属于我们的警察抓到了一个小偷，想知道该如何处置他。这件事引起了一些在场人员的笑声，因为到目前为止我们还没有考虑到，就连高级法院也要由我们来代理了。我们先判处这个小偷死刑，然后减刑为24小时拘役，后因没有拘留所，又将其释放。晚上8时，我把韩先生叫到面前，建议他携家眷搬到宁海路5号我们的总部去，那里的防空洞要比这里的好。此外我的房子距离五台山高射炮阵地太近，日本人现在已经把炮口对准了那里。我正在考虑是不是自己也应当搬过去，因为今天夜里日本人很有可能会发动猛烈的进攻。韩先生暂时还不想离开他的住处（他目前住在原来的德国学校）。明天他打算在住宅区找另外一套住房。我随之也决定留在自己的房子里。晚上9时起，城市遭到了炮击。但是进攻不久便减弱，接着出现了令人估摸不透的沉寂。城市的西部火光冲天。

12月12日

我原来以为日本人可以在平静中接管城市，但这种想法没有得到证实。在安全区内仍然可以不断地看见佩戴黄袖标的中国军人，他们全副武装，带着步枪、手枪和手榴弹，就连警察佩带的也不再是手枪，而是违反规定地带上了步枪。看来不论是士兵还是警察都没人遵守唐将军的命令。在这种情形下清理安全区已经是不可能的了。早晨8时，炮击再度开始。

中午11时，龙和周奉唐将军之命来请我们做最后一次努力，签订停火3天的协议。在这3天内，守城部队撤退，然后将城市交给日本人（和原先的想法一样）。我们起草了一份新的致美国大使的电报、一封在电报发出前应由唐将军先行寄给我们的信件以及一份和谈代表应遵守的行为规则，规则的内容是：和谈代表在白旗的保护下，在阵地前沿向日军最高指挥官递交有关停火协议的信件。施佩林毛遂自荐充当和谈代表。整个一个中午，我们都在等待着回唐将军那儿取那封必要的信件的龙和周。到了晚上快6时的时候，龙来了。他说，我们的努力已经没有用处了；对停火来讲，一切已经太晚了，日本人已经到了城门边上了。对这件事我并不感到悲哀，对这种结局我也从来没有悲哀过，因为我从一开始就不喜欢这种最后努力的做法。事情很明显，唐将军想不经过最高统帅的批准便签订停火协议。在通知日本人时，“投降交城”这四个字是无论如何不能提到的。在起草停火的申请或请求时，一定要让人觉得这个动议仿佛是由国际委员会提出的。换句话说，唐将军打算躲在我们的身后，因为他预料到最高统帅和在汉口的外交部会有严厉的指责，他害怕受到这个指责。他想把全部的责任都推到委员会及其主席拉贝的身上。这是我很不喜欢的！

下午6时30分，紫金山上的火炮在不停地轰击着，山的周围都处在电闪雷鸣之中。整座山骤然间置身火海，不知哪里的房子和弹药库被点着了。(这是一个古老的有关南京陷落的象征。有句民谚说：“紫金山焚则金陵灭。”)可以看见中国平民从南面逃过来，他们沿着安全区的街道奔向他们的容身之处。跟在他们后面的好几支中国部队声称日本人已经跟着他们进来了。但是这条消息不准确！从逃跑的部队的步态来看，最后几支部队是在悠闲地穿街走巷。由此可以判断，他们没有受到敌人的追赶。我们断定，这些部队肯定是在南城门或光华门遭到了敌人炮兵的猛烈轰击，惊慌之下四散逃走了。越接近内城，他们就越镇定。原先的狂奔乱跑现在变成了逍遥的进军。当然有一点是不容怀疑的，日本人已经兵临城下，总攻即将开始。我告诉韩先生和总部的其他工作人员，我们得提前回去，免得中国委员的家人为他们在外的丈夫或亲人担忧。我自己和韩先生开始往回走，到家做些准备，以免我们因为炮击或轰炸而陷入困境。我在手提箱里放进了必要的洗漱用具，在必不可少的药箱里放进胰岛素、包扎用纱布等等。随后我让人把这些东西送进新挖的防空洞里，我觉得现在的这个防空洞比原来的要安全一些。我在皮大衣里又塞进了必要剂量的药品和医疗器械，以备我在必须离家时用得上。我装满了东西，看上去像个圣诞老人，觉得行走很不方便，但是又没有别的办法，因为我是依赖胰岛素的。有一小段时间我有点忧虑，我还能带点什么走呢？我再一次走过所有的房间，又仔细看了一遍，好像要和家里那些破烂东西告别似的。那儿还有几张孙辈们的照片，这得放进口袋。这下我装备完了。我很清楚，此时此刻是没有什么好笑的，但是临刑前的幽默毕竟还是占了上风——小丑，你笑吧！表演还在继续！快到晚上8时的时候，龙、周两位先生（林已经撤退了）到我这儿请求在我的住房里得到保护。我同意了。在我们回家前，两位先生在委员会的钱柜里寄存了3万元。

晚8时，全剧的最后一幕开始了——猛烈的炮击！火光映红了整个南面的天空。院子内的难民一直挤到了防空洞的边上。有人在用力地拍打着两扇院门，妇女和儿童哀求我们放他们进来。一些大胆的男人从德国学校后面翻过院墙，想进入我的院内寻求保护。这种苦苦哀求我实在听不下去，于是我把两扇大门全打开，把想进来的人全放了进来。防空洞里已经没有地方，我便将人们安置在房子之间以及房屋的旮旯里。大部分人带来了自己的被褥，在露天席地而卧。一些机灵鬼把他们的床安置在水平悬挂的德国国旗下面，德国国旗是为防日本轰炸而备的，这个地方被看作是“防弹地带”！炮弹和炸弹在不停地呼啸着，越来越密集，越来越接近。南面的整个地平线变成了火的海洋，到处是山崩地裂的声响。我戴上了钢盔，给我的中国助手、好心的韩先生也戴上了一顶，因为我们两人是不进防空洞的，再说那里面也已经没有地方了。我像只猎犬一样在院子里跑来跑去，在人群之间穿梭，在这儿训斥两句，在那儿安抚一下，最后大家都乖乖地听我的话了。快到半夜的时候，我的院门前发出了一种可怕的沉闷的响声。我的朋友、礼和洋行的克里斯蒂安·克勒格尔（我们的财务主管，安全区的财政部长）来了。“克里杉①，我的天，你来这儿干什么？”“只是来看看你怎么样！”他告诉我，主要街道中山路遍地是逃跑的中国军队扔下的军服、手榴弹和各种各样的军用物资。“还有一件事，”克里斯蒂安说，“刚才有人愿意出手一辆尚能使用的公共

---

① 对克勒格尔先生的昵称。

汽车,只要20元,您说要不要?”“克里斯蒂安,都什么时候了!”克里斯蒂安接着说:“我已经和他约好,让他明天到我们办公室来。”半夜时分,炮火声有所减弱,于是我便躺下来睡了。在北面,漂亮的交通部大楼正在熊熊燃烧。我感到浑身的筋骨都在疼痛,我已经有48小时没合眼了。我的客人们也都睡觉了,办公室安置了30人睡觉,储藏煤的地下室安置了3个人,有8个妇女和孩子睡在佣人的厕所里,剩下的100多人分别在防空洞里,在露天,在院子里,在石子路上!

晚上9时,龙先生秘密告诉我,根据唐将军的命令,中国军队在晚上9时~10时撤退。后来我听说,唐将军实际上在晚上8时就已经脱离了自己的部队,乘船到浦口去了。同时我还听龙先生讲,他和周奉命留下来负责照顾伤员。他恳切地请我在这方面提供帮助。存放在我这里的3万元只能用于此目的。我非常乐意接受这笔捐赠,并答应提供帮助,因为那些急需各种医疗救护的伤员们的苦痛是语言所无法形容的!!

我入睡前的最后一个念头是:谢天谢地,最困难的时刻过去了!

12月13日

一大清早,当我再次被空袭惊醒时,心里感到很失望。炸弹又一次冰雹般地落下。日本人在昨天晚上只攻占了几座城门,他们还没有推进到城内。

到达委员会总部后,我们在10分钟内便建立了一个国际红十字会,我成为该组织的理事会成员。约翰·马吉担任红十字会主席,数周以来他一直计划成立一个红十字会。委员会的3个成员乘车前往设立在外交部、军政部和铁道部的几所军医院。通过他们的巡视,我们确信了这几所医院的悲惨状况,医院的医护人员在猛烈交火的时候撇下无人照看的病人逃走了。于是我们迅速弄来了一面红十字旗挂在外交部的上空,并召回了相当数量的人员,他们在看见外交部上空飘扬的红十字会旗后才敢回到军医院。外交部的进出口道路上横七竖八地躺着伤亡人员。院内和整个中山路一样满地抛撒着丢弃的武器装备。大门口停放的一辆手推车上摆放着一堆不成形的东西,仿佛是具尸体,露出的双脚表明他还没有断气。我们小心翼翼地沿着大街往前开,时时刻刻都有碾过散落在地的手榴弹而被炸飞上天的危险。我们转弯开进上海路,街道上到处躺着死亡的平民,再往前开迎面碰上了向前推进的日本兵。这支分队通过一名会讲德语的医生告诉我们,日本军队的指挥官要过两天才能到达。见日本人是经新街口向北挺进,所以我们的车就绕过日本人的部队,快速地开了过去。沿途我们通过缴械救下了3个分队约600名中国士兵。有些士兵不愿意执行放下武器的要求,但当他们看到不远处日本人已经逼近时,最终还是决定放下武器。我们将这批人安置在外交部和最高法院。我们委员会的另外两名成员则继续往前行驶,在铁道部碰到了另外一支约400人的中国部队。我们的人同样也要求他们放下武器。这时不知从什么地方有人朝我们射击。我们只听见子弹呼啸而过,但是不知是从哪儿射来的。最后我们终于发现,是一名中国军官骑在马上拿着一枝卡宾枪四处扫射,可能是他不同意我们的做法。必须承认,从他的立场出发,他这样做不是完全没有道理。但是尽管如此,我们经过考虑仍然坚持我们的做法,我们别无选择!如果在安全区的边上发生了巷战,那么逃跑的中国士兵毫无疑问会撤进安全区,这样安全区就不是一个非军事化的区域。它即使不被日本人摧毁,也会遭到日本人的猛烈射击。因此我们一直希望这些完全解除武装的中国士兵除了被日本人当作战俘之外,不会有其他危险。那个朝我们射击的中国军官后来怎么样，我们无从得知，我只看见了我们的汽车专家哈茨先生夺下了他的枪。

日军进城。摄于美国大使馆附近的上海路。

日本人进城后不久的中山路。

回到总部后，我发现大门口非常拥挤，这里也涌来了一大批无法渡江撤退的中国士兵。他们都接受了我们缴械的要求，然后被安置到了安全区的各个地方。施佩林站在大门口，脸色非常严峻，他手里拿着毛瑟手枪，当然子弹没有上膛。他监督武器是否排放整齐，并清点数目，因为我们打算过后将武器移交给日本人。

我们担心日本人会驱散或者以其他的方式袭扰或惩罚难民区内聚集的人群，因此发布了如下公告：

致难民收容所难民的重要通知

1. 紧急呼吁所有的人尽可能不要在街上逗留。

2. 在最危险的时候，建议躲在房子里或不会被看见的地方为好。

3. 我们提请注意，难民区是专为难民设立。我们不得不遗憾地指出，难民区无权为中国士兵提供保护。

4. 如果日本人来难民区检查或巡视，必须予以通行，不得向他们实施任何抵抗。

12 月 14 日

我们分别用英语和日语草拟了一封信，准备面呈日本指挥官。下面是这封信的译文：

南京安全区国际委员会
南京宁海路 5 号
1937 年 12 月 14 日

致指挥官先生
驻南京日本军队

尊敬的指挥官先生：

请允许我们在此表达对贵炮兵部队的谢意，他们遵守纪律的行为使得安全区幸存。为了维护中国平民的利益，我们想就未来的计划安排与您取得联系。

国际委员会已经承担了在安全区安置滞留城中的中国居民的责任。米面已有储备，可暂时接济难民。委员会还同时接管了安全区内的中方警务管理工作。

委员会现提出下列请求：

1. 恳请在安全区各通道口派驻日军岗哨。

2. 安全区由区内平民警察保护,平民警察只携带手枪。请予以批准。

3. 批准委员会在安全区内出售米面并设立粥厂。委员会在其他城区有粮食储备,请准予我们的卡车通行,运输粮食。

4. 在难民全部返回原住处前,请准予委员会继续保留目前对房屋的管理权(即便能够返回,仍有成千上万的难民无家可归,必须得到照料)。

5. 准予委员会与贵军合作,尽快恢复水电供应和电话通讯。

昨天下午,出现了一个未曾料到的局面,大量逃跑的中国士兵在城北无路可退,其中一部分来到我们办公室,请求怜悯,救他们的命。我方代表为此试图和贵军司令部取得联系,但只在汉中路遇见了一位上尉。以上提到的那些中国士兵,我们解除了他们的武装,把他们安置在安全区的房子里。

现恳请您能宽恕这些士兵,考虑他们的愿望,准予重过和平的平民生活。

在此,我们想向您介绍国际红十字会,约翰·马吉先生(美国人)为该会主席。该会已经接管了外交部、铁道部和军政部的几所原军医院,于昨天解除了院内全体人员的武装。该会保证负责这里的建筑物将来不得用于医院以外的其他用途。如果地方够的话,我们建议将所有中国伤员安置在外交部。

为了中国平民百姓的安康,我们期盼着能有机会和您进行任何形式的合作。

谨致崇高的敬意

签名:约翰·拉贝

南京安全区国际委员会主席

原日本驻南京领事馆秘书宋(音译)先生还承担了翻译的工作,60岁的宋先生也是我们下属的红卍字会成员。我们找了约6名日本军官,他们让我们和明后天才抵达的日本陆军谷寿夫将军[①]联系。

在开车穿过城市的路上,我们才真正了解到破坏的程度。汽车每开100米～200米的距离,我们就会碰上好几具尸体。死亡的都是平民,我检查了尸体,发现背部有被子弹击中的痕迹。看来这些人是在逃跑的途中被人从后面击中而死的。

日本人每10人～20人组成一个小分队,他们在城市中穿行,把商店洗劫一空。如果不是亲眼目睹,我是无法相信的。他们砸开店铺的门窗,想拿什么就拿什么,估计可能是因为他们缺乏食物。我亲眼目睹了德国基士林克糕饼店被他们洗劫一空。黑姆佩尔的饭店也被砸开了,中山路和太平路上的几乎每一家店铺都是如此。一些日本士兵成箱成箱地拖走掠夺来的物品,还有一些士兵征用了人力车,用来将掠夺的物品运到安全的地方。我们和福斯特先生去看了他的圣公会在太平路上的英国教堂。教堂旁边有几所房子,其中有一所被两枚炸弹击中。这些房子都被砸开并洗劫一空。几个日本士兵正打算拿走福斯特的自行车,见到福斯特和我们,他们愣住了,随后便迅速溜走了。我们拦住了一个日本巡逻队,向他们指出这里是美国人的地盘,请他们让抢劫的人离开这个地方。他们只是笑笑,并不理睬我们。我们遇见了一队约200名中国工人,日本士兵将他们从难民区中挑选出来,捆绑着将他们赶走。我们的各种抗议都没有结果。我们安置了大约1 000名中国士兵在司法部大楼里,约有400人～500人被捆绑着从那里强行拖走。我们估计他们是被枪毙了,因为我们听见了各种不同的机关枪扫射声。我们被这种做法惊呆了。我们安置伤兵的外交部已经不允许我们进去,中国医护人员也

---

① 南京大屠杀主犯之一,时任侵华日军第六师团长。据1947年3月10日国民政府国防部审判战犯军事法庭对战犯谷寿夫的判决书载:"由谷寿夫所率之第六师团任前锋,于26年12月12日傍晚,攻陷中华门,先头部队用绳梯攀垣而入,即开始屠杀。翌晨复率大军进城,与中岛、牛岛、末松等部队,分窜京市各区,展开大规模屠杀,继以焚烧奸掠。查屠杀最惨厉之时期,厥为26年12月12日至同月21日,亦即在谷寿夫部队驻京之期间内。计于中华门外花神庙、宝塔桥、石观音、下关草鞋峡等处,我被俘军民被日军用机枪集体射杀及焚尸灭迹者,有单耀亭等19万余人。此外,零星屠杀,其尸体经慈善机关收埋者15万余具。被害总数达30万人以上。尸横遍地,惨绝人寰。其残酷之情状,尤非笔楮所忍形容。"

不许离开。我们成功地抢在日军下手之前，将一批125名中国难民迅速地安置在空房子里。韩先生说，他家隔壁的一所房子里有3个十四五岁的姑娘被抢走了。贝德士博士报告说，甚至连安置在安全区内房子里的难民们仅有的一点点东西也被抢走了，就连仅剩的1元钱也逃不出闯入者的手心。几队日本兵也来到了我的私人住宅，在我出现并向他们出示手臂上的国社党卐字袖章后，他们就撤走了。美国国旗非常不受欢迎，我们委员会成员索恩先生汽车上的美国国旗被抢走了，车里的东西也被盗了。从清晨6时开始我们就一直在路上奔波，以便准确地了解这种暴行。韩先生不敢离家半步了。日本军官多多少少还比较客气，举止也还得体，但是一部分部队的行为确实可恶。飞机上抛撒着宣传品，向平民百姓通告，他们在任何方面都会受到人道的待遇。我们疲惫不堪，近乎绝望地回到了位于宁海路5号的总部。城市的许多地方出现了饥荒，我们用自己的私人汽车给司法部大楼送去了成袋成袋的米，因为那里有好几百人正在挨饿。外交部里的人和那些伤员靠什么活下来，对我来讲简直是个谜。在我们总部的院子里，有7个重伤员已经躺了好几个小时，他们最后终于被救护车送到了鼓楼医院。重伤员中有一个约10岁的男孩，他的小腿被子弹击中，连发出呻吟的气力都没有了。

12月14日，晚上

我不想说自己对艺术一窍不通，但是我不得不承认，在生活中我很少把时间用来阅读诗歌以及诸如此类的东西。我总觉得这和一个汉堡正派商人的职业协调不起来。但是随着时间的流逝，当“教育的缺陷”最终令人难堪地表现出来时，我便开始时常从“女性”书目中选出这本或那本书来，以弥补我知识上的缺陷，当然我首先不免左顾右盼，确定不会被人发现。但是不知是谁听到了风声——女士们已经发现了一切，她们面带沉静的微笑对我们的过失并不理会，对我尤其如此。但是不管怎么样，台历背面的那些格言警句变得越来越美好。某些特别有诗意的东西在我不知不觉、因而也就没有提出非议的情况下，被塞进了我的每日笔记本里，塞进去的纸条常常还露出点边。今天又有一张纸条摆放在了我的面前：

生　命

脉搏的每一次跳动——必胜的信念
日光的每一次来临——不尽的奋争
生命。
死亡吓不住我们——
每一个沉寂
都萌发出生命的
意志。
我们切齿痛恨
虚伪、半途而废。
我们真切热爱
自由、光明。
这就是我们的生命。
脉搏的每一次跳动——必胜的信念
日光的每一次来临——不尽的奋争。
父辈和大地的神圣遗产
这个生命，人民和国家的造化。

我将这张纸条反反复复看了好几遍，而且每天都放在我的面前。如果生命每时每刻都处于危险之中，那么读起这些来便有特别肃穆的感觉——谢谢你，妻子！

《纽约时报》记者杜丁先生打算乘车去上海，这种想法值得称道。但是我不相信他能顺利通行，尽管如此，我还是托他带一份电报到上海，电文如下：

上海西门子洋行（中国），本电文签署人和当地办事处的全体职员到12月14日晚上9时为止一切都好。请通知D. 拉贝夫人（天津，马场道136号）和柏林的施莱格尔先生。

拉贝

我刚刚得到消息，杜丁先生已经返回，上海之行没有任何结果。遗憾！

12月15日

上午10时，日本海军少尉关口来访，他向我们转达了海军“濑田”号炮舰舰长和舰队军官的问候。我们把致日本军最高司令官的信函副本交给了他。

11时，日本大使馆参赞福田先生来访，我们同他商谈了我们工作计划的细节。福田先生明白，尽快使发电厂、自来水厂和电话局恢复正常不仅符合我们的利益，而且也符合日本当局的利益。有关这一点，我们，或者说我，可以向他提供帮助。韩先生和我对这3个地方的情况非常了解，我相信我们能够让工程师和工人们将工厂重新运转起来。在新街口的交通银行(日军司令部)我又遇见了福田。在拜访当时的指挥官时，他作为翻译帮了我们很多的忙。

由于昨天，也就是12月14日，我们没能和日军指挥官取得联系，因此为了澄清如何处理已经解除武装的中国士兵的问题，我们向福田先生递交了一封信，信文如下：

南京安全区国际委员会
南京宁海路5号
1937年12月15日

致福田德康先生
日本大使馆参赞
南京

尊敬的福田先生：

南京安全区国际委员会对已经放下武器的中国士兵的命运深感震惊。委员会从一开始就力争做到安全区没有中国军人，到星期一，也就是12月13日的下午之前，这方面的工作成效良好。但是在这一天的下午，有数百名中国军人接近并进入了安全区，他们(出于绝望)请求我们帮助。委员会明确地告诉他们，无法提供保护。但是我们同时向他们解释说，如果放下武器，放弃对日本人的一切抵抗，我们认为，他们可以期待得到日方的宽待。那天晚上，由于匆忙和混乱，再加上有些士兵已经脱下了军装，委员会未能将已经解除武装的士兵同中国平民区分开来。

委员会当然认为，这些中国士兵，一旦验明身份，根据法律就应当被看作是战俘，但是同时又希望，不要因此而殃及中国平民。

此外，委员会还希望，日军能够根据有关战俘的战争法律规定，并本着人道主义的原则，给予这些过去的士兵以宽大处理。战俘适合充当劳工，他们自己也会因为能够尽快重新过上平民的生活而感到高兴。

顺致崇高的敬意

签名：约翰·拉贝

主席

作为对这封信和12月14日我们给指挥官信函的回答，我们现在收到了指挥官以纪要的形式给予的回复，回复由福田先生翻译，纪要如下：

与日军参谋部参谋长在南京（交通银行）的会晤纪要

1937年12月15日，中午

翻译：福田先生

委员会出席成员：约翰·拉贝先生，主席

史迈士博士先生，秘书

施佩林先生，总稽查

（前面提到的12月14日和15日两封函件经过福田先生的翻译，递交给了指挥官。指挥官此次会晤是要对此表态，而不是要回答问题。）

1. 在城内搜索中国士兵。

2. 在安全区入口处设置日本岗哨。

3. 居民应尽快重新回到自己的家中。

4. 如何处理已经解除武装的中国士兵，您交给日军办理，您可以相信日军是有人道主义的。

5. 中国警察可以在安全区内巡逻，但必须解除武装，仅携警棍。

6. 贵委员会在安全区储备的1万担米可以供难民使用，但是我们的日本士兵同样也需要米，必须允许他们在区内购买粮米。（关于区外储备的粮米，没作明确表态。）

7. 电话和水电供应必须恢复。我们定于今天下午和拉贝先生视察这些设施，我们将在视察后制定相应措施。

8. 从明天起将对城市进行清理，我们急需劳工，请委员会在这方面提供帮助。我们明天需要100个～200个劳工，干活付酬。

签名：刘易斯·S.C. 史迈士

南京安全区国际委员会秘书

我们同指挥官和福田先生告别时，原田将军走了进来，他当即表示要我们带他去安全区转一圈看看。我们约好下午去察看下关发电厂。

遗憾的是我错过了约定的下午察看时间，因为一队日本士兵要带走一部分已经放下武器逃到我们安全区的原中国士兵。我以德国人的身份向他们担保，这些难民已经不会再战斗，应将他们释放。我刚回到委员会总部还没进办公室，杂工就告诉了我们一个不好的消息，日本人又回来将所有1 300名难民捆绑起来。我、史迈士和米尔斯3人试图再次将这批人解救下来，但是白费口舌。大约100名荷枪实弹的日本士兵将这批人围起来，捆绑着拖走，准备拉出去枪毙。我和史迈士又一次开车去找福田，替这批人求情。福田答应尽自己最大的努力去办，但是希望渺茫。我向他指出，如果这样处决人的话，我将很难为日本人招募到劳工。福田也深以为然，安慰我并答应明天去办这事。我的心情悲痛极了，把人像动物一样强行拖走，这是很残酷的。但是他们声称，在济南中国人枪毙了2 000名日本战俘。

我从日本海军处听说，负责安全接运美国大使馆官员的美国“巴纳”号炮艇被日本人误炸沉没，死亡两人。一人是桑德利，意大利一家报社的记者；另一人是查尔森，“美平”号的船长。美国大使馆的帕克斯顿先生肩部和膝部受伤，斯夸尔的肩部也受了伤，加西的一条腿断了，安德鲁斯少尉受了重伤，休斯艇长也断了一条腿。这段时间里，我们委员会也有一个人受了伤。克勒格尔拿着一盏油灯靠着一个几乎是空的汽油罐太近，结果把双手给烧伤了，我把他狠狠地批评了一顿。黑姆佩尔抱怨日本人把他的饭店完全摧毁了。基士林克糕饼店看来也已经片瓦不存了。我急切地盼望着这段动荡不定的日子能早日过去，我们现在对生存的忧虑的的确确要大于南京沦陷前的那段时间。人们对手榴弹和炸弹已经习以为常，现在要做的是同占领军搞好关系。对一个欧洲人来讲，这不是一件难事，但是对委员会主席来讲，要胜任这一点，并不简单。

今天下午“巴纳”号炮艇的幸存者们要被运送到停泊在下关港的美国炮艇“瓦胡”号上。据说日本的舰队凡是能够航行扬子江航道的也已经驶入下关港。我估计，美国“瓦胡”号炮艇能够而且会驶往上海，因为受伤人员几乎是不可能安置在南京的。

我们再次写信给日本人，正式提请他们注意我们成立的红十字会分会。全文如下：

国际红十字会分会
南京宁海路
1937 年 12 月 15 日

致福田德康先生
日本大使馆参赞
南京

尊敬的福田先生：

目前已经有大量士兵和平民受伤，为了能够应付由此形成的困难局面，我们成立了国际红十字会南京分会。

我们已经采取了必要的步骤，以便该分会能得到上海国际红十字会和中国国际红十字会的承认。

现在我们恳请您，帮助我们获得南京日本军事当局的批准，以便我们开展人道主义工作。

随本函附上委员会名单。

谨致良好的问候

签名：欧内斯特·H. 福斯特
秘书

国际红十字会南京分会

宁海路 5 号

电话：32346，31641，31961

约翰·C. 马吉牧师	主席
李春南先生(音译)	副主席 (中国红十字会，南京)
洛先生	副主席
欧内斯特·H. 福斯特牧师	秘书
克里斯蒂安·克勒格尔先生	财务主管
戴籁三夫人	
明妮·魏特琳小姐	
罗伯特·O. 威尔逊大夫	
P. H. 芒罗-福勒先生	
C. S. 特里默大夫	
詹姆斯·麦卡伦牧师	
M. S. 贝德士博士	
约翰·H. D. 拉贝先生	
刘易斯·S. C. 史迈士博士	
W. P. 米尔斯牧师	
科拉·波德希沃洛夫先生	
沈玉书牧师	

12 月 16 日

上午 8 时 45 分，我收到了菊池先生给我的一封函件，菊池是一位谦逊可亲的日本翻译。他在信中通知我们，从上午9时起在安全区搜寻中国士兵。

前一段时间我们所经历的狂轰滥炸和连续的炮击同我们眼下所经历的可怕时期相比简直算不了什么。安全区外已经没有一家店铺未遭洗劫。现在掠夺、强奸、谋杀和屠杀在安全区也开始出现了。安全区里的房子，不管有没有悬挂旗子，都被砸开或洗劫了。下面致福田先生的信大体描述了目前安全区的局势，信中所提到的15起事件仅仅是我们所知道的许许多多事件中的几起。

南京安全区国际委员会
南京宁海路5号
1937年12月16日

致福田德康先生
日本大使馆参赞
南京

尊敬的福田先生：

昨天在交通银行的会晤中，我们已经向少佐先生强调过，应当想方设法尽快恢复城市的正常生活，这是很有必要的。

日本士兵昨天在安全区的暴行加剧了难民的恐慌情绪，许多难民甚至不敢离开他们所待的房子去旁边的粥厂领取每日的定量米饭，因此我们现在面临着向收容所运送米饭的任务，这就大大增加了我们向大众提供粮食方面工作的难度，我们甚至找不到足够的脚力来装米和煤运送到粥厂。结果今天早上有数千名难民没有得到食物。为了让中国的平民能得到食品，国际委员会中的几个外国委员今天早上想尽一切办法避开日军巡逻队，把卡车开到安全区来。昨天，我们委员会有好几个委员的私人汽车被日本士兵拖走了。

现随函附上日军在安全区的各种暴行。

不结束目前这种人心惶惶的局面，就不可能进行任何正常的活动，例如，不可能找到劳工去修复电话局、水厂、电厂和各种商家店铺，甚至都找不到人去清扫街道。

为了弄清并改善局势，国际委员会冒昧地向日本皇军建议，立即采取以下预防措施：

1. 所有搜家活动由负责军官指挥，率领正规组织的小分队进行（制造麻烦的大多是四处游荡的士兵，他们3人～7人一伙，无军官带队）。

2. 夜间，最好也在白天，在安全区的所有通道口安排日军岗哨（昨天我们已经向贵军的少佐先生提过这项建议），阻止四处游荡的日军士兵进入安全区。

3. 立即发放汽车通行证，贴在汽车挡风玻璃上，以免我们的卡车和私人汽车被日军士兵扣留（即使在城市保卫战的最艰苦的时期，中方司令部还是向我们提供了通行证，虽然此前已有车辆被扣，但在递交了申诉后，所有车辆都在24小时内物归原主。此外，当时中国军队的处境已经十分艰难，但仍然提供给我们3辆卡车为平民百姓运送粮米。与此相比，日本皇军具有更好的装备，而且已经控制了全城，城内的战斗也已经全部停止，因此我们坚信，在目前中国平民百姓需要得到日军的关心和保护的情况下，日军会表现出更高的姿态）。

日军最高指挥官于昨天抵达南京，我们原以为市内的秩序和安宁会由此而得到恢复，因此昨天我们没有提出任何指控。但是昨天夜里的情况比前天还要糟糕，因此我们决定向日本皇军指出，这种状况不能再持续下去。我们相信，日军最高指挥官是不会赞成日军士兵的暴行的。

谨致崇高的敬意

签名：约翰·拉贝
主席
签名：刘易斯·S.C. 史迈士
秘书

日本士兵在南京安全区的暴行

1937年12月16日

（在给我们的所有报告中，我们在此仅举几起，均是已经仔细核实过的事件。)

1) 12月15日,安全区卫生委员会第二区的6名街道清扫工在他们位于鼓楼的住所里被闯进的日本士兵杀害,另外一名清扫工被刺刀严重刺伤,日本士兵没有任何明显的理由!如上所述,这些人是我们安全区的雇员。

2) 12月15日下午4时,在金陵女子文理学院门口附近,一辆载有大米的卡车被日本士兵抢走。

3) 12月14日夜晚,安全区第二区的全体居住人员被赶出房子,然后被洗劫一空。第二区区长本人被日本人抢劫过两次。

4) 12月15日夜晚,7个日本士兵闯进金陵大学图书馆大楼,拖走7名中国妇女,其中3名妇女被当场强奸。

5) 12月14日夜晚,许多人向我们诉说,日本士兵闯进中国居民的房子,强奸或强行拖走妇女。安全区内由此产生恐慌。昨天数百名妇女搬进了金陵女子文理学院的几栋建筑物,我们委员会的3名美国先生昨天夜里整夜守候在学院,保护那里的3 000名妇女和儿童。

6) 12月14日,30名显然没有军官带队的日本士兵搜查了大学医院和女护士的寝室,医院的职员们遭到了有组织的抢劫。被偷走的物品有:6枝自来水笔、180元现钞、4块表、2卷医院的绷带、2只手电筒、2双手套和1件毛线衣。

7) 昨天,即12月15日,不论是收容所、公共场所,还是大学建筑物内,从各个方面都传来报告,日本士兵在各个地方强行闯入,多次抢劫中国难民。

8) 12月15日,美国大使馆遭破门盗窃,若干小物件丢失。

9) 12月15日,日本士兵翻越金陵女子文理学院的后墙,砸开一扇门,闯入学院的医学系。由于该系在12月13日就已经将可移动的物品全部转移,所以没有东西被窃。

10) 12月14日中午,日本士兵闯入铜银巷的一所房屋,强行拖走4名姑娘,强奸了她们,2小时后将她们放回。

11）我们在宁海路的米铺于12月15日的下午遭到了日本士兵的搜查，他们买走3袋米（3.75担），只支付了5元钱。米市的现行价是每担9元，这样，日本军队共欠国际委员会28.75元。

12）12月14日夜晚，11名日本士兵闯入铜银巷的另一所房屋，强奸了4名中国妇女。

13）12月14日，日本士兵闯进美国女传教士格瑞丝·鲍尔小姐的住所，抢走一双皮手套，喝掉了桌子上的所有牛奶，然后又用手把糖罐全部掏空。

14）12月15日，日本士兵闯入美国医生R.F.布拉迪的车库（双龙巷1号），打破福特汽车的一块窗玻璃，然后又带来1名机械师，试图发动汽车。

15）12月15日，日本士兵闯进汉口路的一个中国居民住家，强奸了一名年轻妇女，强行拖走3名妇女。其中2名妇女的丈夫跟在日本士兵的后面追赶，结果这2名男子被这些日本士兵枪杀。

如前所述，我们委员会的外国成员已经对以上事件进行过核实。

签字：刘易斯·S.C.史迈士
秘书

德国顾问的房子几乎也都遭到了日本士兵的抢劫。已经没有人敢出家门了！为了让汽车出入，有的时候要打开院门，这个时候外面的妇女、儿童就会涌进来，跪在地上磕头，请求我们允许他们在我的院子里露宿（我已经接纳了100多名极为困苦的难民）。眼前的悲惨局面是常人很难想象的。

我和菊池一起开车去下关察看发电厂和几个剩余的大米储备点。发电厂外表看起来完好无损，如果工人们对日本人的保护持信任的态度，那么估计发电厂可以在几天内恢复供电。我很乐意在这方面提供帮助。但是由于日本士兵的令人难以置信的残暴行为，要想把必要的40

名～45 名工人募集到一起，可能性非常小。在这种形势下，我也不愿意冒险通过日本当局从上海调一名德国工程师来。

通往下关方向的挹江门。此处只有一个边门可以通过。城门洞一米多高的尸体，与修筑路障用的沙包结结实实地叠在一起，要想乘车去下关，都得从上面开过去。

我刚刚听说，又有数百名已经解除武装的中国士兵被拖出安全区枪毙了。其中有 50 名安全区的警察也要照军法执行处决，据说是因为他们放进了中国士兵。通往下关的中山北路上横尸遍地，到处是遗弃的武器装备。中国人放火烧了交通部。挹江门被炮火打得千疮百孔，城门前到处是成堆的尸体。日本人不愿意动手清理，而且还禁止我们组织所属的红卍字会进行清理。我们估计可能是要在枪毙那些已经解除武装的中国士兵之前，先强迫他们来清理。我们欧洲人简直被惊呆了！到处都是处决的场所，有一部分人是在军政部对面的简易棚屋前被机关枪射杀的。

今天晚上来访的总领事冈崎胜雄解释说，虽然有一些士兵被枪杀，但是剩余的人都将被安置到扬子江心的一个岛上的集中营里①。

我们原来的校工也被子弹击伤，现正躺在鼓楼医院。他被强征苦

---

① 参见《南京大屠杀史料集》第 6 册第 334 页。

役，干完活后得到一份证明，在回家的路上他被人莫名其妙地从后背击中两枪。原先德国大使馆给他开具的证件现在就摆放在我的眼前，上面浸满了血迹。

写到这里，后院里响起了日本士兵的砸门声。见佣人不开门，几个日本士兵就在院墙边探头探脑，看见我突然打着手电筒走了过去，他们立即就一溜烟地跑掉了。我们打开大门，跟在他们后面走了一段距离，直到他们消失在一个黑黢黢的巷子里，这个巷子的下水道里3天来也已经塞满了好多具尸体。见此状况，人们不禁恶心地浑身颤抖。在院子里，许多妇女和儿童瞪着惊慌失措的双眼沉默地相互依偎在一起，一半是为了相互取暖，一半是为了相互壮胆。他们大家的希望是，我这个“洋鬼子”能驱赶走凶神恶煞！！

前面提到的日本总领事冈崎胜雄在他今天的来访中还提请我们注意，虽然日本人没有承认我们的委员会，但是我们将受到的待遇就如同被他们承认了一般。我们接着向负责接待我们在日本大使馆谈判的福井喜代志先生递交了我们致日本大使馆的一封信。全文如下：

南京安全区国际委员会
南京宁海路5号
1937年12月17日①

致福井喜代志先生
日本帝国大使馆二等秘书
南京

尊敬的先生们：

昨天下午总领事冈崎胜雄先生指出，从法律角度来看，国际委员会的存在是没有根据的。我们认为有必要对此问题作出若干说明。

我们从未考虑寻求某种权力，与日本当局进行政治上的合作。在这里我们要指出的是，1937年12月1日，南京市政府马市长将城市在特别时期的几乎所有管理职能赋予了我们，这其中包括管理警务、看管公共机构、消防、管理和支配房屋住宅的权力、食品供应、城

---

① 此信作者放在了12月16日的日记中。

市卫生等等。1937 年 12 月 13 日，星期一的上午，贵军获胜进城的时候，城市的管理权在我们的手上，我们是唯一尚在运行的机构。当然，我们所获得的全权不能超出安全区的界线，而且我们在安全区也无权享有主权。

日本驻上海当局曾向我们保证过，只要安全区内没有军队或军事设施存在，贵军就不会蓄意攻击安全区。鉴于我们是唯一的城市管理机构，贵军进城后，我们立即试图和先头部队取得联系。12 月 13 日下午，我们在汉中路遇见了一位贵军上尉，他正率部进入预备阵地。我们向他作出了必要的解释，在他的地图上标出了安全区的界线，此外我们还恭敬地向他指出了 3 个红十字医院的位置，通告了解除武装的中国士兵的情况。他当时所表现出来的配合和平静增强了我们的信念，即：我们得到了贵军的完全的理解。

当天晚上和次日早晨我们起草了 12 月 14 日的函件，并让人译成日语。为了将这封信转交给日本当局，我们的拉贝先生、史迈士博士和福斯特牧师 3 人一直在忙于寻找贵军高级军官。关于这一点，日本大使馆参赞福田先生可以证明。我们一共和 5 名贵军军官进行了接洽，但是他们都指出，此事要等到第二天最高指挥官抵达后和他联系。

第二天，也就是 12 月 15 日，日本帝国大使馆福田德康先生和关口先生来访，关口向我们转交了“濑田”号舰长和舰队军官的致意帖。我们向福田先生递交了 12 月 14 日的函件，并向关口先生保证，我们愿意为电厂恢复供电提供帮助。

同一天中午，我们荣幸地在交通银行和特别长官（参谋部和特务机关长官）进行了会晤。对我们 12 月 14 日的函件，他给予了口头正式答复。他告诉我们，日本岗哨将布置在安全区的入口处，平民警察可以在安全区内执行巡逻任务，但是只能装备警棍，委员会在安全区内储备的 1 万担大米可以提供给难民，准予将原城市管理当局指定给委员会的粮米储备运进安全区，尽快修复电话设施和水厂、电厂，此事至关重要。

关于 12 月 14 日函件的第 4 点，只作出了如下的答复，即：难民应尽早返回原住所。

有了这个答复,我们便鼓励我们的警察继续他们的工作,向居民们保证,经过向贵军军官的必要解释,他们将会受到良好的待遇。我们并且开始了粮米的运输工作。

但是恰恰从这个时候起,只要没有欧洲人陪同,我们的卡车在街上就会被扣留。从星期二早晨起,我们领导下的红卍字会开始派车在安全区收殓尸体,但是他们的车不是被强行拖走,就是被企图扣留,昨天甚至有 14 名该会的工人被拖走。我们的警察在执行警务时受阻,昨天在司法部执行警务的 50 名警察遭逮捕。据在场军官称,要带走他们枪决。另有 45 名我方的"志愿警察"昨天下午也同样被带走(这些"志愿警察"是委员会于 12 月 13 日下午组织起来的,因为从当时的情况来看,安全区内的"着装警察"尽管必须日夜执勤,但靠他们仍然不可能完成安全区内的警务工作。这些"志愿警察"既不着装,也不拥有任何武器,他们仅仅佩戴臂章,而且从性质上看不过就如同欧洲的童子军,他们临时承担一些小型服务工作,例如帮助维持民众秩序,做一些清扫工作,在急救时帮帮忙等等)。

12 月 14 日,我们的 4 辆消防车被贵军征收用于运输。

我们力争让日本大使馆和贵军明白这样一个事实:人们为了南京平民百姓的利益,将城市的管理职能赋予了我们。一旦日本当局成立新的城市管理机构,或者其他的组织机构,我们将移交我们的城市管理的职能。但是非常不幸的是,对于我们为了平民百姓的利益,为了维持安全区的秩序所进行的工作,贵军士兵横加阻挠。这样做的后果是破坏了我们为维持秩序而建立的体系,从 12 月 14 日早晨起,扰乱了我们必要的公务活动。具体地说是这样的,12 月 13 日,当贵军进城的时候,我们在安全区几乎集中了城市的全部平民百姓,安全区当时只遭受到轻微的炮击损失,中国军队撤退的时候对安全区没有进行任何抢劫。完全可以说,我们为贵方和平地接过了整个安全区,在城市的其他区域恢复秩序之前,为使正常的生活能不受干扰地进行下去,作出了一切的准备工作。一旦秩序恢复,就可以在全城恢复正常的交通。但是到了 12 月 14 日,贵军士兵的抢劫、强奸和屠杀等等恐怖活动铺天盖地地压了过来，留下来的27个欧洲人和中国居民一样震惊了。

我们一方面对此表示抗议，另一方面请求贵方首先在军内恢复秩序，只有这样城市才能恢复正常的生活。我们愿意为合作作出我们力所能及的贡献。

昨天晚上8时～9时之间，我们委员会的5名成员巡视了安全区。巡视过程中，不论在安全区内还是在安全区交界区域，没有看见一个日本巡逻哨。在贵军的威胁下，加上中国警察被拖走处决，我们自己的警察在街上已经消失得无影无踪。我们只在安全区的街道上看到了两三个一伙四处游荡的贵军士兵。我写这篇报告的时候，安全区的四面八方又传来消息，这些四处游荡、无法无天的贵军士兵正在奸淫掳掠肆意蹂躏。

这表明，贵军没有考虑我们昨天(12月16日)函件第2点中提出的请求，即：在安全区入口处设置岗哨，阻止四处游荡的士兵进入安全区。

作为恢复安全区的秩序的第一个步骤，我们特提出如下建议：

1. 日本皇军成立宪兵队，昼夜在安全区巡逻，对于偷窃、抢劫、强奸或强抢妇女的士兵，宪兵有权逮捕。

2. 日本当局接收原中国南京市政当局移交给我们的450名警察，维持中国平民百姓的秩序(百姓秩序一直良好)。

3. 鉴于城里各处火势昨天已经(幸好没有在安全区)形成火灾，我们建议，在贵军的领导下重新成立消防队并提供4辆消防车。

4. 此外我们还冒昧地向贵方建议，在成立新政府之前，尽快派遣一名城市管理专家来南京，将平民百姓的生活引入正轨(前政府职员中仅留下警察、消防队员和3名助理员。贵军接管了城市的全部土地和建筑物，以及居民中较为贫困的人口。大部分受过教育、有知识有职业的居民都已离城西逃)。

我们在此重申，我们无意继续履行原南京市政府赋予我们的半行政职能。我们期望贵方能尽快担当此任，以便我们能作为一个单纯的救济组织开展工作。

过去3天的蹂躏和破坏如果得不到制止,救济工作的难度必将成倍增加。我们组织安全区的原则是,鼓励每个家庭尽可能通过个人途径在安全区商定食宿事宜,以减缓突发局面给我们的组织机构造成的负担。目前的局势如果得不到改善,那么要不了几天大部分居民就要挨饿。各家自己储备的食品和取暖物资已经告缺,中国人的钱、衣物和个人财产都被四处游荡的贵军士兵抢走了,人们怕上街,怕重新开店做生意,因此正常的生意和其他的活动只能小规模进行。我们的供应也陷于停顿,从12月14日早晨起,货车运输可以讲几乎陷于瘫痪。贵军进城前,我们的精力主要集中在向安全区运送储备粮。我们准备过一段时间再分发粮食,因为我们已经要求居民们带上能维持一个星期的食品储备。为了防止一些收容所出现粮荒,我们委员会的欧洲委员不得不在夜幕降临后用自己的私人汽车给收容所运送粮食。

如果不能尽快恢复正常的粮食供应,居民将受到饥饿的折磨。另外一个折磨中国居民的因素是贵军无休无止的骚扰。一些家庭向我们诉苦,他们的房子被砸开,遭抢劫,他们的女人一个晚上被强奸多达5次。于是他们第二天早晨逃离住所,找一个希望能得到安全的地方住下来,这难道奇怪吗?

昨天下午,贵军指挥部的3名军官前来我处交涉,请求在恢复电话通讯方面提供帮助,就在这同时,一批电话工人被赶出了他们在安全区的住所,他们都佩戴委员会的袖标,我们不知道他们逃匿到什么地方了。如果任这类恐怖活动继续发生,我们就不可能提供必要的工人,从而帮助对民生至关重要的机构恢复工作。

如果市内贵军士兵的秩序不能立即得到恢复,那么我们就无法保证20万中国平民中无人饿死。

我们再次保证,为了城市平民百姓的利益,我们随时愿意和贵方通力合作。

谨致崇高的敬意

签名:约翰·拉贝

主席

附件：（中文布告）

又及：昨天中午以来发生在安全区的贵军士兵暴行报告将于近期送达。

12月17日

两个日本士兵爬过院墙，正打算闯进我的住房，看见我出现后就为自己的闯入找借口，说是看见有中国士兵爬过院墙。我把我的党徽指给他们看，于是他们就从原路又退了回去。在我院墙后面小巷子里的一所房子里，一名妇女遭到了强奸，接着又被刺刀刺中颈部。我好不容易弄到了一辆救护车，把她送进了鼓楼医院。我的院子里一共约有200名难民，他们像供奉神祇一样尊敬我们这些欧洲人。只要我们从他们身边走过，他们就跪下来，我们难受得不知如何是好。有一个美国人这样说道："安全区变成了日本人的妓院。"这话几乎可以说是符合事实的。昨天夜里约有1 000名姑娘和妇女遭强奸，仅在金陵女子文理学院一处就有100多名姑娘被强奸。此时听到的消息全是强奸。如果兄弟或丈夫们出来干预，就被日本人枪杀。耳闻目睹的尽是日本兵痞的残酷暴行和兽行。

我们的奥地利汽车专家哈茨先生同一个日本士兵发生了争执，这个日本人拔出刺刀，但是就在同时被哈茨一记准确的勾拳击中下颚倒在地上，他的另外两个武装到牙齿的同伙带着他赶紧溜之大吉。但愿这个胜利不会给我们带来什么恶果。日本总领事冈崎胜雄昨天要求难民尽快离开安全区，返回自己的住处，有店铺的就重新开业。其实日本士兵已经为店铺的店主们打开了门，城里几乎没有一家商店未被日本人砸开并抢劫。德国大使陶德曼博士位于萨家湾的房子奇迹般地幸免于难，他的门上有一个用日语写的禁止入内的布告。我的院门上也有这么一个布告，但是尽管如此仍然不断有人光顾。克勒格尔陪我一块儿去了陶德曼的住所，在回来的路上，他在我的房子后面发现了自己的车，车是昨天他和几个日本军官在旅馆的时候被日本兵开走的。克勒格尔执拗地站在自己的车前，后来车里的3个日本兵说了句"朋友，你走吧"，把车还给了他。还是这几个日本兵，他们在下午跑到我的院子里，趁我不在的时候开走了洛伦茨的车。我告诉过韩，如果他无法摆脱客人的话，就无论如何必须让我们的客人留下字据。这次他也的确得到一张字据，上面是这样写的：

“感谢你的赠送！日本皇军，K.佐藤”

这下洛伦茨肯定要“高兴”了。

军政部对面一座挖了防空洞的小山丘脚下躺着 30 具中国士兵的尸体，他们是根据紧急状态法被枪毙的。日本人现在开始清理城市，从山西路广场到军政部已经清理干净。尸体就被草草地抛在沟里。

该屠杀地位于烧毁的交通部前，在一座挖有防空洞的小山丘脚下。30 名已解除武装的中国士兵从安全区被带走后在此遇害。

下午 6 时，我给我院子里的难民带来了 60 张草垫子，他们高兴极了。又有 4 个日本兵爬过院墙，我当即挡住了其中 3 人，把他们赶了回去。余下的那个日本人则穿过一排排的难民来到了大铁门面前，我在门口抓住了他，客气地把他送出门外。这些家伙刚到门外就一溜烟地跑了，他们不愿意和一个德国人打交道。大多数情况下，我只需要喊一声

“德意志”和“希特勒”，他们就会变得有礼貌，而美国人要想让日本人承认则相当困难。今天我们递交给日本大使馆的抗议信看来给大使馆二秘福井喜代志先生留下了持久的印象。不管怎么说他至少已经开始保证，将这封信立即转交给陆军的最高指挥机构。我和史迈士博士在日本大使馆和福井先生谈话的时候，里格斯叫我们回总部去，说福田先生正在那里等我们。我们谈到了修复发电厂的问题。在日本人的请求下，我向上海发了一份电报，电文如下：

西门子洋行(中国)，上海，南京路244号

日本当局请求由一名德国工程师负责此地发电厂的恢复运转工作。发电厂的设备看来没有因战斗而受到损坏。请通过日本当局给我们答复。

拉贝

日本人已经认识到，虽然他们不愿意承认我们，但是只要和我们合作，还是能把事情办好的。在请人转达我对最高指挥官的问候的同时，我还请人一并转告，我对“市长”这个职位感到厌烦，非常想卸任。

12月18日

我们原先期望随着最高指挥官的到达能恢复秩序，但是遗憾的是，我们的愿望并没有实现。正相反，今天的情况比昨天还要糟糕。今天从一大清早我就开始驱赶爬越围墙的日本士兵。有一个日本士兵开始的时候拔出刺刀朝我逼来，但是当他明白过来站在他对面的是一个德国人的时候，他便迅速把刺刀收了回去。只要我本人在家，情况就还过得去。这些家伙们到今天为止对欧洲人还有些尊敬，但是对中国人则不是这样。在总部的时候，不断有人叫我到邻近的遭日本人砸门抢劫的房子里去。从一所已经被洗劫一空的住房里，我撵走了两个日本人。在我和一个日本军官讨论恢复电厂供电的时候，我们一辆停在门前的汽车被抢走了。我们费了很大的劲才把车弄了回来，士兵几乎不买他们的军官的账。一个中国人踉跄着冲进房间，告诉我们，他的兄弟被日本人枪杀了，

就因为他拒绝给闯进他家的日本士兵一包烟。在我的申诉下，和我讨论电厂事宜的日本军官给我开具了一张用日语书写的住宅安全证。我们开车回家，准备马上把安全证贴在门上。当我们回到小桃园的时候，一个士兵正打算闯进我的家，结果被这名日本军官赶走了。与此同时，我的一个中国邻居过来告诉我，4个日本兵闯进了他的家，其中的一个正企图污辱他的妻子。我和日本军官立即冲进邻居的房子，避免了惨剧的发生。日本军官左右开弓扇士兵的耳光，然后才允许他离去。我们正准备走的时候，韩走过来告诉我说，我不在的时候，一个闯进我家的日本士兵对他进行了抢劫。我实在是吃不消了，于是我走下车，让那个日本军官自己开车走了。发生了那么多的事件，我的身体和心情都难受极了。那个日本少佐本来不承认这一切，但是现在他向我表示歉意。并且他非常坦率地向我宣布，今天在亲眼目睹了这些事情后，他相信我们没有夸大其辞，表示将尽自己最大的努力立即结束目前的状况。我和史迈士博士再次来到日本大使馆，向冈崎和田中宣布，我把日本士兵闯入我家看成是对德国国旗的伤害，我决不容忍这类越轨行为再次出现。我们以委员会的名义要求立即将日本士兵撤出安全区。但是没有得到答复！

南京安全区国际委员会
南京宁海路
1937年12月18日

致福井喜代志先生
日本帝国大使馆二等秘书
南京

尊敬的福井先生：

非常遗憾，我们不得不再次打扰您。我们非常关心20万平民的疾苦和忧患，为此我们请求日本军事当局立即进行切实有力的干预，制止四处游荡的日军士兵在安全区的暴行。

各方纷纷送来日军暴行报告，目前我们没有时间也没有场地将这些暴行事件一一记录在案。

昨天有1 000名妇女因遭到奸污或家中遭到抢劫逃到金陵大学。昨天晚上贝德士博士回到在金陵大学的寝室，准备在那里过夜,保护这些妇女,但是不论在他自己睡觉的地方还是在大学图书馆,他都没有看见一个宪兵岗哨。

晚上8时,菲奇、史迈士博士和米尔斯3位先生来到金陵女子文理学院,准备在大门边的一间屋子里支床过夜(为了保护这里的3 000名妇女和儿童,自12月14日以来,我们中的一些人一直是这样过夜的。人们由于害怕,纷纷逃往这里,这里的人数昨天增加到了4 000人),他们遭到了日军搜家小分队的粗暴扣留,被拘禁了1个多小时。小分队的军官命令金陵女子文理学院的两位女负责人明妮·魏特琳小姐和程女士以及她们的女友戴籁三夫人走出大门,在寒冷中日军士兵对她们推推搡搡。日本军官坚持断言,校内有中国士兵,一定要把他们搜出来执行枪决。最终他还是放菲奇等3人回家,但同时又不允许米尔斯留下,所以后来事情怎么发展我们就无从得知了。

综上所述,并结合12月16日司法部抓人事件(即使根据乐观报告,被抓的人中至少也有数百名平民,见"特别备忘录"),我们坚信,如果不立即采取必要的制止措施,安全区全体平民的生命都将受到威胁,因为搜家小分队军官的情绪直接决定了他们的生死。

成千上万的妇女因极度的恐惧纷纷来到我们的美国学校寻求保护,这样男人们就越来越孤独。(如:截至12月15日,小桃园的原语言学校共安置有600人,12月15日夜间发生了多起强奸事件后,400名妇女和儿童便逃到了金陵女子文理学院,结果那个地方只留下了200名男子。)这些公共校舍原来计划安置3.5万人,但是由于妇女们的恐惧,人数增加到了5万。这还不包括从司法部和最高法院这两个地方撤出来的所有男人。

如果目前的恐怖局面持续下去,不仅我们所能提供的住房会成问题,就连供应粮食和招募工人也将变得越发艰难起来。今天早上贵方代表菊池先生来到我们办公室,了解发电厂工人的情况。我们不得不告诉他,就连我们自己的工人都不敢出去干活。我们委员会的欧洲成员不得不自己当卡车司机,为各个收容所运送粮食和燃煤。粮食委员会委员在过去的两天中不敢走出自己的家门。日军士兵昨天晚上在住房委员会的一位先生家里(汉口路23号)强奸了他家的两位妇女,日军士兵竟然强迫他在旁边站着。粮食委员会副主任(外国人)索恩先生(神学教授)保护着收容在金陵神学院的2 500名中国人,但他又不得不自己开卡车去运粮食。只要他出去,中国人就无人保护。结果在昨天,而且是在大白天,在大庭广众之下,日军士兵在神学院一个挤满难民(妇女、儿童和男人)的大厅里强奸了多名妇女。我们外国人不可能既要养活20万中国平民,又要白天黑夜地为他们提供保护。这是日本当局的任务。如果贵方能为他们提供必要的保护,我们是能够在粮食方面提供支持的!

日军军官在安全区执行搜查任务时,一直有一个基本的想法在左右着他们的情绪,就是他们认为安全区里到处都是穿着便服的中国士兵。我们向贵方说明过,安全区里是有过中国士兵,他们在12月13日下午放下武器,然后进入安全区寻求保护。但是今天我们可以向贵方保证,安全区内已经没有解除武装的中国士兵了,贵方的搜家小分队已经将他们全部清理了出去,遗憾的是同时遭到清理的还有许多中国平民。

考虑到各方的有关利益,我们向贵方提出以下经过深思熟虑的建议:

一、约束士兵

1. 我们重申昨天的请求,派出宪兵部队,昼夜在安全区巡逻。

2. 在12月16日的信函中,我们请求贵方在安全区的各通道口设置岗哨,阻止四处游荡的日本士兵进入安全区,岗哨至今未设。不过我们仍然希望,日军能想方设法,阻止士兵抢劫、强奸和屠杀中国平民。建议命令士兵夜间不得出营。

3. 我们请求贵方,在贵军恢复安宁和秩序之前,在18个较大的收容所的入口处设置岗哨。必须严格命令岗哨,全面履行职责,禁止士兵爬墙进入收容所(随函附上收容所清单)。

4. 此外我们再次请求,在各收容所张贴日语布告,便于日军士兵了解收容所的性质,禁止进入收容所骚扰可怜的难民。

二、搜家

1. 日本搜家小分队的军官们显然并不了解收容所的性质和作用，因此建议贵军派一名高级军官在收容所所长的陪同下，逐一参观全部18个收容所，在白天视察了解收容所的内部情况。

2. 我们十分清楚，目前在安全区已经没有解除武装的中国士兵，也不存在任何狙击手。但是日军现在仍然不断地搜查收容所和私人住宅，而且这种搜查一直伴有抢劫和强奸。所以我们认为，日军原来打算阻止中国士兵躲藏在安全区的计划，可以根据我们的请求，由宪兵巡逻队来执行。

3. 我们之所以冒昧地提出以上意见，是因为我们坚信，只要平民百姓过上两三天太平的日子，他们就能在安全区内开始正常的生活，食品和取暖物资可以得到运输，商家店铺可以重新开张营业，工人们也敢出去找活，他们可以帮助恢复对民生至关重要的企业，如发电厂、自来水厂和电话局等。

三、被抓走的我方警察

我们昨天向贵方指出，贵军从司法部抓走了50名着装的警察和45名“志愿警察”。在此我们还要指出，我方又有40名派驻在最高法院建筑物内的着装警察被抓走。一名日军军官对他们提出的指控是，说他们在搜查之后又将中国士兵放进了司法部建筑物，因此必须枪毙他们。

所附的“司法部事件备忘录”说明得很清楚，对那些被日军士兵驱赶离家的中国平民（男女皆有），由委员会的外国委员负责将其中的一部分安置在司法部的建筑物里。

此外我们昨天还请求，将原中国政府分配给我们安全区的450名着装警察交给即将组建的由日本领导的警察部队。同时我们还希望，前面提到的90名着装警察也能编入这支警察部队。关于那45名“志愿警察”，希望能将他们送回我们总部，或者通告我方，已将他们安置在何处工作。对这450名分配给我们安全区的着装警察，我们列有一个花名册。如需要，该名册可提供给贵方。

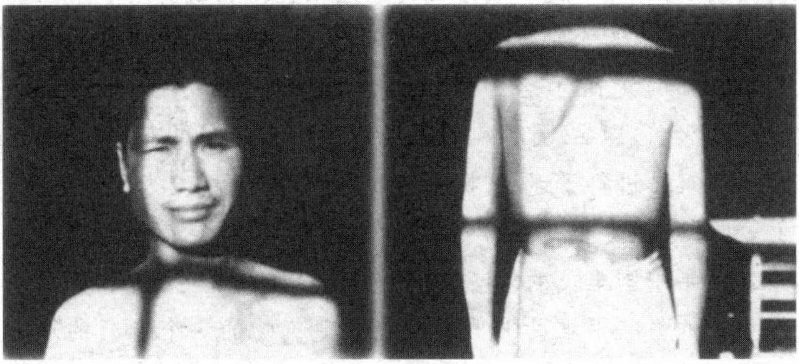

伍长德是南京警察部队的一名警员，被派在总部工作。他于1937年12月16日被日本人抓走，理由为他是一名中国士兵。他被带至首都剧场对面的空地上。日本兵让他在那儿站了几个小时，在此期间又有1 000多个中国人被赶到那里。他们随后被带到汉西门，日本人命令他们蹲在地上。他们被强行分为七八十人不等的几组，押至城外，用机枪处决。所幸伍被分在最后一组，这时天色已黑，机枪扫射时，他未受伤，便随即倒地装死。随后日本兵开始收集引火之物，准备将尸体烧毁。一些日本兵用锄头把柴火堆在一起。一名日本兵走到伍身边时发现他还在呼吸，便用锄头猛击其背部，并把柴火堆放在他的身边。柴火堆点燃后，日军便撤走了。伍在被烧着之前，成功地从柴火堆中逃出。他极可能在城外躲了10天之久，直至第三次他装扮成一个乞丐才回到城里。此画面摄于1938年2月15日，这时他的伤口已基本愈合。

我们希望，贵方能友好地采纳我们的建议。同时我们向贵方保证，为了南京平民百姓的利益，我们随时愿意和贵方进行合作。

谨致崇高的敬意

签名：约翰·H. D. 拉贝

主席

附件：

1. 司法部事件备忘录。

2. 安全区难民收容所清单。

司法部事件备忘录

1937年12月16日早晨，一名日军军官带领一队日本士兵来到司法部，命令带走大部分中国人，对他们执行枪决。根据这名军官

走前的说法,他来此的目的就是抓人枪毙。在殴打了一名上尉警官后,他命令抓走全部警察。估计有50名警察被抓走,因为当时派驻在司法部的共有50名警察。

两天前,即12月14日,已经来过一名日军军官,对安置在这里的半数难民进行了巡视,挑出200名～300名中国人,断言他们是士兵,并下令抓走。剩下的350名中国人被他认定是平民百姓。这次对这一半中国难民的检查进行得非常仔细。当天这名日军军官没有检查的另一半难民被单独安置在建筑物的一个专门的地方。该军官保证,第二天,也就是12月15日,来对这批人进行甄别,将这批人中他认为还夹杂在里面的中国士兵找出来,进行分离。但是12月15日没有人露面。12月16日,这名军官来到这里宣布,在对第二批半数难民进行检查后,他又找出了一些中国士兵,这表明我们和中国警察在12月14日的检查后私自将这些中国士兵放了进来,因为根据第一次的检查结果,这批人中已经没有中国士兵了。其实我们放进去的人都是被日本士兵从家中驱赶出来的平民百姓,他们已经无家可归,于是大学医院的麦卡伦先生和委员会的贝德士博士才把他们带到了司法部来。12月16日经过对第二批半数难民的检查,的确发现了中国士兵,这是事实,但是这并不是因为委员会在检查后又私自放进了中国士兵,而是因为原定在12月15日由日军士兵对这批难民的检查根本没有进行。

金陵大学医院的詹姆斯·麦卡伦先生和住房委员会副主任查尔斯·里格斯先生在12月16日早晨目睹了事件的全过程。在事件的过程中,里格斯先生一再想把事情解释清楚,避免中国平民被当作士兵抓走,结果3次遭到这名军官用军刀威胁,他还用拳头重击里格斯的胸部。

签名:刘易斯·S.C. 史迈士

南京安全区国际委员会秘书

南京安全区难民收容所

1937年12月17日现状

建筑物名称	难民数量	类别
1. 原交通部	1万或1万以上	家庭
2. 五台山小学	1 640	家庭
3. 汉口路小学	1 000	家庭
4. 陆军学校①	3 500	家庭
5. 小桃园南京语言学校	200	男
6. 军事化学品仓库②（华侨招待所后面）	4 000	家庭
7. 大学附中③	6 000～8 000	家庭
8. 圣经师资培训学校	3 000	家庭
9. 华侨招待所	2 500	家庭
10. 金陵神学院	2 500	家庭
11. 司法部	空置	
12. 最高法院	空置	
13. 金陵大学蚕厂	4 000	家庭
14. 金陵大学图书馆	2 500	家庭
15. 德国俱乐部（DÖS协会）	500	家庭
16. 金陵女子文理学院	4 000	妇女、儿童
17. 法学院	500	家庭
18. 农艺系	1 500	家庭
19. 山西路小学	1 000	家庭
20. 金陵大学（宿舍）	1 000	妇女、儿童
总数约　4.934万人～5.134万人		

① 指“陆军大学”。
② 指“军用化工厂”。
③ 指“金陵大学附属中学”，今金陵中学。

12月18日

晚上6时,几个日本士兵爬过院墙的时候,我正好回到家撞见了他们。其中的一个人已经脱下了军装,解下了皮带,正企图强奸难民中的一个姑娘。我走上前去,命令他从爬进来的地方再爬出去。另外一个家伙看见我的时候,正好骑在墙上,我只是轻轻地一推就把他推了下去。晚上8时的时候,哈茨先生和一个日本警官带来了一卡车相当数量的宪兵,他们的任务是在夜间守卫金陵女子文理学院,看来我们向日本大使馆提出的抗议奏效了。我打开位于宁海路5号的委员会总部的大门,将逃到我们这里的妇女和儿童放了进来,这些可怜的妇女和儿童的哭喊声在我的耳际回响了好几个小时。逃到我在小桃园住所的院子里的难民越来越多,现在安置在我家的难民人数已经有300人左右。我的家被认为是最保险的地方。当我在家的时候,情况也的确如此,我会斥责每一个闯入者。但是当我不在家的时候,这里的安全状况就很糟糕。在大门上张贴的日文布告起不了什么作用,日本士兵很少理会布告上的内容,大部分士兵照样爬墙。张的妻子昨天夜里病得非常厉害,今天早晨我们不得不把她再送到鼓楼医院。非常糟糕的是,就连鼓楼医院里的女护士中也有不少人遭到了强奸。

南京

12月18日

致日本大使馆

南京

由于贵军士兵持续不断的抢劫、暴力和强奸,整个城市笼罩在惊恐和悲惨的气氛中。1.7万多人,其中很多是妇女和儿童,逃到我们的建筑物里来寻求保护。目前越来越多的人正在涌进安全区,因为外面的情况比我们这里还要糟糕。下面我列举在过去的24小时中在我们的建筑物中发生的暴行,这些暴行还不算是最严重的。

1. 大学附中,干河沿:

一个受到惊吓的孩子被军用刺刀刺死,另一个被刺成重伤,即将死去。8名妇女被强奸。我们好几个试图帮助这些可怜的人并向他们提供食物的雇员，遭到了日本士兵的无端殴打。不论白天还是夜晚都有贵军的士兵爬过围墙。许多中国人已经3天睡不着觉了，他们的身心受到严重的损害，变得有些歇斯底里。如果有朝一日这种恐惧和绝望导致了对贵军士兵强奸妇女行径的抵抗，那将会发生毁灭性的大屠杀，对此贵当局要承担责任。

美国国旗被贵军士兵以污辱的方式撕扯下来。

2. 蚕厂，金银街：

两名妇女被强奸。

3. 农具仓库，胡家菜园11号：

两名妇女被强奸。

4. 系所在地，汉口路11号：

我们委员会的人员居住在此，两名妇女被强奸。

5. 系所在地，汉口路23号：

我们委员会的美国委员居住在此，一名妇女被强奸。

6. 农艺系，小桃园：

这座建筑物多次遭到日本人的恶意骚扰，因此所有的妇女都逃走了。今天早上我去那里察看时，6个日本士兵站在我的对面。尽管我用极为客气的方式向他们提问，询问他们是否遇到什么麻烦，其中的一个日本兵仍然始终用手指扣着扳机，多次用手枪对着我。

以上未经修饰的事实还没有提到那些白天被四处游荡的日本兵骚扰多达10次、夜间多达6次的可怜人们的困难。这些日本兵出来要么是为了找女人，要么是为了抢劫，这些情况表明了立即实施管制的必要性。

贵方的一些代表声称，昨天夜里在所有这些建筑物的大门口，以及其他一些安置了大批难民的地方，都布置了军警岗哨。但是我们却连一个岗哨都没有看见。由于日本士兵到处都在翻墙越院，因此仅靠几个岗哨是起不了什么作用的，除非在日本士兵内部普遍恢复纪律和秩序。

如果贵军士兵的行为不能重新得到控制，那么设立在原何应钦公馆的日本秋山旅团司令部对周围居住的人就会构成极大的威胁。

如果贵方的将军们能关心一下这些事情，那么这个地方甚至能变成一个能提供特别保护的地区。

不仅仅是在这里，在整个城市，居民们的食品和现金财物都被日本士兵洗劫一空，这些人已经被逼到了绝望的境地。除此以外还有许多人，他们的衣物和被褥也被日本士兵劫走，这些人因寒冷而患上了疾病。

贵当局打算如何来解决这些问题呢？

在城市的每一条街道上都有饱含着眼泪的市民悲痛欲绝，他们抱怨说，只要日本士兵一露面，就没有一个人，没有一栋房子会安全。这种做法想必不会是贵政府的意图吧？南京的居民希望日本人能给予较好的待遇！

如果贵方有机会，我建议，和我一起去查访一些地区，就在贵方院墙之下发生的一个个恐怖事件给这些地区带来了深重的灾难。

就在写这封信的时候，我被7个来我们这里检查的日本士兵打断了，我必须和他们打交道。所谓检查，无非就是看看有没有女人能让他们晚上拖出去强奸。

我夜里就睡在这栋楼里，而且我还将继续在此过夜，希望能给这里无依无靠的妇女儿童多少带来一些好处，能给他们提供一些我所能提供的微薄的帮助。

我和我的朋友们（欧洲人和美国人）在进行我们人道主义工作的时候，多次遭到贵军士兵的威胁。如果在此过程中我们被酗酒或失去纪律约束的贵军士兵杀害或伤害，那么谁应当对此承担责任，是没有任何异议的。

我一再努力本着友好和谅解的精神来书写这封信，但是却无法掩盖字里行间所反映出来的自贵军5天前进城以来我们所经历的绝望和悲痛。

只有贵方迅速采取行动才能整治目前的局面！

您忠实的

签名：M. S. 贝德士

金陵大学紧急委员会主席

12 月 19 日

今天夜里我们房子里很平静。在我们宁海路总部旁边一栋房子的防空洞里有约 20 名妇女，有几个日本士兵闯了进去，想强奸这里的妇女。哈茨跳过院墙，赶走了闯入者。广州路 83 号和 85 号的一个收容所写来求救信，内容如下：

致南京难民区国际委员会

南京

我们这些签署本信的 540 名难民被安置在广州路 83 号和 85 号，拥挤不堪。

从本月的 13 日到 17 日，我们的房子多次遭到三五成群的日本士兵的搜查和抢劫，今天日本士兵又不断地来抢劫。我们所有的首饰、钱财、手表和各类衣物都被抢劫一空。每天夜里都有年轻妇女被抢走，日本人用卡车把她们拉走，第二天早晨才放她们回来。到目前为止，有 30 多名妇女和姑娘被强奸。妇女儿童的呼喊声日夜不绝于耳。这里的情况已经到了语言无法形容的地步。请救救我们！

难民

1937 年 12 月 18 日于南京

我们不知道该如何来保护这些人。日本士兵已经完全失去了控制。

在这种情况下，我是不可能为恢复发电厂发电招募到工人的。菊池先生今天为发电厂工人的事情来拜访我们，我就此向他指出，工人们都跑光了，因为他们根本不相信他们合家上下能够得到保护。此外就连我们欧洲人都不敢保证自己能幸免于日本士兵的兽行。对此，菊池回答道："这和当年的比利时没有什么两样！"

12 月 19 日，18 时

6 个日本人爬过我的院墙，想从里面打开院子的大门。我走上前去，用手电筒照着其中一个匪徒的脸，他接着便拔出了手枪。我严厉呵斥了他，并把卐字袖章举到他的眼前，这时他便迅速放下了手枪。这 6 个人后来在我的命令下又原路翻墙而去。院子的大门是不能给这些匪徒们打开的。

我们房子的南北两面都发生了巨大的火灾。由于水厂遭到了破坏，消防队员又被日本士兵抓走了，所以我们爱莫能助。国府路整个街区好像都烧了起来，天空被火光映照得如同白昼。住在我院子里的 300 名～400 名难民（我已经根本弄不清楚在我的院子里究竟有多少难民了）为了御寒挡雪，他们用提供给他们的草席、破旧的门板和金属板搭起了小棚子。非常危险的是，他们也开始在小茅屋里生火烧饭。为了防火，我不得不禁止他们这么做。我非常害怕发生火灾，因为在我这里存放有 64 大罐汽油。根据我的安排，在院子里只能在两个地方生火烧饭。

两名被烧死的人力车夫。

大学医院，南京

致日本大使馆

南京

1937 年 12 月 19 日

在此请允许我向贵方指出12月18日夜间发生在大学医院的事件。这所医院里除了有医护人员和员工,还有150多名病人。这所医院以前曾经享有特权,为日本大使馆的工作人员提供医疗护理。

晚上将近8时的时候,3名日本士兵从医院的一个后门闯入,放肆地在医院的走廊里跑来跑去。医院65岁的护士海因兹小姐接待并陪同了这些闯入者,尽管海因兹小姐一再声明她的手表属于私人财产,他们仍然抢走了她的手表。此外被偷走的还有6块怀表和3枝钢笔。3人中有2人离开了医院,而另外一人则不知跑到什么地方去了。

晚上9时15分的时候医院方面得知,剩下的那个日本士兵强行闯进了护士的寝室。我对这间房进行了检查,发现这个日本士兵和6个护士在房间里。当我赶到时,其中有3名护士已经被强奸。全体护理人员对此感到极大的震惊。

我们原先一直以为,医院能受到保护,免遭这类事件的侵扰,因此没有急于向贵方提出要求给予特殊保护。现在我们不得不提出这种要求,并请求在医院的入口处设置岗哨,或采取其他措施,防止这类暴行再次发生。

致以崇高的敬意

签名:罗伯特·O.威尔逊
医学博士

南京安全区国际委员会
南京宁海路5号
1937年12月19日17时

致日本国大使馆
南京

非常遗憾,我不得不再次报告日军士兵在安全区内的暴行,暴行序号为16号~70号。如附件清单所述,这些事件仅仅是我们收到的众多报告中的一部分。施佩林先生(委员会总稽查)、克勒格尔先生、哈茨先生以及里格斯先生,他们一直在忙于将闯入的日军士兵赶出去,这占去了他们大部分的时间,他们几乎没有足够的时间来记录这些事件。

我非常遗憾地向贵方报告,目前的局势比以前更为恶化。

贵军的一名军官先生来到宁海路,将大量参与暴行的日本士兵狠狠训斥了一番,但是没有奏效!

拉贝先生必须保护逃到他院子里的 300 名妇女和儿童,他不能在危难之际离开他们,所以今天不能出席,他请我代为表示歉意。

我们寄希望于贵方能满足威尔逊大夫今天早晨的请求,在医院的入口处以及我们昨天提供的清单上列出的 18 个收容所的入口处设置岗哨,这样在洗掠抢夺的汪洋中,我们至少可以开辟出 19 个安全岛,向大约三分之一或四分之一的居民提供保护。

谨致我本人的问候

您忠实的

签名:刘易斯·S.C. 史迈士

秘书

日本士兵在南京安全区的暴行

1937 年 12 月 19 日

(以下事件系由我方工作人员提供的书面报告。另有大量我们了解到的日本士兵的暴行,由于缺乏足够的时间,我们无法进行笔录。今天的这份暴行记录紧接 12 月 16 日的报告,那份报告已将暴行 1 号~15 号通告给贵方。)

16) 12 月 15 日,一名被刺刀刺伤的中国人来到大学医院。他报告说,日本士兵将他和另外 5 名中国男子从安全区抓走,要求他们往下关运送弹药;到达下关后,他们 6 人都被日本士兵用刺刀戳杀,只有他一人幸免于难,来到了金陵大学医院接受治疗。(威尔逊大夫)

17) 根据在福建路 6 号德国公司何中记(音译)联合公司工作的王郁辉(音译)先生的报告,12 月 15 日早晨 8 时左右,好几个日本士兵闯到他那里,抓住他,将他在德国机构注册的工作证轻蔑地扔在地上，而且还扯下了德国国旗。日本人强迫他将物资运到军官学校，塞给他一张纸条后将他放走，纸条上证明他完成了交付给他的工作。在回家的路上，走到珠江路时，他被其他日本士兵无端地从背后击中两枪。他现在正躺在大学医院，愿意作进一步的陈述（我一块儿带来了他浸满血迹的工作证。——拉贝）。（麦卡伦）

18）12月15日夜间，一批日本人闯进小桃园旁边的金陵大学的大楼里，强奸了30名妇女，其中有些妇女遭强奸达6次之多。（索恩）

19）12月15日，一名中国人来到大学医院。他报告说，他背着60岁的叔叔到安全区的时候，日本人开枪打死了他的叔叔，他自己也因此而受伤。（威尔逊大夫）

20）12月16日夜间，7名日本士兵闯进美国大学[①]的楼房里，砸碎窗户玻璃，抢劫难民，由于大学方面不能提供手表和姑娘，他们便用刺刀刺伤了好几名大学职员，他们同时还强奸了楼房内的一批妇女。（贝德士博士）

21）12月16日夜间，日本士兵闯入大学由美国人居住的两栋房子，一栋房子里的一扇门被打破。在其他暂时由中国职员居住的美国人的住处，日本士兵也以极端非礼的方式强行闯入。（贝德士）

22）12月16日夜间，日本士兵在金陵大学附近殴打了多名安全区警察，并要求他们从难民群中为其寻找姑娘。

23）12月16日，日本士兵在五台山附近强行抓走了14名红卍字会的役工。（菲奇）

24）12月16日，日本士兵从红卍字会（中国的一种慈善机构，类似于德国和美国的红十字会）粥厂的役工手中抢走了一个用来烧饭的铁锅，并将锅中的米饭倒在地上。

① 即金陵大学。

25）12月16日，日本士兵偷走阴阳营徐氏奶场的两头奶牛并抓走两名男子。（菲奇）

26）12月16日，日本士兵将40名佩戴我方袖标的志愿工人强行从位于赤壁路9号的住所中赶走，并且不允许他们携带行李和被褥等用品，我们的两辆卡车也同时被抢走。（菲奇）

27）12月16日，日本士兵闯入我方卫生委员会总稽查位于牯岭路21号的住所，偷走1辆摩托车、5辆自行车和1个垃圾桶。（菲奇）

28）12月16日16时，日本士兵闯入莫干路11号，强奸了那里的妇女们。（菲奇）

29）12月16日，日本士兵试图偷走大学医院的救护车，被约翰·马吉牧师（安全区美国委员）及时制止。（马吉）

30）12月16日，四处游荡的日本士兵5次闯入史迈士博士位于汉口路25号的住宅，找寻姑娘。（里格斯）

31）12月13日，我查看了德国孔斯特—阿尔贝斯公司位于中央路的房子，中国士兵早已撤离这个地区，这里一切正常。我在12月15日中午再次来到这里时，发现房门是敞开的，所有的门都被砸开，窗户被破坏，房间里的东西都被搜查过，抢走了哪些东西已经无从查实。（克勒格尔）

32）12月17日，日本士兵从停在沅江新村6号住所前的克勒格尔先生的汽车里偷走一部蔡司-伊康牌6×9相机。（克勒格尔）

33）12月17日，日本人闯进珞珈路5号，强奸了4名妇女，偷走1辆自行车、被褥用具和其他物品。当哈茨先生和笔者来到这栋房子的时候，他们迅速地跑走了。（克勒格尔）

34）在陵园路11号博尔夏特和波勒的住所遇见了日本士兵。这栋悬挂着德国国旗并贴有德国大使馆证明的房子已被闯入者翻遍。我赶到的时候，日本士兵正在发动博尔夏特先生的汽车，见我来了，他们便丢下了汽车。但是在 12 月 17 日他们还是偷走了博尔夏特先生的汽车。在我 12 月 15 日第一次去的时候，一名日本军官给我留下了一张名片。12 月 16 日，这栋房子又遭到了其他日本士兵的洗劫。（克勒格尔）

35) 12 月 16 日约 11 时，一名日本军官请求我为电厂和水厂重新开工一事提供咨询。这时我向这名日本军官指出，在我们这会儿会谈期间，我的汽车停在大门外面（中山北路 244 号）没人看守，很有可能会被偷走。结果会谈结束后，我和 3 名日本军官离开屋子时，汽车果真不见了，同时不见的还有好几本书和 4 罐汽油。12 月 17 日上午 11 时左右，我在西门子洋行办事处的附近发现了我的汽车，我没花很大的周折就让日本士兵把属于德国财产的汽车归还了我。（克勒格尔）

36) 今天下午，12 月 17 日 4 时，一名中国平民在我们位于大方巷的房子附近被 3 名～4 名日本士兵枪杀。住在这所房子里的除了我以外还有 3 个外国人，他们是 E. H. 福斯特牧师先生、波德希沃洛夫先生和齐阿尔先生。（马吉）

37) 12 月 17 日，在我的小桃园住处后面的一栋小房子里，一名妇女遭强奸并被刺伤。如果她今天能得到医治的话，或许还有救。这名妇女的母亲由于头部被击而受重伤。（拉贝）

38) 12 月 17 日，两名日本士兵爬过围墙，试图闯进委员会主席拉贝的私人住宅，当时拉贝正巧在家。见到拉贝出来，日本士兵从原路退了回去。他们声称是为了搜寻中国士兵。（拉贝）

39) 12 月 17 日有人报告说，在金陵女子文理学院对面田祥（音译）先生家的附近（第二条街），日本士兵犯下了强奸暴行。（王）

40) 12 月 17 日，一名年轻姑娘在琅玡路（珞珈路 25 号对面）上

被拖到一栋房子里遭强奸。(王)

41) 12月17日,一名年轻姑娘在司法部大楼附近遭强奸后被刺伤下身。(王)

42) 12月17日,一名40岁的妇女在仙府洼(音译)被强行拖走后遭强奸。(王)

43) 12月17日,在三元巷附近有两名姑娘遭多名日本士兵强奸。(王)

44) 12月15日晚,多名日本士兵强行进入三条巷的一座房子,强奸了相当数量的中国妇女。(王)

45) 12月17日,许多妇女被从五台山小学强行带走,遭到了通宵的强奸,第二天早晨才被释放。(王)

46) 12月17日,吴家花园内两名中国人遇害,两名妇女被强行拖走,之后便音讯全无。(王)

47) 12月16日晚8时,两名日本军官和两名日本士兵闯进干河沿18号,将房内的男子全部赶走。几名妇女得以逃脱,没能逃脱而留下的妇女遭强奸。其中一名日本士兵将内衣忘在了房子里。提供报告的人名字叫吴仙琴(音译),30岁,她本人也遭强奸。(王)

48) 12月17日,住房委员会第四区稽查员王有成报告,日本士兵天天闯进他在徐府巷4号的家,大肆抢劫。他的妻子和两个儿子逃到了金陵女子文理学院,他的母亲和三儿子留了下来。王也感受到了危险,所以自己也不得不离开家。(菲奇)

49) 12月17日上午11时,日本士兵来到安全区的警察总部检查。在检查的过程中,一个名叫常清亮(音译)的厨房佣人遭逮捕并被抓走。此人的的确确是平民百姓,没有任何过失,也从未当过兵。我们请求贵方放了他。(安全区警察总部印章)

50) 12月17日上午11时,日本士兵闯进我家搜查,他们抓走了我的儿子姚蜀旗(音译)(第四警察局副局长)和我19岁的外孙女杨旺聪(音译)。

(签名:姚清思,山西路105号)

51) 12月16日,我们一位官员马普英(音译)先生在前去安全区蚕厂(金陵大学)通知要进行搜家时,被日本士兵逮捕,虽然他带有证明他是难民收容所稽查官员的袖标和证章。另外,我们办公室一位姓王的男勤杂工也被抓走。

(签名:吴国京,第六区工作人员)

52) 12月17日,两名日本士兵闯进我在莫干路9号的住房,抓走了我的儿子、儿媳妇和我的姨妈。(王霈三)

53) 12月17日下午3时,3名姑娘在大方巷的难民收容所先后被日本士兵强奸。在同一所房子里的另外一个妇女被枪弹击中,受重伤。(大方巷难民收容所)

54) 12月18日17时,10名日本士兵偷走了我们医疗站100名难民和职员以及医疗站站长马森(音译)先生的所有铺盖用品和其他财产。(菲奇)

55) 12月18日晚上,450名妇女逃到我们的大楼内寻求保护,并在院内露天过夜。她们中的许多人都曾经遭到过日本士兵的强奸。(菲奇)

56) 12月18日16时,日本士兵在颐和路18号向一个中国人索要香烟。由于香烟没有及时递给他们,该中国人被日本士兵用刺刀劈中头部(脑浆外溢)。受伤者现在大学医院,已经没有保住生命的希望。(菲奇)

57) 12月16日,7名16岁~21岁的姑娘被从陆军大学的宿舍抓走,其中5个人被放了回来。根据姑娘们12月18日的报告,她们每天遭强奸6次~7次。12月17日,日本士兵在夜晚11时爬过围墙抓走两名姑娘,过了半个小时后,将她们放回。(单渊宽)

58) 12月18日,拉贝先生报告,15名日本士兵闯进他的家。爬过围墙的日本士兵中有几个拔出刺刀逼向他的助理,抢走了他的钱和一些文件。钱是从他的西装内口袋中掏出来

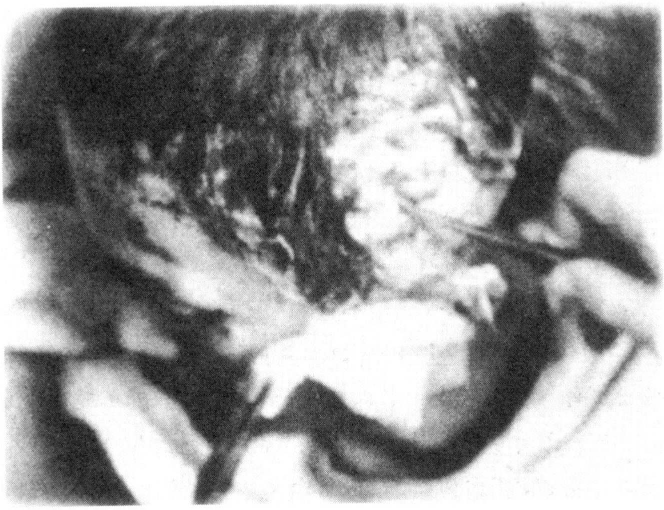

这一画面是在这名男子被送进教会医院6天后拍摄的。此时可以看见脑浆还在从伤口处流出，因此造成了他右半身完全瘫痪。此时病人并未失去知觉。在送入医院后他又活了10天。

的。被抢劫物品的详细清单已经交给日军少佐Y. 永井。拉贝先生是德国公民，而且在其住宅基地的四角插了4面标有卐字的旗帜，因此少佐发出命令(该命令贴在拉贝的院门上)，严格禁止所有日本士兵进入拉贝先生的房子。尽管如此，仍然有2名日本士兵在当天闯进拉贝先生的房子。在晚上大约6时左右，拉贝发现了他们，这2名士兵中有一人半身赤裸，正图谋强奸一名中国姑娘。拉贝先生喝令日本士兵离开院子，而且必须是从哪儿进来还从哪儿出去，也就是从围墙爬出去。

在这前一天，日本士兵从拉贝先生的家里偷走了一辆价值300元的汽车。偷车事件发生在他不在家的时候，日本士兵没有留下像模像样的借车字据，只是留下了一张用蹩脚的英文书写的纸条，内容是“感谢你的赠送！日本皇军，K. 佐藤”。(拉贝)

59) 日本军官Y. 永井少佐到安全区负责人拉贝先生位于小桃

园的家中拜访时，拉贝先生的一个中国邻居赶来呼救，有4名日本士兵闯进他的家，正在强奸留在家里的一名妇女。永井少佐斥责了这名士兵，打了他几个耳光，然后将他赶了出去。另外3名日本士兵在见到少佐进来时早已溜之大吉。（拉贝）

60）哈茨先生报告说，他于12月19日11时30分，在我们总部隔壁院子的防空洞里发现了2名日本士兵，他们正准备强奸防空洞内的妇女。当时洞内共有20名妇女，听到妇女们的呼救声，哈茨先生将日本人赶出了洞。（哈茨）

61）12月19日上午10时，我和贝德士博士以及菲奇先生向田中先生通报完日本士兵的暴行后，去了大学附中，打算了解一下昨天夜里那个地方的情况。我们发现，昨天夜里有3名姑娘被拖走，其中的一名在门房就遭到了3个日本士兵的轮奸。当我们朝大门走去准备离开校园时，珀尔·吴-布洛姆莱小姐出现在大门口，她的身后跟着3名日本步兵，还有一个军曹骑在马上。我们试图挡住日本士兵，并要求布洛姆莱小姐上我们的汽车，那名日本军曹对此表示反对，并企图用马挡住我们的去路。但是他那匹没用的马害怕我们的汽车，所以我们成功地通过了大门，并带着布洛姆莱小姐来到日本大使馆，我们向日本大使馆询问，在城市的什么地方能将布洛姆莱小姐安全地安置下来。布洛姆莱小姐是在美国念的大学，掌握ω-β-x密码。最后她自己决定到大学医院去做辅助工作。（史迈士）

62）12月18日，陆军大学的难民收容所传来以下报告：12月16日，有200名男子被强行带走，回来时仅剩5人。12月17日和18日又分别有26名男子和30名男子被带走。被偷走的财物有：钱、行李、一袋米和400套医院的被子。一名25岁的中国男子遭杀害，一名老妇遭严重殴打倒地，20分钟后死亡。（单渊宽）

63）12月18日，在宁海路，日本士兵抢走了一个中国小男孩的半桶柴油，将他殴打一顿，并强迫他为他们拎这个桶。

日本士兵在平仓巷6号偷走了一头猪。另外5名日本士兵赶走了一批小马。

在颐和路12号，日本士兵先将住在里面的男性难民全部驱赶出去，然后强奸了剩下的7名姑娘。

一个茶馆老板的17岁的女儿被7名日本士兵轮奸并死于12月18日。

昨天晚上6时～10时之间，3名日本士兵强奸了4名姑娘。

一名老年男子报告，他的家在莫干路5号，他的女儿遭到了多名日本士兵的残酷强奸。

日本士兵昨天夜里从金陵女子文理学院强行拖走3名姑娘，并对她们进行了强奸。这几名姑娘今天早上回到了陶谷新村8号，身心状况非常悲惨。

在平安巷，一名姑娘被日本士兵强奸致死。

在阴阳营多次发生强奸和抢劫事件。（马思华）

64）12月18日，广州路83号和85号的房子里一共挤有约540名难民。

从12月13日到12月17日，这里的房子每天要遭到三五成群的日本士兵的抢劫和骚扰好几次，今天，也就是12月18日，那里遭到了前所未有的掠夺。年轻妇女每天晚上都被卡车拉走强奸，直到第二天早晨才被放回来。到目前为止，有30多名妇女和姑娘遭到蹂躏，妇女、儿童的哭喊声彻夜不停。这几栋房子里的状况已经无法用语言描述。（翻译签名：韩湘琳）

65）12月18日，约下午6时以后，3名日本士兵从琅玡路11号偷走一辆属于德国人齐姆森的福特汽车。

（签名：孔清发）

66）我们的一位负责人报告一件发生在安全区以外的事件：昨天我得到消息说，小道格拉斯·简金斯先生（美国大使馆三秘)的住所被洗劫,一个佣人被杀,于是我立即赶往位于马台街29号的这栋房子,我确认这则报告完全属实。住所内一片狼藉,佣人的尸体躺在佣人房间里,其他佣人都已经逃走,没有任何人留下来看守这所房子。12月19日。(菲奇)

67) 12月19日,我的司机李文元一家8口人,住在珞珈路16号(德国人的住房,有安全保护证明,而且门上还挂有卐字旗),在8时30分的时候遭到了日本士兵的洗劫,全部财产掠夺一空,他所拥有的东西全部被抢走,有7箱衣物、两篓家庭用具、6床羽绒被、3顶蚊帐、吃饭用的碗碟和50元现钞。这个家庭现在一贫如洗,连一床睡觉的被子都没有。(菲奇)

68) 3名日本士兵昨天闯入我们委员会6名领导成员位于宁海路21号的住所,偷走了一双手套、一双便鞋,还有剃须刀和蜡烛。第二天,也就是19日,中午时分,又有2名日本士兵闯了进去,偷走3床被子、一套蓝色精梳毛料西装和一个装有个人债券的小箱子。(菲奇)

69) 第八区卫生总稽查孟财多(音译)先生12月19日报告,他的位于北平路59号的房子昨天和今天分别被日本士兵袭扰了6次和7次。12月17日,有2名姑娘在这所房子里遭强奸,今天又有2名姑娘遭强奸,其中一人被严重摧残,估计可能没有活下去的希望。今天,这里还有一名姑娘被强行拖走。住在这栋房子里的难民都遭到了抢劫,被抢走的有钱、手表和其他值钱的小东西。该报告由哈茨先生和签字者检查核实。(菲奇)

70) 今天下午3时30分左右,一些酩酊大醉的日本士兵闯进红卍字会主席陶先生的位于莫干路2号的住宅,撬开了陶家的好几只箱子。我和施佩林先生及时赶到制止了这场很有可能是有预谋的抢劫。(菲奇)

签名:刘易斯·S.C.史迈士

12 月 20 日

有一名日本军官来宁海路的总部找我们，请求我们提供 20 名役工清理由日本军官居住的首都饭店，我给了他 16 名委员会的役工。中午的时候他亲自用卡车将役工送了回来，并且还付了 5 元钱。这是我们第一次感受到了日本军事当局的诚意。看得出来，中国人对此的印象是好的。中午我在交通银行前会见了福田先生，将我方缴纳的中国士兵武器的凭证交给了他。福田先生立即将此份凭证交给军事指挥部，以免人们再次有意地到宁海路我们的房子里来搜寻武器。下午我和韩先生以及菊池先生去下关电厂，想从 9 个中国工人那儿打听到电厂剩下来的其他中国工人的地址。但是成效甚微，因为我们只找到了 9 个人中的 3 个人，而且这些人都是苦力。于是我们驱车回城，派施佩林和我们在电厂找到的另外一名工人继续寻找。这一次我们的运气要好一些。到明天早上应该有约 100 名工人来。这对我们来讲是一个福音，因为这样我们就可以帮助日本当局尽快恢复电厂的生产。

回到宁海路以后，我认识了栖霞山江南水泥厂的伯恩哈特·阿尔普·辛德贝格先生。辛德贝格先生打算将几名受伤的中国人送到南京来，因为他从收音机里(栖霞山有自己的电厂，所以有电收听收音机)听说南京的局势已经完全稳定了，电厂、水厂和电话设施都已经全面正常运转。但是当了解到这里目前的局势时，他非常惊讶。在半路上他又让人把伤员重新运回栖霞山，因为日本人不让这些伤员通行。他自己则执意无论如何也要到南京来，因此整整一大段路他都是步行走过来的，他后来搭上了一辆日本卡车，安全地通过了北城门。现在的问题是，他怎么才能重新回去。

下午 6 时，在米尔斯牧师的引见下，大阪《朝日新闻》的记者 Y. 森山先生访问了我们。森山先生能说流利的德语和英语，他用记者惯常的规则向我进行提问。我丝毫不隐瞒自己的观点，请求他利用自己的一切影响，尽快恢复日本军队中的秩序。他承认这件事是当务之急，因为日本陆军的声誉会因此受到损害。在我写到这里时，在不远的地方又有一大片房子燃烧起来，其中也有基督教青年会大楼。人们几乎不得不相信，纵火是在日本军事当局知道并且纵容下发生的。日本匪军昨天的行为并没有多大的改进，这一点可以从下面今天写给日本大使馆的信函中看出。

南京安全区国际委员会
南京宁海路
1937年12月20日

致田中先生
日本帝国大使馆
南京

请允许我向贵方递交有关日军士兵在南京的令人遗憾的暴行记录(序号为71号～96号)。从中您可以看出，从昨天夜里到现在共报告给我们26起事件，昨天下午则报告有14起事件。这表明局势没有什么特别的改善。

尽管已经在大门口安排了领事馆警察岗哨，昨天夜里在金陵女子文理学院仍然发生了多起强奸事件，不过金陵大学主要收容所幸运地未受到骚扰。

由于其他防范措施至今未起任何作用，所以我们希望从今天夜里起，每天夜晚在18个收容所和大学医院的大门口安排岗哨；白天在五台山的粥厂前，在金陵女子文理学院的对面，并在大学体育场旁也安排岗哨。

如果贵方能进一步加强措施，阻止日军士兵的暴行，我们将表示欢迎。贵方投入的警察部队数量不够，不足以控制局势。

谨致我本人的问候

您忠实的
签名：约翰·拉贝
主席

附件：　**日本士兵在南京安全区的暴行**

1937年12月20日

71) 12月19日下午5时许，一年轻男子在母亲的陪同下被送到了我们总部，日本士兵无缘无故用刺刀刺他的胸部。菲

奇和史迈士博士2位先生在前往日本大使馆递交一份日本士兵暴行报告(16号～70号)时,将这位年轻人带往大学医院。(菲奇)

72) 12月19日,农科作物系(金陵大学一部分)的一个工人被日本士兵抢走10元钱,在前一天他已经被日本士兵抢走2.5元钱。下午,房子里有2名妇女被日本士兵强奸,晚上又有5名妇女被日本士兵强奸。(高)

73) 12月19日下午3时,一日本士兵闯入鼓楼医院(大学医院),当麦卡伦先生和特里默大夫要求他离开医院时,他竟然朝他们开枪,幸亏子弹打偏了。(麦卡伦)

74) 12月18日,贝德士先生在金陵大学小桃园,也就是他办公室所在地的一栋房子里发现一日本士兵,问他来干什么,他便用手枪威胁贝德士博士。(贝德士)

75) 12月19日16时45分,贝德士博士被喊去平仓巷16号,这座房子里的难民几天前被日本士兵赶了出去(里格斯先生、史迈士博士和斯蒂尔先生目睹了这起事件)。日本人刚刚洗劫了这所房子,并在三楼纵火。贝德士博士试图灭火,但无法扑灭,整栋房子被彻底烧塌了。(贝德士)

76) 12月19日18时,6名日本士兵趁黑爬过拉贝先生在小桃园住宅的院墙。当拉贝用手电筒照射其中一人时,此人用手枪对准拉贝,但是没有开枪,可能是他心想,枪杀一名德国人不会给他带来好结果。拉贝喝令所有6名日本士兵从院墙爬进来的地方再原路爬出去。他们试图让拉贝给他们打开大门,但是拉贝拒绝给他们这个面子,因为他们是在没有得到他的允许的情况下踏上他的宅基的。(拉贝)

77) 12月19日18时,我们的一位职员喊贝德士博士、菲奇先生和史迈士博士到属于金陵大学的汉口路19号房子里,去驱赶正在里面强奸妇女的4名日本士兵。他们发现日本士兵在妇女们藏身的地下室里。日本士兵被赶走后,这所房子里的所有妇女和儿童都被转移到了金陵大学的几栋主楼

里。这一夜，有日本领事馆警察的守卫。（贝德士博士，菲奇，史迈士博士）

78）12 月 20 日早晨 7 时 30 分，里格斯先生走过汉口路 28 号时，人们向他报告，由于所有的妇女都已经转移到了金陵大学，所以昨天夜里在那里拼命找女人的日本士兵出于报复枪杀了一名中国人，用刺刀将一人刺成重伤，另外 3 人受轻伤。（里格斯）

79）12 月 20 日，在前往宁海路 5 号总部的路上，拉贝的汽车被一名日本士兵拦住。拉贝强烈要求这个日本士兵尊重他汽车上的德国卐字旗以及国社党领导人徽章（它表明拉贝是德国国社党地区小组组长）。拉贝放大嗓门，语气非常激烈。这名日本士兵最后允许他通行。（拉贝）

80）12 月 20 日早晨 7 时，麦卡伦先生在大学医院值完夜班回家的路上，碰到了许多正在逃往大学的妇女儿童。来自不同城区的 3 个家庭向他报告说，昨天夜里他们从家里被赶了出来，日本士兵放火烧毁了他们的房子。（麦卡伦）

81）12 月 20 日凌晨 3 时，尽管大门口有一名日本领事馆警察站岗，仍然有 2 名日本士兵闯进金陵女子文理学院的 500 号楼，强奸了 2 名妇女。（戴籁三）

82）12 月 18 日下午 4 时许，日本士兵出现在湖南路 516 号的中国工程开发公司，索要外籍房主的名片，由于我们没有名片，他们便立即拿走了我们房子上的旗子。后来又来了多名日本军官和士兵，强行打开钱柜和一些皮箱。（张海裕，黄凌〈音译〉——门房）

83）12 月 16 日，我在峨嵋路 7 号的房子遭抢劫，门被砸开，箱子被撬开。一辆 1934 年～1935 年产的、车号为 1080 的道奇车和一大批其他物品被偷走，被盗物品清单正在开列。（许传音）

84）12 月 20 日，卫生委员会第八区多名官员的衣服和被褥被抢走。由于没法在自己的办公室待下去，他们请求安置在

总部或委员会其他官员那里，以便能在没有阻拦、没有威胁的情况下继续工作。（沈玉书牧师，委员）

85）12月20日，日本士兵多次闯入中山路209号德士古公司，偷走被褥、鞋子、地毯和家具，砸碎许多窗户玻璃，撬开钱柜。停在房子下面房间的金陵摩托车公司的3辆汽车被弄走，下水道工程公司的一个钱柜也被撬开，一块表和许多其他物品被偷走。（张平遥——门房）

86）12月17日，Y. H. 邵（基督教青年会行政秘书处）家的3个姑娘被强行从陆军大学拉出来，然后被拖到国府路，遭日本士兵强奸，到午夜时分才被放回。（陈新裕〈音译〉，基督教青年会行政秘书处）

87）12月20日，阴阳营47号的房子被抢劫7次，一大批珍贵物品被盗走，昨天日本士兵再次闯进，偷走了3元钱，并找寻妇女。幸好没有发生强奸事件，但是房子里的所有住户均遭到抢劫。自那以后，就再也没有人敢在这栋房子里逗留较长时间了。（陈新裕，基督教青年会行政秘书处）

88）12月19日午夜12时，2名日本士兵闯进农科作物系的21号房间，企图强奸屋内的妇女。由于这家的先生会讲日语，他的妻子才免遭凌辱。（第六区，第一难民收容所）

89）12月18日，日本士兵从安置有100多名难民的金陵大学农科作物系将4名妇女抢走了一整夜，并强奸了她们，第二天早晨她们才被放回。12月19日，又有2名妇女被强行拖走，同样的厄运降临到了她们的头上，但是这一次到第二天早晨，也就是12月20日的时候，只回来了一名妇女，另外一名妇女至今下落不明。（第六区，第一难民收容所）

90）12月20日，有一位双目失明的理发师被送进了大学医院。12月13日日本人进入城南的时候，他正抱着他的孩子，日本人向他要钱，由于他没有钱，日本人就开枪击中了他的胸

部。(威尔逊大夫)

91) 12月20日,城南一家帽店的老板也同样被日本人开枪击中了胸部,日本人向他要钱,并且对得到的数额不满意,还想要得更多,但是这位店主再也拿不出来了,因为他已经把他所有的钱都给了日本人。这位受伤者今天被大学医院收治。(威尔逊大夫)

92) 12月20日,2名日本士兵今天从金陵大学红卍字会粥厂的会计处抢走了7元钱。(里格斯)

93) 12月20日下午2时30分,菲奇先生打算到我们的汽车修理工家去接2名妇女,把她们送到大学去,这时修理工跑了过来,报告说日本人发现了他家的那2名妇女,正准备强奸她们。我们立即朝平仓巷13号赶去,发现门房里有3个日本士兵和那2名妇女,2名妇女的身上已经没有衣服。我们要求日本士兵离开这所房子。有2个人立即听从了我们的话,但是第三个日本士兵则开始检查我们的门房,看他是否曾经当过兵,他检查了门房的手、后背和脚。这个时候,2名妇女已经穿上了衣服,我们用菲奇的车把她们送到大学,使她们脱离了危险。(菲奇,威尔逊大夫,麦卡伦,史迈士博士)

94) 12月17日夜间,11名中国妇女被日本士兵强行从金陵女子文理学院的难民收容所里拖走,与此同时一支日本搜索队在一名日本军官的带领下强迫金陵女子文理学院的全体职员在学院门口排列成行,让他们在那儿站了有一个多小时。这个军官撕掉了由另外一支日本部队开具的此难民收容所已被搜查过的证明。(魏特琳)

95) 12月17日,居住在金陵女子文理学院难民收容所的一个难民的儿媳妇在她的房间里遭到强奸,该学校一名教师的女儿被日本士兵拖走。(魏特琳)

96) 日本士兵违法地闯进了5栋住房(系工作人员的)并进行了抢劫,这5栋房子挂有美国国旗,此外大门上还张贴有美国

大使馆财产证明。5 栋中有 1 栋多次遭到洗劫，有 3 扇门已经被打破。（魏特琳）

12 月 20 日

我不在家的时候，日本士兵试图用他们的刺刀撬开我在小桃园住宅的包有铁皮的大门。他们没有得逞，但是门上的刺刀印和铁皮板被撬起来的小角却留下了证明。我让人把已经损坏的门尽可能修好，但是刺刀印应当作为永久纪念保留下来。克勒格尔和辛德贝格来看望了我，同时也是想向韩先生借车供辛德贝格回家用。非常遗憾的是，韩竟然同意了。我是不完全赞成的，因为在路上，韩的汽车肯定要报废，即使不是整辆汽车，至少也是所有的轮胎。

12 月 21 日

毫无疑问，日本人正在纵火焚烧城市，可能仅仅是为了抹去他们洗劫掠夺的痕迹。昨天晚上，城市有 6 处火灾。其中一处较大的火灾发生在珠江路(是沿我南面院墙的广州路的延续)。克勒格尔和辛德贝格两人来过，让我注意安全。但是我自己觉得起火地点距离这里还相当远。夜里 2 时 30 分，我被院墙倒塌声和屋顶坍塌声惊醒，大火已经蔓延到了主要街道中山路，这个时候危险是很大的，因为大火会蔓延到我的住处和中山路之间的最后一排房子。但是谢天谢地，火势没有发展下去。只有四处飞舞飘散的火星会对我院子里难民茅棚的稻草屋顶构成威胁，当然还有存放在院子里的汽油。汽油必须搬走。

以下电报能反映美国人绝望的心情：

南京——1937 年 12 月 20 日——致美国驻上海总领事馆电：

问题严重，急需在南京派驻美国外交代表。局势日益严峻。请通知大使和国务院。签名：贝德士，鲍尔，菲奇，福斯特，海因兹，马吉，米尔斯，麦卡伦，里格斯，史迈士，索恩，特里默，魏特琳，威尔逊。

1937 年 12 月 20 日发给日本驻南京大使馆，请求海军无线电站

转发。——M. S. 贝德士

之所以要通过日本大使馆发送这个电报，是因为没有其他发送的可能性。这篇电文的内容非常明了，我甚至怀疑他们会不会帮助发送这份电报，当然在这种情况下，责任完全在日本人一方。美国人的确是难受极了。到目前为止我很有派头地指一下我的卐字袖标、我的党徽以及我房子和汽车上的德国国旗还能起到相应的作用，还能奏效（太棒了），但是日本人对美国国旗却丝毫不予理会。我的车今天早上被日本士兵拦住的时候，我大发雷霆。看见我指着我的旗子，日本人立即给我放行，但是特里默大夫和麦卡伦博士在鼓楼医院却遭到了枪击，幸好子弹打歪了。但是朝我们开枪这个事实让人感到可怕，因此就不难理解那些在自己的大学给成千上万的妇女和姑娘提供庇护的美国人为何忍无可忍了。

昨天史迈士博士的问题提得很好，即目前我们尚能控制局面的“假象”还能维持多长时间？如果难民收容所中的一个中国人打死了一个正在强奸他的妻子或女儿的日本士兵，那么局面就会失控，日本人就会对他们曾经慷慨许诺要予以尊重的安全区进行血腥的大屠杀。

刚才传来消息，正如我所预料的那样，日本大使馆拒绝转发给美国驻上海总领事馆的电报！

上午我让人把家里和院子里的汽油（64 罐）搬出，送到宁海路去，我担心中山路又会有一批房子被焚烧。现在我们已经了解到这类火灾的前兆迹象了：只要有大批卡车出现，那么稍过一会儿，房子就会燃起熊熊大火，这就是说，先抢劫，然后纵火。黑姆佩尔的北方饭店已经完全被烧毁，唯有房顶上的德国国旗未受损坏，骄傲地在废墟上空飘扬着。

下午 2 时，全体德国人、美国人和其他国家的人，也就是说全体外国侨民，在鼓楼医院门口集合，形成一个整体队伍朝日本大使馆进发，打算向田中先生呈递一封信。内容如下：

黑姆佩尔的北方饭店的废墟上仍飘扬着劫后犹存的德国卐字旗（因为当时风很大）。

饭店内部一片狼藉。

中国南京

致日本帝国大使馆　　1937年12月21日

南京

我们(此信的全体签名者)本着人道主义的原则,特请求贵方,为了维护南京20万平民的利益,立即采取如下措施:

1. 制止在城市大部分地区纵火,以免尚未被毁坏的其余城区继续遭到肆无忌惮的有组织的破坏;

2. 一周来,日本军队给城市造成了无法用语言描述的痛苦,这种破坏秩序的行为必须立即得到制止;

3. 抢劫和纵火已经使得城市的商业生活陷于停顿,全部平民百姓因此而拥挤在一个大难民收容所里,鉴于这一情况,同时考虑到国际委员会的粮食储备只能供20万居民食用一周这一事实,我们在此紧急呼吁,立即采取必要的步骤恢复安宁和秩序,恢复市民的正常生活环境,补充粮食和燃料储备。

目前的状况必将在短时间内导致饥荒。

我们别无请求,只请求得到最基本的生活条件:住房、安全和食品!

南京外国侨民

敬呈

签名人:

约翰·拉贝　(德国)
爱德华·施佩林　(德国)
克里斯蒂安·克勒格尔　(德国)
罗伯特·O. 威尔逊大夫　(美利坚合众国)
M.S. 贝德士博士　(美利坚合众国)
鲁佩特·哈茨　(奥地利)
查尔斯·H. 里格斯　(美利坚合众国)
W.P. 米尔斯　(美利坚合众国)

刘易斯·S.C. 史迈士	(美利坚合众国)
G.A. 菲奇	(美利坚合众国)
欧内斯特·H. 福斯特	(美利坚合众国)
休伯特·L. 索恩	(美利坚合众国)
约翰·马吉	(美利坚合众国)
科拉·波德希沃洛夫	(白俄罗斯)
J.H. 麦卡伦	(美利坚合众国)
伊娃·海因兹	(美利坚合众国)
C.S. 特里默	(美利坚合众国)
M. 魏特琳	(美利坚合众国)
格瑞丝·鲍尔	(美利坚合众国)
R. 黑姆佩尔	(德国)
A. 曹迪希	(德国)
齐阿尔	(白俄罗斯)

我们认识了指挥官松井①,他和我们大家握手致意。在日本大使馆我担当了发言人的角色,我向田中先生申明,我们和中国人的观点是一致的,即这座城市将会被全部烧光。田中微笑着否定了这种说法,但同时又答应和军事当局讨论我们呈交的信函中的第一点和第二点。关于第三点他不愿意和我们讨论,日本人自己也缺乏食品,因此不关心我们的储备是否足够。

在大使馆会面期间,一名日本海军军官交给我一封罗森博士先生的

① 日军发动侵华战争主要战犯之一,侵占南京时任华中方面军司令官。据1948年11月4日远东国际军事法庭判决书载:“在占领上海约一月以后,日军到达了南京郊外。松井发出一个命令,大意是:南京是中国的首都,占领南京是一个国际上的事件。所以必须作周详的研究,以便发扬日本的武威而使中国畏服。……1937年12月17日,松井得意扬扬地进了城。自12月13日起发生了人所共知的‘南京大屠杀事件’。……据后来估计,在日军占领后最初6个星期内,南京及其附近被屠杀的平民和俘虏,总数达20万人以上。这种估计并不夸张,这由掩埋队及其他团体所埋尸体达15.5万人的事实就可以证明了。根据这些团体的报告说:尸体大多是被反绑着两手的。这个数字还没有将被日军所烧弃了的尸体,投入到长江,或以其他方法处理的人们计算在内。”

信。罗森博士目前正在南京附近的一艘"蜜蜂"号英国炮艇上，这艘炮艇目前没有登陆许可，是因为人们不希望有更多的证人。罗森博士、沙尔芬贝格和许尔特尔是怎么登上"蜜蜂"号炮艇的，我无从得知。于是我向福田先生询问此事，他担心怡和洋行的三桅帆船可能也同样遭到轰炸而被击沉了。罗森博士信文如下：

德国大使馆
南京外围，1937 年 12 月 19 日
英国"蜜蜂"号炮艇上

亲爱的拉贝先生：

我们自昨天起就一直待在与南京近在咫尺的地方不能进城。

请告诉我你们目前的状况，是否有德国房屋遭到损坏。我可以从船上给大使先生发电报。

我们自己也经历了种种坎坷，详情面叙。

我争取通过日本人将这封信送交给您(但愿您的回复也能走这条途径)。

顺致问候。

希特勒万岁！

您忠实的
罗森

衷心问候您！
您的
A. 许尔特尔

衷心问候！
您的
沙尔芬贝格

我的回复同样也是通过日本大使馆发出的：

约翰 · H. D. 拉贝
南京宁海路 5 号

致田中先生
日本帝国大使馆一秘
南京

尊敬的田中先生：

在此请允许我向您递交一份写给德国大使馆一秘罗森博士先生的信。我今天收到了罗森博士先生给我的信函，此信是给他的回复。

如果您能将此信继续传递给目前在英国“蜜蜂”号炮艇上的收信人，我将表示不胜感激。

您忠实的
约翰 · 拉贝

约翰 · H. D. 拉贝
南京
1937 年 12 月 21 日

致大使馆秘书罗森博士先生
“蜜蜂”号炮艇
南京

亲爱的罗森博士先生：

您 12 月 19 日充满关怀的信函我已收悉。多谢！我很高兴能够向您通报，所附名单上的所有 22 名欧美人都很好。如果您能和我们一起在这里欢度圣诞节，我们将感到非常的高兴。到那时我们也许就有照明、水和电话了。两所德国的房子即大使先生的和我的房子没有受损，陶德曼博士先生的汽车正在为军事当局效劳，您的汽车以及其他的德国汽车也同样如此。

日本大使馆的各位先生都很客气。田中先生热情地答应将这封信传递给您。

向您、沙尔芬贝格先生和许尔特尔先生致以衷心的问候。

希特勒万岁！

您的
约翰 · 拉贝

南京外国侨民名单

1937年12月21日

姓名	国籍	机构
1. 约翰·H.D. 拉贝	德国	西门子洋行(中国)
2. 爱德华·施佩林	德国	上海保险公司
3. 克里斯蒂安·克勒格尔	德国	礼和洋行
4. R. 黑姆佩尔	德国	北方饭店
5. A. 曹迪希	德国	基士林克—巴达糕饼店
6. R.R. 哈茨	奥地利	安全区机械师
7. 科拉·波德希沃洛夫	白俄罗斯	桑格伦电器商行
8. 齐阿尔	白俄罗斯	安全区机械师
9. C.S. 特里默大夫	美国	大学医院
10. R.O. 威尔逊大夫	美国	大学医院
11. 詹姆斯·麦卡伦牧师	美国	大学医院
12. 格瑞丝·鲍尔	美国	大学医院
13. 伊娃·海因兹小姐	美国	大学医院
14. M.S. 贝德士博士	美国	金陵大学
15. 查尔斯·H. 里格斯	美国	金陵大学
16. 刘易斯·S.C. 史迈士博士	美国	金陵大学
17. 魏特琳小姐	美国	金陵女子文理学院
18. W.P. 米尔斯牧师	美国	北方长老会
19. H.L. 索恩牧师	美国	金陵神学院
20. 乔治·菲奇	美国	基督教青年会
21. 约翰·马吉牧师	美国	美国圣公会
22. E.H. 福斯特牧师	美国	美国圣公会

南京安全区国际委员会
南京宁海路5号
1937年12月21日

致日本帝国大使馆
南京

随本函附上最新暴行事件报告97号～113号，供您了解情况。

由于贝德士博士对发生在他的范围内的暴行事件有单独报告，所以他作出的暴行记录未包括在我们的清单中(前几次均如此)。

除了本报告的第一起事件(97号)，其他事件均发生在昨天下午至今。关于较早一些的事件也有报告，容晚些时候呈送。

我们要指出并且请求特别予以考虑的是，每天在我们安全区内被强奸的妇女中有些人是牧师的太太、基督教青年会的工作人员以及学校教师的妻子，他们的家庭生活正派，一直受到人们的尊重。

由于私人住宅所遭受的危险持续不断，所以各收容所内的难民增加到了7.7万人(笔误。应为6.8万人。——史迈士博士)。根据我们原来的估计，各收容所计划收容的人数不到3.5万人。

希望贵方军事当局能尽快采取强有力的治理措施。

忠实的

签名：刘易斯·S.C. 史迈士

秘书

日本士兵在南京安全区的暴行

南京，1937年12月21日

97) 12月17日上午8时～9时，戴籁三夫人位于鼓楼头条巷3号的私人车库里一辆汽车被偷走。这是一辆奥斯汀7型汽车，深蓝色，发动机号230863，底盘号229579，车牌号1492(戴籁三夫人目前在金陵女子文理学院临时帮忙，每天都可以在学校找到她)。(戴籁三)

98) 12月20日，19时30分，一名怀孕9个月的17岁少妇遭两名日本士兵强奸，21时，出现临产阵痛。午夜时分婴儿出生，少妇今天早晨才被送进医院，因为人们晚上不敢上街。婴儿情况良好，母亲处于歇斯底里状态。(威尔逊大夫)

99) 12月20日下午，日本士兵闯进汉口路5号住宅，该房的主人是J.H. 丹尼尔，大学医院的院长。住宅大门上贴有日语布告。日本人进入楼上的房间，弄来2名妇女强奸，在房

间内达3小时之久。地下室内的3辆自行车被偷走。丹尼尔博士先生不在期间,这所房子由威尔逊大夫居住。(威尔逊大夫)

100) 12月21日13时15分,威尔逊大夫在大学的女生寝室发现一名日本士兵,他要求这名士兵离开这所房子,但是遭到了手枪威胁。过后威尔逊大夫在街上遇见了这名日本士兵,后者见到威尔逊,就把手中的枪上了膛。(威尔逊大夫)

101) 12月20日下午3时,3名日本军官闯入汉口路小学难民收容所办公室,工作人员试图通过翻译和日本军官交谈,但是被赶出办公室。日本军官就在这间办公室里,在光天化日之下,强奸了2名妇女。(郑大成,难民收容所负责人)

102) 12月20日,日本士兵闯进我们委员会成员舒尔兹·潘廷先生的家,该房现由马吉牧师、波德希沃洛夫先生和齐阿尔先生合住,波德希沃洛夫正在发电厂帮助恢复发电,齐阿尔的工作也如此,他目前正在帮日本大使馆修理汽车。日本士兵当着马吉先生接待的所有中国朋友的面强奸了多名妇女。这所房子里的客人都是美国圣公会具有良好素养的基督教家庭,他们对日本人的这种行为感到震惊。(汤,金陵神学院系主任)

103) 12月20日晚上10时,2名日本士兵闯进陈浪波(音译)先生位于鼓楼新村的住房,爬到妇女们的床上。陈先生叫来了曾经在日本大使馆工作过的孙先生,孙先生好言相劝才使日本人离开。(许传音)

104) 12月20日下午4时,4名日本士兵在我们总部旁边的江苏路23号的房子里,先是端着手枪把所有的男人逼到另一个房间,然后强奸了3名妇女。这些妇女后来夜里逃到了我们总部,但是这些士兵今天早上又来要女人。今天下午4时30分,又有2名日本士兵闯进住房,强奸了另一名

妇女。当其中的一个男子上前阻拦时，一个士兵朝他开枪，幸好子弹卡壳没有射出。（王）

105）12月21日，今天下午，有100多名住在我们总部旁边的妇女因为昨天夜里被日本士兵强奸来到我们这里请求保护和安置。我们把先到我们这里的妇女们送到了金陵大学。（王）

106）12月20日夜间，安全区分区负责人在北平路60号的地方（中英文化协会附近）遭抢劫，其恶劣程度前所未有。（许传音）

107）12月21日下午3时，施佩林被叫到了莫干路8号。他到达那里时，2个日本士兵逃走了，第三个日本士兵正和一个姑娘在一个关闭的房间里。施佩林敲门后，门打开了，这个日本士兵将衣服整理好，然后在施佩林的要求下跑走了。（施佩林）

108）12月21日下午3时30分，施佩林被叫到颐和路19号，在那里他看见了2个正在抢劫的日本士兵。施佩林走进房子后，日本士兵扔下了他们抢夺的东西逃走了。（施佩林）

109）12月21日下午2时30分，施佩林抓到了2个正在施密特公司的哈蒙先生家抢劫的日本士兵。士兵看见施佩林后，丢下抢来的东西逃走了。施佩林将曾经在上述德国公司工作过的2名妇女和2名男子妥善地安置到了自己的家中。（施佩林）

110）12月21日下午5时，施佩林从莫干路6号的房子里赶走了2名醉醺醺的日本士兵。这2名日本士兵佩带黄色领章，声称是来寻找自行车灯的。这已经是施佩林先生第二次从这所房子里赶走日本士兵了。（施佩林）

111）12月21日施佩林先生跟着上述2名日本士兵，阻止了他们进入莫干路19号。（施佩林）

112）12月21日凌晨4时50分，一名日本士兵爬过我们总部的院墙，试图将一名妇女诱骗到防空洞中。施佩林跟踪了

这名闯入者。据那位妇女讲，这个日本士兵以前到这所房子来已经有2次了。(施佩林)

113) 12月20日下午4时，4名武装日本士兵闯入第六区的房管处办公室，偷走了衣物。离开房子时，他们强迫一名佩戴安全区袖标的工人为他们拿抢来的东西。(吴国京)

报告日期

1937年12月21日

金陵大学

致大使馆参赞福田先生　　　　1937年12月21日

日本大使馆

南京

尊敬的福田先生：

根据您今天早晨的要求，我现在向您通报一批事件，其中的大部分是在上次见到您之后我亲眼所见的，剩下的部分是由可靠的人报告给我的，同时我本人也对事件的真实性进行过深入的核实。

1. 今天下午，日本士兵从我们图书馆大楼拖走了7个人，其中有些人是我们委员会的工作人员。没有提出任何理由或指控，硬说这些人是中国士兵。他们抗议无效，仍然被抓走，为的是让他们做苦役。
2. 在头条巷4号，贵国大使馆大门口附近，2名日本士兵在今天下午强奸了一名妇女。这难道就是贵国的几个宪兵重新恢复秩序的迹象吗？
3. 今天我在贵国大使馆的时候，我自己的房子第四次遭到抢劫。大学的另外7栋房子也同样遭到洗劫。还有其他许多房子，贵国士兵已经闯进去很多次了。
4. 在贵国军官率领下，由日军较大规模的队伍有组织进行的纵火活动使得数千穷苦人无家可归，也使得他们恢复正常生活和工作的希望破灭。但是他们活着。

5. 大学医院在双龙巷的大门上尽管贴有贵方的布告，今天仍然被砸开。在医院的另外一个地方，由于一个美国人的干预，避免了一辆救护车被日本士兵偷走。
6. 我今天下午观察到了5起日本士兵抢劫穷苦百姓的食物和铺盖的事件。大多数情况下他们还强迫受害者为其拖运抢劫来的东西。
7. 在安乐里我们中学的附近，我听到了一个红十字救护站传来的呼救声。救护站正在护理3个人。他们昨天夜里被搜寻女人和钱财的日本士兵打伤。昨天夜里在这栋房子的楼上，有一名妇女被强奸。我赶到的时候，2名士兵正在对这栋房子进行彻底的洗劫。正在当班的卫生员告诉我，在高家酒馆58号他自己家里，昨天夜里有2名妇女被强奸。
8. 我沿着五台山南面的道路回家，一路上有数百个一贫如洗的人家住在茅草棚里。有些人说，昨天夜里的情况要稍微好些。但是也有些人的看法完全相反，因为士兵仍然在不断地搜寻姑娘，不断地对本来就一贫如洗的人进行抢劫。他们甚至抢走人力车夫的人力车，断了他们的生路。
9. 昨天，美国小学（五台山）的美国国旗被扯了下来，这已经是第二次了，而且国旗被人用脚践踏。日本士兵威胁所有的校役和其他人员：谁要是想把旗子重新竖起来，就杀了谁。

我觉得昨天夜里发生的强奸案要少于前天夜晚，但是抢劫、盗窃和纵火非但没有减少，而且有所增加。两名国际委员会的成员驱车穿过城市数里，没有看见一个日本宪兵。宪兵丝毫不起作用。

如果日本将军有意摧毁穷苦百姓的房子，剥夺他们最后的食物和衣物，那么他们完全可以开诚布公地予以昭示，不必用恢复秩序的虚假的希望来蒙骗穷苦的人们和我们。

签名：M. S. 贝德士

卷宗档案

（仅限委员会内部使用）

南京市区内纵火记录

南京，1937年12月21日

一、1937年12月13日日本士兵占领城市时的状况

星期五，12月10日的夜晚，新街口以南的中华剧院的对面发生火灾。我们委员会的一些成员晚上10时前往观察，确认是一个木材仓库着火。城市消防队及时控制住了火势，成功地阻止了火势向邻近建筑物的蔓延。

星期六，12月11日夜间，遭日本人炮击的城南地区多处起火。星期日，也就是12月12日夜间，同样也发生多起火灾。也就是在这个星期日的夜间，山西路北面的谷正伦家以及交通部的新楼发生火灾。交通部的建筑物看来像是给中国人自己放火烧掉的仅有的重要建筑物，当然有关这一点还没有最后证实。此外南门附近的几栋小房子也着了火。

星期二早晨，我们委员会的几个成员试图和日本当局取得联系，另外一些成员则前往城南去确认德国和美国财产是否遭到损坏。当发现只有为数不多的建筑物被烧毁或被炮弹击毁，我们感到惊讶。在太平路上，有一栋建筑物有大的火灾损失，但是这栋房子的火灾是在夏天就发生了的。在中山东路上，兴华信托公司（音译）的房子被烧塌了，除此以外的市内大部分地区未受到火灾的摧毁。

以上状况由以下人员观察并确认：

约翰·拉贝，爱德华·施佩林，R. 黑姆佩尔，R. 哈茨，A. 曹迪希，欧内斯特·福斯特，约翰·马吉，波德希沃洛夫，詹姆斯·麦卡伦，M.S. 贝德士，W.P. 米尔斯，刘易斯·S.C. 史迈士。

（当然，这里确认的是城内的损失。在城墙边，如下关和城墙附近，为了开辟作战场地，不让日本人在城墙边上有掩护的机会，中国人自己也烧掉了房子。对于这点我不能也不想否认，因为这是我亲眼所见。——约翰·拉贝）

二、1937年12月20日夜晚的状况

委员会成员经过仔细调查，确认了12月19日夜间在安全区内发生的火灾及其损失情况。

日本士兵纵火点燃了平仓巷16号的房子。施佩林和安全区消防队的一名官员赶往火灾现场，但是无法救火，因为我们的水泵和所有的消防器材都在几天前被日本士兵抢走了。同一天，在中山路和保泰街路口的街角有一栋房子被烧毁，晚上在国府路的方向也观察到了一系列火灾。

12月20日下午5时～6时之间，菲奇先生和史迈士博士前往保泰街，顺太平路向南来到了白下路，他们发现整个一条街停满了日军军用卡车和汽车，日本人正在卸车。从珠江路南面的小河开始一直到白下路，他们碰到了数支由15名～20名士兵组成的日军小分队，有些小分队看来像是在小头目的监督下观察着街道两边燃烧的房子，有些则从商店里向外搬商品。菲奇和史迈士还看到了士兵在一些商店里纵火取乐。

他俩接着朝中华路走去，在那里看到了同样的情况。基督教青年会房子的北半部已燃起了大火，毫无疑问，火是从房子内部点燃的，因为房子的外面并没有着火。日本哨兵对这两位先生毫不理会。

12月20日晚上近9时的时候，克勒格尔和哈茨两位先生驱车顺着中正路来到白下路，然后打算向东去中华路，这时日本哨兵拦住他们不让向南行驶。基督教青年会的房子此时早已被全部烧毁。从太平路向北行驶时，他们清点了一下，除了以前被烧毁的房子，街道两侧共发生了约10起火灾。向西转向中山东路时，他们看见东海路和国府路的街角燃起了大火。到达中山路和珠江路路口时，他们看见珠江路的北面有一处大的火灾。这时，又有一支巡逻队拦住他们不让东行。街上到处都是日军士兵，人数很多，但他们根本不打算去救火，反倒是有许多人在拖走货物。

以上情况目击证人：

克里斯蒂安·克勒格尔，鲁佩特·哈茨，G. 菲奇，爱德华·施佩林,M.S.贝德士,刘易斯·S.C.史迈士。

12月22日

宪兵总部的两名日本人今天来拜访我,并通知我说,日本人现在要自己建一个难民委员会,所有的难民都必须登记。坏人(以前的士兵)必须安置在一个特殊的营地。日本人希望得到我们的帮助,我答应了。在这期间,有组织的纵火活动仍然在继续进行。我一直在担心,中山路上燃烧房子的大火(在上海商业储蓄银行附近)会蔓延到主要街道的西侧,因为这一侧已经属于安全区了。如果出现了这种情况,那么我的住房也会受到威胁。在清理安全区的过程中,我们在一些池塘里发现了许多被枪杀的平民的尸体(其中有一个池塘里就有30具尸体),大部分被反绑着双手,其中有些人(在礼和洋行附近)的脖子上还挂着石块。在我这儿居住的难民仍然在不断增加,仅仅在我小小的私人办公室现在就睡有6个人,办公室的地上和院子里密密麻麻的全是睡觉的人,所有的人都被巨大的火光映照得血红。我数了一下,有7起火灾。我已经答应日本人,在寻找电厂工人方面提供帮助。同时我向日本人指出,下关那儿有54名发电厂工人曾经被安置在和记洋行。我们现在确认,他们当中有43人在三四天前被捆绑着带到了江边,用机关枪枪毙了,据说是因为他们曾经是中国国营企业的员工(其实发电厂是一家地地道道的私营企业)。将这次处决的消息传递过来的是一个同时被处决的工人,处决时前面有两个人挡住了他,因此他在没有受伤的情况下跳到江里,才幸免于难。今天下午,克勒格尔和哈茨前去帮助一个被喝醉了的日本士兵用刺刀刺伤脖子的中国人,结果他们自己也遭到了攻击。哈茨用椅子进行了自卫,据说克勒格尔被日本人绑了起来,日本人之所以能把他捆起来,估计可能是因为他被烧伤的左手还吊着绷带。我和菲奇全速开车去解救他们,我们看见他们的时候,他们已经在回家的路上了。但是我仍然又带着他们返回原处,以便在现场对这起事件进行调查。我们看见了那个日本兵,一个碰巧路过这里的日本将军正在扇他的耳光,日本大使馆的田中先生也在场。这个士兵显然是用非常不利于这两个德国人的方式描述了此事,但尽管如此,他仍然(这对我们来说是万幸)一直被揍到眼泪在眼眶里打转。事情终于又一次以对我们有利的方式结束了，当然弄不好也会有其他结果的！

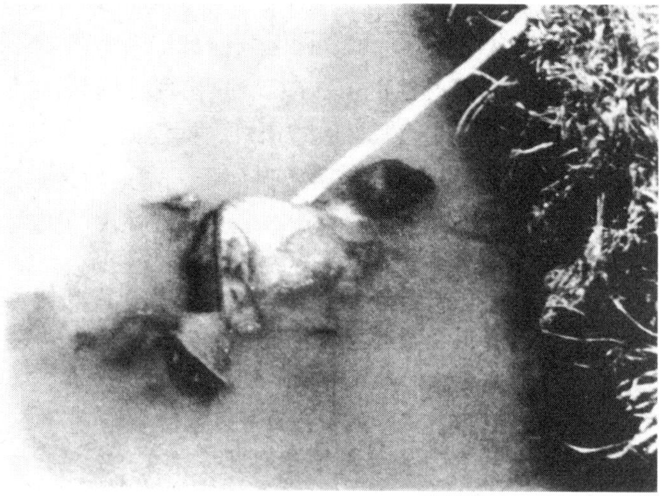

处决后的中国士兵被日本人扔进水塘。之所以判定其为处决，是因为受害者被反绑着。这很典型，因为日本人处决数万名中国士兵和平民时用的都是此种方式。

205 John Rabe

南京

致日本大使馆　　　　　　　　　　　1937年12月22日

南京

从城市的若干地方传来报告，昨天夜里和今天早上的局势有所好转，但是从下列事件的描述中可以看出，局势仍然非常糟糕。

1. 今天早晨5时，大学图书馆突然有11名中国人被捕。图书馆的大门虽然贴有宪兵的布告，日本士兵仍然使用暴力砸开了大门。日本士兵的举止同前一天下午一样残暴，因此甚至没有人敢去报警。后来到达的士兵又逮捕了一个中国人。昨天从这座房子里抓走的包括我们委员会工作人员在内的那7个人到现在音讯全无。这种恐怖感和不安全感当然弄得我们无法为哪怕是最简单的工作招募到工人。
2. 昨天夜里10时，4名日本士兵乘一辆车来到我们大学的大门口。其中一名士兵用刺刀威胁我们的看门人，不让他同贵方的领事馆警察取得联系。3名士兵强行进入大学后，我们的门房才设法找来了贵方的一名宪兵，在这名宪兵的劝说下，日本士兵才撤走。今天上午10时之前，贵方的士兵已经5次强行闯入大学，丝毫不理会宪兵的警告。
3. 今天早上，日本士兵继续闯入金陵大学的住宅区，包括美国人的住所进行抢劫。①
4. 不论是我，还是另外3个今天早晨要到城市的各个街道办事的同事，都没有看见一个宪兵。我们知道，宪兵是有的，但是他们的数量太少，而且在履行公务、恢复秩序和约束违纪行为时他们的态度过于温和。
5. 在紧靠我们这里的地方，有组织的抢劫活动是借助于卡车来进行的，抢劫完后跟着出现的就是纵火。这就使得每天都有越来越多的人流离失所，陷入贫困和失业的境地。

① 该事件原文漏，此处系依据《敌机飞临南京》英文原件补译。

6. 昨天夜里,7名日本士兵闯进圣经师资培训学校(铜银巷)强奸妇女。

7. 各个难民收容所都传来报告,说尽管各家房子上都贴有宪兵的布告,难民收容所仍然遭到了日本士兵的袭扰,他们来找女人,索要钱财。

8. 小桃园的农科作物系昨天夜里出现了恶性事件,日本士兵因为没有钥匙,便砸破了许多门,而钥匙在2天前我们的杂工被逮捕时一块儿被其他日本士兵抢走了,这个杂工至今未获自由。

9. 和其他地方一样,大学的蚕厂今天早晨也遭到了日本士兵的袭扰。其中一名士兵喝醉了,命令3名中国人为他们运酒,这酒不知他从哪儿偷来的。在抢劫难民的时候,他在难民人群中一共开了3次枪。

10. 此外还有一件事贵方可能会感兴趣,根据一名邮政官员的报告,贵方四处游荡的士兵私拆了大量的信件,由此造成哪些损失,我们不清楚。这些信件既有中国人的也有外侨的,由于前一段时间的战斗,信件无法投递,所以为了安全起见,信件都存放在邮政总局(建康路)。

以上只是我亲眼所见的或旁人亲口告诉我的少数几个事件。这些事件表明,真正的纪律还没有完全恢复。那些已经被贵方士兵抢去钱财、手表等物的人如果不能满足士兵对钱财和贵重物品的要求,还要遭到日本士兵的殴打,尤其是在夜间。

顺致崇高的敬意

签名:M.S.贝德士

南京平仓巷3号

1937年12月22日

致日本大使馆

南京

根据贵方昨天的要求,南京美国长老会的成员再一次考虑了由贵方转发给美国驻上海总领事馆电报一事。现在我们确信,有争议的问题不仅重要而且紧急,因此我们不得不再次请求贵方,帮助我们办理电报消息的传递。

正如我们向贵方报告的那样,日本士兵几乎闯进了在南京的所有美国人的住房并偷走了东西,就连美国大使的住房也闯进了日本士兵,他们想将停放在车库或院子里的汽车偷走。在行窃的过程中,日本士兵击伤一名大使馆警卫。昨天夜里,美国大使馆车库里真的被抢走了一辆车。

在城里有许多美国财产被日本士兵破坏,有一部分甚至被烧毁了。

至少在8起事件中,美国国旗被日本士兵从美国建筑物上取下或扯下,中国的佣人被吓坏了。如果佣人们想把旗子重新竖起来,就会受到日本士兵的威胁。

如果这种不公正发生在贵国侨民、贵国大使馆或贵国国旗的身上,贵方肯定会立即提出抗议,寻求最合适的外交途径并迅速要求赔偿。

现在我们就不得不向贵方呈交这么一份抗议书,同时再次表示,希望美国外交代表立即回到南京,以便前面提到的争执能通过外交途径尽快解决。

我们冒昧地再一次请求贵方,通过贵方海军的电台将所附的电报发给美国驻上海当局。

我们预先对贵方诚挚的努力表示感谢。

签名:W.P. 米尔斯
南京美国长老会

附件:一份电报

南京安全区国际委员会

致日本帝国大使馆
南京

南京宁海路5号
1937年12月22日

现向贵使馆呈递最新暴行报告114号~136号,其中的很多事件就发生在昨天至现在。

请允许我们指出，经过我们的确认，前往同一所房子反复奸淫掳掠的总是同一批士兵。如果执行上街巡逻命令的宪兵能增加双岗，以便在个别的房子中搜寻并且逮捕士兵，那么总的局势就会迅速改观。

顺致崇高的敬意

签名：约翰·拉贝

南京安全区国际委员会主席

日本士兵在南京安全区的暴行

南京，1937年12月22日

114）12月19日，下午2时许至天黑前，位于汉口路23号、并贴有禁止日本士兵入内的日语布告的里格斯住宅，已被日本士兵6次闯入并抢劫。第二天晚上，也就是12月20日，这座房子已经遭到15次袭扰和抢劫。（里格斯）

115）12月19日下午，一名日本士兵在美国学校（五台山）试图强奸一名怀有6个半月身孕的19岁的中国女子①，当女子反抗时，日本士兵手执匕首或是刺刀向她袭击。该女子胸部和脸部有19处刀伤，腿上也有数处刀伤，下身有一个很深的刀伤，胎儿的心跳已经听不见。该女子目前被安置在大学医院。（威尔逊大夫）

116）12月19日凌晨3时，日本士兵扯下委员会的牌子，从门窗强行进入普陀路7号和9号无人居住的楼上和楼下的房间，抢走了一部分属于房主的东西。上午10时，又有4名士兵对这几间房子进行了搜查，他们把凡看得上眼的东西全拖走了。（签名：18名被安置在这栋房子里的难民）

117）12月19日，据金陵大学蚕厂的难民收容所报告，昨天晚上8时到今天凌晨1时，共有8名妇女被强奸，其中一人被刺刀刺伤，还有4名试图保护自己妻子的男子也被刺刀刺伤。妇女被强行拖走，以后则是单独回来的。（吴国京，第六区）

---

① 即李秀英。

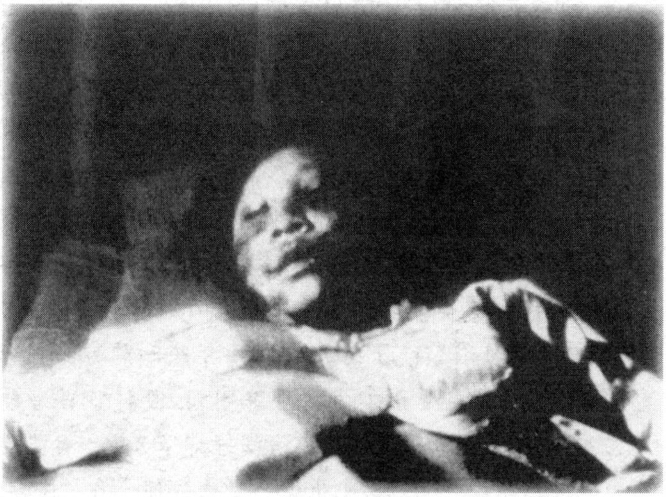

118) 12月19日晚上6时,颐和路6号,6名妇女被7名日本士兵强奸,其中2名妇女被刺刀刺伤。之后,日本士兵又在门房用煤油灯将2床被子点燃。(杨冠频)

119) 12月20日上午9时,宁海路25号红十字会的3楼,1名寡妇和4名年轻姑娘被日本士兵强奸。(杨冠频)

120) 12月20日,我姐姐32岁,住在阴阳营47号,3个月来,她的下身长有一个瘤子,行动起来极为不便。每天都有日本士兵来企图强奸她,到目前为止在她的哀求下都放过了她。鉴于她的病情不断恶化,同时也害怕日本士兵的暴行,我请求菲奇先生用自己的车将我的姐姐送到大学医院。具名人:朱绅益(音译)。(菲奇满足了他的请求)

121) 12月20日晚上8时~10时,日本士兵3次来到设在圣经师资培训学校的难民收容所,每次都强行拖走3个姑娘。(里格斯)

122) 12月21日,早上8时来了7名日本士兵,要求提供45名苦力和姑娘。下午2时,来了4名日本士兵找姑娘。下午3时30分,来了6名日本士兵和1名军官,强迫我们向他们提供10名姑娘,结果他们抢走了4名姑娘。(圣经师资

培训学校难民收容所，里格斯）

123）12月22日，原邮局职员施望杰（音译）今天早晨报告，存放在邮局的许多装包裹和信件的袋子被日本士兵抢走了。（史迈士博士）

124）12月21日晚8时，在圣经师资培训学校的难民收容所，有7名妇女被日本士兵强奸。（王明德）

125）12月21日下午5时，日本士兵抢劫了圣经师资培训学校难民收容所内的属于外国人的许多行李。（王明德）

126）12月21日，晚11时，3名携有手枪和刺刀的日本士兵爬过宁海路2号红卍字会后院围墙，殴打了日语翻译郭原森，将他的妻子拖到佣人房间强奸了3次。红卍字医院的院长孔钦欣（音译）先生腿部受伤。佣人和红卍字会的11名孤儿被逼到一间侧房不准出声。以后又有另外3名日本士兵通过大门进入，问院内有无日本军人。有人告诉他们，里面正有日本士兵在强奸妇女，于是他们便检查所有的房间寻找那3名闯入者，但是没有找到，因为那3人早已越过后院墙溜走了。这3个人刚走，又有3个日本人越过院墙爬了过来。他们同郭先生交谈了几分钟，捐给红卍字会3元钱。郭先生告诉他们，他的妻子被3名日本兵强奸了，他们便要求郭先生带他们去发生强奸的房间。到了那里，这几个士兵也要姑娘。郭先生告诉他们，房间里已经没有女人了。这帮恶魔便端着刺刀开始搜查所有的房间，最后他们发现了郭先生的儿媳妇，强奸了她，然后骂骂咧咧地走了。（由红卍字会提供）

127）12月22日中午12时30分，在汉口路7号一栋贴有日语布告的金陵大学大楼的底层，菲奇先生、贝德士先生和史迈士先生遇见了3名日本士兵，并阻止了他们拖走抢来的各种物品的企图。

128）12月22日12时45分，菲奇先生、贝德士先生和史迈士先生在汉口路5号同样贴有日语布告的另外一栋大学的房子里遇见了2名日本士兵。

129) 12月22日下午1时,还是这3位先生在汉口路8～10号的小学内也发现了日本士兵,这座小学的大门口也贴有禁止士兵入内的日语布告。

130) 自12月14日以来,北秀村1号、4号、6号和8号的房子天天遭到日本士兵的袭扰。开始的时候他们要钱,以后就拿走了所有他们看中的衣物和箱子,他们每天来3次～9次。12月20日,6号有6个姑娘被强奸。12月21日,8号有1名妇女被强奸。(第七区办公室,1937年12月22日)

131) 12月21日下午,莫干路6号的房子遭到2名日本士兵的洗劫。(第九区负责人)

132) 12月21日下午6时,4名日本士兵抢劫了宁海路40号的房子。(第九区负责人)

133) 12月21日,4名日本士兵轮奸一名17岁的姑娘长达2小时之久,然后又把她拖走。(第九区负责人)

134) 12月22日上午9时～下午1时,普陀路7号的房子3次被抢劫,每次有3名～4名日本士兵参与抢劫。国际委员会的7块牌子被扯掉。(杨冠频)

135) 12月22日下午1时,8名日本士兵爬过院墙进入宁海路25号,偷走的各种手表、钱财等价值约40多元,还有2辆自行车。(杨冠频)

136) 12月22日下午4时30分,4名日本士兵闯进宁海路4号的房子,企图强奸一名16岁的姑娘。当日本士兵企图将这个姑娘骗到房间里时,姑娘跑开了。日本士兵便要用刺刀刺她,由于菲奇和克勒格尔先生出现,姑娘才得以逃脱。这2位先生到的时候,外面的一个士兵发出了信号,其他4个人便都跑走了。(菲奇,克勒格尔)

签名:刘易斯·S.C. 史迈士

呈递日期

1937年12月22日

12 月 23 日

昨天晚上，警官高玉拜访了我，请我们列出一份所有外国人遭受损失的清单。今天中午之前必须给所有外国人正在居住以及曾经居住的房子列出一份清单，对一个国家的大使馆来讲，这是一件轻而易举的事情，但是对我们委员会来讲，这是一件不那么容易办到的事情。但是我们还是办到了。我和克勒格尔、施佩林、哈茨共同进行了探讨，我们按区划分，及时完成了下列清单。根据这份清单，共有 38 所德国房子被抢劫，其中一所（黑姆佩尔的饭店）被烧毁。美国人的损失清单要长得多，共有 158 所美国房子被抢劫。遗憾的是不能附上副本，因为已经没有多余的副本了。今天我亲自察看了沙尔芬贝格（大使馆的行政官员）的房子，他的房子已经被有组织地抢劫过，看上去已经破败。克勒格尔和施佩林过一会儿还要开卡车去那里，看看还有什么东西可抢救。陶德曼博士先生的房子昨天才遭到抢劫，一些中国画被偷走，过道里的漂亮的壁橱被打坏等等。但是程度并不严重。

南京德国财产损失情况临时清单

1937 年 12 月 23 日

在所有下列房屋上均悬挂有德国国旗

地　　址	房主或租户姓名	目前居住人	房屋及设施目前状况
1. 小桃园干河沿	中国房产（欧洲人居住） 租户：约翰·H. D. 拉贝 南京安全区国际委员会主席 西门子洋行（中国）代表	约翰·H. D. 拉贝 西门子洋行（中国）若干职员 约 350 名中国难民	建筑物完好 价值 300 元车号为 681 的汽车被日本军方没收
2. 中山东路 178 号（饭店）	欧洲人居住 房主：中国人 租户：R. 黑姆佩尔	空	建筑物被彻底洗劫烧毁

续 表

地　址	房主或租户姓名	目前居住人	房屋及设施目前状况
3. 安仁街9号	中国房产 租户：爱德华·施佩林	空	洗劫
4. 中山北路244号	房主：中国人 租户：礼和洋行	克里斯蒂安·克勒格尔	被偷物品： 一辆汽车 车号308 价值1100元 一部蔡司照相机
			价值150元 汽车外胎2只 汽车内胎6只
5. 中央路392号	房主：中国人 租户：孔斯特—阿尔贝斯公司	空(中国门房逃走了)	彻底洗劫
6. 中央路沅江新村5号	增切克	门房(遭毒打)	彻底洗劫 汽车被偷
7. 中央路沅江新村6号	林德曼	门房	彻底洗劫 汽车被偷
8. 中央路沅江新村3号	尤斯特	门房	彻底洗劫
9. 大树根94号高楼门	冯·博迪恩	门房	彻底洗劫
10. 上海路11号	施特雷齐乌斯	3名中国佣人	彻底洗劫
11. 慈悲社12号	贝克博士	3名中国佣人	彻底洗劫 汽车被盗
12. 高楼门7号	罗德夫人(公寓房)	中国佣人	彻底洗劫

续 表

地 址	房主或租户姓名	目前居住人	房屋及设施目前状况
13. 陵园路 11号	博尔夏特	2名中国佣人	彻底洗劫 汽车被盗
14. 慈悲社 5号	W. 洛伦茨	中国佣人	部分洗劫
15. 中山东路25号	基士林克—巴达糕饼店	中国佣人	彻底洗劫
16. 牯岭路 20号	罗森博士 德国大使馆秘书	中国佣人	部分洗劫 汽车被盗
17. 萨家湾9号	陶德曼博士 德国大使	中国佣人	1937年12月22日部分洗劫，汽车被盗，又被国际委员会找到并归还
18. 珞珈路3号	鲍姆巴赫	中国佣人	彻底洗劫
19. 珞珈路6号	诺尔特	中国佣人	彻底洗劫
20. 珞珈路 12号	T. 米勒（通用电气公司）	中国佣人	彻底洗劫
21. 珞珈路 13号	克莱因	中国佣人	部分洗劫
22. 珞珈路 16号	皮尔纳和K. 马尔丁	中国佣人	彻底洗劫 汽车被盗
23. 琅玡路 17号	W. 施泰内斯	中国佣人	彻底洗劫
24. 宁海路 56号	海因里希	中国佣人	彻底洗劫 汽车被盗
25. 灵隐路 15号	施彭勒 德国大使馆行政官员	中国佣人	部分洗劫 马匹被盗
26. 三步两桥 4号	哈蒙德（施密特公司）	中国佣人	彻底洗劫

续 表

地　　址	房主或租户姓名	目前居住人	房屋及设施目前状况
27. 老莱市68号	内维格尔	中国佣人	彻底洗劫
28. 中山东路178号北方饭店	胡梅尔	中国佣人	汽车被盗 价值900元
29. 宁夏路22号	施罗德博士	中国佣人	汽车被盗
30. 江苏路55号	阿尔纳德	中国佣人	部分洗劫 汽车损坏
31. 高楼门21号	沙尔芬贝格 德国大使馆行政主管	中国佣人	彻底洗劫
32. 牯岭路34号	劳滕施拉格尔博士 德国大使馆参赞	中国佣人	部分洗劫
33. 天竺路23号	格尔蒂希	中国佣人	部分洗劫
34. 上海路73号	希尔施贝格博士	中国佣人	彻底洗劫
35. 琅琊路16号	布瑟	中国佣人	部分洗劫
36. 琅琊路11号	齐姆森	中国佣人	部分洗劫
37. 琅琊路11号	艾维特夫人	中国佣人	部分洗劫
38. 天竺路25号	蒂姆	中国佣人	部分洗劫

该清单不完备，一些德国住房尚未探访，一是因为缺乏时间，二是因为有些租户换了住址，并且没有留下新的地址。完备的清单只有等到租户和德国大使馆的官员回到南京后才能提供。

签名：约翰·拉贝

南京安全区国际委员会主席

12 月 23 日

在开列上面清单的时候，张跑来通知我，一个日本士兵闯到我们这里，把我的私人办公室翻了个底朝天，现在正在想方设法打开我存放着2.3万元的钱柜。我和克勒格尔迅速开车回家。闯入者刚刚离开，钱柜他一个人打不开。我们坐下来吃午饭，这时又有3名士兵爬过院墙，我们厉声呵斥，又把他们从院墙上赶了回去。大门是绝对不能给这帮犯罪的歹徒打开的。克勒格尔自愿下午到我这儿来守卫。我正准备开车回总部，又有6个日本匪徒爬上了院墙。当然，他们也同样必须从墙上爬回去。到目前为止，这一类翻墙入院的事情我恐怕已经经历了20起。我下午告诉高玉警官，无论如何，即便是冒生命危险，我也要保护自己的房子使其不受这种祸害的侵扰，要捍卫德国国旗的尊严。他只是友好地耸了耸肩，事情对他来讲就算是解决了。他解释说，非常遗憾，没有足够的警察部队来重新约束这些坏士兵。当我晚上6时开车回家的时候，中山路桥栏杆前面的一排房子正在熊熊燃烧。幸好风向对我们有利，雨一般的火星被刮向北面。与此同时，上海商业储蓄银行后面的一栋房子也燃起了火焰。我担心我们住所的前面紧靠中山路的一排房子也会被放火烧掉，因为在这个地方，有组织的纵火早已不是什么秘密了。上面提到的桥栏杆前面的4栋房子已经在我们安全区内了。这是**一个无休无止的恐怖岁月，**无论人们怎么想象都丝毫不会过分。在雨中，我的难民们相互依偎着挤在院子里，无言地注视着美丽得可怕的熊熊火焰。如果火焰蔓延到我们这里，这些最可怜的人们就没有出路了，我是他们最后的希望。

张将4盏小煤油灯和烧剩下来的蜡烛（我们目前的照明工具）用松树枝装饰起来，并打开了圣诞节装饰用的红色小星星的包装，还在蜡烛上扎上了红丝带。明天是12月24日，圣诞节，也是格蕾特尔的生日。我的邻居是个鞋匠，他把我的旧皮靴重新钉了掌，还给我的望远镜做了一个皮套子。我付给他10元钱，但是他又默默地把钱重新塞到了我的手上。张对我说，我的钱他是无论如何也不能收的，他说欠我的太多了。可怜的人啊！

南京

致田中先生　　1937 年 12 月 23 日

日本帝国大使馆

南京

随函附上南京外国侨民的最新请愿书，由于在本月 21 日时间不够，该请愿书还有 3 个人的签名未能得到。

这份完整的清单同时也记录了外国侨民的一致观点。

衷心感谢您为南京平民百姓的利益所做的努力。

谨致良好的祝愿

您忠实的

签名：约翰·拉贝

南京安全区国际委员会主席

南京

致田中先生　　1937 年 12 月 23 日

日本帝国大使馆

南京

请允许我向您递交两份从栖霞山转给我、并请我转交给您的请愿书，栖霞山目前也出现了和我们在南京一样的困难局面。

希望您能够在这件事上有所作为。

您忠实的

签名：约翰·拉贝

南京安全区国际委员会主席

12 月 23 日

前面一封信是今天由辛德贝格先生（辛德贝格先生现在可以不受阻碍地来往于江南水泥厂和南京之间，路途约 1 个半小时）从栖霞山带来的，信中还附上了一封 1.7 万名栖霞山难民致日本当局的请愿书①。难

① 拉贝没有将该请愿书收入本书，参见《南京大屠杀史料集》第6册第411—414页。

民们在请愿书中请求得到怜悯及保护，免受日军士兵暴行的侵扰。日军士兵在栖霞山的所作所为同在南京一样恶劣。辛德贝格先生给我们带来了一点从收音机里听来的外界消息。英国和法国已经达成一致，由法国负责控制地中海，以便英国的舰队能派往远东。美国的一批舰队也已经启航，但目的地不清楚。可惜的是，关于德国和意大利对这些事态有什么说法，辛德贝格也说不出什么。

12 月 24 日

我今天早晨将我们昨天晚上已经点过一次的红色圣诞小星星整理干净，又重新包装好，连同西门子日历记事簿一起作为圣诞礼物送给了鼓楼医院的女士们。特里默大夫和威尔逊大夫这两个仅有的留在南京的医生也各得到了一本记事簿。趁着这个机会，威尔逊大夫给我看了他的几个病人。那个脸上有好几处刺刀伤、怀孕小产被送到医院的妇女的情况现在好一些了。一个渔民的下颚被子弹击中，全身被烧伤。日本人把汽油浇在他的身上，然后点燃了汽油。他全身的皮肤有三分之二被烧伤，他现在还能说几句话，但是估计肯定活不过今天。我还进了停尸房，让人把昨天夜里送进来的尸体的裹尸布打开。其中有一个平民，眼睛被烧掉，头颅全部被烧焦，日本士兵也同样把汽油浇到了他的头上。一个大约 7 岁的小男孩的尸体上有 4 处刺刀伤口，其中一处在胃部，伤口有手指那么长。他是送到医院两天后死去的，死的时候甚至没有发出一声痛苦的呻吟。上一个星期我不得不去看过很多尸体，但是尽管这样，我在今天目睹这些惨烈的情景时仍然必须控制自己的神经。过圣诞节目睹这些情景是不会有好心情的。但是我要亲眼目睹这些残暴行径，以便我将来能作为目击证人把这些说出来。对这种残酷的暴行（在城市占领 10 天内犯下的）是不能沉默的！我在医院的时候，菲奇在我的家守卫。日军的散兵游勇随时都会闯进我的房子，我一刻也不能冒险将我的房子置于无人照看的地步。我原来一直以为，在我这儿安置的难民有 350 人～400 人。韩先生准确统计的结果显示，在我的办公室和院子里投宿的人一共有 602 名（302 名男子，300 名妇女，其中有 126 名 10 岁以下的儿童，有一个婴儿仅两个月）。这个统计数字还不包括公司的 14 名职员、杂工和他们的家人，这样算起来总数约有 650 人。

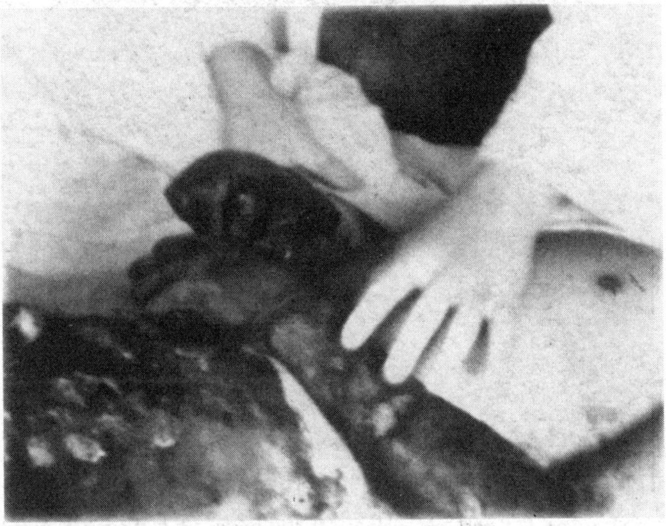

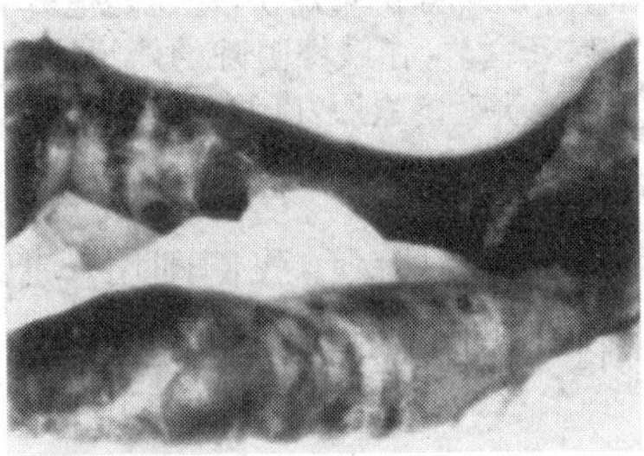

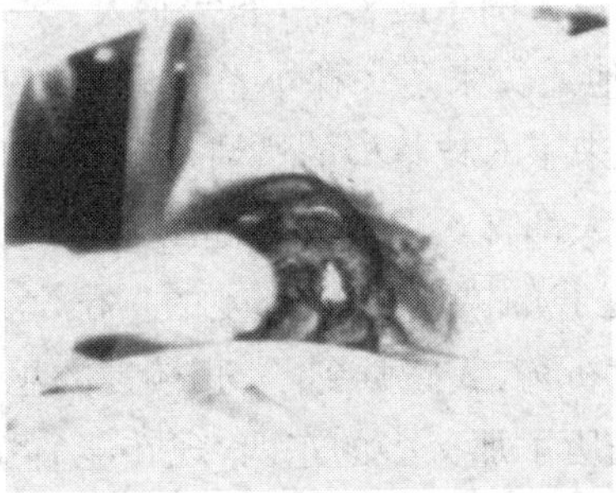

这名男子是扬子江上一个渔民，拥有一只小舢板。他被一名日本兵击中下颚骨，随后浇上汽油焚烧。他上下部肢体被严重烧伤，全身漆黑，于送入教会医院（鼓楼医院）两天后死亡。（在这名男子临死前一天，我曾与他说过话。——约翰·拉贝）

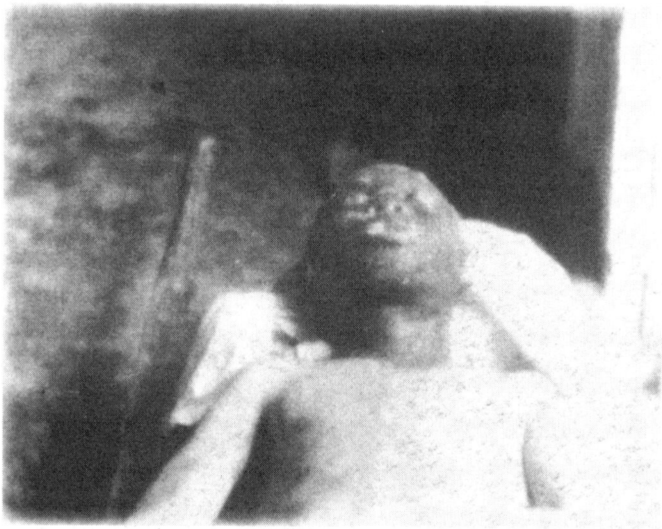

这是一名男子的尸体。日本兵把他和另外 70 人从金陵大学蚕厂的一栋大楼里带走，随后用机枪或者刺刀杀害，然后浇上汽油点燃。这名男子挨了两刀。虽然面部和整个头部被严重烧伤，他还是拖着受伤的躯体来到医院，入院 20 小时后死亡。（在鼓楼医院的停尸房里，我当着威尔逊大夫的面让人解开了受害者的衣服，以便我确认报告中的细节无误。——约翰·拉贝）

张今天喜形于色，他的妻子今天早上出院了，我们刚用车把她接了过来，她很快就和孩子们在阁楼上睡着了，我的房子里再也没有其他地方安置他们了。

大家都争先恐后地想让我有更大的圣诞喜悦，非常感人！张买来了圣诞玫瑰，把房子装点了起来。他还买来了一棵小圣诞树，想为我把它装饰起来。刚才他喜气洋洋地拿来了 6 枝整根的蜡烛，这也不知他从什么地方为我买来的。突然所有的人都喜欢上了我。奇怪，以前据我所知是没人能容忍我的。或者，难道是我的错觉?? 我亲爱的多拉，亲爱的儿孙们，我知道，你们今天都在为我祈祷，我感觉到了，我被爱的思念所包围。在过去的两周中我不得不经历了那么多的东西，现在能有这个，真是太好了。请你们相信我，我也在心中为你们大家祈祷。我目前身陷其中的可怕灾难使得我们想起了童年的信仰。只有上帝才能在烧杀淫掠、为所欲为的匪帮面前保护我，委员会的所有的抗议都是徒劳的。人们答应要纠正，但是到今天为止我们一点也没有感觉到。今天传来消息，说今天要有新的部队开进来，这将会重新带来人们盼望已久的秩序，所有的违法行为都将受到惩罚，以达到惩一儆百的目的。但愿如此，上帝在上！也该是朝好的方向扭转的时候了，我们已经筋疲力尽了。

我以下面这番祈祷来结束我今天的日记：仁慈的上帝，请您保佑所有的人免遭灾难，也请您保佑所有像我们这样已经身陷灾难中的人！我丝毫不后悔留了下来，因为我的存在拯救了许多人的性命。但尽管如此，我仍然感到极端的难受！

南京平仓巷 3 号

致日本大使馆　　　　1937 年 12 月 24 日

南京

我在此谨通报贵方，昨天下午，12 月 23 日，2 名日本军官闯进上海路 2 号，令人取下美国国旗，升起日本国旗。他们对此的解释是，这栋房子以后将由一个日本调查委员会使用。

上海路 2 号的这栋房子是美国人的财产，它是金陵神学院 R. A. 费尔顿教授的住房。此外，房子里现在还存放有 C. S. 史密斯教授和爱德华·詹姆斯教授的家庭生活用品和个人物品，这 2 人都是神学院的工作人员。

几分钟前，我看见日本士兵在摘下美国国旗时，将贴在大门上的日本大使馆的布告撕掉了，美国大使馆的布告没有受损。2 名日本士兵中的一个显然是喝醉了。他们向我解释说，只想借用这栋房子 10 天。当我提出抗议时，他们立即变得暴躁起来，朝我大喊大叫，击打我的肩膀，用暴力将我拖出院子，一直拖到上海路的马路中间。他们说，只有我同意他们，并向他们提交一份同意将这栋房子借给他们两个星期的书面允诺，才放了我。我在这么一个书面的东西上签了字以后，他们放了我。美国国旗获准重新升起来，但是他们在大门口竖起了一面日本旗帜，并通知我，他们 9 时还要回来占据这所房子。被安置在这所房子里的中国难民被迫离开了这里。

在此我请求贵方采取必要的步骤，取消对我方财产的粗暴没收，并采取预防措施，以免类似事件再次发生。

谨致敬意

签名：休伯特·索恩
金陵神学院
财产管理委员会主席

（附注：日本人一天后又撤出了。）

南京平仓巷3号

致日本帝国大使馆　　1937年12月25日[①]

南京

今天早晨10时许，里格斯先生在汉口路29号看见多名日本士兵，并且听到有一个妇女在喊叫。这名年纪约25岁～30岁的妇女指着自己，示意里格斯先生过去。一个士兵在身后拽她，其余士兵在房子里。当这名妇女够到里格斯的手臂时，士兵放了她，和其他同伙一起离开了。这名妇女是出来买东西的，日本士兵抓住她的时候，她正在半路上。她的丈夫4天前被日本人抓走，至今没有回来。这名妇女请求里格斯把她送回到汉口路陆军大学的难民收容所。里格斯陪着她沿着汉口路向东来到了大学校园的边上，这时他们遇见了1名日本稽查军官带着2名士兵和1名翻译。

这名军官抓住由日本大使馆发给里格斯的袖章，将他的双手从口袋里拉出来。里格斯想把手放回口袋时，他们又翻开他的口袋。日本军官朝着里格斯讲话，据里格斯的理解，可能是要了解他的身份。由于这个军官不能像自己希望的那样很快就能让里格斯明白自己的意思，所以他猛击里格斯的胸部。里格斯要求他说明这么做的理由时，日本军官勃然大怒。里格斯后来明白，对方是在问他的

---

① 拉贝将此函和下函收在了24日的日记后。

职业,要看他的护照,但是他的护照没带在身上。当他解释说他是在陪同这名妇女回家时,他遭到了这名军官的反复殴打。里格斯想看一下这名军官的袖章,马上他的脸上被击中了一拳。后来这名军官抓住里格斯的帽子,要求里格斯在他面前磕头(据里格斯的理解)。见里格斯拒绝了,军官朝他脸上又打了一拳。这时候翻译过来对他说军官想要他的名片。

里格斯反复解释,他只是要护送这名妇女回家,因为她害怕日本士兵。这名军官让2名武装士兵把里格斯夹在中间,然后通过翻译告诉里格斯,他必须在军官面前鞠躬。里格斯指出自己是美国人,再次拒绝鞠躬。这时候他们才放了他,让他回家。

那名中国妇女见里格斯受到如此恶劣的待遇,惊吓之下,沿着汉口路跑走了。

里格斯一再解释,他根本没有惹那名日本军官,只是双手插在口袋里在街道上走路。他根本没有在意其他什么人,那名妇女则跟在他身后不远的地方。

我们希望,贵方能促使城内尽快恢复秩序和纪律,以使一个规规矩矩走路的外籍公民不再担心会在街上被侵扰。

谨致崇高的敬意

签名:刘易斯·S.C. 史迈士

金陵大学,南京

致田中先生　　　　　　　　1937年12月25日

日本大使馆

南京

尊敬的田中先生:

我想努力做到在几天内不打扰您,但是问题每天都在增多,而且今天又多于以往任何时候。新部队里无组织无纪律的日本官兵在整个城里四处游荡,抢劫、强奸或强抓妇女。

现通告几起新的事件:

1. 就在刚才，日本士兵闯进了金陵大学，抢走了我们一辆正在用来为中国难民运送粮食的卡车。
2. 仅仅在我们的蚕厂内，平均每天就要发生10起强奸或劫持妇女事件。
3. 日本士兵不分白天黑夜地闯进我们的住所，调戏或污辱妇女，抢走所有他们看上眼的东西。不仅仅中国人的住所，美国人居住的房子也同样如此。
4. 贵方宪兵颁发和张贴的布告基本上都被从墙上撕了下来。
5. 我们工作人员中的一名美国成员今天早上被贵方的一名军官殴打。这名军官突然发怒，冲到他的面前，扯下由贵使馆发给他作为证明用的袖章。
6. 贵军士兵每天还多次闯进其他一些上面没有提到的建筑物中，或搜寻妇女，或找寻可以抢劫的值钱的东西。对贵方的布告他们丝毫不予以理睬。
7. 尽管贵军的士兵造成了秩序的紊乱，我们仍然得不到贵方岗哨的保护，附近根本看不见贵方的宪兵。

对您一如既往所给予我们的关注，我们表示衷心的感谢。

签名：M. S. 贝德士

12月25日

我昨天下午写日记的时候，张（国珍）和一些中国朋友在静静地装点着那棵小圣诞树，张以前经常在这方面帮忙。这棵微型圣诞树是仿照我们以前的圣诞树做的。圣诞花园有圣母一家人和各种小动物的模型，温馨洒脱地混合在一起，以前它曾给我们带来过欢乐。打开通往餐室的中门，我们几根凄惨的蜡烛便会将它们的光彩放射开来，这时我的内心便会涌起一丝圣诞情怀。圣诞歌是唱不起来了，收音机不响了，因为电厂还没有复工。礼物除了几朵圣诞玫瑰以外，就只有西门子的袖珍日历记事簿了。不过尽管如此，气氛依然神圣，依然能让人重新燃起希望之火。克勒格尔和施佩林来了，他们就是为了来看看这棵全南京城唯一的圣诞树。克勒格尔还带来了一瓶白葡萄酒，这是他从沙尔芬贝格家的废墟中抢救出来的(可惜的是已经漏掉了半瓶)。我们默默地为家中所有亲爱的人们的健康举杯。完了,克勒格尔和施佩林又去平仓巷美国人的家,他们邀请我们去参加由丹麦人辛德贝格捐赠的圣诞晚会。我不能放着我的602名难民不管,所以不能前去参加。但是我们约好,在晚会的过程中,由委员会的某位成员来替换我,这样我也可以和我的美国难兄难弟们共度片刻时光。克勒格尔和施佩林刚走没多久,福井先生就来看我了,福井是日本大使馆全体成员中我唯一寄赠西门子日历记事簿的人。在警官高玉先生的陪同下,福井先生送给我一箱哈瓦那雪茄作为回赠。可惜我现在已经不抽烟了,烟草制品现在变得非常的稀少。一听雪茄以前只卖8角5分,现在没有6元根本买不到。我和这两名日本人为庆祝圣诞夜干了一杯葡萄酒。他们见我这儿有圣诞树和花,感到非常惊奇。由于日本人非常喜欢花,所以我就把我库存的花分了一些给他们,他们看上去非常高兴。我希望能和这两位先生套套近乎,以使在我这儿的那么多难民的命运多少能好一些,因为他们现在掌握着大权。日本人离开以后,我们在同样也用蜡烛装点得具有节日气氛的餐室就座,开始圣诞晚餐。包菜腌肉,对我们来讲,和上好的煎肉在味道上没有两样。韩先生带着他的全家过来了,韩先生得到了一份插有4根蜡烛的圣诞节花环礼物,韩太太和他们的孩子们则必须自己到圣诞树上去寻找礼物——一个彩球、一只象和一个小小的圣诞老人,这样我的礼品袋就空了。但是最让人意想不到的是张的小男孩给我带来的惊喜:4块心形的甜饼。我简直不敢相信自己的眼睛,上面还有多拉用红丝带打的装饰结,张先生在上面还装饰了一根新鲜的松树枝。一年了,他用仆人的耿耿忠心整整保存了一年,而我和客人们激动之余一下子就全吃完了。我没有必要隐瞒:甜饼屑在我的喉咙里卡住了。当然,责任不在甜饼,甜饼是无可挑剔的,责任完全是在我自己的喉咙!多拉,我们大家都怀着爱在思念着你,而且有一个人是带着湿润的双眼在怀念你。这个时候米尔斯先生来接替我的岗了,于是我开着他的车前往美国人那儿。夜色笼罩,一路上碰到了好儿具尸体。这些尸体已经连续12天横陈在我们周围的街道上,无人收殓。我还经过了被日本士兵纵火焚烧后剩下的废墟。在内心中我一方面为我们的未来担忧,另一方面也怀有一丝希望,我们很快就会

渡过这个难关，群魔乱舞之后，安宁和秩序将会重新来临。

美国人默默地、忧心忡忡地紧靠着坐在一起，他们没有圣诞树，只有壁炉边上的几面小红旗表明他们的佣人想给主人带来一丝喜悦。我们大家讨论了最紧迫同时也最使我们忧虑的问题：难民登记。日本人命令每一个难民都必须登记，登记必须在今后的 10 天内完成。难民共有 20 万人，这可不是一件容易的事。第一件麻烦事已经来了：已有一大批身强力壮的平民被挑选了出来，他们的命运不是被拉去做苦工就是被处决。还有一大批年轻姑娘也被挑选了出来，为的是建一个大规模的士兵妓院。谈到这些残酷无情的做法，圣诞的快乐情绪是怎么也生长不起来的。半小时以后，我又重新沿着弥漫着臭味的街道往回开。我的小小的院内收容所充满了祥和与安宁，只有 12 个岗哨悄无声息地沿着院墙来回走动。换岗时，几个手势，断断续续的话语，谁都不想打搅患难兄弟姐妹的睡眠。米尔斯开车回去了，我也能去睡觉了。但是必须像往常那样和衣而眠，因为我必须时刻做好将闯入者驱赶出去的准备。谢天谢地，今天一切都是静悄悄的。我长时间地倾听着我周围的呼吸声和鼾声，偶尔被某些病人的咳嗽打断。慢慢地，我也合上了眼帘……“平安夜，圣善夜，……”①

12 月 25 日，下午 1 时

施佩林带着曹迪希一块儿到我这儿来致圣诞节问候。他认认真真地告诉我，他以前参加过北平水厂的建设，因此对这类事情很了解。他可以担保，我们要不了几天就可以有水有电。这个时候我仔细地打量了他一番，他敞开的冬大衣里只有一件长睡衣，没有领子，也没系领带，但却带来了圣诞节最美妙的醉酒模样。于是我决定把原先为他准备的庆祝节日用的雪梨白兰地留到下一次用，他多少有些扫兴地回去了。

12 月 25 日，下午 5 时

我得到了一份预料不到的再好不过的圣诞礼物，那就是 600 多个人

---

① 西方著名圣诞歌曲《平安夜》的第一句。

的性命。新成立的日本人的委员会来到了这里,开始对我登记的难民进行调查。每名男子都被一个个叫到,登记按严格的顺序进行,妇女儿童站左边,男人站右边。现场非常拥挤,但是进展顺利,没有人被拉出去。而在我旁边的金陵中学,今天得交出 20 多名男子,因为怀疑他们曾经是中国士兵,这些人都必须被枪决。我这里的中国人都很高兴,我也从心眼里感谢我的主,一切进展得非常顺利。现在有 4 名日本兵在院子里开具身份证,估计他们今天完成不了这项工作。其实这也没什么可说的,既然日本军官已经作出决定,那就没什么好改的了。就在我拿雪茄和西门子记事簿招待这名军官的时候,从百子亭的一栋房子里(就在上海商业储蓄银行的后面)升起了一团浓烟,烟灰雨一般地飘落到我的院子里。日本军官若有所思地看着我的难民们居住的岌岌可危的茅草棚,然后说了一句真心话:“日本士兵中也有坏人。”他的话不是没有道理!

12 月 26 日

昨天在我这儿没有发生入室行窃,这是两个星期以来的第一次,看上去情况真的有了好转。我这里的难民登记工作今天下午结束了,日本人甚至慷慨地又给另外 20 个后来偷偷摸摸塞进来的人发了身份证。刘和他的一个孩子病了,我开车把他们送到鼓楼医院的威尔逊大夫那儿,他目前一个人负责全院的工作,因为特里默大夫也病了。威尔逊大夫又给我看了一起日本士兵的新的暴行:一个中年妇女因为没能给日本士兵弄来姑娘,下身遭到枪击,造成撕裂,有 3 块手掌那么大的肉被掀掉,能否痊愈还很难说。刘和他的孩子可以回家,他们只是得了感冒。在宁海路,我们的总部也在进行登记工作。这儿的登记由菊池负责,他因为态度温和很得我们的好感。在我们安全区的其他地区,日本人把居民赶成数百人一群,然后带他们到登记办公室去。据我听说,清理出来的人有两万名,一部分送去做劳役,剩余的被枪决。对这种残酷野蛮的措施,我们只能默默地耸耸肩,非常遗憾,我们对此无能为力。许多德国顾问的佣人们来到我们这里,请求我们尽可能地帮助他们保护那些已经遭劫的德国人的住宅不再遭到进一步的洗劫。其实对此我们也无能为力，我们没有力量和这些强盗匪帮对着干。如果我们动武，就会被遣送出城，这对任何人都没有好处。城南升起了滚滚浓烟，纵火者又开始行动了。我前面已经被抢劫一空的一排房子（中山路）令我非常担忧，我担心他们也会把这一排房子纵火烧掉。我给警官高玉搞到了一辆车，当然是借！他虽然给了一张借条，但是我就没指望他把车还回来。韩先生对此感到有些伤心，他把自己的车给了辛德贝格先生，而高玉现在得到的这辆车是韩的一个朋友在离开南京前送给他的。我已经做好了准备，如果这辆车不能归还，将从其他渠道给他换辆车或赔他一辆车。

街上的尸体什么时候才能被清理掉！那个被绑在竹床上枪毙的中国士兵的尸体10天前就躺在距我的房子不远的地方，现在一直没有清理掉。没人敢接近这具尸体，甚至连红卍字会都不敢，因为这是一具中国士兵的尸体。

高玉要求我给他一份包括所有欧洲人住房以及住房内被抢物品的“完整的清单”。我拒绝了他的要求，因为这是大使馆的事情，我不想因为这类问题而自找苦吃。我甚至无法仔细确认，是否有房子或哪些房子肯定没有遭到过抢劫。12月23日，下列房子还未受到破坏：

1. 冯·法尔肯豪森	西康路21号
2. 大使馆参赞菲舍尔	汉口路20号
3. 施塔克将军	北平路62号
4. 莱布桑夫特上校	颐和路37号
5. 杨森	普陀路2号
6. 许尔特尔	颐和路19号
7. 施佩曼将军	薛家巷13号
8. 舒尔兹·潘廷	四条巷10号
9. 穆克公寓	大方巷4号

今天是节日的第二天，为了保护我的难民，我留在了家里，但是明天我就必须去总部上班。在安全区内养活20万人的问题变得日益棘手，史迈士博士估计我们储存的米仅能维持一周。我并不那么悲观，但是最

好能做好应付不测的准备,以防灾难降临时难民食品会告罄。我们向日本当局提出的在城内寻找其他粮食储备并运到安全区来的申请始终没有得到答复。日本人是想让中国人走出安全区,回到自己的家中。如果日本人不再抢劫、破坏和焚烧民宅,那当然再好不过了。如果再不恢复秩序,那么就有三分之一的人不知道该靠什么活下去了。对于我提出的上海的火车和轮船何时能开通的问题,日本人只是微笑地耸耸肩,他们自己也不知道!据他们讲,河道里布下了水雷,在短时间内恢复定期班船是不可能的。这话是否属实,我们无法核实。不过这也很有可能是一个原因,否则的话,根据我的经验,在下关是可以看见外国军舰的,日本人是不可能无限期禁止外国船只在扬子江上航行的。现在我们所经历的灾难是一般人根本无法想象的。我的杂工和厨师到目前为止还一直能为我们筹集到食品,对此我感到非常惊讶。不过我家里的工作运转得十分正常,这也近乎是一个奇迹。我有3个固定的中国客人,他们两个星期以来一直在食用我的粮食储备。幸运的是,储备还够用,可能是在需要弄粮食的时候,我一直牵肠挂肚的难民们也帮了忙。不管怎么说,这是一个值得钦佩的成就。我每天还能吃到煎荷包蛋,而有些人,他们几乎已经不知道鸡蛋是什么样子的了,尽管在战前鸡蛋是最便宜的食品。

下面是一篇日本人用蹩脚的中文发布的布告,现经英语译成德语:

布　　告

本司令官由十二月二十四日起向难民及一般老百姓们发给安居乐业为目的的安民护照,故人民等各自向日本军发给所报到,领收护照为要。如有代领者,概不许可。须要本人自己报到。如有年老幼小有病人等均须跟同家人报到为要。以后倘若没有(请)护照,有一经查出,一概不许在南京城内居住,切切特示。

右谕通知

昭和十二年十二月二十二日

大日本军南京警备司令官

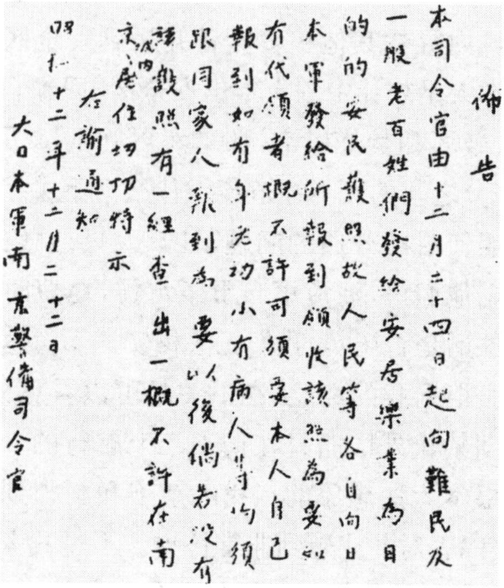

布告

本司令官由十二月二十四日起向難民及一般老百姓們發給安居樂業為目的的安民執照故人民等各自向日本軍發給所報到領收該照為要如有代領者概不許可須要本人自己報到如有年老幼小有病人等仍須跟同家人報到為要以後倘若沒有該執照有一經查出一概不許在南京城內居住切切特示

右諭通知

昭和十二年十二月二十二日

大日本軍南京警備司令官

现将今天我的职员和佣人的名单列出如下：

西门子洋行(中国)南京办事处

姓　名	年　龄	籍　贯	工　作
韩湘琳	×31	山　东	经理助理
周文伯	43	广　州	会计
龙威廉	38	广　州	翻译
罗福祥	25	浙　江	销售人员
张福根	38	上　海	安装人员
孙龙生	×36	上　海	安装人员
徐阿四	×33	上　海	安装人员
张一宽	30	南　京	安装人员
蔡子良	50	镇　江	杂工
童希坤	×29	北　平	杂工

佣人名单

姓　名	年　龄	籍　贯	工　作
张国珍	×36	北　平	管　家
曹保林	56	沧　州	厨　师
葛文海	28	南　京	车　夫
刘汉臣	×34	徐　州	司　机

×=有家庭

韩先生还给居住在我的院子里的难民们也列了一个清单，难民们还按上了手印，清单共有79页，在这里一一打出来需要很多篇幅。（这份起名为“西门子难民收容所”的清单原件已经转交给了西门子洋行的卡尔·弗里德里希，现存放在西门子洋行档案里。）

12月26日

明妮·魏特琳小姐，一个正直可爱的美国人。其实我还不知道她究竟是谁，她可能是以一个女教师的身份在领导金陵女子文理学院，因为开始的时候她竭力反对在托付给她管理的大学礼堂里安置男性难民，后来人们终于说服了她，将男人和妇女姑娘分别安置在不同的楼层。我们的明妮，她经历了一个意想不到的场景！她曾相信这些姑娘，像抱窝的老母鸡带小鸡那样保护着她们。当日本士兵的暴行变本加厉的时候，我亲眼看见她走在100多名女难民队伍的前列，带着她们走向大学难民收容所。现在日本人想到了一个奇特的主意，要建立一个军妓院。明妮吃惊地绞着双手，看着差役闯进了安置有成百上千个姑娘的大厅。要让明妮拱手交出姑娘，她是死也不会交出一个的。但是意想不到的事情发生了：红卍字会中一个我们熟知的受人尊敬的官员（我们一点不敢相信他竟然属于这类人）朝大厅里喊了几句好话，竟然有数量不少的年轻女难民（大家熟知的妓女）走了出来，她们对把自己安排到新的妓院里一点都不感到忧伤。明妮哑口无言!!!

12 月 27 日

我想扮演一次圣诞老人，这就是说我想给我的院子里的孩子们（共有 126 人）每人送 2 角钱。但是结果我的感觉很不好，人们差点把我给撕烂了。看见抱着小孩的父亲们在拥挤的人群中有生命危险，我不得不停止发放活动，大约只有 80 个～90 个孩子领到了礼物，剩下的孩子我必须抽空找出来。今天我清理了总部，那儿收容了太多的不愿意干活儿的苦力，他们在那儿什么也不干。20 分钟后，房间被清理干净，现在看上去又像个样了。遗憾的是我又得向日本大使馆递交一份指控状，城市里仍然有军队匪徒把我们的生活搅得不得安宁，昨天晚上 7 时到今天早上 5 时依然有纵火事件发生。中午我和史迈士博士一块儿去日本大使馆找了福井先生，请求他在向安全区运送粮食方面提供帮助，他答应和军方讨论此事。

南京安全区国际委员会

1937 年 12 月 26 日

致日本帝国大使馆

南京

兹送上又一份贵军士兵暴行记录，即序号为 137 号～154 号事件。

令我们高兴的是可以报道的事件数目有所下降，总的局势因此而好转。尽管如此，仍有必要继续努力，以彻底恢复秩序。在过去的几个夜晚，城里 3 处发生了特别严重的暴行。

1. 在过去的 4 个夜晚，有 7 名士兵闯进圣经师资培训学校难民收容所强奸姑娘。昨天夜里他们根本没有离开这所房子。此外，还有 2 所小学中的难民收容所受到骚扰；

2. 汉口路小学难民收容所；

3. 五台山小学难民收容所。

菲奇先生和我今天下午前往贵馆，请求贵方在此 3 处今后几夜派驻宪兵队特别哨兵，以防止暴行继续发生。

我们感谢贵方在这件事情上为给予我们帮助而付出的努力，我们还感谢贵方已经提供的帮助，这种帮助已经使得安全区的局势得以好转。

顺致崇高的敬意

签名：刘易斯·S.C. 史迈士

秘书

日本士兵在南京安全区的暴行

137) 12月22日，菲奇先生、史迈士博士先生和贝德士博士先生把一些日本士兵从汉口路5号住宅中赶出去，从而防止了在那里的2名妇女遭强奸。在此之后，威尔逊大夫于下午2点认定，在过去的1小时里没有日本士兵进入这所房子。为了安全起见，事后他把这2名妇女安置在大学里。当他从那里返回时，楼上的房间里又有了3名日本士兵。他向一个带了2名士兵路过这里的日本宪兵呼喊。该宪兵本人不愿进去，他派这2名士兵进屋子，经过士兵反复强烈的敦促，这3名入侵者才离开了屋子。（威尔逊大夫）

138) 12月22日，里格斯的住所今天又遭洗劫，住所里的2名妇女被强奸。晚上又闯进了日本士兵，他们强奸了一名53岁的妇女。（里格斯）

139) 12月13日，一名11岁的小姑娘同父母亲站在一个防空洞的入口处观看日本人进驻。一名日本士兵用刺刀将父亲刺死，将母亲枪杀，用刺刀猛击小姑娘的手臂，致使其肘关节伤残。该女孩因无兄弟姐妹，故一星期后才被送往医院。（威尔逊大夫）

140) 12月23日，施佩林先生报告说，他今天3次把在莫干路7号房子里骚扰妇女的日本士兵赶出去（然而他承认，有2名日本哨兵在山西路巡逻，他估计该市区的局势因此而好转）。（施佩林）

141) 12月21日，这一天有一名孕妇和一名年仅13岁的姑娘遭强奸，夜间2个妇女被拉走。抢劫整天都在发生，甚至床上用品也被偷走。一只放有结婚礼品、新旧字画轴的筐子同样也被

抢走了。但总的说来,在日本宪兵队的告示张贴之后,局势有些好转。(五台山小学难民收容所)

142) 12月22日下午2时~4时,闯进一些士兵,抢走了11条被子和较大一笔钱,总共约100元。(圣经师资培训学校)

143) 12月22日,4名带着刺刀的日本士兵闯进收容所索要香烟。难民立即进行了一次小型捐款,买了7听香烟给他们。有人把前一天从这些士兵那儿得到的5元钱还给了他们。难民们之所以这样做,是因为这些士兵威胁要焚烧这栋房子。后来来了3名带枪的日本士兵索要酒。有人给他们买了2大壶酒,4名难民按照士兵们的命令把酒抬走了。另外3名日本士兵偷了3辆自行车并让3名难民把它们运走,其中只有一名难民事后返回。还有4名日本人盗了一辆人力车。另有士兵闯进难民收容所,但未造成损失。(汉口路小学难民收容所)

144) 12月23日,这里人们继续遭到日本士兵的抢劫。一名喝醉了酒的士兵强奸了一名妇女,打伤了一名难民的头。日本士兵三四次闯进来劫走妇女。(五台山小学难民收容所)

145) 12月23日晚8时15分,7名日本士兵劫走了4名姑娘。12月24日早上9时,日本士兵3次闯进我们这里骚扰难民,每次有日本士兵3人~4人,下午2时,他们抢走了衣服、钱和食品。(圣经师资培训学校难民收容所)

146) 12月23日,下午3时,2名日本士兵闯进汉口路小学难民收容所进行抢掠,其间他们遇到了校工黄小姐,把她强奸了。这个事件当即报告了日本宪兵队特务处,该处派来几名警察,因那2名日本士兵在这期间已逃跑,警察就把姑娘带到办公室作为证人加以审问。同一晚上,另外一些日本士兵闯入难民收容所,强奸了王女士的女儿。晚上7时,又闯进3名日本士兵,强奸了2名年轻姑娘,其中一名才13岁。(郑大成,汉口路小学难民收容所所长)

147) 12月24日,4名日本士兵在颐和路6号从马先生领导下的救护队中强行拉走12名中国苦力。(菲奇)

148) 12月24日～25日间夜晚,7名日本士兵闯入圣经师资培训学校难民收容所,并在那里滞留了一整夜。25日早晨9时和下午2时,分别闯进4名和3名日本士兵,他们抢走衣服和钱,强奸了2名姑娘,其中一名才12岁。(圣经师资培训学校难民收容所)

149) 12月25日上午10时,我们委员会的成员里格斯先生在汉口路被日本稽查队的一个军官拦住并殴打。(见里格斯先生12月25日的特别报告)

150) 12月25日,日本士兵从金陵大学胡家菜园11号的院子里偷走2头水牛。(里格斯)

151) 12月22日,2名日本士兵在金陵大学蚕厂难民收容所强奸了一名13岁的姑娘,其母亲想阻止对她女儿的奸污而被打伤。同一难民收容所中的另一名28岁的妇女也被强奸。12月23日,清晨4时,日本士兵在强行抢拉2名姑娘时被制止。士兵随即逃跑。(H. K. 吴,警官)

152) 12月25日下午3时,一些日本士兵偷走了2辆大型消防车上的车轮。安全区消防队有4辆消防车和12台水泵,但在过去的10天里,几乎所有的车轮都被日本士兵拿走。剩下来的除一台水泵以外,其余的不是无法使用就是没有轮子。(Y. H. 雍,警察所长)

153) 12月25日,15岁的姑娘李小姐被日本军官和2名士兵从鼓楼新村的住所劫走。(许传音)

154) 12月26日下午4时,一名13岁的姑娘在陈家巷6号被3名日本士兵强奸。(王)

南京安全区国际委员会
南京宁海路5号
1937年12月27日

致福井先生
日本帝国大使馆
南京

今年12月1日，中国南京市前市长马先生授权国际委员会负责照顾安全区内的平民时，移交给委员会3万担大米和1万袋面粉用于居民的食粮，并委托我们酌情处理，可以通过粥厂免费发给饥民，如有可能，也可销售，销售得到的钱作为居民服务的救济机构的费用，用于购买粥厂的燃料和其他必要的储备。（见随信附上的马市长1937年12月1日的中文信件。面粉是他口头答应给我们的。）

从12月1日至11日，也就是说到贵军进攻南京，城门被迫关闭，我们委员会成功地将1万担大米和1 000袋面粉运抵安全区，其余部分我们希望能在战事结束之后运达。

我们在12月14日给日本南京战区指挥官的信中提醒注意下面这个事实：我们在城区别的地方有大米储备，并请求允许我们的运粮汽车自由通行，以便把储备粮运抵安全区。

贵军特务队队长在12月15日中午的谈判中对我们12月14日的信作了答复，他通知我们可以动用1万担大米，但他要查看余下的大米储备，其监护任务由他负责。我们至今尚未得到许可，把我们的运粮车开到城区别的区域以运输大米储备。

因为中国军事当局除了移交我们的3万担大米之外，在南京周围还有10万多担，而其中大部分在南京被攻陷时落入贵军手中。我们请求您，允许我们运进其余的2万担大米以供20万平民食用。

在过去两周的混乱中，我们只能供应给安全区内的难民收容所和粥厂大米。既然现在城里已经可以恢复一定的秩序，我们想趁天气还好的时候开始运进大米和燃煤。

因为安全区内家庭私人占有的大米储备即将用尽，对大米的需求剧增。如果要我们为全部难民提供食物的话，我们的储备不足以应付一个星期。即使城里完全恢复秩序和安定，仍难为几万名难民提供食物至春季。

我们为粥厂准备的燃煤储备只够用一星期。因此，我们必须立即开始运进燃煤。

希望您能同贵军当局商定一个办法，使我们有可能立即运进大米、面粉和燃煤。

忠实的

签名：约翰·拉贝

主席

金陵大学，南京

1937 年 12 月 27 日

致日本帝国大使馆

南京

在一个多星期前，贵方就向我们保证在几天后就会通过部队换防、恢复正常的纪律、加强宪兵队等措施来恢复城里的秩序，但这样的事情根本没有发生。恶劣的无秩序状态照样继续着，并且看不出贵方会作出认真的努力来结束这种混乱状态。请允许我在此列举发生在贵馆附近的一块大学辖区里的几起事件，大学范围里的所有其他事件暂且不谈。

1. 昨天下午，贵军一名士兵剪断了悬挂在阴阳营和上海路地段农学院的一面美国国旗的绳子，并把国旗拿走了。
2. 昨天夜里 11 时～12 时之间，3 名日本士兵乘坐一辆汽车闯进大学大门，并称受贵方司令部派遣执行检查。他们命令门卫不得报警，并令他陪他们去寻找姑娘。3 名姑娘(有一名才 11 岁)被这些士兵强奸，其中一人被劫走。
3. 到处闲逛的士兵不断强迫中国平民为他们干活。例如，昨天有一名士兵硬要我们医院的一名工人跟他走，我们自己的好些佣人和守卫被带走了。
4. 每天都有士兵闯进我们的住处，寻找妇女、食品和其他物品。今天早晨，一个小时中有 2 栋房子被抄。
5. 在铜银巷有一所圣经师资培训学校，这所学校长期深受贵军士兵为所欲为之苦。我记得，贵方曾答应要对这所学校加以特别保护，但在任何时候都看不到一个宪兵的影子。昨天有三四个人为一组的多组士兵 7 次闯入那里，从经过无数次抢掠还剩一点东西的人们那儿偷窃衣服、食品和钱，他们还强奸了6名妇女和一名12岁的姑娘。夜里，由12名～14名士兵组成的较大规模的队伍闯入4次，20名妇女被强奸。

贵军士兵给平民的生活造成了一连串的恐惧和苦难。贵军军官答应保护人们，但是贵军的士兵每天都在伤害和危及成百上千人的生命。的确有少数警察帮助了我们，我们很感激他们。但是和平与秩序并没有恢复，警察的帮助往往只导致士兵把暴行场地从一所建筑物转移到不被警察干预的另一所建筑物里去。

日本军队就不重视它的声誉吗？日本军官就不想兑现他们对中国人民作出保护的许诺吗？

就在我写这封信的时候，贵军的一名士兵奸污了我们一名教师家里的妇女，并威胁一名美国人，如果他敢进房间就开枪。

贵方就把这称作秩序吗？

许多人想返回自己的住所，但是人们出于害怕被强奸、被抢劫而不敢，因为人们看到，不管白天还是夜里，都有男子不断地被拉走。

如果贵方不作认真的努力，不投入更多的警察部队和不实行严厉的惩罚，秩序就不可能恢复。

我们承认城里几处地方的局势有一点好转，但是在军队的“每两星期一次的”恐怖之后，局势仍然是够糟的。

仅仅许诺是不够的！！

致以崇高的敬意

处于危急和焦虑中的

签名：M.S.贝德士

12月27日

前面贝德士博士写于金陵大学的这封信表明，即使出现了一点点转机，我们远远没有理由为目前的状况而高兴。每天都还在发生无数起强奸、抢掠和谋杀事件。今天有一名被刺了5刀的男子被送进了鼓楼医院。他陈述说，他是被处决的200名前中国士兵之一，这些前士兵作为难民被安置在金陵中学，所有这些人都被用刺刀刺死，而不是被枪杀。之所以要选择这种方法，是因为我们外国人听到机枪声就会竖起耳朵并且打听开枪的原因。

今天张和韩跑来告诉我说，新街口中央商场里开了一家合股公司，即日中公司，那里一切可能需要的食品都可以买到。我和韩立即驱车前往，以确定该报告是否正确。我们来得正巧，竟成了该大楼被焚烧的见证人。如果这种破坏活动不马上被制止的话，那么我们安全区的难民根本就无法返回他们过去的住地，因为几乎一切都被毁灭了。人们已经很清楚了，这座城市简直会被夷为平地。

南京安全区国际委员会
南京宁海路5号
1937年12月27日17时

致福井先生
日本帝国大使馆
南京

您在今天中午向拉贝先生和我询问可以运来满足国际委员会需要的燃煤储备情况，为此我们委托里格斯先生于今天下午进行了查实。

作为我们努力的成果，在此我们给您送去尚未被贵军占用的4个不同地点仓库的储备清单。我们特别提请注意的是清单最后一处列出的50吨燃煤，这50吨煤储存在地处美国辖区的院子里。这批煤可以满足我们目前的需要，然而，直至明年2月1日，我们总共需要300吨。至3月1日，我们另外还需要300吨。上面提到的数量仅够粥厂使用，私人家庭所需的燃煤没有计算在内。平民所需的数量估计在1 000吨以上。因此应该储备600吨燃煤供应粥厂使用，另外1 000吨供平民私人使用。

我们预先感谢您对我们的愿望予以考虑。

致以崇高的敬意

签名：刘易斯·S.C. 史迈士
秘书

燃煤储备清单：

1. 洪武路156号，同怡公司，
   约50吨，其中一些目前正在被运走；
2. 五老桥东91号，庆泰（音译）公司，
   约100吨软煤（硬煤已被焚烧）；
3. 芦席巷36号，天元皇公司，
   约60吨～100吨；
4. 慕兴会堂（音译）（后面的仓库）汉中路入口处，
   大院里大约有500吨，其中一些目前正在被运走。

地处美国辖区的小院里约有50吨。国际委员会请求特别保护，并在运走这批烧煮难民食物所必需的燃煤方面予以协助。

1937年12月27日

12月28日

纵火事件不断！人们觉得自己像个重病人，以恐惧的目光注视着时针走动，觉得它走得太慢了，一天好像有100小时而不是24小时，没有谁知道自己何时会康复。这一夜很平静，明天白天也会这样吗？我们一天又一天地盼望着。所有难民都害怕新年，因为他们知道那时日本士兵会喝得烂醉，又会胡作非为。我们试图安慰他们，但我们的安慰话是无力的，连我们自己都不相信！

有人散布消息，说今天是登记的最后一天，因此数万人涌向登记办公室。安全区的街道上如此拥挤，以致步行也无法通过。我靠着汽车上的德国国旗费劲地从人海中开辟出一条路来。安全区内的每一个人都认得出我挂有卐字旗的汽车。人们互相挤挨着，为了留出一个空隙，好让汽车通过。就这样我缓慢地驶向目的地，我后面的空隙立即又闭合了。假如汽车发生故障，我肯定不容易从人群中挤出来。我们从各个方面得到的报告令人毛骨悚然，几乎使人无法写下来。因估计人群中有以前的中国士兵，因此在难民住的几所学校的登记开始前，日本人要求以前的中国士兵主动站出来，答应保护他们，并称只是要把他们编进劳工队伍。有一些难民站了出来，其中一处大约有50人，他们立即被带走。

据一个幸存者向我们报告，他们被带进一所空屋里，所有值钱的东西和衣物全被抢走，身上的衣服被脱光，每5人为一组，被绑在一起。然后日本人在这所屋子的院子里点燃了一大堆木柴，把一组一组人分别牵过去，用刺刀刺他们，并把他们活活地扔到火堆上。这些人中有10个得以挣脱绳索，翻越围墙，逃进了人群中，而人们自愿地给他们衣服穿。我们从3个方面获得相同的消息。另一组比前一组人数多，据说被刺死在城西坟场。贝德士博士目前正在设法得到有关这一组更详细的情况。我们必须慎重对待这些事件的报道，以免危害提供消息的人。菲奇先生收到了一封上海来信，信中轮盘赌俱乐部通知他已为我们募集了3.5万元。这笔钱在这里对我们毫无用处。我们需要的是人（欧洲人），到这儿来帮助我们，但日本人不让任何人到南京来。这封信是随昨天抵达的日新汽轮公司轮船带来的。轮船只载日本人而不载其他国家的乘客。我们不能把我们想寄出的邮件托给这艘轮船上的人。我们还始终坐在一座孤岛上。这里日本大使馆的官员看来有心要把我们的处境变得可以忍受一点，但是他们似乎过不了他们自己的同胞（军界人士）这一关。我们已有耳闻，这里的军事指挥部不准备承认由大使馆成立的日中委员会（类似于我们的安全区委员会）。现在证实了福田先生在他到这里的第一天对我们所说的话是对的："军界人士要把城里的情况搞得一团糟，而我们大使馆则设法避免这样！"遗憾的是，不论是福田先生，还是田中先生或福井先生都没有能说服军队!!

12月23日，一家由日本人出版在上海印刷的中文报纸《新申报》上刊登了一张照片，照的是挂有我们安全区标志的旗子的安全区入口处。这篇文章中说，难民区国际委员会请求日本人为难民发放床和床上用品。我们从来没有过这种想法，也许我们曾对日本士兵拿走难民的一些床上用品提出过口头抗议。不过，向军队请求给予床上用品这种想法，我们从来没有过，因为军队它自己也没有。

亲爱的乔治：

在鸣羊街17号附近的谢公祠（大庙）旁边，躺着50具因被怀疑是中国士兵而遭处决的中国人的尸体，尸体在那里已有两个星期并已开始腐烂，因此应该立即埋葬。我这里有几个人愿意承办安葬工作，但他们在没有获得日本当局的许可之前不敢开始这项工作。有必要征得这种许可吗？如有必要的话，你能为我办理一下吗？

预先感谢

你的

欧内斯特·H. 福斯特

12 月 28 日

以上福斯特先生给菲奇的信清楚地表明了这里目前的状况。除了前面提到的 50 具尸体外，离我们总部不远的池塘里还躺着被杀害的约 50 名中国士兵的尸体。我们已经多次请求允许埋葬这些尸体(既向日本大使馆又向军事当局请求过)，但总是遭到拒绝。这件事结局会怎样，我们大家都捉摸不透，尤其现在下了雨和雪，腐烂会加速。

我和史迈士博士在日本大使馆同福井先生和日本少佐冈会谈了两个小时。冈通知我们，他收到德国大使陶德曼博士关于负责我们安全的请求，他要求所有德国人(我们总共 5 人)搬到一所房子里，以便他保护这所房子。我要是不同意这个建议，就要我写一封信给冈先生，声明放弃保护。我坦率地发表了意见，声明除了日本军队向这个城里的中国人许诺的保护以外，我不要求为我个人的安全提供特别保护。如果我在经历了过去两星期这里发生的一切之后现在置中国人于不顾，那我当时就可以同陶德曼博士和其他德国人一起登上“库特沃”号。我当然不能完全拒绝冈少佐的建议，因为此人不过要履行他的职责并特别提醒我注意这一点。这样，我说要同别的德国人商量，我估计克勒格尔不会从刚搬进的礼和洋行的房子里再搬出来，因为这样房子就会被抢劫。冈少佐向我解释说，我受委托保护您的生命，如果可以证明财物是日本士兵抢去的或破坏的，由日本政府负责偿还或赔偿。如此狡猾我们当然也可以做到，可是该如何提供证据呢？冈直接问我有哪些证据说明德国大使馆的房子以及另外 38 所房子(布卢默博士的房子在此期间也应该计算在内)被日本士兵抢掠了。我可以回答他的是，我于 1937 年 12 月 14 日同我们委员会的一些美国成员在城里转了一圈，发现全部德国财物(在南京沦陷后)完好无损。随着日军的进城才开始了抢掠、纵火、强奸、谋杀和屠杀。我们大家都愿意对此起誓,美国财物的情况也一样。被溃退的中国军队抢掠的为数不多的几所房子位于太平路,那里根本没有外国人的房子,问题是,人们是否相信我们!!! 我们还请求为我们的4个粥厂提供燃煤。我们要自己用卡车运煤,但遭到了拒绝。他们要我们告诉他们地址之后才把煤给我们送来——日本人自己急需煤!

12月28日

哈——哈——哈,冈少佐先生,如果又能尽情地大笑该多好。晚上7时来了一个日本工程师。我在下关已认识他,此人是在一个预备役军官(三井银行的职员,会一点英语)的陪同下来的,想恢复电厂供电。电厂还需要50个工人,要我明天早晨提供给他们。我答应尽力而为,因为韩会意地点点头,他会知道到哪儿招募这些人。7时30分当我们还在谈判的时候,一个军曹同我的"荣誉警卫"——两个强壮的士兵带着插上刺刀的枪、穿着脏得可怕的长皮靴走了进来,把地毯踩得一塌糊涂,他们是要来保护我的。他们不得不又很快出去,在外面的雨雪天气里来回巡逻。(我甚至有点同情他们,因为外面天气很恶劣。)晚上9时,正在用餐的时候(克勒格尔正在做客),两个日本匪兵突然悄悄地爬越后面的院子围墙。当我准备出去时,他们已经在食品间了。我让克勒格尔叫那两名警卫抓住他们,但这两人不见了!! 而正当克勒格尔向我报告叫警卫的结果时,这两个匪兵又灵活地从围墙上一跃而出。他们在我的房子里这样做太活跃了点。哈——哈——哈——难道不应该笑吗? 冈少佐先生,请您转达我对德国大使陶德曼博士先生阁下的问候。关于派警卫保护的想法,您得申请作为您的专利了。这里没有别的什么保护物,只有党徽——卐字袖章和我汉堡人的特大的嗓门。我只要喝令:"滚——出——去,你们这些流氓,你们这些无赖!!"谢天谢地,他们一般就会畏缩或逃跑了!

12月29日

我为那个准备恢复电厂供电的日本工程师招到了50名工人,并另外派了30名工人供维修水厂使用。我们欧洲人同日本人一样关心尽快得到照明和水。中午我同史迈士博士一起拜会了日本大使馆的福井先生。我们请求允许我们运输燃煤和大米。福井先生愿意替我们到军方说情,他本人帮不了我们的忙,因为一切得通过军事当局。10时,福井先生和高玉先生来访,他们为我送来了上海的邮件。这是极其令人高兴的。其中有3封信是妻子从上海寄来的(最后一封信注明的日期是12月22日),还有两份公文:一是礼和洋行经理鲍尔博士给克勒格尔的公文,注明的日期是12月17日;二是大使馆参赞菲舍尔给我的公文,注明的日期是12月22日,这份公文全文如下:

德国总领事馆

上海

1937年12月22日

亲爱的拉贝先生:

本月18日在南京的日本大使馆参赞日高通知我,根据他个人的查实,大使先生的房子和德国大使馆的办公楼以及我的房子仍然完好无损,日方负责这些房子的警卫工作。虽然停在大使馆办公楼里的一辆汽车被抢走,但在日本大使馆的督促下不久便归还了。前面提到的情况我已拍电报通知了陶德曼大使先生,如果您或某一位德国先生能就其他德国人的房屋状况作出查实(如有这个可能的话),陶德曼大使先生将表示非常欢迎。此外,如果我能得到有关您迄今为止的境况以及其他滞留在南京的德国侨民境况的消息的话,我会很高兴的。我也想知道,大使馆和官员私邸的中国人员是否受伤害,是否在其岗位上。

这封信经日本大使馆转交与您。如果您有消息传给我们,我请求您同样与南京日本大使馆取得联系。通过这种途径或许可以进行定期的消息交流。

您逃脱了全部险境,安然无恙,我为此感到由衷的高兴。您的名字在这里有口皆碑,或许已经通过有线电和无线电反复传遍世界各地。

祝您万事吉祥，向您和所有德国的先生们致以衷心的圣诞节问候。

您的

签名：菲舍尔

又及：大使馆其余先生的私邸是否都完好无损并受到保护？菲

11月19日以来将近40天了，我一直没有听到妻子的消息。福井先生恳请我不要把南京的情况写信告诉上海方面，也就是说，不要报道任何使日本大使馆不愉快的事实。我答应了他，我有别的什么办法吗？如果我的信件只有通过日本大使馆才能传递，那我就必须顺从。总有一天真相会大白于天下的。我借此机会请求福井先生一定设法运走12月13日在这里遭枪杀的中国士兵的尸体。福井答应会想办法。他还通知我，从现在开始，我们安全区四周布置了日本岗哨，他们负责阻止到处游逛的日本士兵进入安全区。我曾比较详细地观察过这些岗哨，并确认没有一个士兵被他们拦住或者盘问过。我甚至看到士兵带着抢掠来的物品走出安全区，而绝对没有受到岗哨的惊动。保护到底在何处呢??

约翰·H.D.拉贝

南京

1937年12月30日①

致福井先生

日本帝国大使馆秘书

南京

尊敬的福井先生：

在此我冒昧地把应转交给德国驻上海总领事馆的一个信封寄给您，信封里有以下信件：

1. 一封给上海总领事菲舍尔先生的信；

① 拉贝将此函和下面3份函收在了29日的日记后。

2. 一封给拉贝夫人的信，地址为上海西门子洋行(中国)；

3. 一封给上海西门子洋行(中国)理事会的信；

4. 一封给上海礼和洋行的信。

我请求您把这些信件转交给收信人，对您的帮助我预先表示深深的谢意。

顺致崇高的敬意

您忠实的

签名：约翰·拉贝

约翰·拉贝

南京

1937年12月30日

致总领事菲舍尔先生

德国总领事馆

上海

亲爱的菲舍尔先生：

您12月22日热情洋溢的来信昨天由日本大使馆一秘福井先生转交与我，多谢。

考虑到军事当局的检查和日本大使馆先生们(他们很热情，给我提供力所能及的帮助)的友谊，我不能像您希望的那样详细地回答上面提到的您那封信中的问题。12月23日，我发现除了您自己的住宅以外，还有以下建筑完好无损：大使馆、法尔肯豪森、施塔克、莱布桑夫特、杨森、许尔特尔、施佩曼、舒尔兹·潘廷、穆克和拉贝，也就是说总共11处住宅，大使先生的住宅中只有一些轻微的损坏。克勒格尔刚才通知我，施塔克从昨天起必须被列入另一份名单上，这份名单有40多处住宅。

所有欧洲人和美国人身体都健康。顺便还给您附上全体人员的名单。

我听说，美国大使馆的几位官员正在前往这里的途中，但愿德国大使馆尽快随后。

我们这里自12月11日以来同外界的通讯联系几乎被切断了，

因此请您告诉我,“库特沃”号现在怎么样,乘客怎么样,我们在“库特沃”号上的行李怎么样? 谢谢。

我在12月22日收到了罗森博士、许尔特尔和沙尔芬贝格12月19日的简短来信(从“蜜蜂”号英国船上发的),信中说他们很健康。这3位怎么到“蜜蜂”号上去的,我就不得而知了。

这里的所有德国人给您送去最好的新年问候,我们非常希望很快再听到您的回音。

您的

签名:约翰·拉贝

附件:

在南京的外国人

1937年12月16日

姓　　名	国　籍	公司或组织
1. 约翰·H.D. 拉贝先生	德　国	西门子洋行(中国)
2. 克里斯蒂安·克勒格尔先生	德　国	礼和洋行
3. 爱德华·施佩林先生	德　国	上海保险公司
4. A. 曹迪希先生	德　国	基士林克—巴达糕饼店
5. R. 黑姆佩尔先生	德　国	北方饭店
6. R.R. 哈茨先生	奥地利	安全区机械师
7. 科拉·波德希沃洛夫先生	白俄罗斯	桑格伦电器商行
8. A. 齐阿尔先生	白俄罗斯	安全区机械师
9. 查尔斯·H. 里格斯先生	美　国	金陵大学
10. M.S. 贝德士博士先生	美　国	金陵大学
11. 刘易斯·S.C. 史迈士博士先生	美　国	金陵大学

续 表

姓　　名	国　籍	公司或组织
12. C.S. 特里默大夫先生	美　国	大学医院
13. 罗伯特·O. 威尔逊大夫先生	美　国	大学医院
14. 格瑞丝·鲍尔小姐	美　国	大学医院
15. 伊娃·海因兹小姐	美　国	大学医院
16. 詹姆斯·麦卡伦牧师先生	美　国	美国基督教布道团(目前在大学医院)
17. 明妮·魏特琳小姐	美　国	金陵女子文理学院
18. W.P. 米尔斯牧师先生	美　国	北方长老会传教团
19. 休伯特·L. 索恩牧师先生	美　国	金陵神学院
20. 乔治·菲奇先生	美　国	基督教青年会
21. 欧内斯特·H. 福斯特牧师先生	美　国	圣公会
22. 约翰·马吉牧师先生	美　国	圣公会

约翰·H.D. 拉贝

南京

1937 年 12 月 30 日

我亲爱的多拉:

昨天,12 月 29 日,我通过这里的日本大使馆收到了你 12 月 6 日、12 日、15 日和 22 日的亲切的来信。有关我经历的细节,我目前还不能向你报告,但是我可以向你保证,我们 22 个欧洲人(根据所附的名单)以及韩和他的家人都健康。胰岛素我手头还有,你不必为此担心。我放在“库特沃”号上的行李怎样了?有关此事你有一点消息吗?但愿不要丢失了。我的所有书籍可是都放在那里。这里有许多事情要做。假如给我撤销“市长职位”,我一点儿也不会悲哀。如前面所说,我们每个人都在自己的岗位上工作,但我们每个人的心灵都需要休假。我希望我们不久能团聚。

热烈地问候你、亲吻你(尽管有种种检查!)

你的

签名:约翰尼

附件(与给菲舍尔先生的相同)

约翰·H.D. 拉贝

南京

1937 年 12 月 30 日

亲爱的孩子们:

我在这里给你们和家里所有可爱的人送去最衷心的新年问候。但愿我们大家明年相见时都健康快乐。我到现在为止身体还没有受到伤害,谢天谢地!

热烈地问候和亲吻你们

你们的父亲和祖父

约翰·H.D. 拉贝

西门子洋行(中国)理事会

上海

南京

1937 年 12 月 30 日

在此,我给您和那里办公室的全体职员送去我最衷心的新年问候!

签名:约翰·拉贝

又及:信件检查目前还不容许我详细报告我的经历。

签名同上

12 月 30 日

“自治委员会”①让制作许多面五色旗,以前安福政府②就是使用的这

① 即“南京自治委员会”,伪政权,拉贝在日记中又称其为“自治政府”。

② 即由“安福系”人员操纵的北洋政府。

种旗子。我们期待着1月1日的大型民众集会，据说在这次集会上要挥舞新的旗子。这个“自治委员会”要代替我们。如果它接管我们的工作，我们并不反对，但是人们显然只是要我们的资金。我很想知道，人们是否真的敢逼我们交出委员会的财产。我们在过去的两星期里已经历了一些胡作非为和强奸事件，因此没有什么事情能使我们吃惊的了。但我不会主动交出任何东西。只有被逼无奈时我才会让步，但即使在这时，我也要提出强烈的抗议。日本外交官对日本军队的所作所为感到害羞，对这我已很有觉察了。面对40处挂有德国国旗的住宅被抢掠，有几处甚至被烧毁这样一个事实，人们很想推卸责任。但是，我们大家都是证人，胡作非为的事是日本士兵而不是中国士兵干的，对城里的中国平民犯下的另一些残暴行径，更不用说，也是日本士兵所为了。日本军队的暴行还在继续，就像我们下面这篇报告中表明的一样。

南京安全区国际委员会
南京宁海路5号
1937年12月30日

致福井先生或田中先生
日本帝国大使馆
南京

兹送上贵军士兵新的暴行汇编材料即序号为155号～164号事件。这个汇编材料的大部分(在第一页)，即155号～160号事件，以前已简短通报与您。第二页上的4起事件，即161号～164号事件，是今天我们才知道的。其中2起就发生在今天上午。164号事件报道的是一个12岁的姑娘被从中英文化协会的大楼里拉走的事，希望阁下尽快予以核查。

161号～163号事件不是发生在安全区内，但其中2起发生在安全区边缘。在安全区附近的这样一类事件无论如何对平民返回他们的原住处造成了困难和危害。

对您接受和考虑我们的愿望，特别是对160号事件的核查，我预先深表谢意。

顺致崇高的敬意

签名：刘易斯·S.C. 史迈士

秘书

日本士兵在南京安全区的暴行

1937年12月30日

155) 12月26日下午1时30分，一个日本军官闯进大学医院，他要求把正在干活的勤杂工交给他使用。鲍尔小姐对拉走勤杂工之事提出抗议，但该勤杂工还是跟这个军官走了，因为他担心鲍尔小姐会吃亏。虽然这名勤杂工3个小时之后返回了，但医院遭受了缺少人员的损失。尤其是因为鲍尔小姐必须看护好医院门诊部，以防日本士兵抢劫，因此带走正在值班的人员等于是对医院工作的严重干扰。（威尔逊大夫）

156) 12月24日，日本士兵把金陵大学农学院的美国国旗取了下来。（贝德士和米尔斯）

157) 12月27日，日本士兵闯进金陵大学农学院，拆除一所用白铁皮盖起的建筑。（贝德士博士）

158) 夜里11时～12时之间，3个日本士兵乘坐一辆汽车闯进大学大门，并称受司令部的派遣执行检查。门卫被强行制止未能发出警报，并被迫陪他们去寻找姑娘。3个姑娘被这些士兵强奸（其中一个才11岁），其中一个被拉走。（贝德士博士）

159) 12月26日，这一天有多组三四人为一组的士兵7次闯入圣经师资培训学校，从经过前面无数次抢掠还剩有一点东西的人们那儿抢走衣服、食品和钱。他们强奸了6名妇女和一个12岁的姑娘。夜里，由12人～14人组成的人数较多的士兵队伍4次闯入，他们强奸了20名妇女。（米尔斯牧师）

160) 12月27日晚上11时，米尔斯先生被从大学喊到汉口路7号（这所房子是大学的），在那里他遇到一个日本士兵，该士兵手中的手枪保险已经打开。米尔斯委托一个佣人到大学去叫一个在那里进行登记工作的宪兵队军官，但这个士兵不让这样做，并让米尔斯离开这所房子。米尔斯回头看时，发现这个士兵在几个戴着日本臂章的中国人的陪同下，正带走一个住在这所房子里的姑娘。到了大学，米尔斯先生找来了宪兵队的一名军官。这名军官在他的要求下立即上路到汉口路上的那所房子去，在半路即汉口路的拐弯处遇到了一辆载着宪兵的汽车，这名军官征用了这辆汽车。因为有人记下了陪同那个日本士兵的中国人戴的臂章标志，所以知道这个士兵所属的分队。这支分队住在南洋旅店，这名日本宪兵队军官找到了这个旅店。在那里人们给他的解释是，经理要一个“小丫头”(小佣人)，但是在此期间有人找到了一个小姑娘比这个士兵带来的更合适。这个士兵带来的姑娘(20 岁)年龄太大了，因此让这个士兵送回去了。米尔斯先生对这种招募女佣的方式提出了抗议。当米尔斯回去的时候，这名姑娘还没有返回。因此他又一次到南洋旅店，但是得到的答复是：他们不愿意同这件事再有任何牵连，他们正在忙别的事情。然而当米尔斯第二次回去时，这个姑娘在此期间返回了。(米尔斯)

12 月 28 日 9 时，有关上面提到的这起事件，可以满意地报道，不论是宪兵队还是师团司令部均尽了努力来调解这起事件。日本军事当局就这起事件向中国人和米尔斯先生均表示遗憾。因此，这起事件被看作令人满意地解决了。(米尔斯)

161) 一个为德国人服务的中国人昨天被日本士兵用刺刀刺死在靠近江南公司的一所房子里。这名中国人不愿让日本人强奸这所房子里的多名老年妇女，为此不得不付出了生命的代价。(里格斯)

162) 昨天，路过首都饭店的 3 个中国人中有一人被日本士兵用刺刀和枪弹打死在该饭店门前，他们指控他是中国军人。

163) 12 月 30 日晨，4 名中国人经过估衣廊时遭到日本士兵开

枪射击，其中一人当场死亡，另一人伤势非常严重，医生怀疑他不能痊愈。他目前正在大学医院。(威尔逊大夫)

164) 12 月 30 日 12 时 15 分，2 个日本士兵开着一辆黄色汽车闯入北平路 69 号中英文化协会大楼，拉走了米超常(音译)家的 12 岁的女儿。(史迈士)

南京安全区国际委员会
南京宁海路 5 号
1937 年 12 月 30 日

致福井先生或田中先生
日本帝国大使馆
南京

贵馆的福井先生昨天要求拉贝先生呈送一张标出我们向您报告过的燃煤贮藏处的图。我们在此把您所希望得到的图随信寄上。除了原始清单上的 4 个贮藏处外，我们还可以补充由里格斯先生在此期间发现的另外 3 个贮藏处，它们是：

5. 四条巷 107 号，约1 000吨；
6. 寿星桥大杨村口华丽公司，约 300 吨；
7. 洪武路 38 号天和公司，50 吨。

对于您提出的与此有关的问题，我们现在通知您，我们愿意动用以下贮藏处的煤来满足我们的需求。

我们原始清单的第 4 号贮藏处即慕兴会堂 1 号，那里有 550 吨煤，其中我们至少需要 300 吨供我们的粥厂使用。

第 6 号贮藏处，寿星桥大杨村口华丽公司，那里的 300 吨煤我们也想用于我们的粥厂。

我们建议，把另外 5 处贮藏的煤留给那些煤炭商人，因为平民不得不向他们购买燃煤储备。

感谢您的帮助。

顺致崇高的敬意

签名：刘易斯·S.C. 史迈士
秘书

12 月 30 日

在我的收容所(所谓的西门子难民收容所)的草棚里,在污泥垃圾中,过去的两个夜晚出生了两个婴儿:一个男婴和一个女婴。不能为产妇提供别的栖息之地,我真感到惭愧。没有医生,没有接生婆,没有护士来帮助这些妇女;没有包扎用品,没有襁褓,只有几块肮脏的破布,这就是父母为新生儿留下的全部东西。我送给这两对夫妇每对 10 元,为此女婴取名"多拉",男婴取名"约翰尼",非常有趣!

张的妻子又生病了,我给了她一点我的"家当",为的是至少减轻些她的痛苦。

我买了两棵漂亮的小圣诞树放在瓷盘里,作为新年礼物送给日本大使馆的福井先生和南京卫戍部队司令官佐佐木少将。小树好看极了,我实在难以同它们分开。但是如今首先该送的是日本人,而远不是我们。此外,我制作了自己发明的新年贺卡,正面带有安全区徽章和我的签字,背后有在南京的全体 22 位欧洲人和美国人的签字。福井先生、佐佐木和我们每个人都得到了这样一张留念卡。这些卡片极受欢迎,人们还想要,但是既没有时间又没有精力做更多的卡片,我们有别的事情要做!

金陵大学,南京

致日本帝国大使馆　　　　1937 年 12 月 30 日

南京

今天下午 2 时日本宪兵队的军官和士兵在金陵大学辖区的蚕厂旁边,具体地说在厕所后面的地下发现了埋藏有约 6 枝步枪和 3 枝或 4 枝手枪以及据说是一挺机枪的部件。正如当事人向我们报告的那样,这些武器是中国士兵在溃逃时为避免麻烦而扔掉或埋藏的。

事后宪兵队逮捕了以下 4 人:

陈嵋(或王兴龙)(音译)　　杨凯泰(音译)

王二(音译)　　金明珠(音译)

陈嵋(或王兴龙),一个聪明的男子,他自愿向我们报名,为难民提供帮助，我们一直未听说他有什么劣迹，现在才知道他过去参加过保安队。

杨凯泰是金陵大学蚕厂的一个工友，我们可以为他担保。王二是金陵大学蚕厂的门卫，我们同样可以为他担保。

金明珠是金陵大学蚕厂的一个难民的儿子，其他方面可以为他担保。

这就是有关此事我们可以通报的所有情况。

我们认为，这些武器不过是溃逃的中国士兵扔掉的和担惊受怕的平民埋藏的或扔在池塘里的。如果贵方让贵军搜索南京的池塘，或许会发现许多类似的武器。

顺致崇高的敬意

签名：查尔斯·里格斯

金陵大学和南京安全区住房委员会成员

签名：M. S. 贝德士

金陵大学紧急委员会主席

12月31日

我的西门子难民收容所的两个男性难民今天在外面闲逛时，遭日本士兵绑架，被逼去扛抢劫来的物品。中午我回去时，其中一个难民的妻子跪下来请求我去领回这两名男子，否则他们会被杀害。这样我就带着这个衣衫褴褛的妇女沿中山路驱车直至找到那些人。我面对着约20名全副武装的士兵，他们不愿意把中国人交出来，情形令我有点不舒服。但最终我胜利了。当我完成了这次出征之后，我是多么高兴。我在收容所当众训了这两个愚蠢的家伙一顿。如果不听劝告的人都愚蠢到跑出去让人抓的话，我总不能去追回我630个难民中的每一个人吧。那他们当初在我这儿藏身干什么呢？我发出警告，类似这样的营救行动我不会干第二次，这样长期下去太危险。日本士兵新年放假3天。有人虽然许诺，不准闲荡的士兵进入安全区，但我不相信和平，我们已经有过极其糟糕的经历。明天，1938年1月1日，“自治政府”将成立，或者说组成。这里是一封邀请信和议程：

致××区难民收容所所长

我们特此通知如下：委员会决定于中华民国二十七年新年下午1时在鼓楼举行民众大会，隆重庆祝“南京自治委员会”组成。

特此要求各个区的每个难民收容所列出参加这个大会的人员名单（不足1 000人的难民收容所派5个代表，超过1 000人的难民收容所派10个代表）。

请您把您的难民收容所的代表人数通知我们，并于新年上午在我们这里报到，以确定您所需旗子的数量。

“南京自治委员会”

南京，12月31日

“南京自治委员会”开幕典礼

议　　程

会场：鼓楼

时间：1938年1月1日新年下午1时

司仪：赵委员

1. 奏乐
2. 由孙先生①（副会长）致开幕词
3. 由王先生②（顾问）升五色旗
   奏乐
4. 向国旗行三鞠躬礼
5. 陶先生③（会长）宣读《宣言》
6. 来宾祝词
7. 三呼“南京自治委员会”万岁
8. 礼毕
9. 奏乐散会

---

① 孙叔荣，后代理会长。

② 王承典。

③ 陶锡三。

(孙、王和陶3位先生是隶属于我们的红卍字会的成员，我们对这些任命感到有些吃惊，但没有理会。)

南京，1938年1月1日

昨天晚上9时30分，我的7个追随者，即美国人菲奇、史迈士博士、威尔逊大夫、米尔斯、贝德士博士、麦卡伦和里格斯来向我祝贺"新年快乐"。我们喝光了最后一瓶红葡萄酒，闲聊了一个小时，贝德士博士(平时最活跃分子之一)这时疲倦得在沙发椅上睡着了。我和我的中国客人也不想牺牲夜晚的安宁，因此，聚会早早就散了，11时我们大家都就寝了。

早晨7时许，张跑来告诉我说，他的妻子又犯病了。我迅速穿好衣服，同张一起第三次把她送进鼓楼医院。医生们似乎还一直没有诊断出他妻子究竟得的什么病。当我乘车回到住处时，人们用欢迎国王的礼炮迎接我，老百姓(我的可怜的难民)组成了夹道欢迎的队列，点燃了为"庆祝"新的"自治政府"的组成而从日本人那儿得到的许多鞭炮，向我表示敬意。然后，600个人围着我，向我献上了用红墨水写在白色包装纸上的新年贺信，所有的人向我三鞠躬。当我点头致谢，把贺信叠起来放进口袋时，他们都很高兴。遗憾的是贺信纸张大得出奇，无法放在这本日记中。下面是我的一位中国朋友对这封贺信的译文：

Herrn Rabe

mit den besten Wünschen für

ein glückliches Neues Jahr.

Hundert Millionen sind Dir nah!

Die Flüchtlinge Ihres Lagers

1938

拉贝先生：

恭贺新年吉祥！

亿万滚滚而来！

您收容所的难民　1938年

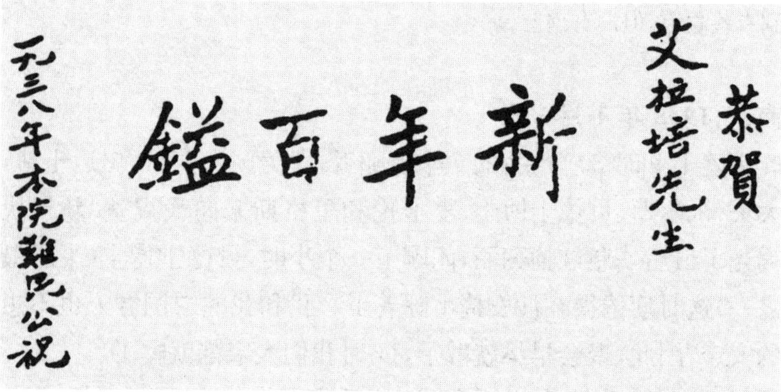

“亿万”究竟指什么，我还没有弄明白。彩券我可是没有玩过，可能可以理解为“亿万种智慧”，这不是很好吗!! 我也向管家张先生询问过其中的含义，他说得很简单扼要：

“就是德语 Prosit Neujahr 的意思。”

当我从鞭炮的火星中走出来时，全体佣人和职工排成隆重的队列，向我行流行的新年磕头礼！

施佩林和里格斯下午来向我拜年，作为礼物他们每人得到一枝雪茄烟(很体面的礼物——雪茄烟今天在这里要 5 元～7 元一枝)。此外，施佩林还得到一把剃须刀，因为他的最近被偷走了。晚上 9 时，一些日本士兵坐着一辆卡车来要姑娘，我们不开门，最后他们开走了。我们看到他们朝经常受骚扰的那所中学开去。我加强了院子里的夜间警卫，布了双人岗，带着哨子，以便一旦有闯入者，我能更快地到达事发地点。但是谢天谢地，一切都很平静。院子和住宅被照得通明，在离我们两排房子远的北门桥有两栋建筑物失火了。日本人将特殊的化学药品洒在房子里，点着了火，火势迅速蔓延。

今天一早韩的住所有了水，看来一部分水管恢复了供水。在我这儿，水甚至还没有流到约两米高的厨房。据说许多管道被毁坏了，压力根本不够。电厂的一台涡轮机据说也已经运转了，可是我一点也没觉察出，城市还完全处在黑暗之中。

据我所知，没有一个欧洲人参加今天早上的活动(新的“自治政府”的组成)。

1月2日

在宁海路我们的总部旁边,一些日本士兵强行闯入民宅,妇女和姑娘们纷纷翻越围墙逃到我们的住所。克勒格尔从防空洞的顶部跳过一堵相当高的院子围墙。我想仿照他这样做,一个警察过来要帮助我,但是我们两人都失去了平衡,从围墙上摔了下来。我们摔到一根相当粗的竹子上,竹子断裂了,但减缓了我们下跌的速度,所以我们均未受伤。在这期间克勒格尔逮住了日本人,但他们很快就偷偷地逃走了。他们称只是要检查。这帮流氓!

我邻居的妻子,曾由我送她到鼓楼医院(因她脖颈被刺),现在看来已经痊愈,可以出院了。因为她没有钱(住院10天,每天要花去8角钱),我为她支付了这笔费用。百姓被洗劫一空,贫困到了极点。昨天在新的“自治政府”的演讲人谈论合作的时候,会场鼓楼周围的几所房子就在燃烧,是日本人放的火。新成立的“自治委员会”会讲日语的副会长孙先生(红卍字会成员),以谦逊的态度通知我,他得马上和我谈一件重要事情。请吧,我早已准备好了,我现在就想得出你们有什么意图!

安全区的街道总是挤得水泄不通,数万人闲站着,为买卖讨价还价。街道两旁被流动小贩占据了,他们兜售的大多是食品、香烟和旧衣物,所有的人都戴着日本臂章或拿着日本小旗子。在小巷和街道间的空地上,是一个个用稻草搭起的难民棚,就同我院子里的情景完全一样。在我的院子里,再也长不出一根草,美丽的矮树篱很快被全部踩坏了。在那么多人的人堆里这简直是不可避免的。现在没有人再会注重美,人们要的是活下去!

昨天夜里,又发生了日本士兵的一系列暴行,这些史迈士博士都记录下来了。我们照例把这份汇编作为抗议书呈交给日本国大使馆:

住在草棚和废弃的防空洞里的难民。

南京安全区国际委员会
南京宁海路5号
1938年1月2日

致福井先生
日本帝国大使馆
南京

我们注意到了您1937年12月27日关于闲逛士兵不得进入安

全区的通知，谢谢。总的局势因此而得到了明显的改善。[①] 但遗憾的是，昨天和今天局势又发生了逆转。通向我们安全区的几个通道不再有贵军的岗哨把守。从此，人们又看到许多不戴臂章的士兵五六个为一群地在安全区闲逛。随着这些闲逛士兵的重新出现，安全区内贵军士兵的暴行同时也在增多，这点可以从我们随信附的汇编中看出。

最后5起事件(171号～175号)就是昨天下午发生在我们所知道的场所。(见所附汇编165号～175号事件)

今天早晨，菲奇先生和史迈士博士先生走访了北平路64号和69号的房子，为的是查实12月31日下午从这两处被拉走的姑娘是否已被送回。人们确认，这些姑娘没有返回。(见12月30日的164号事件和随信汇编的169号事件)

我感谢您的帮助，并祝您新年愉快。

您忠实的

签名：约翰·拉贝

主席

日本士兵在南京安全区的暴行

165) 12月25日下午3时，一些日本士兵闯入峨嵋路7号许传音博士家，劫走钢琴一架、衣服数件。(菲奇)

166) 12月27日下午，在宁海路33号我们的住宅里，闯入3个日本士兵，他们砸开了6只箱子，劫走了一些贵重物品。所有这些物品都是我的雇主陈先生的。(赵子常〈音译〉，门卫)

167) 12月27日下午1时，5个日本士兵和一个随从闯入汉口路小学，想拉走两名姑娘。正当他们把这两名姑娘往街上拉时，被正在巡逻的几名日本宪兵抓住，这5个士兵和一个随从被逮捕。(郑大成，汉口路小学难民收容所所长)

168) 12月27日下午3时，3个手持刺刀戴着黄领章的日本士兵闯入华侨路5号我家，要强奸我18岁的妻子，但被几名日

① 作为安全区主席，拉贝需要日本方面最低限度的合作，因此多有曲意鼓励之辞。

本宪兵制止,宪兵把他们带走了。(难民:屠培英〈音译〉)

169) 12月30日下午,两个日本士兵闯入北平路64号意大利大使馆一名官员的住宅,偷走100元钱,并且企图拉走两名姑娘。在她们的恳求下,其中一名姑娘被放了,但另一名身穿毛皮里子衣服名叫尚雪珠(音译)的16岁姑娘被拉走。这两个士兵在屋里滞留期间,另有两个士兵把守着大门。(施佩林)

170) 12月29日夜间,被派来作哨兵的一个日本士兵闯入我们大楼的一个房间,强奸了一名姑娘。在这之前的12月27日,这些哨兵中就有一人喝醉酒后表示了要姑娘的念头。福井先生12月29日被告知了这起事件,他答应在12月30日夜间撤换这些哨兵。此后,如同我们感激地看到的那样,再也没有发生骚扰。(索恩,圣经师资培训学校)

171) 1938年1月1日下午3时,当施佩林先生经过宁海路和广州路拐弯处时,看到从一所房屋里逃出一个老年妇女。当施佩林走进这所房屋时,一个日本士兵正从这所房屋里跑出来。施佩林发现另外一个赤身裸体的士兵同一个刚被强奸的半裸的姑娘在卧室里。施佩林在给予这个士兵必要的时间穿好衣服之后,便把他赶跑了。(施佩林)

172) 1月1日晚上9时,日本士兵乘坐卡车出现在拉贝先生小桃园的住宅前面要拉姑娘。因为他们被禁止进入院子和住宅,他们就继续朝大学附中开去。(拉贝)

173) 1月1日下午,3个日本士兵闯入金陵女子文理学院楼内,其中一个到竹园里追踪一名姑娘,该姑娘便向魏特琳小姐呼救。魏特琳小姐及时赶到,从而制止了一起强奸事件。魏特琳小姐还看见了另两名日本士兵,他们自称是宪兵队的。(魏特琳)

174) 1月1日下午1时40分,两个日本士兵闯入珞珈路17号福斯特牧师的住所强奸了一名姑娘,殴打了另一名反抗的姑娘。两个多星期里,外国人第一次离开这所房子,也就是说这个事件是在没有外国人看护这所房子仅有的两个小时里发生的。当时，福斯特牧师同菲奇先生吃饭去了。他得到报告后，就立即同菲奇先生和马吉先生驱车返回，并把这两名姑娘送往了大学医院医疗。（菲奇）

175）1月1日下午4时，3个日本士兵在汉口路11号属于大学的一所房子（美国辖区）里强奸了一名14岁的姑娘。同一所房子里的一名妇女跑向大学大门口喊宪兵（日本军警），但是宪兵行动缓慢，到得太迟了。（贝德士）

签名：刘易斯·S.C. 史迈士

1月2日

今天中国轰炸机首次飞到南京上空，对此我们虽然充满忧虑，却等待已久。它们绝不是作为朋友而来，而是作为敌人而来！它们投弹像日本人以前一样准确，但是到目前为止，谢天谢地，炸弹大多扔在了同一个地方，即城南的机场及其周围地区。日本人的飞机也出现了，但是很少，相当弱。空战是否仅仅在我们安全区以外的地区进行，这还要等着看。但我们由衷地希望能这样，中国人是很熟悉我们难民区的。此外，必须把拥挤着成千上万人的街道清楚地标示出来，使飞行员（要是有良好的意图的话）能够很容易地保护我们安全区。如果没有这种良好意图的话，那么后果比预料的会更加严重。即使上海的中午也没有目前我们安全区街道那么拥挤。在人堆里扔一枚炸弹可以夺去上千人的生命。想到这一点就会使人不寒而栗。

我们希望美国大使馆的官员马上到达这里，据说他们1月5日到。

1月3日

昨天晚上7时，史迈士博士带来许博士给菲奇先生的条子：

亲爱的菲奇先生：

刘培坤（音译）因保护自己的妻子免遭一个日本士兵强奸，而在今天下午约4时30分遭该士兵枪杀。

因为我们邻近的房屋被日本士兵占据，我们的住处现在挤满了逃来的妇女。我给施佩林先生写过信，请他立刻到我们这儿来，留在这儿保护我们。要是施佩林走不开，您是不是能派另一名外国人留在宁海路5号保护我们？

致以亲切的问候

您的

许传音博士

1938年1月2日

南京陈家巷5号

当史迈士博士动身去找据说晚上留宿在宁海路的施佩林时，我同在此期间获得了这起事件的完整报告的约翰·马吉前往日本大使馆，请求田中先生向日本军事当局提起申诉要求调查这起事件。这是一个有预谋的残忍的谋杀事件。这个日本士兵昨天上午就企图强奸刘的妻子（5个孩子的母亲），其丈夫过来给了这个日本人脸上几拳，迫使日本人离开了他家。这个士兵早上没有带武器，下午带了一把手枪又来了，找到了躲在自己住所厨房中的刘，尽管刘的所有邻居都为其请求开恩，其中有人给日本人下跪求情，日本人还是把他枪杀了。占领该城市3周后还发生这种暴行，那就根本不可能认为南京已恢复了安宁和秩序。

田中答应立即把这起事件通报军方。我也不怀疑他会履行自己的诺言，但是此后这起事件就再无消息。除了给几个耳光，我们还没有听说过对士兵的其他惩罚。按照日本人的观点，这就是战争，士兵有权决定无辜的中国平民的生死，至于前中国军人，那就更不用说了，他们当然必须被处死。

也许是为了安慰，田中后来还给我送来了一个可以说是相当好的消息，说罗森博士将于1月5日抵达南京，据说许尔特尔和沙尔芬贝格目前在芜湖逗留。他们可能也要来，也就是说，他们同已经通知我们的美国大使馆的先生们同一天到达。

克里斯蒂安·克勒格尔先生在这期间去过紫金山。天文台被毁坏了，就是说变成了断墙残壁。通往山顶的路被破坏得相当严重，但还可以通行。我对克勒格尔的“散步”不完全赞同。他不应如此频繁并且没有迫切理由地去冒险,但是这话怎么能说给他听呢!!

1938年1月2日刘培坤被杀案

1938年1月2日,10时～11时之间,一个日本士兵闯入陈家巷5号刘培坤的住所,声称要对该住房进行检查。当他看到刘的妻子时,便向她提出一连串有关该住房情况的问题。当刘的妻子开始回答这些问题时,屋里的其他人示意她离开,因为他们注意到这个日本人试图把她引到另一个房间去。当她准备脱身时,她的男人刘培坤过来骂了这个日本人几句并朝他脸上打去,该日本人随即离开了这所房子。然后,刘妻为丈夫和5个孩子做午饭。下午4时这个士兵又来了,这次带了一把手枪,要寻找刘培坤,刘此时藏在厨房中,邻居们纷纷请求他饶恕刘,有几个人甚至给日本士兵下跪,但都没有用,都没有能制止他。该士兵一找到刘,就朝他肩膀上打了一枪。当下午4时30分人们喊我去的时候,刘早已死亡。

签名:许传音

南京安全区住房委员会委员

南京,1938年1月3日10时30分

有关老人堂(养老院)的报告

在红十字会代表的建议下,我于1938年1月2日星期天下午,带着刘先生和霍先生前往城东南区的剪子巷,视察了那里的养老院。我们通过点数确认,那儿总共安置了500人,和我们得到的报告一样。在这些老人中间还生活着三十几个儿童。当政府撤离城市时,官员们给养老院留下了一点大米和燃煤,但这一点点储备差不多要用尽了。如果在最近的一两天里没有补给的话,那么该养老院的居住者肯定就会挨饿。人们所需要的大致是,每3天5袋大米,一个月7吨燃煤。人们告诉我们,城市当局没有给养老院留下钱,现在也没有人负责养老院。现在看来必须从有一点能力的居民中找一两个来负责管理这个养老院。

我建议,向"自治委员会"提出请求,请他们承担领导这个存在了将近100年的养老院的责任。

养老院原来无疑隶属于市政机构,以前也是由市政部门拨款的,它的领导责任应由新的市政部门承担。

刘先生昨晚准备同"自治委员会"谈判。他答应,如果他们拒绝承担责任,就通知我们。

根据我自己的看法,市政当局应该承担这项管理工作。但是,为使养老院的居住者不至于陷入困境,无论如何必须很快采取行动。

应该对这个养老院里的儿童予以特别的重视。对失去父母的儿童,应该给予,或者说应该规定给予特别的照顾,因为把儿童留在养老院里是不合适的。

签名:W.P. 米尔斯

1937年12月27日于上海出版的《新申报》发表的消息:

1. 日本舰队司令官宣布青岛海岸为封锁区。从12月26日20时起,中国船只,无论是官方船只还是私人船只,一律不得在上述海岸航行。

2. 根据日本军队12月26日下午6时的公告,日本军队占领了距扬州西北50公里的天长。

3. 一支日军部队于本月24日下午6时占领了杭州。人们认为芜湖和杭州以东的所有地区肯定会很快落入日本人的手中。

4. 日本人对占领南京很自豪。他们在7天时间里攻占了首都,尽管(如他们所说)它由10万中国士兵保卫着。他们把这次战役同世界大战相比,以显示他们能够战胜世界上任何对手。此外,他们声称缴获了许多战争物资,打死了许多敌人,抓获或消灭了在南京的约6万名中国士兵。①

5. 据说在南京得到日本医生治疗的中国士兵为了表达他们的感激之情,愿意继续为日本而战。这条消息的细节如下:②

---

① 这一说法,正是日军对放下武器的国民党官兵进行大屠杀的证据。

② 对日本军方在上海创办的《新申报》,拉贝先生在日记中多处揭露了它以欺骗的宣传来歪曲事实真相的本质。"3所临时医院"的真实情况可参见1月25日的日记中关于外交部和军政部红十字医院的状况报告。

在南京，为受伤士兵设立了3所临时医院，即外交部、军政部和国立中央大学各一个。当中国军队撤出该城时，医院的医生全跑了，没有留下来继续照顾可怜的受伤或濒临死亡的中国士兵。约30具因受了重伤死于金陵大学医院的中国士兵的尸体就躺在地板上并已经腐烂。另外一些轻度受伤的士兵被安置在外交部和军政部。这些人脸色苍白，给人的印象是可怜的平民。日本医疗队不想让这些伤员死亡，派出了在寿山大夫和冈田大夫领导下的10名医生以及20名护士前往上述两个政府部门，给每个伤员以细心的护理。在外交部总共大约有300个伤员，在军政部大约有200个伤员。这些士兵供述，在日本人占领该城的前一周，所有的中国医生和护士同战败的中国军队一起离开了南京，幸亏后来来了一个英国(应该是美国)牧师马吉大夫，他带了13名中国医生和50名护士护理中国士兵。但是每天都有尸体被抬出去。目前日本医生在为这些中国士兵治疗，他们因此而很感激日本军队。一个中国士兵腿部中弹受伤，为他治疗的医生寿谷大夫问及他身体情况和是否有兴趣继续当兵时，他回答说：不，但是如果我必须继续当兵的话，我愿意为日本而战。云云。

6. 在巴勒斯坦北部，英国士兵和阿拉伯非正规军之间的战斗还在继续。

电台消息——《字林西报》1938年1月3日12时40分

晚间报道：

日本人提出的媾和条件如下：

日本参与海关事务等；

日本控制某些区域(不详！)；

中国应加入反共产国际条约；

日本要求建立非军事区；

中国必须支付战争赔款；

成立蒙古独立政府。

巴黎：

日本有意签订和平协议。但是中国鉴于目前的军事形势不可能参加谈判。

孔现在是行政院院长。人们估计蒋不会为了给和谈开方便之门而从其他一些职位上退下来。据推测，中国将试图同苏俄建立更亲密的关系。根据其新年讲话判断，近卫似乎也持这种观点，因为他奉劝日本人作好长期战争的准备。

香港：

一个中国人从苏俄得到有关他的朋友的消息，说他们在那儿被训练当飞行员。

日本人企图在潼关附近着陆，但没有成功。

陶德曼：

在汉口发表的新年讲话中表示希望新的一年能赐予世界和平。

《字林西报》：

在今天的社论中对近卫、杉山[①]等3个日本人的新年讲话作了评论。近卫称，在南京陷落之后，中国政府会冒险投向共产主义。在此，《字林西报》评论道，日本正在把中国推向苏俄人的手中，从而促成它所极力阻止出现的局面。但是中国政府仍然坚定地站在自己的原则基础上。

1点钟的时候停电了，别的新闻就收听不到了。我们没有收到收音机里的报时信号，但从12时40分新闻广播的时间长度判断，估计是1点差5分。

签名：史迈士

机密　内部文件

国际委员会当前的状况

1. 我们是一个民间团体，成立的宗旨是帮助饱受战争苦难的平民。

(1) 食品和资金是供我们支配的，是供我们委员会用于上述目

① 近卫文麿，时任日本内阁总理大臣；杉山元，时任日本陆军大臣。

的的，因此我们要设法使委员会继续存在下去，但我们在使用我们的救济金时要适应当前这里的状况。

(2) 我们履行的行政管理工作由我们的合法基金单独支付报酬。(警察的薪金不由我们支付，而是由他们的行政管理机构单独支付。我们向警察提供大米，所提条件与我们向其他所有的难民和自愿助手提的条件相同。市政当局派给我们组织的那 3 个职工的薪金单独汇给。)

2. 我们一开始就同红卍字会和红十字会合作，并且对“自治委员会”将继续持这种态度。我们将准备始终以下列标准判断合作的建议：最好地为委员会的目标服务或最有利于委员会的目标。

3. 我们的基金我们不会交出。这些资金是委托给我们妥善保管的，我们将用我们的声誉保证，这些资金只用于应该用的场合，不会作其他用途。

4. 我们必须警惕，不要让人把会耗尽我们财力的工作或任务移交给我们，也不要指望我们会进行使我们对这笔资金失去控制的工作。

5.“自治委员会”在恢复秩序和恢复国家公务方面一直得到我们的充分支持和承认。但我们的基金首先是用于避免严重的食品短缺以及用于在其他方面帮助居民。

南京，1938 年 1 月 3 日

1 月 3 日

我们对前面摘录的 12 月 27 日在上海出版的日本人报纸《新申报》的文章很感兴趣，因为我们可以从中核对其中列举的事件。有关 6 万中国人被俘或被杀，我们不知情。就我们到目前为止所知道的情况来看，当时在南京城墙内的中国士兵不足 2 万。我们担心，南京陷落后放下武器的中国士兵中，大概有2 000人被日本人枪毙，这已经够残酷的了，这无论如何有悖于任何国际法。城市被攻占时也许还有数千个平民被杀。但愿就这么多了。

关于提到的位于我们安全区之外的那 3 所军事医院，值得一提的是，城市被攻陷之后我们和红十字会立即被禁止进入上述医院。各个地方的名称是正确的，马吉为医院尽了力，这也是对的，但接下来的报道内容则根本无法核实。

今天，城里自来水管得到一定的修复，我们住宅位于二楼的洗澡间也有自来水了。中午，在安全区的几个地方甚至恢复了照明，但是1时左右电源又被切断，或许是为了防止我们收听新闻广播。史迈士博士收到了一部分前面文字已经提到的香港无线电广播内容。有关和平的新闻，就条件而言，和我们在3个星期前已经知道的没有什么不同。看来在这期间，这方面没有取得大的进展。

下面几页是我们粥厂和难民收容所工作的检查报告，这些报告使人们对我们委员会及其小组的不很容易的管理工作会有一个充分的了解。在工作中对个别中国人严厉一点，这是可以理解的。我们在中国，不这样做是不行的。我今天在我们院子里也逮到了一个要高价的菜贩子。难民收容所的几个妇女正准备拿走这个男子的全部蔬菜，我制止了这事，随后把这个家伙撵了出去。

中午1时，军医总监平井大夫来拜访我，他会结结巴巴地讲几句德语。我们十分费劲地进行了一个小时的谈话。在我向他赠送了一本西门子日历和希特勒的《我的奋斗》之后，他满意地走了。

检 查 报 告

第三难民收容所——陆军学校

1937年12月31日由洛、王、米尔斯和福斯特先生检查。

<u>组织：</u>

所长：赵永奎(音译)先生

难民人数：约3 200人，分成27个小组，每组设一个组长。

公共事务部主任：周先生

秘书：伊先生

人事秘书：朴先生

社会事务部：谢先生

综合事务部：马先生

在这些难民中，有几个是被日本兵从无锡、常州、镇江和上海拉来的苦力和佣人。

有几个男子每天出去为日本士兵干活，有时分得一些大米作为报酬。

这个收容所中也有一些商贩，他们同难民进行小买卖。

在这个收容所的1个～2个小组里也有几个可疑分子，他们有吸鸦片和用可卡因（白色药丸）的恶习，因而对这个收容所的纪律构成危害。

这个收容所的所有难民均由日本军方登记注册。

大米分发：

收容所平均每天分发10袋大米。

约三分之一的难民自行解决伙食，其余的三分之二由国际委员会供给膳食。

没有公共厨房。每个家庭自己做饭。每天每个成人得到一杯米，每个儿童得到半杯。

配给是免费的。

收容所领导估计1袋米最多有230杯。

为日本人干活的男子以及商贩不分发大米。

难民们抱怨，配给他们的大米数量不足以充饥。

评价：

检查委员会认为收容所中的一般情况是令人满意的，并且承认收容所领导为维持秩序所作出的努力。只是卫生设施还需大力改进，因此，强烈要求尽快采取严厉措施，革除这种弊端，使难民目前尚可的健康状况得以维持下去。

委员会认为有必要督促收容所领导促使难民的膳食习惯改为喝粥。

此外，委员会认为，1袋米的含量不止200杯。一般规格的1袋有1.25担，因此应有250满杯，甚至有266平杯。

第三难民收容所的临时规定（见中文原文）：

1. 按原数量分配给每个部门大米。

2. 从今天即1937年12月29日起，要经常检查每个部门是否查实哪些人还有大米和钱，因为以后不应再为这些人员提供大米。

3. 此外，对在难民收容所内出售大米、粥、水、糕点或其他商品如牛肉、骡肉和酒的商贩，如果他们每天的销售收入超过3元的话，则暂时不供给米。

4. 因此而省下来的大米，应由部门主任分发给急需者。

5. 19时后，收容所各部门都得熄掉灯火。如一定得用灯，应把火苗调得尽可能小，谨防酿成火灾。

6. 从明天起，每个部门都应该在难民中推选一个有经验、声誉好的老人，同收容所领导一起商讨分配工作的方法和如何改进分配工作。

1937年12月31日

又及：在收容所办公室发现有2袋半大米，所长告诉我们这些大米是日本士兵发给几个难民作为他们劳动报酬的。人们告诉我们，他们把这些大米留到食品储备不足时用。

检查委员会怀疑这种陈述的正确性。

兵库署(军械库)难民收容所

1937年12月31日由洛、王、米尔斯和福斯特先生检查。

组织：

所长：陆成美先生，带约40名助手。

难民人数：约8 000人，以及另外许多只在这个收容所过夜的人。

一队中国警察驻扎在这个收容所的房屋里。

一些难民愿意住在房屋的地下室和掩体里，因为那里要暖和些。

安排了一个特别的房间供妇女分娩用。

一个妇女在准备吸鸦片时被当场逮住。

大米分发：

收容所平均每天得到 10 袋大米供分发。

收容所有一个公共厨房,每天两次(9 时～11 时和 14 时～16 时)分发米粥。

领取米粥用的红色配给证已发给 492 户人家,总共约3 000人。

约有1 500人不领取无偿的米粥,约有2 400人膳食自理。

尚有一些钱的难民有偿领取米粥,每杯 3 个铜板。每天的收入共计有 12 元,据此估计有钱的难民人数约为 600 人。

人们告诉我们,收入用于采购收容所中的蜡烛、席子和其他日用品。此外,一部分钱用来购买香烟分发给日本士兵,以免他们来骚扰收容所难民。

已要求收容所所长就支出的钱向国际委员会交一份账单。

检查委员会的印象是,大部分难民自己做饭。

不满意见:

提出了许多抱怨,比如,在分发红色配给证(免费卡)时优先考虑到的是那些不该领取这种证的人。许多贫困者据说没有得到配给证。因为人群太拥挤,领取粥很困难。就是那些用双臂为自己在人群中开辟出路来的人也抱怨差一点买不到粥。另外又有一些人抱怨说,粥不好,就是说无法吃。由于要节俭使用储备,就在米粥里兑了生水,因而导致了许多疾病的发生(这个收容所中的确有许多病人)。

中国警方宣布不可能同收容所领导合作,因为这些领导人在分发米粥时严重偏袒。

评价:

检查委员会查明,房子里有 31.5 袋米,其中 22 袋在地下室,9.5 袋在另一个房间。收容所所长告诉我们,国际委员会提供给他的大米数量完全可以满足需要。但我们认为,这要么是不良企图,要么就是打算实施严格的节约措施,而这些节约措施严厉得对收容所难民产生了不利的影响。发现的那些米中,有 22 袋是刚供给的,定于当天和以后几天使用。对于其余的 9.5 袋米,则没有作出解释。

收容所中卫生状况不得不被看作是很糟糕的。现有的空间住这么多的人太拥挤了。因此必须立即公布和实施严格的卫生措施。

此外，我们建议，分发米粥的公共厨房再多开几扇门，使分发工作变得容易一点。

我们的印象是，组织和领导工作还有待改进。收容所所长看来是诚实的，工作肯干，致力于完成他的任务，但我们认为，他没有把他的手下人牢牢地掌握在自己手中。

我们建议国际委员会很好地监督大米的出售和从中获得的收入的下落。这个收容所的许多人至今靠他们自己带的储备生活。但是他们的储备马上将用尽，一部分人的已经用尽。因此，必须作好准备应付增加的需求。难民中有一些很受人尊重的人，他们只是因为战争而陷于困境，他们很难启齿向人乞讨食物。

德中俱乐部(DÖS)难民收容所

1937年12月31日由洛、王、米尔斯和福斯特先生检查。

组织：

所长：赵唐荣(音译)先生

难民人数：444人。

大米分发：

收容所平均每天得到2袋大米。因为难民人数是变化的，有时有少量大米结余，然后就分发给人们。

分发是免费的。

每人一次发1升米，供2天使用。分发时不分成人还是儿童，每人数量相同。

难民看来全都满意，没有提出任何抱怨。

这里没有公共厨房，每个家庭自己做饭。

评价：

检查委员会的印象是，这个收容所的难民不论在膳食方面还是在居住方面都得到了良好的照顾。要求收容所所长呈交一份自己解决膳食和自己可以购买大米的人员名单。

此外,我们建议卫生规定要更加严格地执行。

贵格会传教团难民收容所

1938 年 1 月 1 日由洛、王、米尔斯和福斯特先生检查。

组织:

所长:张公生(音译)先生

难民人数:约 800 人。男性居多,妇女比儿童多。

部分难民居住在上述传教团辖区的房屋里,部分居住在草棚里。

这个收容所常常遭到日本士兵的抢掠,妇女经常遭到强奸;不久前情况才开始有所好转。

有一些难民外出为日本士兵干活;他们滞留在外 1 天～3 天。他们有时得到一些大米作为干活的报酬。但是有关此事他们秘而不宣。

看不出有很多的组织工作,但是难民看来是满意的。

大米分发:

收容所平均每天得到 2 袋大米。没有公共厨房,每个家庭自己做饭。

每人每天获得十分之七升有时只有十分之四升大米。提供 4 袋大米时,每人每天可分发到 1 升大米。

米是免费分发的。分发时成人和儿童没有区别。

评价:

要求收容所所长呈交一份他的收容所中所有能够自行解决膳食的难民名单。此外,还指示他设法更好地执行卫生规定,因为收容所中的卫生状况不符合卫生规定。

汉口路小学难民收容所

1938 年 1 月 1 日由洛、王、米尔斯和福斯特先生检查。

组织:

所长:郑大成先生

难民人数：约1 400人(以前为1 500人)。

看来难民对领导满意。

大米分发：

每天有4袋米供分配。没有公共厨房，每个家庭自己做饭。

几乎所有的难民吃干饭(不是稀饭)。分发时成人和儿童没有区别。

约150人带有自己的大米储备或有钱为自己购得大米。这个收容所没有米出售。

评价：

这个收容所的房屋十分拥挤。因此，严格执行卫生规定有十分重要的意义。检查委员会建议收容所所长组建一支卫生队，督促或在必要时强制难民注意清洁。

我们的印象是，这个收容所的难民抢救出了他们大部分的箱子等物品，总之东西比其他收容所的要多，这更加加重了空间的拥挤和狭窄程度。

1938年1月4日

我的住宅(小桃园)可惜离安全区的边界太近了一点。我整日担忧，就怕我的房子有一天也会着火。昨天邻近又有3所房子着火了。当我写这些的时候，南边又有一股烟云冲向天空。此外，城市始终处于黑暗中，尽管据说下关的涡轮机在正常运转。有人说给我们断电不仅是收音机的缘故，而且还出于对中国飞机空袭的担心。据说前天的空袭很成功，有人说击毁了20架日本飞机，炸死了200个人。这可能太夸张了，但多少有些根据。日本军方的暴行还始终没有结束，从下面这封给日本大使馆的信中就可以看出。我们不断提出抗议，遗憾的是就各个事件来看没有明显的成效。总的来看，在日本人为保护安全区特别设立了一支宪兵部队之后，局势是有了好转，但是这些宪兵中，也有一些可疑分子，他们要么装聋作哑，要么自己参与暴行。我刚才遗憾地听说，罗森博士先生要到1月10日才来。

南京安全区国际委员会

致日本帝国大使馆　　　　　　　　　　　南京宁海路5号

南京　　　　　　　　　　　　　　　　　1938年1月4日

很抱歉，我们在此不得不再次向您报告贵军士兵的暴行，并且希望，5名受害妇女通过您的干预能够获救。

从随信附的176号～179号事件的简短汇编中您会看到，178号事件涉及的是从我们的一个难民收容所中被拉走的6名妇女，其中一名现在被送进了大学医院，在那里随时可以向她询问。如果您愿意的话，我们可以带您去看她，使您通过亲自询问有机会了解另外5名妇女下落的详细情况。这样您的宪兵队就能够进一步调查这个事件并救出这5名妇女。

对您的帮助我预先表示感谢。

顺致崇高的敬意

签名：约翰・拉贝

主席

日本士兵在南京安全区的暴行

176）1938年1月2日，10时～11时之间，一个日本士兵闯入陈家巷5号刘培坤的住所，声称要对该住房进行检查。当他看到刘的妻子时，便向她提出一连串有关该住房情况的问题。当刘的妻子开始回答这些问题时，屋里的其他人示意她离开，因为他们注意到这个日本人试图把她引到另一个房间去。当她准备脱身时，她的男人刘培坤过来骂了这个日本人几句并朝他脸上打去，该日本人随即离开了这所房子。然后，刘妻为丈夫和5个孩子做午饭。下午4时这个士兵又来了，这次带了一把手枪，要寻找刘，刘此时藏身在厨房中，邻居们纷纷请求他饶恕刘，有几个人甚至给日本士兵下跪，但都没有用，都没有能制止他。该士兵一找到刘，就朝他肩膀上打了一枪。当4时30分

人们喊许传音博士去的时候，刘早已死亡。约翰·马吉随后赶到，他证实了这个情况。（许和马吉）

177）1938年1月2日15时，施佩林和菲奇先生被喊往宁海路13号的住宅，4个日本士兵闯进那里企图抢掠和奸污妇女。当这些日本士兵看到施佩林先生戴着黑色卐字样的臂章时，便喊着“德国人，德国人”跑开了。（施佩林）

178）1938年1月3日，一名现安置在大学医院的妇女报告说，1937年12月30日她同其他5个妇女一起被从铜银巷6号骗出去，据说是为给日本军官洗衣服，日本士兵把她们带到西郊的一所屋子，她们根据情况判断认为是一所日本军队医院。在这里，白天她们的确必须洗衣服，而每到晚上她们都要被反复强奸，年纪大些的妇女一个晚上被强奸10次～20次，而年轻漂亮一点的妇女则被强奸多达40次。1月2日，两个日本士兵把我们的女病人拖到一所偏僻的校舍，用刺刀总共戳了她10下，4刀戳在她的脖颈上，脖颈肌肉直至脊椎被戳穿，一刀戳在手关节上，一刀戳在脸上，4刀戳在背上。这个妇女虽然预计会康复，但脖颈却不能弯曲了。这两个日本士兵以为她死了便弃置了她。但是她被别的日本士兵发现，他们看到她的惨状便把她送到几个中国朋友那儿，这些中国人后来把她送到了医院。（威尔逊大夫）

179）1月3日，一个尚未成熟的14岁的姑娘，因遭强奸伤势重得只能通过医生的细心医治和护理才有可能康复。（威尔逊大夫）

燃煤储备文件记录　1938年1月4日

1938年1月1日，我们得到“自治委员会”的通知，说日本当局把慕兴会堂1号（根据我们的原始一览表为第四号贮藏处）中的550吨煤分配给了它，并决定把这批煤提供给我们在城里的粥厂使用。

里格斯先生被请求负责安排运输这批煤，当他到达这个贮藏处时，发现如下情况：

1. 第一次看到时有将近500吨的储备，已被运得只剩下70吨了。

2. 存放煤球（粉煤）的库棚连同存放物已被烧掉。

3. 进一步调查存放50吨煤的贮藏处时发现，里面存放的不是我们原先以为的软煤，而是质量很低劣的硬煤。

4. 除了上述的数量，还存有80吨软煤，现正被运走。

最终结果是，原先估计有550吨的总库存实际上只剩下如下库存：

80吨软煤；

50吨劣质硬煤；

70吨优质硬煤；

总计200吨。

（注：其中一个大煤堆只是面上是煤，下面是石头。）

为了补足我们的粥厂最近两个月运作所必需的600吨煤，我们建议，要么把汉西门外面的另一个贮藏处（如果该贮藏处还存在的话，这我们无法查实）的煤调给我们使用，要么把我们原始一览表上的第六号贮藏处（寿星桥大杨村口华丽公司）的煤调给我们使用。

约翰·H.D. 拉贝

致田中先生　　南京

日本帝国大使馆秘书　　1938年1月4日

南京

尊敬的田中先生：

我在此冒昧地把给上海罗森先生和给上海西门子洋行（中国）转多拉女士的信各一封交与您，劳驾您把这些信寄送给上海德国总领事馆，它会负责送达收信人手里。

对于您的帮助我预先深表谢意。

您忠实的

签名：约翰·拉贝

约翰·H.D. 拉贝
南京
1938年1月4日

致罗森秘书博士先生
德国总领事馆
上海

亲爱的罗森先生：

我刚才在日本大使馆听说您将于1月10日抵达这里。我们盼望您的到来。劳驾，请您为我带几磅黄油来，现在这里已弄不到这东西，还请您带一些胰岛素。我因此而写信给了我妻子。她会把这两样东西送给您的。若有可能，劳驾您问她一下。地址：南京路233号，西门子洋行（中国）转多拉·拉贝女士。预先感谢您的帮助。这封信烦请日本大使馆秘书田中先生带去，因为他今天去上海。

致以亲切的问候

您忠实的
签名：约翰·拉贝

约翰·H.D. 拉贝
南京
1938年1月4日

西门子洋行（中国）转
多拉·拉贝女士
上海南京路233号

我亲爱的多拉：

日本大使馆秘书田中先生今天去上海，他友好地主动提出给我带一封信，我只有几分钟时间写这封信，只想很快告诉你，我身体健康。其他所有在这里的德国人和美国人也都好。我听说，罗森博士先生将于1月10日到这里。我利用这个机会也给他写了一封短信。我想要几磅黄油，现在这里这种东西很稀少。如有可能，我还想要一点胰岛素。我这里还有一点胰岛素，但已不很多了。

今天就写这些，热烈地问候你亲吻你

你的

签名：约翰尼

又及：热烈地问候那里办公室的全体女士和先生。

签名：约翰尼

南京安全区国际委员会

致日本帝国大使馆　　南京宁海路5号

南京　　1938年1月4日

今天早晨，美孚石油公司职工傅顺英(音译)先生来到我的办公室报告说，自上个星期五即1937年12月31日以来，米德先生和他的职员在幕府山的两所房子每天受到日本士兵的侵袭。他们强奸妇女，劫走许多贵重物品。

门卫、警察和其他住在那里守护房子的职工经常处于生命危险之中，他们请求保护米德先生和他的职员剩下的私人财产免受继续抢劫。

顺致崇高的敬意

签名：G. A. 菲奇

南京安全区国际委员会

致日本帝国大使馆　　南京宁海路5号

南京　　1938年1月4日

美国德士古石油股份有限公司(中国)仓库勤杂工王庆荣(音译)昨天找到我的办公室报告以下情况：

1937年12月30日，两个日本军人，其中一个显然是军官，来到地处汉西门凤凰村58号上述公司的仓库门前，用手枪逼王打开由他守护的房屋的门，劫走两辆卡车和另外两辆汽车以及德士古石油公司职员的40箱个人财物和100加仑汽油。他们还扯下美国国旗踩在脚下，后来把它烧了。然后他们试图逼王在一张1 000多元的收据上签字。他拒绝这样做，于是被捆绑带走，直到第二天他最终表示愿意签字后才允许回家，并且受到威胁，如果他把这件事泄露出去就杀死他及其全家人。他10岁的女儿和他的姑母遭到日本士兵强奸。

在该仓库的桌子上后来发现一包钱，王的父亲王富裕（音译）今天早上原封未动地把它带给了我。这个包裹里面有700元，我随信寄给您，还有该军官留给王的一张纸条。仓库里办公室的钥匙被该军官拿走了。大门的钥匙王移交给了我，我同样附在这里。

如果您承担对这所房屋的保护工作，德士古石油公司肯定会感谢您的。

顺致崇高的敬意

签名：G. A. 菲奇

南京

致日本帝国大使馆　　　　1938年1月1日

南京

我在此冒昧地提请贵方注意，日本士兵昨天3次、今天4次闯入我们在莫愁路54号的房屋。其中一个士兵今天行为特别恶劣。当我把贵领事馆警官高玉先生证明这所房子是美国财产的文本给他看，并提醒他注意这点时，他把文本撕得粉碎，以向我表明他认为这个文本不值得加以注意。我们辖区的住宅屡屡遭到贵军士兵的抢掠。

我们在天妃巷48号的房屋今天被贵军士兵侵袭4次～5次。我本人于下午5时左右曾在那里遇到4个士兵。其中一个喝得酩酊大醉，行为尤为恶劣，他把一块偷来的磁铁扔到墙上砸得粉碎，离开房屋时当着我的面捣毁一扇玻璃窗。今天有一个妇女在这所学校的建筑物里遭强奸，这个事件更为严重，是这些士兵无纪律的象征。

我当然知道，为敦促军事当局恢复士兵的秩序和纪律，贵使馆的先生尽了力。并高兴地发现,过去的一星期比起前两个星期总的局势有明显好转。然而,像上述的这些事件,可惜不是唯一的,它们表明贵方部队的品行还有待好好地改进。

因此,我一再冒昧地请求贵方继续采取措施,使秩序和纪律尽快得以恢复,使居民对公共治安的信赖得以恢复。

忠实的

签名:W.P. 米尔斯

南京

致日本帝国大使馆　　1938年1月1日

南京

非常遗憾,我感到有必要提请贵方注意,在过去的4天~5天中,五台山1号美国学校的校舍里被日本士兵拿走8把椅子,尽管这些建筑物和地区通过美国国旗和美、日大使馆的公告明确标明是美国的财产。我个人可以查实的是,其中3把椅子在学校附近的一条路上被日本士兵在使用。我请求这些士兵允许我们学校的佣人取回这些椅子,我的要求被拒绝,但是他们许诺以后归还这些椅子。在此期间许诺并没有兑现。但几天后我们得以在附近一所日本士兵撤出的房子里取回了其中3把椅子。从此,其余椅子下落不明。

我曾与贵军一个士兵交谈过,我从他那儿得到一份用铅笔写的笔记,我把它附在这里,它对贵方调查此事可能有帮助。

同上述的事件有关,我还想提一下,贵军士兵最近两次从上述学校的佣人那里偷走大米。贵方不得不承认,只要有这一类事件发生,我们的佣人就不可能履行他们的义务。因为他们屡次遭到贵军士兵的侵扰,他们没有一点点安全感。

因此,我再一次请求贵方采取措施,以恢复必要的秩序。

忠实的

签名:W.P. 米尔斯

南京安全区国际委员会
南京宁海路5号
1938年1月5日

致日本帝国大使馆
南京

我特此通知贵方，昨天即1月4日，下午5时，3个日本士兵先用刺刀逼门卫为他们打开住宅大门，之后便翻越院子围墙闯入我的住宅(保泰街21号)。我的住房被翻遍了，部分财物被劫。

就我所知，日本士兵闯入我的住宅今年以来还是第一次。去年发生了多起破门盗窃事件，被窃的有床上用品、衣服和其他物品。

顺致崇高的敬意

签名：G.A. 菲奇

检查报告

华侨俱乐部难民收容所

1938年1月3日由洛、王、米尔斯和福斯特先生检查。

<u>组织：</u>

所长：毛青亭先生，带19名助手。

难民人数：1100人。

约20个男子每天外出为日本士兵干活，他们有时获得额外的大米作为报酬。

说英语并同索恩先生有联系的冯晓和(音译)先生以前曾在桥牌室和扬子旅馆干过。

房屋很黑暗、肮脏，通风极差。到处堆放着垃圾和废物。

几乎所有的难民都在屋子里做饭。

担任领导的人们看来无能，文化程度低。

<u>大米分发：</u>

这个收容所没有每天固定的大米分配量。一天有时提供三四袋，有时提供5袋。

每个成人一天获得一杯米，8岁以下儿童每天半杯。

每个家庭自己做饭。

评价：

应该敦促难民们到屋子外面做饭。

应注意严格遵守卫生规定。房屋必须立即彻底打扫。国际委员会应为此提供扫帚和其他必要的工具。

希望找几个有点文化的人担任这个收容所的领导工作。

西门子洋行院内难民收容所

1938年1月4日由洛、王、米尔斯和福斯特先生检查。

组织：

(陈述缺！——韩先生担任所长，但他白天在国际委员会总部工作。——拉贝)

难民们生活在遍布整个院内的草席棚里。

难民人数：602人，均由拉贝先生登记。

有时，一天有约30人外出为国际委员会运煤。

大米分发：

收容所每天收到3袋大米供分配。成人每天2杯，儿童每天1杯。人们估计一袋米有300杯。分发是无偿的。每个家庭自己做饭。

评价：

鉴于空间狭小和由此造成的居住困难，我们建议把一部分难民迁移到中山路上的司法学校。

这个收容所的难民得到的大米份额明显比别的收容所的难民多。

中山路司法学校难民收容所

1938年1月4日由洛、王、米尔斯和福斯特先生检查。

组织：

所长：佟燮臣先生，带8名助手。

难民人数：528人。

这个收容所享受日本军事司令部的特别庇护。

每天约有30人外出为日本人干活。

一个姓王的先生，以前曾为驻日本的两个中国公使干过事并且会说日语，现在在这里作联系人。为肯定他的功劳，他被准许乘坐日本军用列车去上海度假一个星期。

80名～100名男性难民被日本士兵从收容所带走再也没有返回。

收容所有男女分开的厕所。收容所每天打扫，保持清洁。收容所组织和领导工作做得好。

还有几个空房间可供难民使用。许多房间配备了铁床。

大米分发：

收容所每两天收到3袋米供分发。成人每天得到一杯米，儿童每天得到半杯。米绝大多数是免费分发的。只有很少几个人有钱买米。人们只吃干饭（不是稀饭）。这个收容所中的难民有三分之一是来自于南京以外的地区，其中大多数来自上海。

评价：

检查委员会对这个收容所有一个良好的印象。看来领导得好，难民满意。这些难民中有一个受了伤，被我们送进了大学医院治疗。

也许有可能把别的过于拥挤的收容所中的难民迁移到这个收容所。

许多房间及放在里边的难民的家当都没有被日本士兵动过。

金陵大学蚕厂难民收容所

1938年1月4日由洛、王、米尔斯和福斯特先生检查。

组织：

很不够！

代理所长：金哲桥（音译）先生

这个收容所的原所长因被怀疑是中国军人而被日本人逮捕。

难民人数：3304人。

500多人生活在露天用布或草席搭的棚子里。收容所十分拥挤,卫生设施很差。看来缺少一个适当的组织。

大米分发:

这个收容所每天收到的大米数量在4袋~8袋之间。已有2天没有分发米了,每2人每天得到一升米。

米大部分是供难民购买的。出售工作由邱刚济(音译)负责,每天的收入约40元。第6组的组长钱箱里有120元。我们估计,有关收入是做了账的,但至今没有向国际委员会呈交账目。

抱怨:

有许多抱怨,具体是:

1. 最穷的和最需要的人得不到米;
2. 干活的人得不到米;
3. 所长的亲戚朋友能毫无困难地得到米;
4. 大部分米被拿到收容所外面出售了;
5. 有一些难民被迫到金陵大学取粥。

评价:

收容所拥挤,如有可能,应该往别的收容所迁移一些难民。

从我们随意问到的人那儿听到的抱怨是如此的多,如此的一致,以致值得对收容所领导是否合格进行一次彻底的考察。

不论房屋里面还是外面的卫生设施都很不够。必须注意严格遵守卫生规定。我们建议,雇用一个较有能力的有责任心的人担任收容所的领导。

农业学校难民收容所

1938年1月4日由洛、王、米尔斯和福斯特先生检查。

组织:

所长:沈家禹先生,带20名助手。

难民人数:1658人。

有小组长,他们必须向所长报告工作。所长和小组长负责调查产生的所有争端。

收容所有一个救护队和一个小组长委员会。

有男女分开的厕所。

一个难民在吸鸦片时被逮住。

有28人每天要为自己的食物付2角钱(见附件名单,我们还附了一份有关收容所规定的小册子)。

大米分发:

收容所每天收到2袋～3袋大米供分发。据收容所领导陈述,一袋(一担)米可分成满满的250香烟听(每听约一杯)。

每个成人一天得到一听米,儿童得到半听。

人们吃的是粥和干饭。

收容所领导对大米的分发实行三重控制,以免发出双份。有钱的或者自己有米的,做买卖的或吸烟的,均不能配给大米。每个家庭自己做饭。

评价:

收容所领导得好。难民看来满意。

收容所领导很有能力,很有成绩。

圣经师资培训学校难民收容所

1938年1月4日由洛、王、米尔斯和福斯特先生检查。

组织:

所长:传教士郭俊德牧师,带助手。

难民人数:3400人。

这个收容所常常遭到日本士兵的抢劫和骚扰。人们估计,这个收容所百分之七十的妇女被强奸过。自从所里驻扎了日本宪兵队的两个岗哨以来,状况有所好转。

这里每个礼拜日都做礼拜,工作日则上圣经课。

收容所中有负责管理、检查、警卫、卫生设施和负责供那些试图闯进收容所来的日本士兵吃喝的各种委员会。

经营着一个特别的炉灶来供应热水,每桶卖一个铜板。维修费用从收入中开支。

大米分发:

收容所每2天收到5袋大米。

目前收容所的大多数难民还有能力支付米钱，但是现存的钱即将用尽。收容所的收入每天约有5元。收容所领导同索恩先生经常有联系。

评价：

如果局势不立即好转，难民们不能重返他们的住所并重新从事职业的话，免费分发的大米数量就必须增加。

收容所一般状况良好，领导得力。

金陵神学院难民收容所

1938年1月4日由洛、王和福斯特先生检查。

组织：

所长：陶忠亮(音译)先生，带20名助手。

难民人数：3116人。

大米分发：

收容所每天收到2袋大米供分配，分发权掌握在门卫老李手里。

只有老年妇女和寡妇才能免费得到大米。所有其他难民必须买配给证。这个收容所约四分之三的难民是贫穷的。

账单由索恩先生收下。

五台山小学难民收容所

1938年1月4日由洛、王、米尔斯和福斯特先生检查。

组织：

所长：张易里(音译)先生，带助手。

难民人数：1640人。

这个收容所是在中国政府通告后3小时就接收难民的第一个收容所。收容所领导得很好。

大米分发：

收容所目前不从国际委员会领取大米。难民从红卍字会得到配给的粥，但可能很快要依靠国际委员会供给膳食。

金陵大学附中难民收容所

1938年1月3日由洛、王、米尔斯和福斯特先生检查。

组织：

所长：姜正云先生，带约80名助手。

难民人数：1.1万人(以前为1.5万人)。

这个收容所的全体难民都已登记。登记之后一些难民离开了收容所，另外一些在查实自己的房屋被毁之后又返回了。收容所中妇女和儿童多于男子。

难民分为40个小组。

有一个救护队、一个检查组和一支消防队。

为病人设立了一个医务所，由一些中国医生和护士负责。收容所有一些病人。这里有8个成人和3个儿童死亡，红卍字会提供棺木安葬。

愿意服从规定的难民目前被禁止离开收容所。

几个吸鸦片的人被逐出了收容所。

一个消费联合会经营一个售货点为难民提供方便。所有货物的销售价格由一个特别委员会规定。

大米分发：

收容所每天收到12袋大米供分配。其中2袋出售给有钱的难民。销售收入每天约21元。这些钱用于收容所中各种必要的开支，比如购买绳索、扫帚、给日本士兵的香烟、厨房用品等。收入、支出均详细入账。

每天向穷人和一无所有的人免费发放10袋大米。

有一个中心厨房，收拾得干净整齐。燃煤由里格斯先生提供。从1月3日以来自来水管恢复供水。

评价：

我们有这样的感觉：收容所组织良好，领导有条不紊。

我们建议，从学校当局取得许可，把一些现在被难民占据的教室里的课桌、板凳靠墙排放，使房间不那么狭小，而难民又有更多的位置睡觉。靠墙排放的课桌和板凳既可以当作座位，又可以当作行李的存放处，而房间空出来的中间位置夜里可以用来铺床。

收容所所长姜先生和学校代表苏先生之间关系似乎有些紧张。

大方巷军用化工厂难民收容所

1938年1月3日由洛、王、米尔斯和福斯特先生检查。

组织：

所长：汪成斋先生和孔平良(音译)先生，带一大批助手。

难民人数：约2800人。

安置难民的房间都编了号以便寻找。

300个男子被日本士兵带走而且没有返回。

每天约有100个男子外出为位于附近高等法院大楼里的日本军事司令部干活。

每天约有20个男子为日本空军司令部干活。

这些人晚上返回收容所，有时带着食物，有时不带。

全体难民均已登记。因为有中国苦力为日本司令部干活，所以收容所受到日本军方的特别保护。因此，这个收容所或许是安全区内最为安全的妇女逗留地。

收容所有各种委员会，诸如管理、卫生设施、商务、检查、价格规定等委员会。所有这些委员会的工作看来令人满意。

对那些被发现参与赌博的人予以罚款(每人0.5元)，违反收容所规定也要处罚。

罚款所得的钱用于收容所的事务。

收容所有一些病人，他们请求获得奎宁和感冒药。

收容所领导请求得到我们的支持，以便让收容所的妇女在日本当局通过登记。

大米分发：

收容所每天得到6袋大米供分发，分发是凭配给证进行的。每人每天得到12盎司大米，如果供给不足，就少一点；如果有多余，就增加一点。

约有100个难民有能力自己买米。

我们发现有13袋大米储备准备分发。分发是在早晨进行的。7时～9时和14时～16时，难民允许到大门外面去取水和处理别的事务。

评价：

检查委员会认为，这个收容所领导出色。担任领导的是一些有文化的有工作经验的先生。收容所组织良好，工作出色。

这个收容所的卫生状况在我们检查过的所有收容所中是最好的。原因也许在于：卫生规定得到了严格的遵守，对不遵守卫生规定的现象进行了处罚。

我们发现，大多数难民在屋子里做饭，这引起了许多疾病，如眼疾等。因此，我们建议收容所领导采取防范措施，使难民们在屋外做饭，这样可以避免上述不足，也可以减少火灾隐患。

收容所领导请求国际委员会对收容所里的妇女得到日本当局登记方面予以帮助。因为妇女数量非常多，如果登记工作能在收容所进行，将意味着极大的便利。

山西路小学难民收容所

1938年1月3日由洛、王、米尔斯和福斯特先生检查。

组织：

所长：王有成先生，带助手。

难民人数：约1100人。

收容所很拥挤，很脏。

大米分发：

收容所每天得到3袋大米供分发。据说每人每天获得满满一香烟听大米。但是根据一些难民向检查委员会的陈述，他们只是每2天获得上述份额。每个家庭自己做饭。

收容所所长声称，一袋米有320烟听的量。

这个收容所约100个难民有能力自己买米。但收容所内不出售大米；大米免费分发给全体收容所难民。

我们在收容所发现有2.5袋米储备，据说有待分发。

评价：

因为如前面提到的，收容所很肮脏，我们指示收容所所长，要坚决要求难民无条件遵守卫生规定。

我们不认为收容所所长和他的助手们特别能干，也不认为他们对自己的工作感兴趣。

我们还向收容所所长提出强烈建议，促使难民食用稀饭。

高家酒馆55号难民收容所

1938年1月3日由洛、王和福斯特先生检查。

组织：

所长：凌恩忠先生，带一些助手。

难民人数：770人，分成两组安置。

收容所所长被要求为严格遵守卫生规定负起责任。

大米分发：

索恩先生告诉我们说，每天平均向收容所提供2袋大米。然而，收容所所长说，每天只能得到1袋，有时每2天得到2袋。

没有公共厨房，每个家庭自己做饭。

只有约60人有能力自己买米。收容所不出售大米。

每天向大约500人免费分发大米。分发时成人和儿童没有区别。

我们发现，难民们食用的粥很稀。

收容所所长请求我们每天向他提供2袋大米用于分发。

评价：

收容所领导得尚可，地方小而拥挤，卫生规定应更好地得到遵守。

我们认为，一旦弄清楚索恩先生和收容所所长之间关于大米日提供量的差别，就应该向这些难民提供更多的大米。

南京安全区国际委员会
南京宁海路5号
1938年1月5日

致红卍字会
宁海路2号
南京

根据同贵方许传音博士先生的商谈，我们冒昧地建议贵方，从今天起，由贵方负责向贵方领导的金陵大学粥厂提供大米，从中取得的全部收入也由贵方收纳。如我们听说的，五台山粥厂已经在这基础上运作。

在目前我们的大米储备用得很多的情况下，贵方的协助对于我们是一种很大的帮助。

贵方在为难民提供膳食方面的合作得到了高度的评价，对此我们向贵方表示诚挚的谢意。

顺致崇高的敬意

签名：约翰·拉贝
主席
签名：G.A. 菲奇
总干事

1月5日

在上面对各个难民收容所的评价中，西门子收容所的成绩不是很好。韩先生给我们难民的大米多了一点。他心肠太好了！关于把一些难民迁移到别的收容所的建议（因为我这儿太狭小，500平方米的院子住了602个人），并没有得到赞同。人们觉得只有在我这儿才安全，都不愿意离开。这就没有办法了！最使我担忧的是卫生问题。在这方面我毫无办法，我只是希望不要暴发传染病，到今天中午为止我们一直有自来水，我们是多么的高兴！但今天中午自来水却没有了。我们这儿电灯始终不亮，但邻近一直有房屋在燃烧。登记还没有结束。人们看到，为了登记，数万名妇女怀抱婴儿，排成5个无尽头的长队在露天中等待长达6个小时。人们怎么吃得消在寒冷的天气中这样地等待，对我是个谜。美国大使馆的官员应该于今日返回，但没有一个人抵达。我们问了日本人，他们耸耸肩表示不知道。这么说来，我们耐心地等下去吧。我们现在将对怎样恢复秩序制定一个计划，然后我们要向“自治委员会”陈述我们的建议，希望它同日本人认真地对待这件事。昨天开启的汉西门今天又关闭了。克勒格尔看到在大门旁边一条干涸的沟里躺着约300具尸体，都是被用机枪枪杀或处死的平民。人们不希望欧洲人出城门，担心目前这里的局势会被过早报道出去。能得到几小时供电的人们不时会收到断断续续的新闻广播。根据收听到的新闻片断，汉口还没有陷落，但是遭到日本飞机的猛烈轰炸。日本部队看来推进到了离芜湖不远处。在汉口和广东之间发生了一起铁路事故，几百人在事故中丧生。据说莫斯科新年处死了100人。在上海，日本人坚决要求在地方自治会中得到更多的权力，控制所有的中文报纸以及城市警察，修改关税条约以便对日本有利等。据说香港作了充分的准备以对付日本人的军事进攻。在西班牙，激烈的战斗在进行，人们相信，民族主义者会胜利。

汉西门外的毁坏情况。

南京安全区国际委员会

致日本帝国大使馆　　　　南京宁海路5号

南京　　　　1938年1月5日

昨天我信上讲了德士古(中国)石油公司被劫走卡车、汽车等物一事,同此事有关,我在此通知贵方,仓库勤杂工王今天又到我这儿来报告说,昨天有4个日本士兵开着两辆卡车带着约100个苦力,把德士古石油公司仓库中剩余的汽油和石油都拉走了。被拉走的物品有:35只油桶、35个箱子和18罐汽油以及115加仑石油和一些家具。

与此同时,士兵们还用刺刀捣毁了一部分围墙。这座房子现在完全没人看护,任何人都能进入。

顺致崇高的敬意

签名:G.A.菲奇

1月6日

好啊!美国大使馆的3名官员,爱利生先生、埃斯皮先生和麦法迪恩先生乘坐"瓦胡"号美国船由上海出发,在12月31日就已经抵达南京,但不允许上岸,因此继续开往芜湖。今天,他们终于从芜湖抵达这里。爱利生先生以前曾在东京从事过外交工作,会讲日语。我们现在可以向日本军事当局购买大米和面粉,这是日本人在这里抢到的储备。尽管价格昂贵(每袋米约13元),我们还是决定购买总价值为5万元的米面,还需花1.2万元买燃煤。对大米、面粉和燃煤的需求一天比一天大,因为难民们带进安全区的储备现在即将用尽,韩先生不完全同意购买上述这些东西。他从一个大米商贩那儿听说,中国军队准备收复南京。有人称已经听到城西南(芜湖方向)炮声隆隆,而一旦南京收复,韩认为,我们就可以无偿得到大米和面粉。可怜的韩先生!遗憾的是,我不得不打消他的每一个希望,收复南京目前看来是根本不可能的事,而如果真的要收复,据我看那意味着一场不幸,因为要反击日本海军从下关方向的攻击就意味着这座城市最终要被毁灭。而事实上,我今天下午在回宁海路的路上很少看到日本士兵，甚至看不到宪兵。

我听说，难民的登记工作由“自治委员会”的中国人继续做。看来，日本人的全部军事力量真的投入到了南京周围的一场新的战斗中去了。

今天上午在城南，下午在新街口附近（两栋房子）又有纵火事件。

10时左右，来了一辆日本卡车，从我的西门子收容所中带走了15名苦力，据说是到下关电厂干活的。苦力们极不愿意地走了。尽管日本人作了种种相应的许诺，但是上一次提供给他们的伙食很差或者根本不给吃的。此外，城南大门还需要一部分人构筑战壕，而不是去下关电厂干活。再说日本人很有可能随心所欲地逼迫更多的人干任何活，所以经韩和我耐心劝说，苦力们才最终表示同意。下午5时，福田先生来拜会我。他通知我，根据军事当局的决定，我们的国际委员会应予解散，我们的储备和资金由接替我们工作的“自治委员会”接管。我当即对要我们交出我们的财产和储备表示抗议。对接管我们的工作我们没有什么可反对的，但我们提请人们注意，在城里没有恢复秩序和安全以前，难民不可能重返大部分已被毁坏和抢劫或烧毁的他们以前的住所。我立即召集了委员会会议，会议上讨论了我对福田先生的答复，还起草了一份我们对怎么恢复安全和秩序设想的建议书。我有这样一种感觉，“自治委员会”（“自治政府”）对怎么处理事情一窍不通，尽管它有日本人作顾问。显然人们看中的只是我们的财产。人们声称：钱是你们从中国政府那儿得到的，因此是属于我们的！但我们有截然相反的意见，我们会千方百计地为我们的意见辩护。在这方面我们很希望得到美国大使馆和德国大使馆的支持，尽管我们一点都不知道他们的立场。依我看，日本人向我们外国人要价太高了。

南京安全区国际委员会
南京宁海路5号
1938年1月6日16时

亲爱的克勒格尔先生
亲爱的施佩林先生：

关于购买粮食一事，我们改变了主意。我们认为最好只用5万元买米和面粉。我们甚至希望你们能用少于5万元购到3 000袋每袋 100 公斤的大米和5 000袋每袋 50 磅的面粉。具体价格如下：

	不是：		而是：	
大米： 3 000×100 公斤	单价 13 元	总计 3.9 万元	单价 10 元	总计 3 万元
面粉： 5 000 × 50 磅	单价 3 元	总计 1.5 万元	单价 3 元	总计 1.5 万元
		总共 5.4 万元		总共 4.5 万元

对你们的努力预先表示感谢，致以亲切的问候。

你们的

签名：约翰·拉贝

主席

南京安全区国际委员会

南京宁海路 5 号

1938 年 1 月 6 日

致 T. 石田少佐

日本陆军军需物资供应处

南京

为供养我们的难民，我们需要以下食品：

大米 3 000 袋×100 公斤

面粉 5 000 袋×50 磅

我们希望用中国货币向您支付，并希望您为我们提供帮助，把您的卡车供我们运输这些粮食使用。

如前所述，这些大米和面粉储备是规定供应给难民的，所以我们还希望，为我们提供分发食物方面的种种便利。

我们还要说明的是，我们还需要 600 吨燃煤。我们的粥厂每天需要 10 吨燃煤，以上数量只能够用冬季的两个月份，也就是够用到今年 3 月 1 日。

对于您的帮助我预先表示最恳切的感谢。

顺致崇高的敬意

签名：约翰·拉贝

主席

金陵大学难民收容所

1938年1月5日由洛、王、米尔斯和福斯特先生检查。

组织：

所长：齐兆昌先生，带助手。

难民人数：7000人，其中大多为妇女和儿童。男子白天来收容所为其家属送食物。

收容所陷入了困境，因为日本人切断了供水。当粥厂主任请求日本士兵恢复供水时，他脸上挨了打。

大米分发：

收容所每天得到25袋～30袋米以及3吨燃煤供应粥厂。粥厂由周庆兴（音译）领导，他手下有50名助手和150名勤杂工。

每天两次分发稀饭，每杯3个铜板。每天的收入有50元。到现在账目还没有交国际委员会。

周先生称，只有三分之一的难民买粥。检查委员会对收容所难民的抽查结果表明，不付钱是不可能得到稀饭的。无偿得到稀饭的人我们一个也没能查实。

评价：

我们认为，与金陵女子文理学院的雇工人数相比，这里帮助分发大米的助手和勤杂工的数目太大。尤其因为我们没能查实分发是免费的，我们也觉得收入与金陵女子文理学院相比太少了。

我们不理解为什么大学图书馆和蚕厂的难民被迫到五台山买粥而不是在这所大学的粥厂里买。

因此，我们迫切地建议由国际委员会对这个收容所大米分发的领导工作进行一次仔细的核查。

大学图书馆难民收容所

1938年1月5日由洛、王、米尔斯和福斯特先生检查。

组织：

所长：梁开纯(音译)先生，带一些助手。

难民人数：约3000人。

许多难民生活在遍布整个辖区的草席棚和帐篷里。他们属于手工业阶层，勤劳，试图以某种方式维持生计。

我们查实图书馆楼中有人吸鸦片，并且听收容所所长说，还有许多人赌博，并时常发生争吵，这是令人遗憾的。

我们的印象是，这个收容所中有很大一部分相当粗野的人，同他们很难相处，其中几个还参加了抢劫。

楼内肮脏、拥挤。

大米分发：

收容所不从国际委员会领取大米。难民以前由大学粥厂供给膳食，但在过去的4天中大学粥厂拒绝向他们供应。

评价：

我们建议给收容所所长再派几个助手，并且采取某些措施把坏分子清除出收容所。

此外，应该采取相应的措施为收容所中的贫困者提供大米。

金陵女子文理学院难民收容所

1938年1月5日由洛、王、米尔斯和福斯特先生检查。

组织：

所长：魏特琳小姐，带助手。

难民人数：5000人～6000人(以前为1万人)。一些年轻妇女被其家属带回了家，因为在此期间恢复了一定的安全。

这个收容所几乎只住妇女和儿童，另有极少的男性老人。

收容所难民中有许多人暂时还不敢回家。

一支日本宪兵队负责这个收容所的夜间安全。

收容所总共有18位妇女分娩和10人死亡，死亡者大都是儿童。

这个收容所在难民最多的时候，有1000多人露宿在各个楼房

之间的通道上。

大米分发：

收容所平均每天得到12袋米供分发。饭在学院大门对面的公共厨房里做。厨房由中国红十字会领导。这个厨房雇佣了22个厨师以及许多伙夫。

有1000多人靠自己的亲戚送到收容所来的食品生活。收容所向350人凭别在衣服上的红色配给证免费分发饭。其余的难民在厨房以一杯3个铜板的价格买饭。以前他们在领取食物时支付现金，现在必须买配给证，配给证的销售由一个属于学院会计室的中国人负责。

厨师和伙夫由陈先生直接雇用，住在学院辖区，只给他们膳食不付报酬。

每天出售饭所得的收入为80元～100元。这些钱大部分已交给国际委员会。

评价：

收容所的领导是出色的。

教堂和长老会传教团学校难民收容所

1938年1月4日由米尔斯先生检查。

组织：

所长：陈罗门(音译)先生。他是上海的一个木材商，出差来南京，因战事没能离开南京。后来证明他是一个能干的收容所所长。

收容所在安全区外城西南一个很贫穷的地区(双塘)。

难民人数：目前为1000人，以前为2000人。许多人只是晚上来收容所住宿。

该收容所常被日本士兵抢掠，妇女常遭强奸。

大米分发：

收容所中约三分之二的难民自行解决膳食，其余的难民身无分文，十分贫困。

米尔斯先生于1月5日向这个收容所提供了3袋大米，并力求每两天向收容所提供相应的数量。

一般性建议

1. 应该尽可能同大学医院人员一起采取措施,护理各个难民收容所中的许多病人。

2. 国际委员会的救护队应定期察看各个难民收容所,负责卫生规定的严格执行。

3. 各个难民收容所应该查实那些其丈夫或抚养人被日本人拉走并没有被送回的妇女和其他人员的数目,并向日本当局提出申请为这些需要帮助的人在钱和食物方面予以足够的补助。

4. 各个收容所中的吸鸦片者和其他粗野家伙的存在应该引起特别的注意,应该找到办法和途径把这些坏分子清除出去,或者为收容所所长提供相应的保护使之免受伤害。

5. 另外,各个收容所应该查实所有其房屋或住所被烧毁或炸毁的人,并采取步骤给这些人以补偿。

6. 此外,必须重视这样一个事实,即有些中国人专门从各个难民收容所中拉妇女供日本军人用于不道德的目的。

7. 必须制定一个计划,把目前还住在草席棚和拥挤的收容所的难民迁移到较好的宽敞的收容所。

1938年1月7日

我把下面这封信递交给福田先生,信中清楚地阐述了国际委员会的立场。福田先生现在似乎知道底细,他至少表明理解我们的想法。正如他告诉我的,东京方面来了严厉的指示,南京的秩序要无条件地恢复。同时应注意的是,一切行政工作(包括拉贝市长的工作吗?)均由"自治委员会"而不是我们外国人去承担。"我们外国人"对此肯定没有什么好反对的。我们只是希望"自治委员会"胜任其工作。我再次提请福田注意我们大家身处的危险,因为还有约1000具尸体躺在城里各处没有埋葬。这些尸体一部分已被狗咬食过,而狗肉同时在街上被中国人出售。谁对这种(潜在的瘟疫或类似的疾病)危险视而不见,他肯定是瞎子;而谁要是轻率地引发这种危险,那他就是罪犯。26天来我一直在请求允许埋葬这些尸体,但总是徒劳无益!福田允诺向军方再次申请从现在开始允许红卍字会埋葬这些尸体。

约翰·H. D. 拉贝

致福田德康先生　　南京

日本帝国大使馆　　1938年1月7日

南京

尊敬的福田先生:

有关我们昨天的会谈,我冒昧地向您保证,国际委员会渴望看到的无非是南京秩序和正常的生活条件迅速恢复。我同样可以向您保证,为此目的,国际委员会将乐意看到地方"自治委员会"尽快承担起地方民政机关应承担的一切职责,如治安、消防和公共卫生等。您可以相信,国际委员会绝对不想继续履行平时属于地方主管部门的任何一种行政义务,也不想为自己要求这样的义务。

我们委员会首先是(我想说仅仅是)一个救济组织,它成立的目的主要是为饱受战争痛苦的平民服务。这些人遭受的命运是无情的和悲惨的,引起了同时代人的同情和怜悯。在这场战争中,中国

成立了遵循相似目标的各种委员会，它们中比如有上海委员会，松井将军个人给该委员会汇款1 000元，这证明了这样一类委员会得到了日本军方高层的赞同。

因为留给我们委员会的现金和储备是专门委托我们用于上述目的的，所以依我看，国际委员会有专门的义务表明自己是值得信赖的。我觉得不论是现金还是储备都不能交给任何一个别的组织。我们当然愿意同别的救助组织合作，比如同红卍字会和红十字会，同这两个组织我们目前已经在进行合作。但是我们对自己的资金必须保留完全的支配权。

我相信，如果您考虑到我们的状况，会承认我们的理由是正确的。

此外，我还想指出，同目前的困境和向我们提出的要求相比，我们的现金和储备都是很有限的。我们委员会所做的救助最好能被看作是对地方“自治政府”为自己提出的（我个人这样希望）更大的合适的计划的补充。不论是我们委员会还是红卍字会或红十字会肯定都会尽一切力量，但是我们希望“自治委员会”比我们委员会或其他任何一个组织做得更多。

我们也希望，在向难民提供食品和燃料方面，日本军事当局对“自治政府”能比迄今为止对我们表示出更大的诚意。虽然大家都在共同努力缓解危难，但危难的程度依旧大于所提供的救助。

最后，我还想冒昧指出一点。

毫无疑问，最简单的同时也是最有效的救助行动将是恢复士兵中间的秩序和纪律。在士兵的秩序和纪律没有恢复之前，难民不可能重返自己的住所，商店不可能重新开业，交通不可能恢复，供电、供水以及电话都不可能正常运作。万事皆取决于所有问题中的这个最重要的问题。

只要军纪恢复，救助问题就会变得比较容易解决，居民正常生活条件的重建也会变得较为可行。

我诚恳地希望，日本军事当局会把恢复军纪当作他们首要的和最重要的任务。

致以亲切的问候

您忠实的

签名：约翰·拉贝

主席

关于恢复南京正常生活秩序意见书

一、在安全区以外的城市其他地区建立秩序的必要性。

1. 安全区以外地区目前尚无安全可言，愿意重返住所的人有家难回。

2. 在这些不安全的地区，商店不敢重新开门营业。没有商店，居民从何处购得大米和别的生活必需品？

3. 安全区内的经济生活取决于以前运进的食品的消耗（安全区内不生产商品，也不经营农业）。这种状态延续时间越长，贫困者数目也就越大。为了恢复某种形式的正常经济生活，必须保证居民有一定的安全。

二、怎样才能在别的城区恢复必要的秩序？

1. 我们建议逐个开放各个城区让难民返回。建议第一个开放城区为汉中路以南地区，即东面沿中正路和中华路至南城墙一带地区。这个城区受纵火的损失相对较轻，安置在安全区里的许多难民是从这个城区来的。

2. 在难民重返这些城区之前，应该采取以下步骤：

(1) 每个新开放的城区禁止闲逛士兵进入。

(2) 必须配备大批宪兵，保证这些城区没有士兵。必须建立特别警察站，可以把可能由士兵引起的每次骚扰报告给这些警察站，免得居民安全受到威胁。

(3) 必须预先采取措施，使得几家大的米店在居民进入城区的当天早上重新开门营业。

(4) 在有关城区必须接通自来水管。要使居民知道专门的供水处。

(5) 此外，应该配给有关城区一批平民警察，或者组建一个平民警察局。

三、经济生活的恢复

1. 目前由日本军事司令部控制的、居民为军队提供的劳役,应重新安排,而且应该建立在完全的商业基础上。为此目的,“自治委员会”肯定愿意通过开设劳动介绍所和其他的职业中间代理所为苦力提供帮助。

2. 一旦秩序恢复,必须着手恢复城内外的交通运输。

(1) 各个城门应能自由出入。

(2) 运送货物和人员的大车、卡车和船只的来往必须畅通无阻,绝对安全,没有遭抢劫或者被强行没收的危险。

(3) 人力车和其他交通工具应该能在街道上安全地来往。

(4) 到2月1日,城郊的秩序应该恢复,使农民可以开始春耕,而安全不受到威胁。(目前难民甚至不敢回到他们在城墙里面的土地上去耕作他们的菜园子。)

3. 除了上述最起码的也是最重要的措施之外,还应采取措施使银行、电话局、邮局和电报局重新开业,城市小火车、公交汽车、铁路和航运也应尽快准许恢复。

四、纵火必须制止

1. 烧毁难民们该重返的商店和住房的行径,现在确实必须制止了。

2. 这些纵火事件在很大程度上加大了恢复正常经济生活的难度,更不用说因此而毁灭的巨大的物质价值了。

3. 电网和自来水管也因火灾而受到严重破坏。

4. 这些纵火事件增加了人们心理上的不安全感。出于担心自己头上的屋顶今天或者明天会被点燃,也就没人敢重返自己在安全区外的居所。

南京安全区国际委员会
南京宁海路5号
1938年1月7日

致石田少佐先生
日本陆军军需物资供应处
南京

根据今天早上您同我们的克里斯蒂安·克勒格尔先生的会谈，我们在此向您订购：

大米3000袋，每袋100公斤，单价14.50元；

面粉5000袋，每袋50磅，单价3元。

价格含至我们在金陵大学的商店的运费。支付：交货时用中国货币现付。

我们感谢您的支持。

顺致崇高的敬意

签名：约翰·拉贝

主席

1938年1月7日

今天上午10时我不在家的时候，一个日本士兵闯入我佣人的房间。妇女们和姑娘们被这个士兵追赶至楼上，叫喊着跑进我的居室。在这里，一个偶然来拜访我的日本翻译官拦住了这个士兵，并让他出去。通过这起事件，可以判断城市被攻占26天后的今天，在南京的欧洲人的住宅安全状况究竟如何。

里格斯先生带来了他今天视察的报告：一个妇女神情恍惚地在街上到处乱跑，有人把她送进了医院，听说她是一个18口之家的唯一幸存者，她的17个亲人都被枪杀或刺死了，她住在南门附近。另一个来自同一地区的、同其兄弟一起被安置在我们的一个难民收容所的妇女失去了父母和3个孩子，他们都是被日本人枪杀的。她用最后的一点钱买了一口棺木，为了至少能收殓死去的父亲。日本士兵知道了这个消息，就抢去了棺木盖，抛尸于街头。中国人是不必被收殓的：这是他们的解释。而日本政府声称，它不同手无寸铁的中国平民作战！

1月8日

福井先生今天给我带来消息说，罗森博士、许尔特尔和沙尔芬贝格同英国大使馆的两个先生将于明天一起抵达这里。罗森博士和许尔特尔先生的住宅正常，德国大使馆也同样如此。罗森博士那儿只是被偷走

了一辆汽车、一辆自行车和好几瓶酒。英国人那儿情况如何，我就不得而知了。地处安全区外的沙尔芬贝格的住宅遭严重抢掠。沙尔芬贝格不得不住在许尔特尔那儿。令人不舒服的是，没有一所房子有水和电。因此我又给福井先生写了一封信。据说，美国大使馆的先生们也是水电全无。他们全都冻得围坐在大使馆里的一个火炉四周。他们为什么不直接向日本人要求供水和供电，这我不明白。我已经得到福井的允诺，不论是我们大使馆，还是别的大使馆，凡汽车被偷的先生们，日本大使馆都将让人从日本运进新汽车给予赔偿。

今天城里又有 4 处燃起了大火。我们欧洲人对于纵火的看法，日本军事当局好像根本无所谓。

中国人中间又有谣传，说中国士兵已准备收复这座城市，甚至有人称在城里已经看到中国士兵了。其结果首先是，用来装饰我们安全区内茅舍和房屋的日本小旗不见了，几乎所有中国人别的日本臂章都不见了。据米尔斯刚才告诉我，许多难民有袭击日本大使馆之类的念头。根本无法想象这种缺乏任何根据的消息会招惹什么样的灾祸。中国人哪怕有微小的骚乱都会被日本人处死。我们很高兴，我们的安全区至今仍保持完全的平静，我们很希望我们不会有类似的悲惨经历。

下关上空悬挂了一个日本气球。人们得留神！

许博士现在也是“自治委员会”顾问，他告诉我说，日本人准备向该委员会赠送5 000袋大米，条件是这些米不能在安全区内分发。他们要以此促使安全区的居民重返安全区外的住处。这是否能行，还要等着看！

一般性建议(续)

1～7 见前面。

8. 应该尽快召开难民收容所全体所长会议。

9. 任命一个常务委员会来检查各个收容所。

10. 向各个收容所提供燃煤的问题必须经过特别的研究。

11. 建议对粥厂和粥厂的大米提供情况进行晨检，以避免大米分发中的不规范现象。

12. 所有出售米(或粥和饭)的收容所,尤其是那些运作过程中有额外开支的收容所,其账目应该检查。

13. 应该制定行为准则张贴到所有收容所,促使难民遵守这些准则应成为收容所所长的职责。

14. 必须为所有收容所建立一套标准卡片,便于了解支付膳食费的难民人数、需要免费提供膳食帮助的难民人数,以及他们的姓名、地址等。

15. 同样应该制定并实施大米分发的标准规定。

16. 对于各个收容所所长和他们的同事乐于奉献的救济工作,应加以表彰。

17. 应该委托国际委员会总干事根据检查委员会的调查结果制定出必要的预防措施。

对以下收容所作的特别规定:

1. 陆军学校:下周每天只供给 8 袋米。收容所领导应该重新审查贫困人数并对此作出报告。为无偿分发的大米开出特别的发货单。由委员会提供的大米数量应在当天分发完毕。

2. 德中俱乐部(DÖS 协会):没有变化。

3. 贵格会传教团:没有变化。

4. 汉口路小学:没有变化。

5. 金陵大学附中:没有变化。

6. 高家酒馆 55 号:每天只应得到 2 袋米。

7. 军用化工厂:没有变化;窗户必须打开。

8. 山西路小学:没有变化;但是收容所的领导工作必须改进。

9. 华侨俱乐部:没有变化;应该为收容所领导再配备几个工作人员。

10. 司法学校:没有变化;这儿可安置 300 人～400 人。

11. 西门子洋行(中国):每天的大米供应量应该限为 2 袋。

12. 蚕厂:每天应供应 5 袋米,尝试一星期;对贫困者应免费供应;应停止在大楼里出售大米;必须找到更好的收容所所长;贫困者的人数必须核实。

13. 农业学校：没有变化。（1 月 6 日有 1 袋米私自以 11 元的价格出售。）

14. 圣经师资培训学校：没有变化。

15. 金陵神学院：没有变化。

16. 金陵大学：现在由红卍字会接管，应该使红卍字会了解检查委员会的调查结果，尤其是粥厂方面的结果。

17. 双塘：每天供应量为 1 袋米。

18. 五台山小学：五台山粥厂要求得到更多的大米。

19. 金陵女子文理学院：没有变化。

收容所所长名单：

收容所	收容所所长姓名
陆军学校	赵永奎
兵库署（军械库）	陆成美
德中俱乐部（DÖS 协会）	赵唐荣
贵格会传教团	张公生
汉口路小学	郑大成
金陵大学附中	姜正云
高家酒馆	凌恩忠
军用化工厂	孔平良、汪成斋
山西路小学	王有成
华侨俱乐部	毛青亭
司法学校	佟燮臣
西门子洋行（中国）	韩湘琳
蚕厂	金哲桥、徐凯基
农业学校	沈家禹
圣经师资培训学校	郭俊德
金陵神学院	陶忠亮
金陵大学	齐兆昌

大学图书馆　　　　梁开纯
金陵女子文理学院　　魏特琳
双塘　　　　　　　陈罗门

南京平仓巷3号
致美国大使馆　　1938年1月7日
南京

在此，我冒昧地把18个加封的包裹存放于贵处，以便得到最为妥善的保存。这些包裹有如下标记：

救济资金，由W.P. 米尔斯、M.S. 贝德士和刘易斯·S.C. 史迈士存放。

上面最后一个姓名是本函签名者的姓名。

根据约定，以上3人中任何一人均可在贵处领取所需要的包裹，领取时须签字。

我们声明不要美国大使馆及其官员和职员对我们存放的包裹负任何责任。

对于贵馆的帮助我们表示最诚挚的谢意。

您忠实的
签名：刘易斯·S.C. 史迈士

南京安全区国际委员会
致爱利生先生　　南京宁海路5号
美国大使馆　　1938年1月7日
南京

尊敬的爱利生先生：

我在此给您寄去3套文件的副本，日本当局于1937年12月13日攻占南京之后，这些文件的原件大部分交给了日本当局。我们把这些文件呈交给您供您参考，因为从中可以看出国际委员会和美国人在若干有关问题上持的立场。美国大使馆直到1937年12月11

日其官员乘坐“巴纳”号船离开南京往扬子江上游去为止，对我们为安全区做的工作是完全了解的。

我们开始向日本大使馆请求“为南京提供温和的条件”，因为1937年12月14日我们同福田先生首次会晤时他告诉我们，日本军队为这个城市设想了一个“悲惨的命运”，但日本大使馆要设法使这种命运变得温和一点。12月18日下午，我们通过指出一系列事件才得以使日本大使馆相信，南京的状况实际上是悲惨的。日本大使馆随后向日本军事当局通报了事件，同时要求我们把其他的事件通知它，以便它能不断地向军方报告状况是否有好转。

这里的3套文件涉及：

1. 安全区

2. 大学

3. 美国人

全部资料按时间顺序排列和编号，因此可以查看我们对日本大使馆每一天的影响。

有关美国人的系列文件只涉及美国人的生命、财产和尊严。

有关大学的系列文件不仅仅涉及大学本身，而且在更广泛的范围里涉及公共秩序的恢复等。在“安全区”系列文件中，我们试图限于安全区本身的事件，也例外记录一些涉及外国人和给我们的活动制造困难的事件。所附清单便于概括了解情况。

我们希望这些文件能有助于您了解情况。

您忠实的

签名：刘易斯·S.C. 史迈士

又及：

米尔斯先生要我请您注意关于系列文件的附件“A6”，也就是米尔斯先生调查发现被抢掠的美国人的财物清单，您会发现，其中既没有包括商店的财物，又没有包括大使馆的财产。这方面的一份特别清单应特殊请求于12月23日递交给了日本领事馆警察。呈交这份清单的请求于12月22日才发出，因此清单制作得很匆忙，其根据是米尔斯先生以前对这些辖区的视察。日本领事馆警官高玉先生曾特地询问过清单中的细节。在此期间，我们没有证据说明他把这份清单交给了日本大使馆的官员。

因此，关于附在这里的文件的单子，我还想提一下，我们已查实我们交给日本大使馆某些官员的信件没有及时递交给大使馆的其他先生们。出于这个原因，我列了一份详细的目录，说明各个文件递交给了谁。

签名：刘易斯·S.C. 史迈士

1月8日

在贝德士博士借给我的1937年12月17日的一张日本报纸《东京日日新闻》上，我看到了以下简讯：

正常状态已恢复！

中国商人准备开张新的商店！

南京，1937年12月15日。南京已经肃清了抢劫的中国人，现在可以期望该城不久将恢复正常状态，中国商人已经离开难民区，准备重新开张营业。

城里的和平与秩序得到了日本宪兵队的维护，日本宪兵队在中国政府所有重要的大楼前，如行政立法院、财政部、中央军事研究院和中央航空学校前布了岗哨。

这里要说明的是，正常状态在今天(1月8日)还没有恢复。难民还住在我们的安全区并且不敢出去，因为他们的妻子有遭四处游荡的日本士兵奸污的危险。“抢劫的中国人”我们从来未看见过。也许在12月12日到13日的那个夜里有几个。但是，与从12月13日起抢掠的日本士兵相比，他们简直是天使。今天，整个城市没有一家店铺没有遭到日本人的抢掠。在这些被洗劫一空的、如果不是被烧毁也是大部分成了断壁残垣的城区，怎样振兴商店，目前对于我们还是个谜。

在这份报纸的同一页上我读到下面一段话：

南京一片惨状，到处是断壁残垣，只有外国人的房屋完好无损。

据司令部通讯员村上大马壮报道：

只有外国大使馆、公使馆、领事馆和公共建筑物没有遭到日本军队的轰炸。这个事实表明，当日本人向昔日的中国首都发起攻击时，他们轰炸得多么准确，他们是多么慎重。

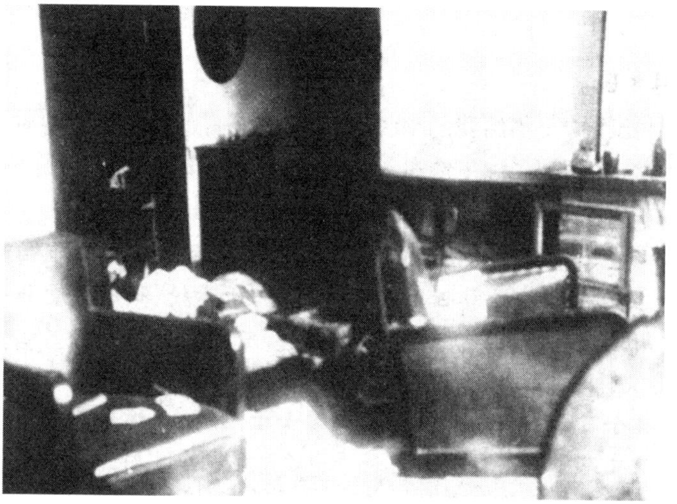

德国大使馆行政官员沙尔芬贝格先生宅第遭到严重抢劫。这是当时室内的情况。

这里我想说的是：如果说日本人轰炸的“准确”使欧洲人的房子幸免于难的话，再如果说（正如前面说过的）日本部队出于慎重没有向这样的建筑物发起攻击的话，那么为什么在他们攻占南京后允许同一些部队对60栋德国人的房屋中的40栋进行抢掠并把两栋房屋彻底烧毁呢？美国人甚至有100多所（约120所）房子被日本士兵抢掠或破坏。绝对没有弄错，这些罪行不是中国部队犯下的，而是日本部队犯下的。我以及委员会的所有其他成员，不得不亲眼目睹到的，不仅仅是这些抢劫，而且还有许多别的罪行，如许多无辜的平民被日本人逮捕并被无端处死。

南京宁海路

致福田德康先生　　1938年1月8日

日本大使馆

南京

尊敬的福田先生：

随信附上的题为《双塘难民收容所的一天》汇编明白无误地表明，南京居民今天仍在忍受着日本士兵的糟蹋和骚扰。

汇编中报告了在24小时内发生的13起日本士兵闯入安置中国难民的地方的事件。

从报告的这些事件中可以看到，日本士兵虽然不是一直也是经常地给中国居民造成很大的损害，而且日本士兵是绝对禁止进入由美国国旗以及美国大使馆和日本大使馆的告示清楚地表明是美国财产的辖区的。

便于您了解情况，我想说明：双塘收容所地处城市西南郊，是美国长老会传教团的财产，由一所学校、一所教堂和一些附属建筑物组成。

可靠方面向我们报告了日本士兵的又一起暴行：昨天下午4个日本士兵拉走了一名中国女子，并把她拘禁在莫愁路和汉中路十字路口附近的一所房子里达两个小时。当一个外国人获知这起劫持事件并到达上述地点时，日本士兵同这名妇女离开了这所房子。

您将不得不承认，只要类似上面提到的事件还在发生，中国难民就不可能重返原住所。

请允许我再一次强调指出，在南京恢复正常状态（正如我们被告知的那样，日本当局本身也有这样的愿望）完全取决于日本部队重新受到严格的有效的控制。

致以良好的问候

您忠实的

签名：刘易斯·S.C.史迈士

双塘难民收容所的一天

(1938年1月6日13时50分~1月7日10时50分)

1938年1月6日:

13:50　3个日本士兵拉走并强奸一名妇女。

14:10　一个日本士兵带走3个中国人去干活。

14:30　4个日本士兵来收容所四处乱看,20分钟后离开。

15:25　3个日本士兵带走10个中国人去干活。

16:10　3个日本士兵把一名妇女拉到一所大门外面但仍属于收容所的小屋里强奸。

16:40　2个日本士兵闯入收容所找姑娘,找了15分钟后离去。

17:05　3个日本士兵闯入大楼,把所有物品扔得乱七八糟,20分钟后离去。

18:35　2个日本士兵要求2个难民为他们弄到姑娘,当这2个男子拒绝他们的要求时遭到了殴打。

23:00　3个日本士兵翻越围墙,抓到2名妇女并把她们拉走。

1938年1月7日:

10:00　一个日本士兵闯进收容所四处乱看,10分钟后离去。

10:15　一个带着武器的日本士兵来寻找姑娘,但未能如愿而离去。

10:30　3个日本士兵来拉姑娘,没有拉到,但是拿跑了门卫的棉鞋,给他留下了他们的旧鞋。

10:50　一个日本士兵闯进大楼,把所有物品扔得乱七八糟,10分钟后离去。

1938年1月9日

8时30分,同克勒格尔一起在南京饭店拜会石田少佐。我们准备向他购买大米和面粉。石田没有时间同我们商谈,要我们明天再来。

10时,同"自治委员会"成员王(吉米)[1]会晤,他告诉我们,日本人在

---

① 即王承典。

几天前打算强行关闭我们的委员会。后来人们重新考虑了这件事，但是不允许我们再向难民出售米了。(?)如果"自治政府"要把出售权掌握在自己手里，我们没有什么好反对的。

我去看了罗森博士和许尔特尔的私邸及德国大使馆，发现一切正常，就是没有电力照明和自来水。

克勒格尔和哈茨于11时来到总部报告一起他们亲眼目睹的小小的杀人场面。一个日本军官和一个日本士兵把一个中国平民赶进山西路(庚子赔款基金会大楼附近)的一个池塘里。当这个男子站在齐臀深的水里的时候，一个士兵懒散地趴到位于附近的一个沙袋街垒后面朝这个男子开枪，直到他倒在池塘里。

罗森博士、许尔特尔和沙尔芬贝格乘坐英国"蟋蟀"号炮艇抵达，随船到达的还有3名英国大使馆官员即领事普里多-布龙、上校洛维特·弗雷泽和空军武官沃尔泽先生，但沃尔泽没被准许上岸，因为日本人借口不知道他的到来。下午2时，克勒格尔、哈茨和我前往德国大使馆。3时，上述3名德国官员在日本大使馆田中先生和福田先生的陪同下到达那里，我们用一瓶不知克勒格尔从哪儿弄来的香槟酒表示欢迎。罗森博士因汽车被偷，日本人借给(?!)他一辆豪华别克牌汽车，借给德国大使馆一辆福特牌公车。罗森发誓再也不把这两辆"漂亮的"汽车还掉。我们同沙尔芬贝格一起看了他在高楼门38号的住宅。他的住宅被抢掠，一片狼藉。在许多他钟爱的物品中，"沙老爷"特别怀念他的大礼帽和40条领带。如果去日本度假，我们会密切留意，看是否会逮到一个穿戴这些名贵服饰的家伙。此外，沙尔芬贝格特别镇静，我原先以为他会大发雷霆，但他却保持了他在中国37年中学会的出色的镇静！

晚上8时，德国大使馆的3位先生以及克勒格尔在我这儿用晚餐(还喝了克勒格尔在沙尔芬贝格那儿弄到的酒)。我请他们讲怡和洋行的三桅帆船上乘客的命运，讲"蜜蜂"号和"巴纳"号的命运。许尔特尔宣读了罗森给柏林外交部的报告，遗憾的是我至今没能得到这份报告的副本。罗森博士认为，我们22个留在南京的外国人，表现得就像罗马的首批基督教徒那样勇敢，他们在斗兽场都被狮子吃掉了。但狮子则根本不喜欢我们，它们喜爱吃中国人的肉。在被问及他对待日本人的立场时，他用一则土耳其谚语回答我们(他曾在君士坦丁堡公使馆工作过):“在你没有走过桥以前,你得叫雄山羊为伯伯。”这个忠告不错,我在这期间的态度也差不多是这样,就是说像农民对待雄山羊一样。就在8时,当我们准备坐到桌旁用餐时,我邻近的一所房屋,上海商业储蓄银行后面失火了,看来大使馆官员的到来根本不会打扰接到命令纵火的日本士兵。因为几个星期以来我对邻舍的这种照明方式已习以为常了,所以我们也就没有因这起事件而惊慌。

南京平仓巷

1938年1月10日

尊敬的爱利生先生:

关于您要求秘密提供国际委员会的状况和委员会对日本人征用其救援资金企图的态度等方面的情况,我在下面将事态的发展向您作一简短的介绍。

我们1937年12月17日的信(卷宗Z9)应该说向日本当局作了必要的解释,因为总领事冈崎胜雄在12月16日来访时声明,日方虽然不能承认我们的委员会是合法的,但仍想同我们谈判,就像承认我们是合法的那样。在上面提到的信的第6页我们写道:“我们在此重申,我们无意继续履行原南京市政府赋予我们的半行政职能。我们期望贵方能尽快担当此任,以便我们能作为一个单纯的救济组织开展工作。”至于我们的储备,在12月15日的会晤中,我们被日军司令部指挥官告知,我们可以自由支配。

然而1937年12月31日和1938年1月1日,我们得到可靠的消息,日本总领事已通知组织“自治委员会”(“自治政府”委员会)的小组可以接管国际委员会的储备和款项。

接着,我们于1938年1月3日的关于国际委员会状况的机密(内部)文件记录中确定了我们如下的立场:

我们是一个民间团体,成立的宗旨是帮助饱受战争苦难的平民。

1. 食品和资金是供我们支配的,是供我们委员会用于上述目的的，因此我们要设法使委员会继续存在下去，但我们在使用我们的救济金时要适应当前这里的状况。

2. 我们履行的行政管理工作由我们的合法基金单独支付报酬。(警察的薪金不由我们支付，而是由他们的行政管理机构单独支付。我们向警察提供大米，所提条件同我们向其他所有的难民和自愿助手提的条件相同。市政当局派给我们组织的那 3 个职工的薪金单独汇给。)

拉贝先生为此作了准备，并于 1 月 6 日晚上当福田德康先生来访时把我们的立场非正式地通知了他。后者的来访是要私下地、非官方地通知拉贝先生，日本军事当局希望将来所有工作都由"自治委员会"做，还打算接管我们的全部资金和储备。因为福田先生请拉贝先生在私人信件中向他解释我们的状况和立场，拉贝先生当即召集了委员会会议，在会议上商讨并确定了 1 月 7 日拉贝先生给福田先生的复函文字。(见卷宗 Z29)

这样事情暂时平静下来了。然而，当 1 月 8 日星期六日本军事当局要强制关闭我们的大米出售点时，我们经过同"自治委员会"新任食品委员王承典先生协商，于昨天决定今天早上自愿关闭我们的大米出售点。我们在 10 天之前就想这样做，但是到昨天为止"自治委员会"根本没有能力接管大米出售工作。我们将一如既往地进行大米的免费发放。我们做好了准备工作，派人用我们的 5 辆卡车运输日本军队向"自治委员会"提供的 1 万袋大米。对于出售的大米，我们将计运输费用；而对于免费发放的大米(额外提供的1 250袋据说要在安全区以外地区免费发放)，我们不计运输费用。

企图把我们排除出去的又一步骤今天早上做出了，军需物资供应处主任石田少佐先生突然拒绝履行他从前同我们达成的协议，根据这个协议，他应向我们出售3 000袋大米和5 000袋面粉用于救济目的。我们不想向"自治委员会"购买这批储备，因为只要它把大米、面粉和燃煤供给安全区或者向平民开放的别的地方，我们就完全满意了。在这期间，我们尽力保持一定的储备，以防这个新机构崩溃

或以防有人试图通过得到的垄断地位提高价格。

感谢您对我们有利于南京市民的事业的关心。

您忠实的

签名：刘易斯·S.C. 史迈士

附件：

1. 1月7日约翰·拉贝先生致福田信的副本。(卷宗Z29)

2. “关于恢复南京正常生活秩序意见书”(卷宗Z30)，是我们为“自治委员会”写的文件记录，福田先生向拉贝先生索要了它的副本。

1月10日

昨天夜里，当我的客人都走了之后，我庆祝了迟到的圣诞节。罗森博士给我带来了信：12月20日、24日、27日和1月6日妻子写于上海的信，11月12日格蕾特尔写于哈尔特恩的信和12月5日奥托写于慕尼黑的信。还有两张格蕾特尔同乌尔西和古德龙的照片。我还得到了一本好书《蒂尔曼儿子的历史》、两根塞佛拉香肠、两包克耐格尔面包、胰岛素和两磅黄油。所有这些东西放在我的身边如此可观，我觉得就像一个得到馈赠的士兵一样，我想我同我们的奥托一样兴高采烈。

1月10日，上午9时

克勒格尔拜会了石田少佐后带来的答复是，日本人不准备向我们出售已答应的大米和面粉，他们只准备向“自治委员会”提供。抢在日本人的命令之前，我们于今天早晨停止了大米的出售，这使中国的难民感到了极大的失望，因为“自治委员会”直至现在还没有设立自己的出售点。局势因此而变得严峻起来！

罗森博士到总部拜访我们。日本人像对我一样，也请他在他的报告中要小心一点。他说他是这样回答的：我想报告的是，您切断了我们的供水和供电。

南京宁海路5号

1938年1月10日

尊敬的爱利生先生：

因为贝德士博士先生调查了涉及里格斯先生的那起事件，我请他给您写一份特别报告。在这里附的事态报告中，我只作为“187号事件”列举了该起事件。“事态报告”是我们迄今作的关于日本士兵在安全区内暴行的报告续篇。

前4个事件(180号～183号)表明了住在中山路军事机关附近的平民处于何等的危险之中。

184号和186号事件说明打算重返住所的人会遭遇到的困难。

185号事件是一个清楚的证据，它表明了日军在处决平民时的惨无人道，更重要的，同时也涉及到我们自身的是，对居民生活和健康的威胁，因为整个地区尤其是池塘里还躺满了尸体。到现在我们城里幸亏还没有暴发瘟疫。然而，如果目前的状况继续下去，尤其是如果饮水不洁，我们就始终面临着暴发传染病的危险。

187号事件说明，在维持士兵秩序方面，不论是中国人还是我们都应该信赖的日本宪兵中有几个人品德恶劣。对于这点，贝德士博士先生已指出。罗森博士先生今天告诉我，他建议日本人在必要时把他们一流的宪兵部队从东京调到这里来。

希望这些消息对您有用。

您忠实的

签名：刘易斯·S.C. 史迈士

事态报告

180) 1月8日夜里，五六个日本士兵闯入沈举人巷22号的房屋强奸妇女并用手枪枪杀了几个中国人。(报告人：李女士，32岁)

181) 同夜，4个日本士兵敲高家酒馆45号房屋的大门要求进入，由于人们没有立即满足他们的要求，他们就用手枪射击。3个妇女被强奸。(报告人：袁家3名妇女：21岁、25

岁和29岁,地址同上)

182) 1月7日,2个日本士兵企图强奸一名年轻姑娘,要制止这一罪行的张福熙(音译)被刺死。(慈悲社7号)

183) 1月8日下午6时,3个日本飞行员在华侨路4号强奸一名姓高的18岁姑娘,并用手枪向四处乱射。

184) 1月9日,一名老年男子从安全区回对过山去看自己的房子,以确认是否能搬回去。他到家时,发现他房子大门口有3个日本士兵。这3个日本士兵二话没说就朝他开枪,打伤了他的双腿。这名男子目前在大学医院。(威尔逊大夫)

185) 1月9日早上,克勒格尔先生和哈茨先生看到一个中国平民被一个日本军官和一个日本士兵赶到安全区内山西路旁边一个池塘里处死的情景。克勒格尔和哈茨到那里时,这个男子踉踉跄跄地站在薄冰层破碎的齐臀深的池水中,奉军官的命令,日本士兵趴倒在一个沙袋后面开始射击。第一枪击中男子的肩膀,第二枪没有打中,第三枪才把他打死。(报告人:克勒格尔、哈茨)

我们当然无权对日本军队合法的处决提出抗议,但是这种处决方式无疑是欠妥的、残酷的。此外,我们想利用这个机会再谈一谈我们在同日本大使馆先生们的私人交谈中经常探讨的一个问题。池塘受尸体的污染大大减少了或者说破坏了安全区内的水源。这种状况的危险性在长时间的缺水时期尤其必须指出,特别是因为城市自来水管恢复得很少。

186) 1月9日下午3时左右,米尔斯牧师先生和史迈士博士先生前往双塘视察那里的收容所,同时也为了查实有关城区(城市西南区)的局势是否允许居民返回。他们到达时遇到一个怀里抱着一个孩子的妇女,她刚刚遭到了3个日本士兵的强奸。(报告人:史迈士、米尔斯)

有关双塘难民收容所的特别报告几天前由米尔斯牧

师作出。

187) 1月9日夜里，日本宪兵队的一个岗哨从汉口路25号史迈士博士先生住宅里拉走一名妇女，并从另一所房子里拉走第二名中国女子。正要返回汉口路23号自己住所的里格斯先生碰见了这个岗哨，并且被他用刺刀威胁。（见贝德士博士先生和里格斯先生的特别报告）

1月10日

16时，“自治委员会”在安全区内我们总部附近设了一个大米销售摊位。这样我们暂时可以从极度的困境中摆脱出来。米尔斯牧师带我造访了美国大使馆，把我介绍给了爱利生先生。我们迄今对一再发生的日本士兵的罪行，每天都向日本大使馆递交抗议，爱利生先生答应，只要涉及此类抗议，他会继续协助我们的工作。

1月11日

上午9时在宁海路举行难民收容所全体所长会议。有20多人出席。菲奇和我发表了讲话，表扬了全体管理者，我们自己也受到了赞扬。因为会议要开几个小时，要讨论下一步的工作、卫生设施的改善、“自治委员会”的接管和其他许多问题，我退了场去造访英国大使馆，在那儿我遇到普里多-布龙先生、陆军上校洛维特·弗雷泽、罗森博士、爱利生先生和许尔特尔先生。根据询问，这3个大使馆的全体先生都表示愿意接受我们就日本士兵的罪行每天作的报告，并向日本大使馆或向他们自己的政府递交这些报告。这对于我们委员会来说是大大地减轻了负担。如果这些大使馆不断地提出抗议，秩序也许很快就会恢复。

下面是一篇关于王兴龙事件的备忘录。一个通过某些关系为我们工作的前中国军官，被他的同胞出卖给了日本人，接着日本人逮捕了他。遗憾的是，一所美国大学的一批无辜的职员也遭逮捕。国际委员会由此陷入极大的困境。解救这名军官是根本不可能的。但是，我们至少要尽最大的努力来挽救其他完全无辜的大学职员的生命。事情变得复杂了，因为人们还发现了埋藏的武器。

关于王兴龙事件的会议备忘录

南京,1937年12月31日14时30分

与会者:

许传音博士先生,住房委员

吴国京先生,住房委员会第六区主任

M.S. 贝德士博士先生,金陵大学紧急委员会主席

刘易斯·S.C. 史迈士博士先生,南京安全区国际委员会秘书

1. 许博士指出,他不对区主任承担责任,这些区主任自行雇用助手。

2. 第六区主任是一位姓吴的先生,他对王兴龙并不很了解,但这两人来自同一个省,并且在王成为住房委员会成员时就相识了。蚕厂前厂长任则青(音译)由吴的父亲雇用。他不是很能干,因此请这个王兴龙帮助他。

3. 王以前是市警察局督察,这点吴是知道的。

4. 前面提到的任嫉妒王,并把事情报告给了日本宪兵队。任今天还住在蚕厂。

5. 吴称,埋藏武器的不是这4个人,但王却告诉日本士兵是这4个男子干的。

6. 贝德士博士说,据在这份中文文件上签名的男子的陈述,有一个叫林常(音译)(吴打断他说是陆常)的人以前到过那里,他因钱的事情同王有分歧,后来跑到日本人那儿去了,昨天又把其妻子从蚕厂接走了。此外,田中先生昨天还向他说过,这个王还在收容所强奸过妇女。但这点被吴否定了。

7. 许博士询问我们的态度,贝德士博士告诉他,如果王以前是军人,我们就不能干预,因为这样的事件涉及军事事务,再说王是以外来人的身份到我们这儿来的。但我们(大学委员会)愿意为那两个佣人提供担保,此外,也愿意为牵扯进此事件的其他难民提供担保。

8. 许博士动身去向日本大使馆报告。

1月11日

今天，日本人中断了我们的大米供应。今天中午，我们为“自治委员会”进行的运输大米的工作停止了。下午，我还在办公室的时候，日本宪兵到宁海路5号我们的总部搜查。据说是寻找一包被一个难民抢走的旧衣服，这包衣服几天前有人从他那儿拿走了，并且藏在我们总部总干事菲奇的办公室里。今天下午我们总部所有的房间几乎都敞开着，只有菲奇的房间例外，这引起了日本人的注意。在他们将要把门撬开之前，克勒格尔来了，他让人取来了钥匙并当即把这包衣服交了出来。日本宪兵的态度令人不可思议。假如他们温和地要求进入，这包衣服也会立即交给他们的，实在用不着为此事包围整个总部。宪兵按照命令从四面翻越院子围墙，并且发现了我们存放在院子里的汽油和柴油储备。现在我们必须把这些储备转移到安全地方以免被他们拿走，因为我担心被没收。看来有人想把上面描述的这件事情制造成“一起事件”，因为衣服是被一个中国难民抢走的。我还得同大使馆取得联系，以确定我应该对这起宪兵侵犯事件持什么态度。我们可是不知道何时会有第二步，结果如何。

纵火还在继续，北面有一所房子在熊熊燃烧。19时，在回家的路上，我的汽车被一个日本岗哨拦住，但当他认出卐字旗和我的党徽时，我的汽车立即被放行了。

今天下午，被日本人于12月13日解除武装的中国警察厅由“自治委员会”接管。

1月12日

一个月前的今天，南京落入日本人之手。被枪杀的那个中国士兵还没有被掩埋，被绑在一张竹床上，陈尸于离我的住所约50米的街头。早上7时，波茨坦广场（新街口）附近两所房子燃起了熊熊大火，这是日本人惯常的用来暖手的晨火。我们对此已习以为常了，如果火不在离我们很近的地方点燃，我们就感谢造物主了。

我造访了德国、美国和英国大使馆，同罗森博士先生、爱利生先生和普里多-布龙先生讨论了昨天我们的总部被搜查一事。他们同我在下面这一点上是一致的：在没有事先通知有关大使馆或者在没有大使馆的一个成员的陪同下，日本宪兵是不允许闯入欧洲人的房屋的。在提出要求方面，我比贝德士博士走得还要远些，他的观点写在下面这篇备忘录里。

今天下午城南发生了新的纵火案，又有一些中国人被杀害。我们向各个大使馆报告了一起特别可怕的事件。在这期间所有大米销售都停止了！既不允许我们往安全区运米又不允许运煤。日本人在安全区内张贴了告示，要求安全区的难民返回他们的住所。住所被烧毁了或者被洗劫了，这并没有被考虑到。

为了同日本人友好相处，我想出了一个计划。我想解散安全区委员会，成立一个国际救济委员会，在这个委员会里也应有日本代表。我是否会成功，还要等着看。这个建议首先必须同安全区委员会成员和3个大使馆的官员们讨论。

对抄家、没收和恐吓的态度的建议

我提出以下建议供批评和讨论：

这些建议是根据处理有关中国人的事件的经验提出的，这些中国人或者同美国人或美国机构存在有直接的雇佣关系，或者服务于在美国辖区的南京安全区国际委员会。

这方面的基础是合同、历史事件和习惯法，习惯法允许外国人雇用中国人并利用他们的劳动而不允许来自第三方的干预和恐吓的发生。在上海和其他地方的日本当局，近几年特别重视维护这些原则以防止对他们自己的职员产生压力。

1. 我们承认有权力在我们的辖区进行被授权的和有秩序的抄家，尤其是如果在这样的抄家之前或同时对理由作出令人满意的解释。

2. 我们不想保护作恶者免受对其行为结果的惩罚，也不想干预对居民进行合法的军事或政治的检查。

3. 我们抗议违法地、没有理由地或强制性地闯入我们的辖区和房屋。

4. 我们抗议任意干预我们在我们美国的辖区合法地建立机构

或企业,也抗议强迫拉走我们的中国助手或者对其进行恐吓。

如果上述最后两个建议在深入的研究之后证明是有理由的,那么在处理可能发生涉及我们的财产和我们的中国人员的事件时,可以把这两个建议作为积极的建议和要求一并加以考虑。

签名:M. S. 贝德士

1938 年 1 月 12 日

事态报告

188) 今天早上,两个按照规定由日本人登记了的中国人(马和殷)动身前往地处汉西门的马的住房去探望马失明的母亲。邻居告诉他们,她被日本兵打死了,他们看到的是她的尸体。在返回安全区的路上,他们被日本士兵拦住。日本士兵抢走他们的衣服,然后用刺刀戳他们,并把他们扔进了一条沟里。但是这两个中国人只有一人死了,另一个人苏醒了过来,爬出了沟。看到这一情形有同情心的同胞给了他衣服,因此他得以回到蚕厂。朋友们用一张床把他从那儿抬到了我们总部。菲奇先生张罗着把他送进了鼓楼医院。(受伤者向吴先生报告)

注意:这是想重返住所的难民对遇到种种困难的一系列抱怨中的又一个抱怨。

1 月 13 日

委员会其他成员不同意我把安全区委员会改组成南京国际救济委员会的建议。他们认为我们的安全区委员会事实上得到了日本人的承认,他们担心一旦我们自动解散老的委员会,人们可能会对我们完全不予理睬。我当然服从多数,因为我们必须无条件地一致,尽管我认为,我的建议是为同日本人在友好的基础上共处并得到我们大家都希望的结果,即为防止难民饿死和使城市恢复和平与秩序,指出了唯一的出路。

通过英国海军的传递,我收到了上海西门子洋行的一份注明日期为 1 月 10 日的无线电报,让我处理完这里的商务尽快同韩先生一起去上海。明天我将予以答复，目前不论是外国人还是中国人都不允许离开这座城市。克勒格尔曾多次企图从日本人那儿获得许可去上海，但到目前为止每次都被拒绝了。

罗森博士和克勒格尔为了看看施梅林在阵亡将士孤儿院附近的住宅和埃克特博士在孙中山陵园地区的住宅，去了城外。两处住宅在12月28日虽然遭到抢劫，但还算完好。可今天被证实，两栋建筑在此期间被烧毁了。在返回的路上，上述两位先生（乘坐罗森博士的大使馆公用车）被由福田陪同下的日本军官拦住。罗森博士和日本人之间开始了一场热烈的谈话。日本人想知道他为什么在城外逗留，就是说他为什么不服从日本军方的命令。（您为什么不服从日本军方的规定？）罗森博士回答说，他从没有许诺过服从日本军方的命令，作为一名外交官，他要求能够从事自己的事务，尤其是因为他准备查实在南京的德国人财产被日本人毁坏到了何等地步。日本人要求罗森博士写一份与此相应的书面声明。罗森博士返回后把这起事件电告了上海，我急切地等待着结果。有机会史迈士博士也要就昨天警察对我们宁海路总部的袭击事件向上海报告。

英国海军电报，上海

德国驻南京大使馆转　　拍发：上海，1938年1月10日

拉贝　　接收：南京，1938年1月13日

西门子洋行南京办事处　　菲舍尔·菲利普斯

结束商务事宜，同韩速来上海。

拍发：南京，1938年1月13日

给上海德国总领事馆的回电：

拉贝致西门子洋行（中国）

对于您1月10日的来电回复如下：目前不论是外国人还是中国人均不允许离开南京。

罗森

南京安全区国际委员会

南京宁海路5号

1938年1月13日

致"自治委员会"

南京鼓楼新村1号

因为我们停止了用救济基金储备向前南京城市管理部门为维护秩序而派给我们的警察提供大米,我们在此把有关人员的名单寄给贵方。该名单和我们原先得到的档案名单一致。这份名单包括了奉命履行这一任务的全部警察的姓名。

我们希望,贵方可以在贵方新的管理部门使用这些警察。

衷心地祝贵方为南京居民的幸福作出的努力取得良好的成就。

您忠实的

签名:刘易斯·S.C.史迈士

秘书

1月13日,下午4时

国际红十字会在鼓楼医院举行的会议上作出规定,对于送到医院来的病人以及由红十字会介绍来的病人是否应给予免费治疗,将由麦卡伦决定。前一段时间,约翰·马吉先生送来的免费病人太多,其中有一名妇女,送到医院的时候人们说她身无分文,但是在换床单的时候却在她的床上发现了300元钱。在我的提议下,1月份红十字会提供鼓楼医院5 000元款额用于免费治疗病人。而上个月我们从国际红十字会的款项中付给鼓楼医院的钱约为9 000元。

张(国珍)的妻子经治疗已基本痊愈,可以出院。我们用汽车送她回家。张把他上月的薪水计30元全部给了医院,所差的款额我支付了。

"自治委员会"的吉米·王告诉我们,日本人提供给他的1万元全是日本军用钞票,甚至连日本商人都不肯收。原来答应给的1万袋米他只拿到1 000袋,仅够用半天。

1938年1月6日上海《新申报》的文章译文:

南京苏维埃大使馆发生灾难性大火。共产党人的秘密计划大暴露。共产党人为了销毁自己抗日运动的文件证据，纵火烧毁自己的大使馆。

1938年1月1日上午11时，驻南京的苏维埃大使馆突然起火。所有建筑物都浓烟滚滚，火焰冲天，一直延续到下午4时。1月2日下午又烧了一次。整栋使馆楼被烧毁，使馆官员们的住房也完全被烧毁。邻近的居民谁都无法对这次失火提供详情。但是我们的南京通讯社的代表们还是从各个方面了解到一些情况。该大使馆的围墙特别高，人们不易攀越。日本军队占领南京时，立即主动提出为该大使馆提供保护，但却遭到大使馆官员们的严词拒绝，他们称他们自己会负责保护。失火前的好多天，有人发现中国人不断出入大使馆这些楼房。夜里这些房屋有时特别明亮，给人的印象是在发出灯光信号。在火灾废墟中还找到了弹药箱。若是考虑到从调查中得出的种种事实，那么毫无疑问，大使馆内人员来往和物资搬运都是为了实施秘密计划和从事秘密活动。在此情况下，估计他们是担心，大使馆慢慢地会变得不那么保险了，因此宁可把所有房屋连同其危险材料付之一炬。只要人们考虑到中国共产党最近已决心全力支持持久的抗日保卫战争，并为此使用自己独特的方法，对前面的情况也就不难理解了。这方面的例子不胜枚举，在这儿我们只提一句流行的话："日本人的纵火导致饥饿的民众穷困潦倒，流浪街头。"

这就是他们别有用心的骗人把戏。他们也散发反日的传单，目的在于挑起日本与其他国家间的不和睦。

1937年11月中旬日本军队占领（上海）南市后没几天，中国共产党的党员也在那里纵火烧了一批房屋。他们总是采用这种方式。在松江、嘉兴和其他地方，也可以看到同样的情况。

纵火烧毁苏维埃驻南京大使馆又是共产党人卑鄙行径的一个例证，他们没有其他损害日本军队的办法。

以上为M. S. 贝德士匆匆所译。

南京安全区国际委员会总部搜查记：

1938年1月11日，当我在下午2时左右到达宁海路5号我们的总部时，我发现总部整个区域已被日本士兵包围起来，大楼内也有许多日本兵。一个会说法语的日本军官告诉我，他正在寻找一包衣服，它是几天前住房委员会第六区任先生送交我们的。这军官已经搜查过其他所有房间，正等着菲奇先生办公室的钥匙。佣人拿来钥匙后，我们大家都到菲奇先生的办公室去，找到了那个军官所要的那包衣服。那个军官要我给他写一张转交衣服的证明。我写的证明如下（从英文译为德文）：

兹证明一个内有中国人衣服的包裹已由任先生交给我们。按照任先生的说明，该包衣服是难民们抢来的，后来被没收，并交到宁海路5号我们办公室。

签名：克·克勒格尔

这张证明是当着日本陆军宪兵队一名宪兵的面写的。

签名：克·克勒格尔

任先生给我一份中文清单，说是里面的东西全都列在单子上。当时我没机会查看这份清单，那位军官和日本士兵们旋即在任先生陪同下离去了。

我查问这件事时，我们总部的人告诉我，日本兵早在12时半就开始包围我们的总部，随后有四五个士兵冲进房子，没有询问屋子里的佣人，也没有取得租住户拉贝先生的许可，就搜查起所有的房间。门房问日本兵要干什么，回答是他们要寻找坏人。因为士兵们没有找到他们要找的东西就走了。

下午1时30分，那个军官又带着士兵回来重新包围了整个总部，并指挥士兵翻越围墙，再次搜查屋子。这次也没有征得拉贝先生的同意，对佣人也不理不睬，只在门房处打听许博士在哪里。当一个佣人回答说许博士不在时，他几次被打；当佣人提出要去找一位外国先生来时，他们回答说不愿跟外国人打交道。因此佣人请人去“自治委员会”把王承典叫来。我下午2时到达时他刚到。

菲奇先生对此说道，这包不明不白的衣物是按许博士的指示于三四天前交给我们总部的，因为这包东西是一个难民抢来的。

签名：克·克勒格尔

南京宁海路5号

1938年1月14日

尊敬的爱利生先生：

谨寄上我们安全区卷宗的另一份文件（我们致福田先生信函的副本），即在此以前我们就向南京市民供应粮食和燃料事宜所进行的历次谈判的情况汇总。我认为，您昨天晚上对里格斯先生提出的关于我们燃煤的消耗量的问题由此也可得到答案。

我们对燃煤的需求量（12月30日的需求量——卷宗Z23）共计为：

用于粥厂600吨软煤（每天10吨，2个月用量）；

用于大学医院50吨软煤（此外还有现在需要的50吨硬煤）；

用于市民家庭1 000吨煤（软煤和硬煤）。

这和我们现在列出的2 000吨需求量大体相符。当然，市民私人的需求量是无法精确估计的。（可以根据粥厂的用煤量进行估计，即一吨米需用一吨煤。如果日耗量为113吨，那么两个月约为8 000吨。不过也要考虑到市民烧火不仅用煤，也用其他多种燃料。）

请您不要对福田先生提及您收到了附上的信函副本，但您可以利用信中通报的内容。福田先生的表现很友好，在这件事上很配合，并且答应今天下午就和军事当局就此事进行磋商。我们不打算在信中提出任何要求，只想明确指出我们的需求量是多少。

顺致友好的问候，衷心感谢您的帮助。

您非常忠实的

签名：L. S. C. 史迈士

南京宁海路5号

致福田德康先生　　1938年1月14日

日本大使馆

南京

尊敬的福田先生：

12月21日我们委员会几位委员曾提请日本当局注意，目前供南京市民用的粮食和燃料储备量不足，并恳请有关当局采取必要的措施，以控制局势。12月27日我和福井先生就此事进行讨论，我特别就我们的米和煤的储备做了说明。福井先生回答我说，日军管理部门倾向于把分配大米的工作交由"自治委员会"办理；但他同时也表示愿意帮助我们设法搞到粥厂用的煤。后来只有一家煤栈供煤给"自治委员会"用于救济目的。我们于12月27日去查看了这家煤栈，当时它有550吨煤。但在这期间其他方面从这煤栈运走了几批数量较大的煤，因此只剩下100吨煤可供给我们的粥厂。

正当我们和福井先生谈判时，负责这期间日军军需处的T. 石田少佐主动向我方施佩林先生提出，他可以出售给我们较大数量的米和面粉用于救济。后来我们的克勒格尔和施佩林先生从石田少佐那里得到5 000袋米和1万袋面粉的供货发盘，我们随即在1月7日向他订购3 000袋米和5 000袋面粉。石田少佐先生还答应卖给我们600吨煤供我们的粥厂使用。然而3天后克勒格尔先生为了大米的交货事宜去找石田少佐时，他得到的消息是，他们既不可以卖米和面粉，也不可以卖煤给我们，因为全部赈济事务必须由"自治委员会"办理。

1月8日，"自治委员会"告诉我们，日本人已经提供给他们1 250袋大米，用于在安全区以外的地区免费分发，同时还提供了1万袋大米，用于出售。"自治委员会"请求我们协助他们运输这些储备粮。我们于1月9日即星期日立即采取必要的准备措施，并在星期一上午派出了5辆卡车。这时，"自治委员会"获得准许，可以把原先规定免费分发的1 250袋大米用于出售，并在以后提供的1万袋总数中提出同等数量用于免费分发。1 250袋米在2天内运完，大米刚到就销售一空。当我们派出的监督和执行运输人员在1月12日提取另外的1万袋米时，他们却被告知，这期间发布了一道新的命令，根据此项命令，每3天提供1 000袋米。光为谈判此事就白白花去了2天时间。

昨天也就是1月13日，我们进行的一次调查表明，我在12月27日告诉您的煤栈全部存煤本来是用于市民需要的，现在要么已被运走，要么已被烧掉(这7家煤栈12月27日的存煤有2 000多吨)。

我们非常愿意在对没有其他援助来源的市民进行救济方面同您和“自治委员会”合作。下述事情就是我们对您表现诚意的证明：我们于1月10日根据“自治委员会”的建议关闭了我们的米店，并于同日用我们的卡车帮助该会运回日本当局提供给它的米。我们的粥厂和难民收容所没有从中得到过一袋米。

我们听说，经贵方登记的人口共有16万，其中不包括10岁以下的儿童，城里有几个地区甚至连年长的妇女也不包括在内。因此，城里的市民总数可能有25万～30万人。按正常口粮供应这些人，每天需要2 000担米，即1 600袋。由此可见，您所配给的每3天1 000袋米还不到所需量的三分之一。直至今天，大部分市民仍然靠自己带来的存粮生活。但这些存粮不久就会用完，因为从1月1日起大米交易数已经急剧上升。因此应当立即采取预防措施，使市民每日至少能够买到1 000袋米，并尽快将供米数量提高到每日1 600袋。

此外，应该提供更多的面粉和2 000吨煤以及其他燃料，以满足购买者一两个月的需要。时至冬季，为了使市民免遭更大的痛苦，有必要采取深思熟虑和切实有效的措施。

因此我冒昧向您提问：以前我们之间达成的协议出于何种原因被取消？或者说，此事目前的情况如何？市民必须吃饭。若是不给他们米，不给他们烧饭用的燃料，他们就会遇到极大的困难。因此我恳请您尽快与军事当局作出安排，长期供应市民足够数量的米和燃料。至于米和燃料是通过我们委员会还是“自治委员会”进行分配，这完全无关紧要。我们委员会只希望市民能够买到生活所必需的粮食和燃料。我们认为,当前值得推荐的做法是通过商业买卖进行。

最后我还要说明,我们委员会对贵方关于如何改进我们工作的任何建议都将十分感激。

衷心感谢您在这件事上不辞辛劳的帮助,顺致友好问候!

您十分忠实的

签名:约翰·拉贝

南京安全区国际委员会主席

1月14日

凡是最近一个月内在这里逗留过的人,对报纸上俄国驻南京大使馆失火的那篇报道就无需讨论了。——谁要是看到过日本士兵在这里烧毁了一栋又一栋房子,就决不会相信那篇报道;谁要是像我一样看到过日本兵将近20次翻越自己院子的围墙,若是有人对他说无法进入正在燃烧的俄国大使馆,是因为围墙太高了,他就会忍不住笑起来。

关于前面提到的日本宪兵在我们委员会总部进行搜查的报告,以及克勒格尔的那篇正式报告,我们把它要来作为新闻报道的材料。由于我们的无线电电报发送要靠英国大使馆的"蟋蟀"号炮艇,而英国大使馆又顾虑重重,最后我们只得放弃发表这篇报告。

福田先生今天收到了前面那封关于供应难民米和煤的信件。我们希望福田能够帮助我们实施该项计划。只要难民能够有吃的,计划如何实施都是一样的。

西门子洋行(中国)总部

上海

1938年1月3日

致约翰·拉贝

西门子洋行(中国)

经理

亲爱的拉贝先生:

首先祝您新年万事如意!您的确度过了一个动荡的时期,经历

了各种事情。我祝愿您身体健康。我们很想听取您的意见，您是否还打算长期留在那里。我最近和鲍尔博士先生（礼和洋行）谈过，他也认为在那里长期待下去已经没有实际意义了。我们原先的想法是您应当及时，即在沦陷前，离开南京去汉口，以便与政府各部门继续保持联系。我们为此曾3次拍电报给您。普罗布斯特博士先生目前正在香港，我曾询问过他，是否可以让您驻香港。一旦我得到答复，即设法通知您。我不知道您的住房设备情况，但我估计您早已把您的东西包扎好。有否可能把您的东西转移到大使馆去（假使还没有这么做的话）？至于到上海来一趟，现在可不是件容易的事，不过也许迟早可以安排的。

我们请求您，如有可能，尽快给我们一个消息。

顺致最良好的问候

您的

签名：W. 迈尔

（南京收到时间是1938年1月14日。——拉贝）

德国总领事馆

上海

1938年1月11日

Po. 4. L. 18

11121|37

致约翰·H. D. 拉贝先生

西门子洋行（中国）

德国驻南京大使馆办事处转交

亲爱的拉贝先生：

首先我感谢您去年12月28日的来信，我把信的内容转告了那些房屋未遭破坏的主人们。

我希望您在南京经历了艰难时期之后不久能来上海休息一下。下面这封电报使我增强了这种希望：

“结束商务事宜，同韩速来上海。”

这份电报是我根据上海西门子洋行（中国）的请求发出的。

我希望不久就能听到您亲口讲述更多的情况。

致以最良好的问候

您忠实的

签名：菲舍尔

约翰·H.D. 拉贝

南京

1938 年 1 月 14 日

第 979 号文件/卷 12

上海理事会

文及：W. 迈尔经理先生 1938 年 1 月 3 日的电报

您的上述电报经过德国大使馆的转递，我已于今日收到，特此确认。收到您要我到汉口的消息时，已经太晚了，德国人早已经乘坐“库特沃”号船前往汉口去了。此外我认为，在危难的时刻不抛弃逃到我这里的中国职员，如韩先生一家和其他装配工，是我应尽的职责。在回答您上一份电报时，我就已经告诉过您，我担任了此地成立的国际委员会的主席职务，该委员会的任务是组建一个安全区，为 20 万中国平民提供最后的避难场所。日本人以中国高级军事人员及其参谋部一直到最后(也就是说到撤离南京前)都驻扎在安全区为理由，拒绝给予安全区以全面的承认，所以安全区的组建工作是相当不容易的。我们真正开始受难是在轰炸以后，也就是说是在日本人占领城市以后。日本军事当局像是失去了对部队的指挥控制权，军队在进城后抢劫掠夺达数周之久，约有 2 万名妇女和姑娘遭到强奸，成千上万的无辜平民(这其中也有 43 名电厂的工人)惨遭杀害(用机枪进行大规模的屠杀已经算是人道的方式了)。他们还肆无忌惮地闯入外国侨民的房子，60 处德国人的房子中，约有 40 处遭到不同程度的抢劫，4 栋被彻底烧毁。整个城市约有三分之一被日本人纵火焚毁，时至今日，纵火事件还在继续不断地发生。城市里没有一个商家店铺未遭到日本人的打砸抢。整座城市，被枪杀的或被其他方式处死的人暴尸街头，随处可见，日本人甚至禁止我们殓尸安葬。(我们不知道为什么!)在离我房子约 50 米远的地方，那具被捆绑在竹床上的中国士兵的尸体自12月13日以来就横在街头，距尸体仅数米远竟有一个日军岗哨。许多池塘里漂浮着被枪杀的中国人的尸体，有的里面竟多达50具。

委员会设立了粥厂和米面分发点，到目前为止我们以此还能养活涌进安全区的20万南京居民。但是现在日本人下达命令，强迫我们关闭粮食销售点，因为新成立的"自治委员会"想要接管救济难民的工作，而且采用这种方式可以迫使难民离开安全区，返回自己的原住处。前面已经提到过，安全区以外的城区里没被损坏的房子已经所剩无几，所以难民们根本不知道他们该投身何处，更何况仍然不时有日军士兵在街上烧杀劫掠横冲直撞，难民们见到他们就害怕。我们委员会尽力希望能和日本人以及由日本人新成立的"自治政府"达成谅解，起码要保证难民的粮食供应。另外，如果日本人以及新的"自治政府"能接管我们的工作，我们是不会有任何意见的，而且我们希望越早越好！一旦市区内恢复了秩序，当局准予我离开南京，我将前往上海。到目前为止，有关此事的所有申请都遭到了日本人的拒绝。

在此我补上我的请求，请同意我在安全区委员会解散之前留在南京，因为几个欧洲人的去留实际上决定了许多人的命运。仅仅在我的房子和院子里就有600多名赤贫阶层的难民，自12月12日夜晚以来，他们纷纷逃到我这里躲避兽性大发的日本匪兵的污辱和杀害。他们中的大部分人住在院子的草棚里，靠每天的定量救济粮生活下去。我们委员会总共管理有25个难民收容所，约7万名难民，其中的5万人必须要靠我们的救济过日子，因为他们已经一无所有了。您可能很难想象出这里的情形。攻占南京前，日本人对南京进行了数月之久的狂轰滥炸，但是，这同占领城市后日军造成的苦难是无法相提并论的。我们自己也感到不可理解，我们怎么能安然地活到今天。请求您不要公开这封信，因为这样很有可能会给我们委员会带来灾难性后果。

致以德意志的问候

签名：约翰·拉贝

约翰·H.D. 拉贝

南京

1938年1月14日

我亲爱的多拉：

很遗憾我没时间写一封详细的信。因此随信附上我今天致洋行信函的副本给你，此信包含了值得了解的关于南京的一切。此外，我们这里大家都很好，只是太疲劳。

衷心问候并吻你

你的约翰尼

约翰·H.D. 拉贝

致菲舍尔先生　　南京

上海总领事　　1938年1月14日

尊敬的菲舍尔先生：

我非常感谢您1月11日的亲切来信（Po. 4. L. 18|11121|37号），随信附上致上海西门子洋行（中国）的一封信，劳驾您予以转交。随信给您附上副本一份，您从中可以看出这里发生的情况。

顺致友好的问候

您十分忠实的

签名：约翰·拉贝

南京安全区国际委员会

致德国大使馆　　南京

南京　　1938年1月14日

受南京安全区国际委员会委托，我于今日送交你们5个密封包裹（1号～5号），上有文字标记："救济基金，约翰·H.D. 拉贝先生和克·克勒格尔先生寄存。"请妥善存放。我们恳请你们，这些包裹只能凭约翰·H.D. 拉贝先生和我本人的签名交付给拉贝先生或我本人。

包裹密封时使用的图章如下：（图章）

对你们的帮助再次表示谢意。

顺致德意志的问候

签名：克·克勒格尔
财务主管

移交的包裹：

	日期	签名
第 1 号		
第 2 号		
第 3 号		
第 4 号		
第 5 号		

约翰·H. D. 拉贝先生的签名如下：

约翰·拉贝

我的签名如上。

南京安全区国际委员会
南京宁海路 5 号
1938 年 1 月 15 日

致日本大使馆
南京

请允许我们通告贵使馆，根据我们今天早晨收到的一份无线电电报，上海方面已为南京准备好较大数量（约 600 吨）的补充食品，一旦我们从贵方在这里的军事当局取得许可证，该食品即可装船运往这里。

石田少佐先生最近就一次与此有关的询问告诉我们，日本陆军已没有储备的豆子、花生、食油和新鲜蔬菜或有关代用品可以提交我们向南京市民出售。如果这里的市民在漫长的冬季只能以米为生，产生瘟疫的危险性就很大。我们已用无线电电报请求上海采取必要的预防措施，并把采购补充食品的款汇来。

因此我们请求贵使馆从贵军事当局那里为我们取得许可证，以尽快将这些食品从上海装船发往这里并运入南京城。

在此，我们预先对贵使馆的努力致以衷心的谢意。

最忠诚的

签名：约翰·拉贝

主席

下面这份电报仅是草稿，没有能够发出：

（从英文译出）

致国际红十字会

上海国际饭店

日本人在他们的出版物中向全世界公告，被安置在外交部的中国伤兵受到他们的关怀。在这里我们要指出的是，中国医护人员以及病人的食品一直都是由我们提供的。贵会是否认为，在日本人自12月13日以来拒绝我们进入外交部这家医院后，我们应继续提供食品？

签名：约翰·马吉

南京国际红十字会主席

1938年1月15日

1月15日

从W. 迈尔先生1月3日及菲舍尔先生1月11日自上海发给我的信函（这两封信我是昨天通过德国大使馆收到的，并已通过我1月14日致上海理事会的报告作了答复）中可以看出，上海人对这里的情况还毫无所知。我给妻子和菲舍尔寄去了我报告的副本。

从上海红十字会传来令人高兴的消息，600吨食品已装船待运。我们立即发函请求日本大使馆签发运入许可证。万一不签发许可证给我们，我们就通过英国海军向上海各报发一份电报，将此事公布于众。前面提到的约翰·马吉关于外交部医院里情况的那份电报也应发出，使全世界都清楚这里的情况。但最终我们还是没有发出。是否还要继续向医院送去米等食品的决定我们早已作出。我们当然还是给那里的人送去了他们需要的一切,以便在日本人不给他们足够食品的情况下不致被饿死。

为了向我们表示敬意,今晚6时在日本大使馆举办了一次便宴。

1月16日,星期日

6时,我被屋架倒塌发出的哗啦声惊醒。在我的房子附近,就在上海银行的后面,又有几所房子被纵火烧毁了。最近4个星期里,没有哪一天不发生纵火事件。与此同时,我们却一再被告知,南京的"情况已经变得好多了"。

日本大使馆的便宴气氛十分平和。我们总共13个人。除了日本大使馆的官员福井、田中、福田先生和一名来自上海的日本副领事外,我们委员会有9名代表出席:魏特琳小姐、鲍尔小姐、贝德士博士、米尔斯、史迈士、特里默大夫、克勒格尔及我,在我们已经就席进餐后,又来了约翰·马吉,他老是跛子似的落在后面,除此以外他实在是一个可爱的伙伴。刚刚落座,克勒格尔就得到一个令人高兴的消息:他可以去上海了。我为他获准旅行感到高兴,因为他马上就要结婚;同时也为找人接替他的岗位而操心。克勒格尔是我们的财务主管,找一个顶替的人并非易事。便宴上的菜肴是第一流的,有中国美味可口的牛肉、鸡蛋、粉丝火锅等食品,有欧洲式的芦笋,还有米酒和红、白两种葡萄酒。我们很久没有吃过这些好东西了,痛痛快快地享受了一番。由于我在席间致词要多加小心,为此我预先写好了下述发言稿(从英文译出):

女士们和先生们:

我代表南京安全区国际委员会,在此对东道主——日本大使馆的官员们的这次友好宴请,表示最衷心的感谢。我可以向你们保证,我们已很久没有用过这么美味的饭菜了。

我请求我们尊敬的东道主,原谅我在此讲一些关于我们自己的事。

由于我们委员会的绝大多数委员以前一直在这儿从事传教工作,他们一开始就把战争期间不离开自己的中国朋友视为自己基督教徒的责任。我作为一个商人,加入了他们的行列,因为我30年来一直是在这个国家。在我如此长时间地享受到这个国家及其居民的热情好客之后,我也是从开始起就认为,在他们遇到不幸时不抛弃他们是合适的。

这就是促使我们这些外国人坚持留在这里,试图帮助遭受苦难的中国人的原因。这些人是中国人中的最贫穷者,要离开这个城市又没有钱,也不知道该到哪里去。

我们不想谈论关于我们所承受的艰辛和劳累,这些你们都知道。

我们向日本人的崇高感情呼吁,向武士道精神呼吁。关于武士道精神,我们外国人听得很多,读到很多。武士们在无数的战役中为自己的国家英勇战斗,同时也对一个失去抵抗力的敌手表示出他们的宽容精神。

日本大使馆的各位先生们,你们耐心倾听了我们的请求,并且始终乐意倾听了我们的许多诉说,你们也在自己的权限之内尽力帮助了我们,我们对你们的这种帮助已给予了高度评价,在此我谨代表国际委员会向你们表达我的谢意。

我不知道美国人对我的讲话作何评价。我意识到我讲得有些违心,但从我们慈善事业的利益出发,我认为这是有利的,并且也符合耶稣的原则:“为了目的可以不择手段。”不可否认,日本大使馆的官员们是对我们有过一些帮助的“唯一的人们”,正是这些“唯一的人们”,帮助向日本军事当局转递过我们的报告,或是说过几句好话。他们之所以未能达到我们所希望的结果,原因可能在于日本的外交官们必须听从军方,今天在日本政府中只有军方才有发言权和决定权。大使馆的官员福井、田中和福田理应可以得到一点赞扬,假如人们真想赞扬的话。在经历了太多的痛苦之后,要我去表扬什么实际上已经是很困难的了。

福田在我们回家前不久还暗示,“罗森博士”事件让日本大使馆感到不愉快。他想看到我出来充当调解人,即劝说罗森博士做出某种和解姿态——或许在他访问日本大使馆时说几句友好的话(福田丝毫没有提道歉)。我将小心翼翼地向罗森探问一下，尽管我担心一切与此有关的努力都会毫无结果。此事最终将取决于我们的大使陶德曼博士和德国政府采取何种立场。

(从英文译出)

致上海 全国基督教总会伯因顿电报

十分感谢提供志愿医护人员。美国大使馆正努力为他们取得到南京的入城准许证。我们估计他们将会乘英国炮艇于下星期来。我们也给目前仍逗留在香港的布拉迪大夫拍了电报，要求他回来。感谢援助基金。国际委员会今天已经申请准许600吨食品船运来南京的许可证。请告诉我，在上海还能购到何种合适的食品。到现在为止，我们仍然缺少为25万市民购买粮食和燃料的可靠来源。

菲奇

1938年1月15日

国际红十字会

南京宁海路5号

1938年1月15日

致日本大使馆

南京

在日本军队进入南京之前，南京红十字会负责管理外交部中国伤兵医院。尽管我们于12月15日正式向日本司令官请求准许我们继续进行我们的人道主义工作，但从12月14日以来，我们的代表没有哪个获准进入这家医院。在此期间，我们还是从不间断地向医院送去食品。

我们再次请求你们准许我们进入这所医院，以便我们能够查明至今仍由我们负责的食品供应情况是否令人满意。

由于已有一个月不了解实际情况，我们恳切盼望贵使馆能尽快答复。

顺致崇高敬意

签名：约翰·马吉

红十字会主席，南京

1月17日

正如我从与罗森博士商谈中获悉的，日本总领事冈崎已试图调解不久前发生的争执。若是柏林或东京不要求作其他处理，这一争执可以看作已经了结。这种了结我是很满意的，因为我们在这里必须一定程度地与日本人和睦相处。

被日本人完全烧毁的主要商业街太平路。

昨天下午，我和罗森博士坐汽车在城里看了很多地方，我非常沮丧地回到家里。日本人在这里造成的破坏真是罄竹难书。我认为这个城市完全不可能在短时间内恢复繁荣。太平路从前是主要的商业街道，是南京人的骄傲，这条街夜晚的霓虹灯可以与上海的南京路相媲美，如今它已变成一片废墟，一切都烧光了，再也没有一所完好无损的房屋，左右两边全是瓦砾场。以前的娱乐区夫子庙连同其茶馆和大市场，同样被完全毁坏了。目之所及，全是瓦砾废墟！由谁来重建呢？回程的路上我们还到了新街口后面的国家剧院和大商场的火灾现场。这里的一切也都烧光了。先前我写过这座城市被日本人纵火烧毁了三分之一，如今我担心自己的估计大错特错了。如果我还未认真看过的东城也遭到了同样的命运，那这座城市肯定有一半以上都成了废墟。我还有这样的印象，仿佛我们的安全区正装得越来越满，而不是应日本人的要求越来越空。

上海路上的人拥挤不堪，十分危险。尤其是现在的道路两侧用柱子和木板搭起了相当牢固的售货棚，除了出售各种食品外，也卖服装和某些偷来的稀奇古怪东西。现在安全区的难民总数估计已经达到25万人，增加的5万人来自城市的废墟地区。这些人根本不知道他们应该住到哪里去。我请求过罗森博士，让沙尔芬贝格和许尔特尔把他们的报告副本给我，以便能够从另一方面作出判断，并证明我自己的报告并没有夸张。否则别人也许会以为我这个人是满脑子幻想。许尔特尔列出的关于德国人房屋现状一览表已由克勒格尔修正，作了几点改动。克勒格尔的其他详情以后待续。

难民区一景（上海路），在一个临时搭建的售货摊（草棚）前。

德国大使馆行政主管沙尔芬贝格先生的报告副本：

1938年1月13日南京局势

南京目前不通电报，不通邮件，不通电话，没有公共汽车、出租车和人力车，自来水厂不供水，大使馆虽然已经通了电，但是楼上的房间不准透出灯光，英国大使馆目前还没有通电。

街道交通全部瘫痪，城外地区全部被中国人烧毁，而城内的房子绝大部分被日本人烧毁，城内城外被烧毁的地区目前无人居住。

剩下的约20万居民被隔离在安全区内，这里以前就是一个居民区，难民们艰难地生活着，有的尚有片瓦，有的则住在院落，甚至芦席棚里，有的棚子里竟然住有600人之多。安全区有岗哨封锁，平民百姓不得离开。

安全区外的街道上看不见任何行人踪影，到处是断壁残垣，景象十分荒芜。所有的一切都停滞了，没有旅馆，没有影剧院，没有药房，没有商铺，没有菜场，没有……没有……总之，一切都没有了。食品已经短缺到开始危及生活，安全区内已经开始吃马肉和狗肉。昨天，许尔特尔又一次越卡过岗来到这里，他还从栖霞山江南水泥厂的京特博士那里给我们弄来了一头猪和几只母鸡。要想通过买卖的方式，那是什么也得不到的（英国大使馆分得了一部分肉，算是我们对搭乘他们炮艇的感谢）。

目前暂时还不可能去考虑物品的运输，也就是说不可能为已经离开此地的德国人运送财产和需要转移的物资，因为如果这些人的房子里没有人留下来，需要运输的物品就无法包装，即便东西已经包装了，也运不走，因为苦力和手工匠人不准离开安全隔离区。

被烧毁的较大建筑物有：交通部、新建的电影院和旁边的大商场等。德国人的房子被烧毁的有：基士林克—巴达糕饼店、黑姆佩尔的饭店，埃克特的房子、冯·施梅林的房子等。罗德膳宿公寓被洗劫一空。遭到严重抢劫的还有：沙尔芬贝格的宅寓（损失约5 000元）、施特雷齐乌斯的宅寓、布卢默的宅寓、冯·博迪恩的宅寓、博尔夏特的宅寓、尤斯特的宅寓、增切克的宅寓、林德曼的宅寓、孔斯特—阿尔贝斯公司。这份清单还没有完全列完，再说抢劫事件还在持续不断地发生。

其余未提到的德国人的房子也都遭到了抢劫，但程度并不严重，被抢走的东西中多半也还包括中国佣人的财产。

在沙尔芬贝格家，一名中国警察被打死；在冯·博迪恩家，一名苦力被杀。

在被征用的汽车中，已找到14辆车的下落。其他一些汽车的零部件被拆。

各国的房屋财产均遭到了抢劫者的劫掠，他们根本不理会悬挂的外国国旗。抢劫者基本上是从后院围墙翻进去，例如我住宅不远处的法国大使馆后院的竹篱笆上就有3个大洞。法国大使馆遭劫程度不严重。

大使和许尔特尔被征用的汽车已经归还，许尔特尔的车损伤不大。罗森博士的车和使馆的旧公用卡车也被征用，不过日本人已经提供新车作为对这两辆车的赔偿。

日本人成立了由13名宪兵组成的使馆卫队，从今天起，我们的车里将始终有一名卫兵陪同，我们就像被圈在铁丝网内的囚犯，因为人们明确告诉我们，禁止出城。这样一来，就没有人能去上海了。

在拉贝的领导下，成员也包括美国人的委员会取得了了不起的成就，例如他们把外交部变成了一所医院。可以毫不夸张地说，他们拯救了数万人的生命。

饮水依旧是一个十分严峻的问题，水管用不起来，所有的池塘里都扔有尸体，水质被污染，无法洗涤衣物。

现在正在行使市政管理职能的实际上是拉贝等人的委员会，新成立的市政管理当局本应接过这项工作，但是由于日本人的态度而迟迟不能开始。新当局的一名成员，知名的拍卖商吉米有点胆量，他对日本人说，如果你们反对我，最好现在就把我给枪毙了！

对日本人进入南京时的所作所为最好保持沉默，眼前的景象很容易让人联想到成吉思汗的做法：消灭光！日军参谋部的一位中佐对我说，在由上海向南京的进军途中，给养保障部队没有一天能跟得上部队的前进速度。这就不难理解，日本士兵为什么就像神话中的酒鬼斗士穷凶极恶地扑向一切，看到空房子就放火烧。我敢肯定地说，就像1918年人们给黑人下保证一样，日本士兵也得到许诺：只要你们能坚持到底，每人都可以在南京得到一个漂亮的姑娘。于是悲惨的厄运便降临到留在城中的妇女们的头上。同亲眼目睹、亲身经历了这一切的先生们是很难就此深谈的，令人发指的兽行至今仍让他们感到不寒而栗。

说部队失控了，这话说起来轻巧，可我实际不这么看，因为亚洲人的作战方式和我们不一样。即便事情不是这样，只要情绪被煽动起来，事情就好不到哪里去。

刚回到这里时，听别人的介绍，我简直不敢想象，像太平路这样的街道竟然会被全部毁掉，后来我不得不亲自确认了这一点，街上的房子全被烧毁，这种纵火就是现在在城市的各处仍然不时发生。

在这个季节从很远处就可以看出来，中山陵园林区没有遭到大的火灾损失。通往陵园的道路两旁的梧桐树被砍伐的也很少。

城区禁止出入，城外占领区域的农村人口不是逃走就是被清除，所以这些地区已经熟透的庄稼全烂在了田里，蔬菜、土豆、萝卜等也都烂在了地里，全城一片饥荒。

南京的幻想破灭了。令人多少感到有点安慰的是，这次的破坏程度不如太平军进城的那一次。

签名：沙尔芬贝格

德国驻南京大使馆行政主管

安全区区内的主干道上海路。

军政部附近的中山路。

海军部附近的中山路。

汉西门附近的毁坏情况。

西门子洋行附近的中山路,路上已基本清扫干净。

火烧后的断壁残垣的中山路。马路东侧部分已烧毁，西侧(安全区边界)有一些房子被焚毁。两侧的房屋均被日军士兵抢劫一空。

中华门附近的毁坏情况。

水西门附近的毁坏情况。

德国驻南京大使馆秘书罗森博士的报告副本：

南京，1938 年 1 月 15 日

南京局势及日本暴行

我们搭乘英国“蟋蟀”号炮艇，经过两天的航行，顺利地重新抵达我们的工作地点。随后，德国大使馆南京办事机构于本月 9 日恢复中断了一个月之久的使馆公务。

我在前面的报告中(1937 年 12 月 24 日)曾经估计，日本人之所以拖延我们返回南京的日期，是因为怕放进城的官方人员会亲眼目击他们所犯下的残酷暴行，我的这个估计现在得到了证实。德国和美国的消息灵通人士提供情报说，外国代表打算返回南京的消息公布之后，城里便开始了紧张的清理工作，忙碌着要把在大屠杀中被无辜杀害的平民百姓、妇女儿童的尸体清理干净，这些尸体中的一部分横七竖八暴露于街头。

在日本人数周之久的暴行虐施下，在他们大规模的劫掠下，南京城的商业区，即太平路周围的地区和所谓的波茨坦广

场以南的整个地区变成一片瓦砾,废墟中只能零零星星地看见很少几栋房子的外墙没有遭到大的损坏。日本军队占领南京已经一个多月了,但是纵火事件至今仍然不断发生,拖走和强奸妇女和姑娘的行为仍在继续。日军在这方面的行径等于在南京为自己竖立了一根耻辱柱。仅在所谓的安全区一个地区,德国人、美国人及其中国雇员就有不容反驳的铁证,能够证明数百上千起野蛮强奸事件。在拉贝的委员会(见前面的报告)的保护下,这个安全区基本上未遭到毁灭性的破坏。这个委员会写给日本当局的大量信件包括了一系列令人震惊的材料。一旦时间允许,我将补发与本报告有关的材料的副件。在这里我想特别说明的是,外国人,这其中首先是拉贝、克勒格尔(两人均是国社党党员)和施佩林等几位先生都曾当场抓获过正在凌辱妇女的日本军人,并冒着生命危险挺身而出赶走他们,解救受害者。在中国家庭里,如果有受害人的家属敢于反抗这些恶匪,在很多起事件里,他们不是被打死就是被打伤。日本士兵甚至在德国大使馆办公楼举枪瞄准杂工赵,威胁他交出待在这里的妇女。赵以前在大连生活过,会讲几句日语,他向日本人解释说,这是德国大使馆,里面没有女人。在已经说明这是德国大使馆后,他们仍然继续威胁。许多日本士兵甚至闯进大使先生的住房,要求把那里的妇女交给他们。每天不断有妇女被送进美国教会医院,直至昨天还是这种情况。她们遭受成群结队的日本士兵的轮奸,事后还要遭到刀刺或其他方式的伤害,这些妇女的身心健康受到严重损伤。一位妇女的颈部被劈开一半,这位不幸的妇女竟然还活着,就连威尔逊大夫也感到吃惊。一位孕妇腹部被刺中数刀,腹中的婴儿被刺死。送进医院的还有许多遭到奸污的幼女,她们当中有一个小姑娘先后被强奸约20次。本月12日,我的英国同行、领事普里多-布龙,英国武官陆军上校洛维特·弗雷泽和英国空军武官温·康曼德·沃尔泽中校前去察看英美烟草公司帕森斯先生的住宅,发现一位中国妇女的尸体,一根高尔夫球棒从下部直接插进这位

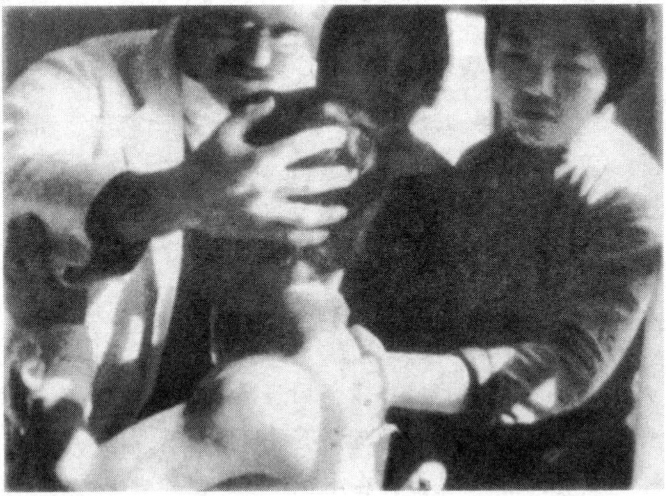

妇女的躯体。每天夜晚都有日本士兵闯进金陵女子文理学院内的难民收容所,他们不是拖走妇女,就是当着他人的面,甚至包括当着家属的面,发泄他们罪恶的兽欲。有多起这样的事件得到了证实:同案的日本士兵不让受害者的丈夫或父亲离开,强迫他们亲眼目睹自己家庭的名誉受到凌辱。马吉牧师试图在一德国顾问处保护中国基督教徒,他证实说,多数情况下有军官共同参与。数周以来,日军官兵滥施淫威。针对单独的犯罪活动或部队集体参与的犯罪活动,日本军队的上级机关是否采取了以及采取了什么样的惩罚和预防措施尚不得而知,因为日本人想把此事沉默了之。他们不愿认识到,坚决杜绝有损于自己事业的事情总比想方设法掩盖一切事实真相要好。任何不再战斗的士兵,或被低级军官以终审的方式随意判定是这种士兵的人,都必须被立即处死(有成千上万之多),这种做法在日军看来是一种荣耀。这一点在南京已经成了理所当然的了!就在1月9日的上午,在我们重新到达前数小时,克勒格尔和哈茨先生(奥地利人)在距大使馆很近的地方目睹了武士道精神的一次实际应用:英国庚子赔款委员会和所谓的巴伐利亚广场之间,使馆街的左侧,有一个尚未全部封冻的小水潭,一个身

着平民服装的中国人站在水潭齐臀深的地方，潭边趴着两个日本兵，他们正在举枪瞄准，根据站在身后的军官的命令，他们开枪射击，将这人枪杀。尸体至今还漂在水中。南京市内和周围地区的许多池塘和小水潭均已经被尸体污染。需要指出的是，穷苦百姓仍然靠这种池塘的水过日子。尽管我们每天都同日本人交涉，但市自来水公司至今仍未向我们楼内供水，我们一直还在靠深井泵抽地下水。

日本军队的军纪和秩序崩溃了，在这种情况下，德国国旗不受尊重就不足为奇了。我在一份写给大使先生的特别报告中曾具体说明过，许多德国房屋被蓄意烧毁，有些楼房被洗劫一空，几乎所有的房屋都不同程度地遭到了劫掠。有一个很明显的现象，这些强盗在元首和陆军元帅兴登堡的画像前甚至都不驻足，这一行动也许是出于日本人对其天皇的崇拜。我从一开始就明确地向日本人指出，我们要求全额赔偿所有损失，因为这些损失不是因为军事行动必然会造成的，而是在日本人占领城市后，而且有些是在占领了很长一段时间后才蓄意造成的。关于日本人选用的"安慰金"这个字眼，我只能看成是他们自己觉得听上去比较入耳的概念，我不承认这是对同意哪怕是部分赔偿的表态。

这份报告所展示的阴暗画面之所以会使身居南京的外国人感到震惊，是因为他们当中没有一个人以前会相信日本人竟然会犯下如此令人发指的罪行。人们原先只做好准备防范大规模逃跑的中国士兵的暴行，尤其是四川军，人们从未想过去防范日本人的暴行。相反，人们还指望，随着日本人的到来，和平和繁荣也会随之恢复。因此，对那些凭着正直的良心指证日本人残酷罪行的先生们，怎么能指责他们有忌恨和偏见呢！以上所说的思想变化，我本人也有切身体会，在满洲观察局势期间以及在扬子江上(见前面的报告)，我始终是本着德国的利益来看待日本军队和他们的道德士气状态。我们大家肯定都希望在这里所看到的是一个有绅士风度的日本。英国人主要关注的是市郊下关港，据英国人对我说，在下关掌管军机大权的是日本海军，那里情况总的讲要好得多，百姓对他们有某种程度的信任。日本军队本来是可以得到这种信任的，但是他们因为自己的不当彻底丧失了这种信任。这不仅在南京是如此，在整个地区都是这样。

鉴于和汉口的邮路还不畅通，我将此篇报告直接呈送给外交部。我将通过安全渠道向驻汉口的大使先生、驻沪总领事馆和驻东京大使馆送发本报告副本。

签名：罗森博士

德国驻南京大使馆秘书

南京，1938年1月17日

亲爱的拉贝先生：

请允许我提醒您，明天（星期二）上午9时召开各难民收容所负责人会议，讨论恢复秩序委员会的报告。我希望您能参加大会，至少参加一段时间。

致最友好的问候

您的

签名：菲奇

同意。请做好警察抄家的准备。

签名：拉贝

德国大使馆秘书罗森博士先生的报告副本：

南京，1938年1月13日

南京的德国人财产

谨在附件中呈上这里德国人的财产目前状况一览表，同时必须说明，待相应的调查结束后，将呈上一份详细的目录。遗憾的是日本军队的抢劫仍在继续，例如博迪恩的房子今天再次遭到了抢劫，估计今后的情况还会进一步恶化。

我今天在和从上海乘飞机来的总领事冈崎（松井将军的外交顾问，短期来南京）的一次谈话中，提到了赔偿损失的问题。此人用早已熟悉的日本论调回答我，说中国人强迫日本人采取战争行动，因此日本不得不拒绝任何赔偿要求，然而仍准备像处理1932年事件那样给予"安慰金"。我对此回答说，关于当前冲突的原因双方各执一词，现在根本用不着进行这样的讨论，因为我根据对住在城里的同胞进行的调查，已经清楚地知道，德国人财产遭受破坏和损失是在日本人占领后，一部分还是最近一些日子里才发生的，而且是日本军人干的，领导层似乎已经失去了对事态的控制。总领事武断地认为，我这是在谴责整个日本军队无组织无纪律。对此我反驳道，我之所以关注此事，完全是出于忠于职守，我只想说日军的所作所为是上级指挥机关控制军纪无能造成的，否则的话，我就一定会得出一个我本不想得出的结论：这些暴行是经过日本上级指挥机关批准才得以发生的。在这一系列的悲惨事件中，我们德国人也深受其害。我们原先以为洪水般溃逃的中国地方军会干出这类事情，从没想到这竟然会是日本皇军的所作所为。我本人不会怀恨在心，只是希望日本方面最好能从一开始起就明白德国人的立场，这就是，完全赔偿攻城战斗结束后由日军造成的损失。许多德国人的房子遭抢劫（如膳宿公寓的女主人罗德太太）或者在抢劫之后又遭焚毁（如饭店老板黑姆佩尔和基斯林—巴德尔糕饼店的面包师谢尔），他们因此而失去了起码的生存条件。

在这方面对物质损失作完全赔偿是绝对必要的，这时当然也可以使用"安慰金"这个词，如果它听起来更顺耳的话。对其他损失较轻的事件，我也坚持必须作等值赔偿。在这方面，正是由于最珍贵的德国财产已转移到了我们包租的英国"库特沃"号船上，日本政府因此还是讨了便宜。帝国政府为包租这条船连同煤费在内每天要付出700元，前后几个月时间，足见它为保护其公民的一部分动产花费了巨大的代价。现在这个政府就更有理由要求对恣意毁灭和抢走其他一些德国人的财产作完全赔偿，而不是只要求施舍几个小钱。

冈崎先生似乎对我的阐述表现出有了一定的理解，他说，日本人原则上准备在收到送来的相应申请后，就在当地处理这些事件。我还指出，日方没有必要再继续拒绝南京的德国人回南京来。

除了沙尔芬贝格先生的房子遭到严重洗劫外，大使馆及其官员们的其他房屋基本上未受损害。

在大使先生的屋里，有几幅中国画卷被日本兵偷走了。以后来了一个日本领事馆警察，给了这屋子里的苦力50元钱，要他作证说是中国人作的案。这个苦力因为怕被杀死而拿了钱，但是由于他信任德国人的保护，说出了真相。不过他恳切请求考虑到他的安全，不渲染此事。放在颐和路15号办公楼里的大使先生的监听车被偷走，但在次日就送了回来。

在劳滕施拉格尔家里，只有佣人们的东西被偷，对他们的要求当然也作了报告。

在我的房子里，一些葡萄酒、苏打水和香烟被拿走了。此外还盗走一辆自行车和我的别克轿车。在我回到这里后，日本大使馆立即给我送来另外一辆别克轿车作为赔偿。这辆车虽然不像以前我的私人用车那么宽敞，但出厂日期比较晚。为了赔偿同样被盗走的旧福特公务用车，他们送来了一辆1935型的8缸福特车。

施彭勒家被偷走了几瓶啤酒。

许尔特尔先生的汽车曾两次从车库里被偷走，其实日本人拆下零部件后车子无法再使用。现在车子又还给了我们，但愿是最后一次了。

颐和路15号办公楼除了上面提到的有两部公用车被盗外，还有3辆自行车被盗，为此我将要求像赔偿从我屋里被盗的自行车一样进行实物赔偿。

这里之所以说到偷和盗，是因为到处都没有履行合法征用的法律手续，即是说没有开具征用单。唯一能够炫耀收到过一张类似证明文件的南京人就是约翰·拉贝先生，他在一个日本军官拿走他一辆汽车时收到一张纸条，上面仅有寥寥数字："感谢你的赠送！日本皇军，K. 佐藤"。

上述综合列举的为南京的德国人遭受的损失，敬请按附上的一览表通知他们本人。天津、上海、广州、香港的总领事馆和在北平的办事处将收到本报告的副本及其附件，敬请核实。

签名：罗森博士

德国大使馆秘书，南京

1938年1月15日德国人的住宅状况①

		姓　　名	住　　址	住　宅　状　况
D	1.	罗德	高楼门7号	洗劫一空；绝大部分家具损坏严重，几乎不能再使用。
C	2.	阿尔纳德	江苏路55号	一些物品被窃，包括汽车的部件，如启动器、发电机、电瓶。
B	3.	瓦茨尔	颐和路11号	完好无损。
C	4.	鲍姆巴赫	珞珈路3号	轻度遭劫。
C	5.	米勒（通用电气公司）	珞珈路12号	盗走一些小件物品和自行车。
DF	6.	鲍茨	高楼门8号	遭严重抢劫，汽车被偷，佣人失踪。
DF	7.	布卢默	四维新村	门关闭着。据观察，似乎受过严重抢劫，汽车被偷。
DF	8.	博迪恩	大树根94号	遭严重抢劫，似乎被中国军队占领过。一个苦力被日本人打死。如有汽车，已被偷走。
C	9.	伯勒尔	五台山46号	轻度遭劫。
DF	10.	博尔夏特、波勒、迈尔	陵园路11号	遭严重抢劫，博尔夏特的汽车被盗。

① 本书中有关德国人的住宅状况的3种表格，其内容有少量出入，原文如此。

续 表

		姓　名	住　址	住宅状况
C	11.	布尔布利斯	扬州路21号	一些物品被盗。
C	12.	布瑟	琅玡路16号	一些物品被盗。房子里找不到佣人。
B	13.	施勒特尔	高楼门20号	屋门和院门关闭，房子看上去无损坏。
E	14.	埃克特	苜蓿园6号	房子全部烧毁。
B	15.	杨森	普陀路2号	完好无损。
B	16.	法尔肯豪森	西康路21号	完好无损。
B	17.	菲舍尔	汉口路20号	完好无损。
C	18.	格尔蒂希	天竺路23号	一些小物品被盗。
C	19.	格利姆普夫	中山北路446号	一些小物品被盗。
CF	20.	海因里希	宁海路32号	一些物品以及汽车被盗。
E	21.	黑姆佩尔	中山东路178号	被抢后烧毁。
C	22.	希尔施贝格	上海路73号	一些物品被盗。
C	23.	雅各布	山西路81号	一些物品被盗。
D	24.	尤斯特	中央路刘凹（音译）新村3号	遭严重抢劫，佣人失踪。
B	25.	克莱因	珞珈路13号	完好无损。
D	26.	孔斯特—阿尔贝斯公司	中央路392号	抢劫一空，遍地脏物。几件家具和冰箱未损坏。
C	27.	克鲁姆马赫尔	金银街12号	一些物品被盗，佣人估计价值为150元。
D	28.	兰道尔（马丁）	上海路7号	遭严重抢劫（放在皮尔纳处的汽车被盗）。
C	29.	劳滕施拉格尔	牯岭路34号	佣人的一些物品被盗。
B	30.	莱布桑夫特	颐和路37号	完好无损。

续　表

		姓　　名	住　　址	住　宅　状　况
DF	31.	林德曼	中央路沅江新村3号	遭严重抢劫,汽车被盗。
	32.	冯·洛霍		放在罗森博士处的物品完好无损。
F	33.	洛伦茨	慈悲社5号	房屋尚未察看,汽车被征用。
CF	34.	礼和洋行	中山北路244号	福特双座汽车和几件物品被盗。
B	35.	穆克	大方巷4号甲	完好无损。
A	36.	内维格尔	老莱市68号	难民居住,房子里无家具,看护人被日本人拉走。
C	37.	诺尔特	珞珈路6号	一些物品被盗。
C	38.	皮罗	玉泉路6号	一些物品被盗。
C	39.	皮尔纳	珞珈路16号	佣人们的一些物品被盗。
B	40.	拉贝	小桃园	情况正常(洛伦茨停放该处的汽车被征用)。
C	41.	罗森	牯岭路20号	饮料等被偷走。
D	42.	沙尔芬贝格	高楼门33号	遭严重抢劫。
E	43.	谢尔	中山东路25号	遭抢劫后被烧毁。
CF	44.	施罗德	宁夏路22号	一些物品和汽车被盗。
B	45.	舒尔兹·潘廷	四条巷10号	完好无损。
B	46.	施温宁	琅玡路1号甲	房屋看上去完好无损,佣人失踪。
DF	47.	增切克	沅江新村15号	遭严重抢劫,汽车被盗。
B	48.	施佩曼	薛家巷13号	完好无损。
CF	49.	施彭勒	灵隐路15号	饮料被盗,小马从车库里被牵走。

续 表

		姓　　名	住　　址	住 宅 状 况
BF	50.	施塔克	北平路62号	房屋情况正常,汽车被盗。
D	51.	施泰因布雷歇尔	永庆巷6号	遭严重抢劫。
	52.	施泰内斯	琅玡路17号	一些物品被盗,屋内住有难民,家具锁在一个房间内。
D	53.	施特雷齐乌斯	上海路11号	遭严重抢劫。
B	54.	陶德曼	萨家湾9号	完好无损。
D	55.	福伊格特-R	上海路13号	遭严重抢劫。
A	56.	维尔克	永庆村1号	最近已无人居住,损失无法确定。
C	57.	威廉	黄鹂巷38号	轻度遭劫,里查德·威廉博士已将信函放在安全处。
C	58.	齐姆森	琅玡路11号	一些物品被盗。
D	59.	齐默尔曼	竹林新村1号	遭严重抢劫(中国人?)。
CF	60.	奥托·沃尔夫	慈悲社12号	汽车和一些物品被盗。
E	61.	施梅林	苜蓿园33号	遭抢劫后被烧光。

小结

1. 目前无法确定的：　　3所房屋；
2. 完好无损：　　14所房屋；
3. 轻度遭劫或一些物品被盗：　　24所房屋；
4. 遭严重抢劫：　　15所房屋；
5. 房屋被烧毁：　　4所房屋；
6. 汽车被盗：　　13辆。

南京平仓巷

致J. M. 爱利生先生　　　　　　　　1938年1月15日

美国大使馆

南京

尊敬的爱利生先生：

1月8日刘易斯·史迈士先生发给您一份简报，标题为《双塘难民收容所的一天》，它记录了从1938年1月6日下午至7日早晨这段时间里日本士兵"光顾"或骚扰双塘的美国长老会布道团创纪录的次数。我现在想对这种创纪录的情况作些补充供您参考：

1月8日

5时10分：2个日本人"光顾"。

11时25分：2个日本人"光顾"。

15时25分：2个日本人"光顾"，带走一个中国人去干活。

15时50分：中岛部队和惩罚队的2个日本人"光顾"，撕下我们每扇门上的公告。

1月9日

14时：3个日本人"光顾"，从教堂大厅拖走一个中国女子。

16时：4个日本人"光顾"，他们对全体难民搜身找钱，同时寻找女子，拖走一个已婚女子。抢走一个姓刘的中国人2角钱，拿走一个姓关的人手镯和安全区袖标。

1月10日

9时：1个日本人"光顾"。

14时：3个日本人"光顾"。

15时：1个日本人"光顾"。

15时10分：2个日本人"光顾"，拖走一个姓陈的已婚女子。

15时12分：2个日本人"光顾"，拖走一个姓陈的女孩。

1月11日

13时30分：3个日本人"光顾"，拖走姓秦和姓范的2个已婚女子。

16时30分：3个日本人“光顾”，拖走一个姓潘的女子。

上述列举事实表明，日本士兵不顾各国国旗和美国以及日本大使馆的公告，依然一再闯入我们的区域和房内。难民们虽然不是一直但遗憾的是依然经常受到这些“光顾”的伤害，这些“光顾”无论如何是一种折磨和严重侵扰。

我非常希望您的帮助会成功，促使日本大使馆制止这持续不断的侵扰。

您十分忠实的

签名：W. P. 米尔斯

南京平仓巷3号

1938年1月17日9时

致约翰·爱利生先生

美国大使馆

南京

尊敬的爱利生先生：

随函附上事件汇编一份，供您了解当前局势。

有一件特别的事情未在列举事项中提及，即明天是和日本人签订协议“流产”一周的日子。按该协议，应该由“自治委员会”给市民提供大米。

我们等候着日本大使馆对我们如下的要求表明态度：

1. 尽快按商业原则为分配米和煤采取预防措施；

2. 发给我们领取国际委员会从上海商业储蓄银行购买的米和面粉储备的通行证；

3. 准予我们从上海船运600吨补充食品（根据全国基督教总会〈NCC〉电台昨天晚上广播，这些食品已作好装运准备，医护人员收到旅行许可证后也可立即动身）。

我们请求您敦促日本大使馆：

1. 发给医护人员来南京的许可证；

2. 准许鼓楼医院从今天早晨向您供煤的那家煤栈购买50吨软煤；

3. 同样准许本市居住的外国人住户也从这家煤栈购煤。

对您的帮助预致诚挚的谢意。

您十分忠实的

签名：刘易斯·S.C. 史迈士

事态报告

189) 1月14日，日本士兵从汇文女子中学外国教师住宅里偷走两张床及床上用品。（贝德士）

190) 1月14日，一家难民从大学附中回到自己住处。途中他们办理了登记证件，将它们贴在自己大门上，据说可免受日本士兵的骚扰。然而他们到家后才1个小时，5个日本士兵即闯入他们的住房，逐出所有男子，对数名妇女进行了强奸。1月15日这家人又回到中学居住。（贝德士）

191) 1月16日，吉先生报告说，一些妇女从金陵女子文理学院回家，被日本士兵强奸，后来她们搬到金陵大学去住，因为她们羞于回到金陵女子文理学院朋友们那里。

192) 1月16日上午8时许，有几辆卡车载着日本士兵来到金陵大学图书馆，他们要找工人和6个会烧饭的女子。佣人带给他们6个女子，她们准备着一道乘车走，但日本士兵不要她们，嫌她们年纪太大了。他们要的是年轻女子，并说次日早晨再来接她们。1月16日晚上，日本兵来后又走了，因为没有哪个女子愿意跟他们去。17日上午8时，又有2辆卡车和2辆载着军官的车子开来，从蚕厂带走一些男子和7个女子。当时在场看到全过程的贝德士博士承认，这些男子和女子（其中还有一名年轻女子）是自愿一起走的。（贝德士博士）

193) 1月16日早晨，里格斯先生在城西南吉祥街68号房子旁发现一张布告，布告上要求市民返回自己家里去。就在这贴着布告的房子对面有两堆房屋废墟，日本人在昨天夜里先是把两所房屋的看门人痛打一顿赶走，然后纵火烧了房屋，这就是有人认为的对返回的难民十分安全的地区。布告现放在平仓巷3号供人观看。

194）1月16日下午，W.P. 米尔斯牧师到双塘，查明上星期六和星期日是那里的难民受到日本兵折磨最深重的两天，日本兵接连不断地来强奸妇女。米尔斯牧师在那里逗留时遇见两个日本士兵，以后将详细报告。

南京安全区国际委员会
南京宁海路5号
1938年1月17日

致福井先生
日本大使馆
南京

请允许我们向您提出我们至今尚未得到答复的3个问题。

1. 1月14日我们请求告知，何时可以再开始出售米和煤。“自治委员会”停止出售大米以来，到明天就是一个星期了。从那天起，就没有再正常分配过。

2. 1月15日我恳请您准许用我们的卡车将我们从上海商业储蓄银行购买的部分米和煤运进城。

3. 此外，我在1月15日还请求您批准将600吨食品从上海船运到这里来。（根据昨天我们收到的一份电报，只要您发给船运许可证，这批食品可以立即发运。）

我们对各点的说明如下：

1. 对这件事如不尽快作出决定，市民们就要受苦；

2. 我们很想明天就开始大米和面粉的运输工作；

3. 我们想尽可能在今天就发电报去上海，通知对方说，我们已从贵处取得船运准许证。

我们对您的帮助预致谢意。

顺致崇高敬意

签名：约翰·拉贝
主席

又及：我们刚才听说，日本当局已经配给"自治委员会"1 000袋米，今天上午已开始分配。我们希望这种零星供应能尽快转为每天供应1 000袋米，以满足25万居民的需要。

南京安全区国际委员会
南京宁海路5号
1938年1月13日

致福井先生
副总领事
南京

尊敬的福井先生：

我们在很早以前从上海商业储蓄银行购买了下面所列数量的面粉和米，假如您能帮助我们取得运进这批粮食的许可证，我们将不胜感激，因为这里市民迫切需要这批粮食。

我们被告知，贮存这批粮食的仓库已被日本海军军需处和陆军军需处查封。由于被查封的是银行私人财产，我们希望日方发还，以免造成困难。所涉及的粮食为：

5 000袋小麦，在三汊河1号仓库；

2 000袋大米，在三汊河1号仓库；

4 000袋小麦，在汉西门2号仓库；

1 000袋大米，在下关4号仓库。

我们对您的帮助预致最衷心的谢意。

您忠实的
签名：G. A. 菲奇
总干事

礼和洋行克·克勒格尔先生的报告

南京，1938年1月11日

致德国大使馆
南京

事由：南京的德国人房屋被抢劫情况

关于日本部队进入南京前后下述德国人房屋的状况，根据我几天的持续察看，可以提出如下事实供你们随时使用：

1. 罗德的住宅，高楼门 7 号。

我于 12 月 13 日下午察看了这所房屋。大门紧锁着，可以清楚看到德国国旗，德国大使馆公告清楚而醒目地张贴在大门口。佣人们已经搬到安全区居住。12 月 15 日下午大门已经敞开，显然是从里面砸开的，住宅大门已被打坏，所有上锁的房门同样均被强行打开。我在那里发现 3 个日本兵正在分拣偷盗的物品。我走进去对他们说，这是德国人的房屋。他们便丢下整捆东西走掉了。在以后的几天里，我又一再发现有日本士兵在那里，德国大使馆的公告已在 12 月 16 日被撕掉。12 月 23 日我和日本大使馆的警官高玉一起察看这所房子。德国国旗不再飘扬，整所房屋已被洗劫，但这也并未能阻止日本士兵在以后几天里拖走一件又一件东西。

2. 博尔夏特、波勒、迈尔等先生的住宅。

这所房屋在 12 月 13 日下午还是完好无损的，佣人还住在那里，无意搬进安全区。12 月 15 日我发现 4 个日本士兵，其中有 1 个军曹正忙着从房子里把东西搬出来，其中有马靴、衣服、餐具、钟表和被褥等等。我追上了已经走到半路的 2 个士兵，劝说他们放下东西。这个军曹还报了自己的名字。全部上锁的门均已被强行打开，所有的柜子、木板箱和普通箱子，包括佣人的箱子也都打开了。佣人显然受到严重威胁，害怕自己会被打死。博尔夏特先生的车子已从车库里拖出，显然有人试图发动这辆车。下午我又看到士兵们在房子里，17 日和后来的几天里也看到了同样的情况。17 日，汽车被推出，佣人搬了出去，因为他继续受到威胁，要被拉去做劳工。后来，日本士兵无视日本大使馆的公告，仍然“光顾”这所房子。该房子也有德国国旗和德国大使馆公告这些明显标志。此外，房子也是锁好的，士兵们只有翻越围墙或穿过竹篱笆才能进去。

3. 孔斯特—阿尔贝斯公司的房屋，中央路 392 号。

我在12月13日下午察看了这所房子，我事前从佣人那里拿到了钥匙，这时他已住在安全区内。房子完全正常，一切都没有损坏，周围的竹篱笆很完整，大铁门也锁着。此时在这地区已看不见中国军队。12月15日中午我发现房子被砸开了，窗子被砸破，所有上锁的房门均被强行打开，柜子和箱子包括佣人的箱子都被打开了。在我到达时，5个日本士兵正穿过后面的竹篱笆离去，这儿的竹篱笆已被砸坏并被踩倒过。它后面的几所房子里驻扎着日本兵。日本兵还是一再去“光顾”，尽管我用钉子把门钉上并锁好，但我每次去都发现门已被砸开。我最后一次去察看时，只有冰箱和少数几件家具还没有损坏。甚至一只浴缸也被拆了下来，钱箱被砸开，锁显然是用枪打坏的。产品介绍、文件和信纸在房间里撒得遍地皆是，完全不能再使用。办公室里几张大书桌连同一些椅子也被抬走了。除了几件家具和冰箱外，房子里的所有家具只能视为已全部损失。

4. 林德曼、增切克和布瑟先生的住宅，中央路沅江新村。

我于12月13日察看过了孔斯特—阿尔贝斯公司的房子后，接着察看了这些房子。两个大铁门锁得好好的，看门人仍住在那里，还想住下去，所有的房间都锁着，完好无损。

15日下午我第二次去察看。看门人还在，但他受到了粗暴对待和痛打，日本兵还逼迫他帮忙搬走抢劫来的东西。这3所德国人的房屋都被砸开，搬走了很多东西，2辆汽车没有了，看门人的财物也被抢走。后来我再去察看时，看门人已不在那里，所有的门都开着，一切都表明：日本兵经常“光顾”这里。

5. 上海路11号和13号，施特雷齐乌斯先生和福伊格特-R先生的住宅。

我于12月13日下午察看了这些房子，看到它们完好无损，佣人们住在里面，还收留了几个难民。16日，我发现两所房子均被砸坏并被抢劫。施特雷齐乌斯先生家的佣人们15日找过我，向我报告了第一次遭破门抢劫的情况，后来他下决心搬了出去。我在二楼看到一个日本兵正在捆扎一包东西，他在我的强烈要求下才离开，留下了那包东西，并且是穿过后面的篱笆出去的。正当我还在楼上和佣人忙着收拾东西的时候，又来了两个士兵，大声呼喊佣人，用刺刀进行威胁。我站到他们中间，叫他们尽快离开。这所房子在我16日到达时已经被洗劫过，比较好的东西都已拿走，全部饮料瓶的瓶颈都被打掉，罐头被砸开，丢在地上，餐室里肮脏不堪。尽管贴有日本大使馆的公告，日本士兵仍然一再“光顾”。日本兵们总喜欢穿过踩倒的竹篱笆从后门闯进去。

福伊格特-R的屋子，在16日时只被日本士兵拿走少量财物，但我在23日去察看时，发现一切都已被砸开和砸坏。

6. 宁海路56号，海因里希的住宅。

这房子12月13日还完好无损，佣人收留了几个难民。根据佣人16日的报告，我又察看了该房子，发现许多木板箱已被砸开，物品被偷走。

上述6项所列房屋位于中国军队12日～13日夜里经主干道仓促撤退的道路旁。我们原来担心，德国人这些房屋会被在撤退中的中国部队砸开，但我12月13日下午的察看结果则是一切都完好无损，中国部队很守纪律。

7. 黑姆佩尔北方饭店，中山东路178号。

我于12月21日(星期二)中午12时和日本大使馆的警官高玉察看这所房子。后面一栋楼房已处在火海之中，前面餐厅里窗帘正在着火，火是从邻屋蔓延过来的。3个日本士兵在一边监视。在我抗议下，高玉去找这些士兵谈话，但随后只是说：“他们在找饭吃。”每个人都看得见，德国大使馆和日本大使馆的公告就张贴在大门口，房顶上飘着德国国旗。

8. 中山门外苜蓿园33号施梅林的住宅和苜蓿园6号埃克特的住宅。

我直到12月26日才有机会察看这两所房子。这两所房子遭到了严重抢劫。施梅林的房子里虽然有许多东西扔到了院子里，但家具还都在。有几个房间被弄得像马厩。埃克特的房子里几乎已没有家具。一张长沙发的套子被扯下来，部分地板被撬开了。今年

1月12日我发现两所房子均已被完全烧光。由于这两所房屋没有其他房屋紧挨着，那里又没有平民居住，因此这火只能是日本士兵放的，那里住着大量日本兵。

我在这儿要特别强调，12月13日中午中国部队撤退已经过了山西路。中央路已经完全没有中国军队，同样，主要干道中山北路到国际俱乐部、高楼门、宁海路和上海路也已没有中国军队。

致以德意志的问候

签名：克·克勒格尔

1月18日

四面八方都可以看到烟柱冲天，纵火取乐还在继续。9时在宁海路5号我们总部召开全体难民收容所负责人会议。我们已经做好日本人破坏甚至禁止召开会议的准备。我在墙外布置了一个岗哨，万一我们的房子像上次那样被日本宪兵包围起来，他就立即通知德国大使馆。我很高兴的是，罗森博士、克勒格尔和施佩林都来出席了。大家都有些紧张，不知日本人是否会来干涉，结果我们空等一场。谢天谢地，会议进行得平静而正常。

下午，史迈士博士和菲奇带来消息说：我们1月17日的信已被日本人拒绝，是田中的口头答复。就是说，我们在城里既不可以运送米，也不可以运送其他粮食；既不可以从城里的仓库运粮，也不可以从上海运进。日本人似乎是想把难民们饿死。必须挫败这个企图。我们向上海发了如下电报：

致上海全国基督教总会伯因顿

吃饭问题更严重了，因为平民得不到正常的粮食供应。自12月13日起，只从现有大批存粮中拿出2 200袋米和1 000袋面粉售给25万难民。平民至今靠带来的私人存粮度日。这存粮现在即将耗尽！5万难民现在每天从我们这里得到免费的定量大米。我们申请运进在当地购买的米和小麦，请求准许从上海船运600吨粮食到这里，均遭拒绝。请争取在上海进行必要的谈判。如在上海能购到蚕豆，请尽快船运100吨来这里。并请继续进行募捐。我们十分需要救济款。

签名：菲奇

1938年1月18日15时

1月18日

美国大使馆又可以发电报把一个“精彩的事件”传到华盛顿国务院。这里的美国学校今天又被抢了。抢劫者把围墙砸开一个大洞后将一架钢琴搬走。可惜美国大使馆的官员来得迟了一些，没能当场把日本兵抓住。在美国大使馆官员重又回到这里后，人们一定认为日本军队是不会干出这类丑事的。

我绞尽脑汁思考我应该怎样停业的问题，因为我收到了“结束商务事宜”的电报。现在搞不到木板箱，也找不到木匠和运输工人。我该如何收拾我的东西呢？丢在这里不要了，这不行——这等于就是损失。我若是走了，就是说去上海，我这整个院子怎么办？尽管如此，一定还是会有办法的。日本人或许会发给我通行证，我甚至感觉到他们也许乐于摆脱我，但是我院子里的650个难民怎么办呢？在我为南京做了许许多多工作并且取得成绩之后，这是一个多么痛苦的结局！

1月19日

电台广播说，柏林一家报纸警告日本，劝其放弃继续入侵中国内地，并提议日本向中国提出一项体面的和平建议。这条消息“好得没法让人相信”。这里没有人相信日本人会接受这个很好的建议。陇海铁路线上大规模的战斗一触即发。中国军队在那里约有4万兵力，似乎已经进行了整编——至少电台是这么报道的。据说所有不称职的军官都被撤职。尽管如此，但令人遗憾的是，我们对中国军队能在这些战斗中取胜仍不敢抱有希望。这期间，青岛也被日本人占领了，济南的命运也相同。据说烟台的中国警察发生哗变，并进行抢劫（根据日本人的报道）。山东省主席韩复榘和其他两名将军，据说根据蒋介石指令被中国人按紧急状态法枪毙了，因为他们对敌人抵抗不力。关于韩复榘这里有人说，他把全部现钱都存在日本银行里，此事用不着怀疑，因为消息很可能来源于日本。今天又来了消息说，张学良已被枪毙。他是张作霖的儿子，西安事变的领导人，一年前他在西安扣留了蒋介石。从汉口开始的清洗行动来得太迟了，它现在是否还有作用，令人怀疑。

今天我给这里的几个雇员写了解雇通知书，因为根据上海总部的指示，我应该关闭这里的办事处。我对来自上海的"结束商务事宜"的通知不可能作出别的解释。我还要给这些人发 1 月份的整月工资，但是没有新年奖金。这固然相当冷酷无情，因为中国人的新年（1938 年 2 月 1 日）即将来临，食品的价格（若是还能买到的话）已经非常高了，而这里的数十万人的生活情况并不比以前好。不过，只要我能够留在这里，我的全体职员都会有房住；若是伙食钱不够了，那就依靠国际委员会的粥厂，反正住在我院子里的 650 名难民中的绝大部分人吃的就是这个粥厂（每天 2 袋米）的粥。

我的房东本人（谢先生）及其代表已经逃走。尽管如此，我还要给他们写解约通知书，因为如果洋行召我回去，按照合同我可以退掉房子。

约翰·拉贝

致西门子洋行（中国）经理部　　南京

上海南京路 233 号　　1938 年 1 月 19 日

第 985 号文件/卷 13

事由：南京办事处停业

关于您本月 10 日中午要求我关闭这里办事处的电报，我谨向您报告，我已给此处的中国雇员发了书面通知，鉴于战争原因，至月底终止他们在我洋行的聘用。

我请求您告诉我，除了 1 月份的薪水外，是否可以再付给雇员一份新年奖金或一份额外薪水。由于此处粮食价格已大大上涨，我们的中国雇员中没有人拥有一笔可供自己及其家属较长时期生活的积蓄，为此我最诚恳地建议，友好妥善地解决这一问题。

请从速答复为盼(尽可能发电报)。谢谢。

最忠诚的
签名:约翰·拉贝

约翰·拉贝
南京
1938年1月19日
第980号文件/卷13

致韩湘琳先生
南京

尊敬的韩先生:

由于所有商务因战争而停止,我们不得不遗憾地通知您,根据我们总部的指示,我们在南京的商务办事处必须关闭。

由此您在我们洋行的工作令人遗憾地也将结束。但我们也准备一旦条件许可,在战后继续聘用您,请您告诉我们您今后的地址,以便我们在许可的情况下能和您联系。

借此机会,我们谨对您在过去6年中为我们洋行所做的忠诚服务表示我们诚挚的感谢。

致以崇高敬意

签名:约翰·拉贝
西门子洋行(中国)驻南京代表

类似的信函也发给了下述人员:
佟柏青　蔡子良　张福根　孙龙生

约翰·H.D.拉贝
南京
1938年1月19日
第986号文件/卷13

致谢(K.S.)
南京

尊敬的谢先生:

本月10日我收到上海西门子洋行(中国)总部电报指示:关闭

本洋行在这里的办事处，和韩先生尽快返回上海。

根据我们达成的协议，在此情况下我们的租房契约即告自动终止，为此我请您对此提前采取相应的措施。

您的房子完好无损，状况良好，因为我把一切试图闯入我们这里的日本士兵（确实非常多）都赶了出去，但是出于人道原因，我允许一批中国难民（600 多人）住在我的院子里。一些难民在城市遭轰炸时于 12 月 12 日夜间来到我院子的防空洞里躲藏，另一些以后才来，以便在我的保护下免遭日本士兵的骚扰。南京沦陷后，日本士兵在全城横行霸道，肆无忌惮地抢劫、纵火和强奸妇女，长达数星期之久。

致以友好的问候

您十分忠实的
签名：约翰·拉贝

南京
1938 年 1 月 19 日

致爱利生先生，美国大使馆
普里多-布龙先生，英国大使馆
罗森博士先生，德国大使馆
南京

尊敬的先生们：

你们中的每个人都曾友好地对如何解决城里 25 万平民的食品问题给予过关注。正如史迈士博士先生 1 月 17 日致爱利生先生的信（曾有副本寄给你们）中所表达的，我们已向日本人着重提出 3 点建议，即：

1. 尽快实现由“自治委员会”通过商业渠道分配米、面粉和煤；

2. 准许国际委员会运进我们从上海商业储蓄银行购买用于救济的 3 000 袋米和 9 000 袋小麦（这些粮食目前存放在下关、三汊河和汉西门外）；

3. 准许国际委员会将 600 吨补充食品从上海装船运往这里。

昨天当史迈士博士先生第三次请求答复这些建议时，福井先生要他去找田中先生。史迈士和菲奇先生随即找了田中先生，后者告诉他们，日军没收了上述仓库里的米和小麦。他们提醒他注意那是私人财产而不是中国军队的财产时，他认为这些存粮有可能会被日军用于中国的平民。上述两位先生一再请求日本当局准许从上海船运3 000袋米，但每次请求均被一个简单的“不”字加以拒绝。他对他们说，也不会有船来装运这3 000米以及另外的600吨补充粮食。史迈士和菲奇先生提到日本船只时，田中的解释是“均已用于军事目的”。当两位先生又提出用英国船只时，田中先生没有回答他们。他们只得询问日本人现在有什么打算，田中先生对此回答说，日本军队将会承担解决中国平民食品问题的责任。

史迈士和菲奇先生随即对他解释说，日军自12月13日起只提供了2 200袋米和1 000袋面粉出售给中国平民。田中认为，供应量比这要多，但手头没有数字材料(日军1月10日交给“自治委员会”1 200袋米，1月17日1 000袋米和1 000袋面粉，第二批粮食应在城南出售。国际委员会帮助运输了这些粮食，因为日军不提供运输工具)。

谈话结束时，史迈士先生向田中先生询问，他是否应该告诉我这样一件事，即我们请求准许运进在下关购买的大米以及从上海船运粮食之事现在已被日本当局拒绝了。对此的回答是：是的！

随后立即发出了由菲奇先生签署的致上海全国基督教总会伯因顿先生的电报(在这事情上我们一直与他有信函往来)，现在只有看上海对此能采取什么行动了。

我的先生们，我不知道你们在这件事上打算采取什么行动，但是我将设法使你们经常了解事态的进一步发展情况，并向你们转告我们对此提出的建议。我们并不认为当前再进一步强调我们的要求是可取的，因为田中先生已经声称，日本军队将负责解决中国平民百姓的食品问题。如果你们遇有机会时，非正式地要求日本人告诉你们他们做了些什么，也许是合适的。

解决问题的唯一办法是恢复秩序和整顿好交通，重新通过商业渠道分配大米。国际委员会关心的只是敦促日军注意到食品问题的严重情况，并在此期间采取补救措施，使无力购买食品的穷人们能免费得到大米。

绝对有必要使日军明白，承担中国平民食品的责任意味着什么。至今他们只把这个问题当作儿戏，难得一次拿出 1 000 袋大米交由“自治委员会”出售。

市民必不可少的需要如下：

1. 每天正常供应 2 000 担(相当于 1 600 袋)大米或约同等重量的面粉(按 1 担供 100 个成年人 1 天正常消耗计，25 万人每天需要 2 500 担；较小孩子的定量当然要相应地减少)。

2. 每天至少需要 40 吨～50 吨煤或其他燃料。

3. 由于“自治委员会”没有足够的运输工具来运进这个数量的大米、面粉和燃料，而日军的卡车又遍布全城，因此应由日军负责运到“自治委员会”的店铺。(在我们就供应食品事宜与石田少佐商谈时，他曾表示准备负责运输。可惜这些协议由于日本上级部门的命令而作废。)

除了大米和面粉供应，还应采取附加措施保证一定量的其他食品的供应，以防止发生各种疾病和瘟疫。我们还打算从上海运进这类食品。运输之事也得由日本陆军承担。

如果能够将所需粮食提供给“自治委员会”，“自治委员会”在分配工作上就不会有困难。

当然，对于那些回到原住处的市民，日本人必须保证给予任何一个像样的政府都会提供给自己市民的保护。日本人也同样应当保护食品及燃料的正常分配和出售。

感谢你们对我们事业所表示的关心。

你们十分忠实的

签名：约翰 · 拉贝

南京安全区国际委员会主席

1 月 20 日

暴风雪！难民们的状况实在令人同情，即使一个铁石心肠的人也会为之动容。我这个院子里的难民收容所已变成了一个很大的泥潭，每个帐篷和草棚的四周都挖了水沟，以便排除雪水。现在，当我再看见低矮的草棚屋顶下生起明火时，常常睁一只眼，闭一只眼。外面飘着大雪，火要烧起来也不会持久。要想暖和一下，也就只好冒险了。每当看到我这院子里难民收容所的凄惨状况时，我就会情不自禁地想起德温格[①]的著作《铁丝网后的军队》和《白红之间》。

我们最近从附近一栋刚建筑一半的新房那儿偷来几千块砖头，在帐篷和草棚之间铺了条狭小的步行道，以免陷到泥泞中。我们还在茅厕坑周围筑起砖墙，使这宿营地变得“雅观”一点。这些改善带来的好处当然并不多，整个院子依然是个无法想象的沼泽地，每个人都在咳嗽和吐痰也就不足为奇了。我最大的担心是怕发生传染病。一旦发生这种情况，我们就完全无能为力了！我们的红十字会主席约翰·马吉牧师带来了一位中国女护士的报告。她来自设在外交部的红十字医院(专门收容伤兵)，那里禁止我们外国人进入，只有护理人员偶尔获得准许可外出购买东西。他们就利用这机会找到我们，向我们报告。她报告说，伤兵每日的定量只有3小碗稀饭，有个中国伤兵抱怨他吃不饱而遭到一顿毒打，之后他还问日本人：“你们之所以打我，是不是因为我饿了？”日本人便把他带到院子里，用刺刀把他活活刺死。护士们从窗户里看到了院子中的这一处决的情景。

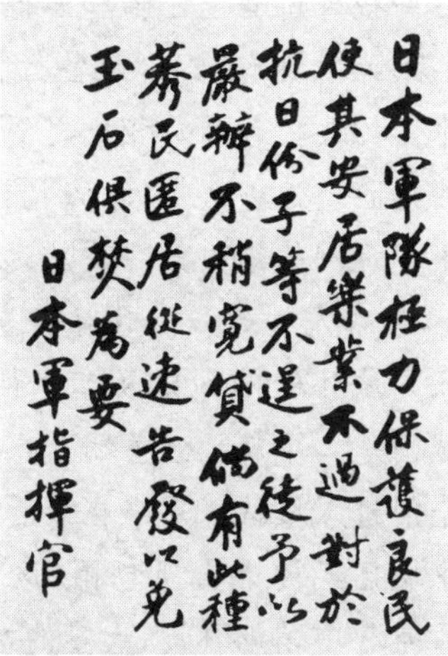
日本軍隊極力保護良民使其安居樂業不過對於抗日份子等不逞之徒予以嚴辦不稍寬貸倘有此種莠民匿居縱速告發以免玉石俱焚爲要
日本軍指揮官

① 德温格(1898～?)，德国作家。

许多人回到自己原来的住家中，但受到日本士兵扔石头驱赶或更恶劣的虐待。在他们返回安全区之后，再没有哪个难民愿意离开。与此同时，在城里可以看到日本的大幅布告上面印着："回到家乡来！给你饭吃！信赖日本军！可得救助！"

南京安全区国际委员会财务主管克里斯蒂安·克勒格尔先生(礼和洋行工程师)的报告：

南京受难的日日夜夜

南京，1938年1月13日

到今天，南京城落入日本人的手中已整整一个月了。在这样的时刻，有必要对过去的日子，对过去所发生的一切作一番回顾，因为在这次两个黄种民族为了自由或统治而进行的具有亚洲人残酷性的战争中，对于我们亲身经历者而言，过去的日子和在这些日子中所发生的一切是绝无仅有的，又是非常重要的。

11月21日，绝大多数德国侨民登上"库特沃"号船，离开了我们，同时随船载去的还有我们存放在船上的贵重物品。12月8日，最后一批外侨登上了怡和洋行的三桅帆船，也离开了南京。但是船上的人绝对没有料到，此番行程凶多吉少，在前面等待着他们的是日本人的飞机轰炸。相比之下，我们这些留下来的人反倒没有那么大的危险。这一天，日本人已经推进到了麒麟门，实际上已经兵临城下。沉闷的炮声第一次从远处隆隆地越过南京城的上空。12月9日，日本人的轰炸机对南京进行了猛烈的俯冲轰炸，不过轰炸的目标只是城外的阵地以及南京的城门和部署在城南街道上的军队。南城门一大早就已经关闭。事后我们才听说，日本人差一点就拿下中华门进入城区。后来在最后一刻竟然还能把城门关上纯属偶然。南京城已经被大火所包围，滚滚的浓烟像一条带子沿着地平线延伸。空气中硝烟弥漫，大量的灰烬纷纷散落下来。

12月10日，日本人继续推进，已经直逼城门脚下。机枪子弹不断地在中山东路上嗖嗖划过。街道和南城门在日本轰炸机的狂轰滥炸下遭到了严重的破坏。唐生智将军肯定已经意识到了阵地是无法守住的,在他的提议下,国际委员会在当天开始了停火斡旋。斡旋内容包含:停火3天,中国军队将利用这段时间不受阻碍地撤出城市并和平地交出城市。尽管日本人很有可能会拒绝这些条件,我们仍然于次日通过美国炮艇给汉口发了一份电报。但是局势的迅速发展使得这次停火斡旋不得不提前终止。就在这一天的晚上,紫金山燃烧起来,根据中国一个谚语的说法,这是南京沦陷的征兆。12月11日,南京城区和中国军队的阵地第一次遭到了炮击。

留下来的22名欧洲人在11月中旬成立了"南京安全区国际委员会"。这个安全区虽然从来没能宣布"成立"过,也就是说它从来没有被看作是一个没有任何军事人员,仅用于难民的区域,但它仍然起到了极大的保护作用。日本人虽然没有承认这个安全区,但是它注意到了这个区域的存在,因此安全区只遭到了为数不多的炮击,战斗期间死亡的人数也很少。到12月12日这一天,当时滞留在城内的居民可以说全部逃进了安全区,总数约有20万～25万人。当时已经作出了足够的准备,如设立大型难民收容所安置难民,运进的大米储备可维持两个月,提供数目可观的经费等,在这里一一细述就没有必要了。总之,这座城市的管理权实际上已落在我们的手里。如果没有这几个欧洲人留在这里,日本人占领南京后的所作所为肯定会更加穷凶极恶。

12月12日,星期日,这一天开始非常安宁,几乎可以说是太平的。日军炮兵部队不再炮击城市,战场上空只有为数不多的飞机隆隆飞过。中国的防空部队也只是在飞机从空中掠过的时候才开火射击。下午,战局发生变化,日军在西面已经逼到了水西门下。但是详细情况不得而知。只知道11日的白天和夜晚非常不平静,天空一片火红,到处浓烟滚滚,远处大炮、迫击炮的隆隆声和机关枪的哒哒声不绝于耳。

中国军队开始陆续撤退,撤退首先从城南开始,最后撤退的是城西守军。围绕南京外围展开的保卫战由于布阵失当,所以从刚开始就已经决定了这次撤退必定是一出史无前例的大悲剧。时至今

日，每当想到这些，尤其是每当想到最高指挥官唐生智的可悲境地，我都会感到极大的震撼。他曾经和多少人一起声称要和南京城墙共存亡，但是到了关键时刻却首先渡江逃跑。根据中国军官的报告，局势早在前一段时间就已经很可悲。前线的各个阵地各自为阵作战，和两翼阵地根本没有联系，各部队之间缺乏统一的最高作战指挥。重武器阵地战前就已经准备完毕，但是预定的重武器却没有进入阵地，因此刚刚在上海被打败、战斗力还没有得到足够补充的步兵便不得不承担全部的压力。一名军官见局势发生变化，便从城南赶来，希望能得到指令，这时他发现总指挥部已经全部撤空。撤退随即在没有发出命令的情况下像潮水般地开始了。下午将近5时，撤退刚开始的时候，只有零星的部队后撤，而且排队行军，秩序井然。在这之后其他部队开始后撤，行动开始变得慌乱，人员之间相互推挤抢道，秩序混乱。到了半夜时分，撤退演变成了逃亡。通往下关的挹江门早在几天前就已经关闭了一半，到了星期六则被全部关闭，门前还被沙袋街垒完全堵死。此外在铁道部前面不远的街道上也构筑了街垒，封住了半边街道。汹涌的撤退人流在狭窄的街道上拥挤着，而且道路越往下越狭窄，人流终于窒塞了，中国军队的灾难也随之降临。这场撤退究竟夺去了中国最优秀部队中的多少人的生命，永远也无法统计。扬子江在默默地流淌，耐心地收容着一切，向大海流去。军队根本没有做好摆渡过江的准备，留在下关港的只有几艘拖轮、小艇、帆船和小舢板，成千上万的人过江就靠这些东西，而且还是在夜间。许多人自己扎了筏子，但数量仍然不够用。有多少人因此而在第二天早晨死于追赶而来的日本飞机的轰炸，日本人的飞机在12月12日就已经对江面进行过猛烈的轰炸。这天夜晚的情景是令人难以忘却的。优秀的部队还能列队行进，有些部队甚至还带着伤员和全部的军械，但是更多的部队则是乱糟糟的一团，你推我搡蜂拥往前，一部分人已经没有武器，只带着干粮，大部分人带的是米。街道上遍地都是被抛弃的各种各样的军械物资：大米、军用器材、自行车、弹药箱、步枪、机关枪、手榴弹、印有德文标签的炮弹箱、军装、帐篷、扔在路上的装载汽油的卡车、被赶到路边或躺下歇息或静静吃草的骡马等等一切所能想象的东西，当然还有伤员。在夜晚的月光下，这一切的一切就如同骷髅之舞中跳出的一队队死神。交通部燃烧起来了，离我们不远的顾祝生(音译)①将军家的房子也燃烧起来了，这些可怕的场面预示了战争，预示了毁灭。最悲惨的要属伤兵，没有人去帮助他们。他们从被扔弃的板车和卡车上爬下来，对日本人的恐惧驱使他们拖曳着身躯艰难地沿街前行。次日早晨清点的街道上的死亡人数表明，有多少人就这样被踩死、碾死或死于筋疲力尽。

接近凌晨的时候，撤退的人流开始逐渐减少。通往下关的城门关闭并用街垒堵死。已经没有希望了，此时还在城里的，就被关在了城里。这个时候聚集起来的还有很多人，而这些人恰恰都是最优秀的军人，他们坚持与日本人战斗到最后一刻。我自己亲身经历了这些可泣的场面。德国顾问指导下的部队，人员出色，装备精良，敢于作战，他们成小股部队疲惫不堪地向西部山区撤去，或者往其他方向寻找出路。我们后来听说，有些零散部队 3 次突破日军封锁线，付出了很大的牺牲才进到广德—芜湖一线。有些士兵则放下武器，穿上早就在背包里预备好的或是买来的平民服装。我们让人把委员会办公室门前以及附近街道上的武器都搜集起来，有 235 枝步枪，约 80 把毛瑟手枪和左轮枪，2 挺重机枪，6 挺轻机枪和许多其他武器，搜集到的大量手榴弹全扔到了一个池塘里。

12 月 13 日早晨，还有少数部队撤了下来，他们大部分集中在铁道部的街垒路障前，由于交通部大火的蔓延，这里的街垒也燃烧起来。撤下来的一部分部队还准备在这里和日本人继续战斗。但是第二天，日本人一开始便采用坦克打前阵，所以他们很快就败下阵来。在这一天我用其他卡车从已经无人看管的仓库运了一批大米，但是有些仓库已经被打开，大批老百姓拥了进去弄粮食。我们希望这样能改善区内难民的粮食供应情况，但是许多人的米后来都被日本人抢走了。

① 疑为顾祝同。

中午时分，全城一片死寂。中国人都躲在家里，他们在等待着日本人，但是日本人没有出现。显然，中国军队成功地完成了撤退，但是却付出了沉重的代价！和日本人的第一次接触既平静又特别，一支日本巡逻队在上海路美国大使馆附近拦住了坐在车里的一个俄国人，接着允许他继续开走，没有任何阻碍。被拦住的还有一辆公共汽车，乘客必须下车检查武器，然后允许继续开走。委员会很快便和日本人取得了联系，但是日本人拒绝承认安全区，理由是安全区里到处有中国军人，尽管他们已经放下了武器。在这天，日本人在两侧和前锋的良好掩护下，横向展开，向前推进，一直推进到了新街口广场。显然，他们还不相信中国人。

我和日本军队的第一次接触是深夜12时30分在外交部，外交部这时已经变成了一所医院并得到了日本人的承认。一名日本军官对医院进行了简短的视察，表现出了非常配合的态度，给人的印象似乎是日本先遣战斗部队具有良好的纪律，只可惜这种印象很快就被抹得一干二净。

为了切断后撤的中国军队的退路，日本飞机早在12月12日就对浦口进行了猛烈的轰炸。遗憾的是，几乎所有的英国船只也遭到了猛烈的攻击，这其中包括帮助德国人逃走的怡和洋行的那艘三桅帆船。这天，日本人的摩托艇也出现在江面上，但是行动非常谨慎。12月13日日本军队继续进行追击。日本人派出一支部队渡过扬子江到达浦口，从而阻断了剩余中国军队的最后退路。幸运的是这支部队没能按照预定的计划于12月12日迅速突进到浦口。12月13日晚上，扬子江上的日本军舰也开始开炮射击，到了深夜仍然能听到隆隆的炮击声和爆炸声，炮击的目标显然是城外的公路和铁路。军舰的炮击也迟了一天，所以中国军队虽然付出了无法统计的沉重代价，但仍然完成了撤退。如果情况不是这样，中国军队根本不可能撤出南京城。

12月13日下午，我接管了已经改成医院的外交部。那里的状况糟糕得已经无法用语言形容，这简直可以说是中国军队的耻辱，伤员们都被扔在那里，两三天来得不到护理，没人去照料这些最可怜的人，所有的医护人员都逃走了。令人钦佩的是，中国红十字会向这些伤员送去了关怀，派去了男女护理人员，但是医生太少。这里要做的首先是清理武器，那里到处都是武器，数目众多，而且完整成套。日本人是很喜欢找借口的，他们很有可能会以武器为由把伤员都处死。这天下午人们终于清除了不堪入目的污秽，当然，首先要清理的是尸体。伤员们吃到了第一顿饭。但是医疗救治的状况仍然非常糟糕，我希望日军完成占领后情况会有好转。这天夜里几支巡逻队来到这里进行了检查，星期二的上午日本人占领了全城。我先是带着一名高级军官开车到各处转了一圈，他好像是得到命令要准确地根据时间来确定视察进程。我告诉他，一直到国际俱乐部已经没有整支的中国军队了。他准予我们从中央大学(后来也变成了一所医院)运两卡车包扎用品、夹板和药品等物资。在中央大学人们也给予了很大的配合，没有制造任何困难。

但是到了这一天的下午，日本人的态度出现了巨大的转变。我说服了 4 名医生到医院去，但是那里却禁止我入内。在这段时间里，城市已经完全掌握在日本人的手中，日本人占领了所有的公共建筑，所有地方都禁止我们入内，就连我们建立了大型难民收容所的地方也不例外。人们答应我们，等到最高司令官松井抵达后情况会改变。在这里有必要先说一下，即使到今天，医院方面的情况仍然没有丝毫好转。日本人对我们说，我们可以安葬死者，伤员由军方负责照料。截至今天，我们所能弄进去的只有大米，而护理人员、医生和医疗物资一律不准进入。根据接收医院时查明的情况来看，里面的死亡率相当高，只有轻伤员才有希望活下去，当然还得要有一个前提，就是他们没有紧接着就被日本人枪毙掉。根据报纸的报道，医护人员的护理是不错的，对伤员也还是有照料的，尽管这种照料是很不周全的。有关这方面的情况我们也得到了护理人员的证实，但是尽管如此，我们一直到今天仍然不准进入医院察看。

从 12 月 14 日起，局势出现急剧恶化。日本的战斗部队因为进军过快，出现补给不足，城市便听任他们处置，他们的所作所为，尤其是对最贫穷最无辜的人的所作所为，完全超出了常人所能想象的地步。他们抢走难民(穷人中最穷的人)的大米,凡是能拿走的粮食储备他们悉数掠走,他们还抢睡觉用的棉被、衣物以及手表、手镯,一句话,凡是他们觉得值得带走的东西,就全部抢走。谁要是稍有犹豫,就会立即遭到刺刀戳刺,有不少人就是在不明不白之中在这种野蛮行径之下惨遭杀害,成千上万的人就这样被杀害了。这些已经堕落成野兽的兵匪不断地闯进难民区和挤满难民的房子,甚至连先行抢劫的士兵不屑一顾的东西也不放过。今天在南京城,几乎已找不到没有被日本士兵砸开、野蛮搜查和抢劫的房子。上锁的门和橱柜被强行砸开,里面的东西被翻得七零八落,东西被抢走,或被弄坏。日本人从一开始到现在根本就不尊重外国国旗,对德国国旗也同样如此。

我们必须采取强硬的态度并指明我们的德国国旗,才能保护我们的财产和我们的佣人,但是这样做经常要面对日军军官和士兵的威胁。每个人离开自己家的时候,时时刻刻都要做好思想准备,家里会被偷,会被抢。我的车停放在车库里,前轮已经拆下来,可是就在我和日军后勤部队几个高级军官商讨电厂和水厂恢复生产事宜时,就这么一辆车竟然也被从车库里偷走了。佣人们在刺刀的威胁下被迫打开大门把所有的东西都交出去。在我们的房子前面,有3具尸体已经暴露街头达3周之久。在这种情况下,我怎么能指望我的佣人们能够拿出英雄主义气概来呢?它只会招惹日本人的残酷报复。显然日本人特别注意的目标是运输工具,他们四处搜寻偷抢汽车和自行车,如果弄不到运输工具,他们就命令佣人或收容所的难民为他们搬运偷抢来的物品。经常可以看到一个士兵在后面用枪逼4名苦力拖运偷抢来的物品。拖运的工具有童车、手推车、驴子、骡子等等,总之,凡是可以找到的东西都用上了。这种有组织的偷抢持续了两个多星期。即使到了今天,也不能说哪所房子肯定不会受到某些旨在“征收军用物资”的日本军队的骚扰。贵重物品拿完了,就拖家具、地毯、门和门窗框。有些部队甚至还带上专门偷盗保险箱的大盗,其实有些保险箱只需用步枪子弹或手榴弹就可以打开。54所德国人的房子中,有14所受到轻微损坏,4所完全烧毁,

15所遭严重抢劫，也可以说里面的东西全被破坏掉了，其余的房子遭到了偷抢。13辆汽车被盗走。当然遭受灾难最深重的还要算各个难民收容所，因为每一个第一次到安全区大行抢劫的日本部队都以为，靠威胁和暴行就可以从难民身上讹诈到更多的东西，难民由此而被逼上了绝路。

中国军队撤退的时候，砸开并抢劫了一些粮店，也有几处发生了火灾。但是绝大部分城区在日军进城的时候完好无损。日本人用大手笔完成了一个巨作，也许唯一使他们感到遗憾的是，他们只能在各个地方一所一所地烧房子，他们恨不能一下子把整个南京城烧个精光。不过即便是这样，也已经是太不像话了。他们挨个儿撬店砸铺，抢劫店内的东西。如果单个士兵人手不够，就会有小分队在军官的指挥下开着卡车抢走所有值得拿走的东西，完后还要把房子付诸一炬。整个城南夫子庙地区，主要商业街太平路、中山东路、国府路、珠江路就是这样被掠夺一空纵火焚尽，现在轮到了中山路。这种有组织的纵火焚烧开始于12月20日，自那以后一直到今天，没有一天晚上夜空不被火光映照得通红。如果有房子遗漏或跳了过去，那还要细心地给它补上一把火。截至今天，全城估计约有百分之五十至百分之六十的房屋被烧毁。

城里到处被丢弃的军装告诉日本人，城里还有许多中国士兵，他们已经穿上平民的服装藏了起来。因此日本人在12月14日占领全城后，立即开始在整座城市，尤其是在难民收容所进行了严厉的搜查。他们打着这个幌子，干着各种各样残暴的事情。为了一点点无关紧要的小事就滥杀无辜，无缘无故处死人，这类事件每天不知要发生多少起。对收容所的搜查完全是随意进行的。平民百姓中根本没有人开枪射击，但是在几天中估计有5 000人未经临时军事法庭审判就被枪毙，这个估计只会少不会多，大部分人在江边被处决，这样连埋葬尸体的辛劳都可以免去了。即使在今天，在强迫每个居民进行登记的时候，这种把人筛选出来予以处死的无谓的杀戮行为仍然在继续进行，只不过人数比以前有所减少罢了。如果说在开始的时候毫无意义地屠杀大批已经放下武器或者已经受伤的士兵、市政管理部门人员、水电厂的工人以及和平的居民和农民是为了显示对南京城的军事占领的话，那么在这之后再大肆屠杀成千上万的人就是不可饶恕和不可开脱的了。在12月14日到12月26日期间，交通部不远的街道旁躺着约30具苦力和士兵的尸体，他们是被捆绑起来枪杀的。距山西路不远的一个池塘里泡着约50具尸体，在一座寺庙里我看见了约20具尸体，在江苏路的尽头，至今仍有约20具尸体暴露于街头。以上所说的一切还不包括那些在山里被枪毙后草草掩埋的那些人。今天，日本人还想让我们相信，许多被抓走的人都被关押在八卦洲岛上或者被运到了其他什么地方，其实显然根本不存在战俘。

16日开车去下关，经过海军部时，汽车简直就是碾着尸体开过去的，这里也有一批人被捆绑着双手遭到了枪杀。城市的清理工作一直持续到了12月29日。在这之前，人们不得不天天从这些尸体旁边经过。我甚至连做梦都会梦见这些尸体。前面已经提到过，我们的房子前面就有3具尸体和一匹死马。日本人严格禁止殓尸。那匹死马一直到了1月9日我才找人埋掉。

日本军队暴行的另一个悲惨的篇章是虐待和强奸成千上万的姑娘和妇女。毫无疑问，这种暴行在各个军队都会发生，远东地区的军队尤其如此，但是虐待、致人残废以及肆无忌惮的、甚至连幼小的孩子都不放过的施暴则是毫无意义的。指导日本军队犯下这种种罪行的就是日本古老的武士道精神。

12月28日我第一次开车去栖霞山，一路上所见让我感到震惊。当时是严格禁止我们出城的，但是我急需粮食，因此我还是开车去了那里，我一路畅通没有遇到困难。我原先以为，日军的报复行为只发生在南京，因为它是抗日运动的首都和中心，但是现在我才发现，日军在这里的所作所为即便不是有过之而无不及，也是丝毫不亚于城里的。

中国军队在撤退的时候，已经烧掉了农民的房子和村庄，桌椅和农具等物品则被扔进村子的池塘里使之得到挽救。日本军队则在更大范围内将纵火行为延续了下去。他们不问青红皂白地枪杀庄稼地里的男女老幼，为此打出的口号是："搜捕可恶的中国士兵。"许多水牛、骡马被打死在农田里或马路旁，任凭狗和乌鸦啃噬。农民们白天带着财物逃进山里，家里只留下老头老太，然而就连这些人的性命也受到了威胁。在一个小时的车程中，我连一个人都没有看见，就连较大一些的村庄也是空无一人。房子被烧光了，人被打死了，活着的人一见到汽车立即就逃得无影无踪。千佛山脚下形成了一座难民营，逃到里面的约有1万多人，全都是附近地区的农民。然而日本士兵在这里也没有丝毫收敛。他们任意拉出年轻小伙子枪毙，任意强奸少女。喝醉酒的士兵见到哪个人不顺眼就用刺刀捅死或捅伤，以此取乐，而这一地区恰恰又没有任何医治救护条件。寺庙里的佛像或被抢走或被破坏，就连和尚他们也不放过，也要加以虐待。水泥厂因为有两个外国人，一个是德国人京特博士，还有一个是丹麦人，所以日军的恐怖行径有所收敛。约有4 000名难民带着所能带走的家产逃到那里安身。

根据中方报道，日本人从上海到南京，到芜湖，一路上以完全相同的方式对农村地区进行了大肆破坏和蹂躏。农民没有了农具，没有了种植水稻不可缺少的水牛，没有了每日农田劳作必不可少的安全感。这一切都没有了，农民怎么才能进行农田耕种，这是很难想象的。尤其是安全感，到目前都没有保障。如果情况没有根本性好转的话，那么很有可能会爆发饥荒。这种情形很容易让人联想到30年战争①，当时的情况不仅在当今的20世纪发生了，而且是发生在亚洲民族之间，这简直让人无法想象。

1月1日，公开宣告成立"南京临时自治机构"。在音乐的伴奏下，在夸夸其谈的致辞的吹捧声中，昔日的五色旗在饱经世事历经沧桑的古老的鼓楼上升起。这个"自治委员会"几经周折才成立起来，但是今天它仍然是一个不能自主行动的摆设，中国人对它几乎没有什么信任感，日本人虽然答应提供各方面的支持，但实际上却拒绝给予支持。仅有的几个有修养的中国人态度不积极。红卍字会也只是

① 1618年～1648年在欧洲爆发的一场战争，战争造成的后果是饥荒和瘟疫。

为了使合作有一个起码的基础才表示愿意合作。由于日本军事当局反复无常无端猜疑，因此合作的成绩可以说是零。

就在五色旗升起的同时，俄国大使馆着火了。根据日本人的解释，这只是一个偶发事件，是一次事故。

因为城门关闭，所以从12月9日起南京城的自来水供应停止了。电厂的生产则一直坚持到了12月12日的深夜。尽管发电厂的两台机组没有受到任何损坏，但是日本人还是花费了很大的功夫才在1月2日使电厂临时恢复发电，水厂恢复供水是在1月3日。水电的正常供应到1月7日才真正恢复。由于局势普遍不安宁，再加上有43名电厂工人就因为是国营工厂的职工而遭枪杀，所以工人们都不敢报名，招募工人十分困难。

地下水源受到了严重的污染，好在水的供应对日本军队也是至关重要的，所以他们全力以赴，尽快恢复自来水正常供应。

电话线路网受到彻底破坏，短期内修复是不可能的。

城市的粮食供应形势十分严峻，预计形势不仅不会好转，反而会恶化。居民靠着他们的储备过日子，他们没有收入，在相当长的一段时间内，不可能复苏经济恢复生产。在南京被占领前，我们成功地把大约8 000袋大米和1 000袋面粉运进安全区。我们把这批储备分成了无数份，一部分提供给粥厂，免费分发给大约5万名难民，一部分则出售给居民。在城内城外，还有大约10万袋大米和4万袋面粉，但是被日本人全部没收。我们进行了反复交涉，日方也一再答应归还，但是新的粮食储备至今没有运进安全区。看来日本人是在静等饥荒出现，迫使居民变得更加顺从，达到解散安全区的首要目的。我们至今未找到解决这个问题的办法。

虽然还有新鲜蔬菜运进城，但这都是从农民荒弃的农田里勉强收上来的，一旦菜田收完了，也就什么都没有了，因为什么都没种。此外农村到处都不安全，农民无法耕种，或者说只能推迟耕种。从上海调运则完全取决于日本人的恩赐，虽然上海方面已经将粮食准备妥当，但是日本人至今未准予调运。

南京的居民至今不敢回到其他城区，一方面是因为绝大部分房子已经被烧毁，另一方面是因为日本人仍然在肆无忌惮地为所欲为，所以绝大部分的居民仍然滞留在安全区。在日本人的花言巧语号召下，许多难民回到了他们原来的住所，但是一部分人却付出了生命的代价，一部分人则遭到了日本士兵的野蛮折磨。整个安全区共有较大规模的难民收容所26①个，安置的人数从数百上千到5.5万不等。在最危险的那一段时间，我们最大的一个收容所收容了约7万难民。今天，仍有5万人没有粮食，一无所有，仅靠粥厂救济过日子。怎么才能让这些人重新恢复正常生活呢？

南京城被占领前后进行了紧张激烈的战斗，这一段时间刚刚过去，南京却又在连续许多天可怕的暴行下陷入到黑暗的悲惨世界之中。要想逃脱这个世界，只有一个途径，就是日本军方恢复理智，保障居民起码的生活条件，首先要保障他们的安全和他们行动的自由。在这种情况下，原本由普通工人、小商贩、职员和农民组成的居民结构肯定会发生变化，因为很多人在掠夺抢劫下完全失去了自己的生存基础，社会各阶层将会出现新的调整，南京在今后的几个月内仍将是一座难民的城市，居民必须继续依靠救济和救援才能生存下去，直至社会阶层调整完毕。当然，调整还得有一个前提，这就是全部现存的物资没有被消耗殆尽。

在南京城受难的日子里，我和大家一起经历了多少可怕的日日夜夜，这一方面使我们认识到，中国军事领导人的素质是可悲的，中国军队完全不具有军人的气质；另一方面，我们也极为失望地看到，日本军队只是一支通过绝对服从组织起来的军队，一旦这种服从不存在了，或者说被人为地取消了，这只亚洲野兽就会抛弃所有人所具有的克制和约束，赤裸裸地登场亮相。正是这只野兽把自己标榜为反对共产主义的先锋，声嘶力竭地要为中国的变革和解放而不遗余力，而它在中国的所作所为，却助长了赤裸裸的共产主义和一切丑陋的因素。这难道不是一个极大的讽刺吗！

签名：克里斯蒂安·克勒格尔

① 安全区内为25个，可能克勒格尔将双塘难民收容所也计算在内。

1月21日

48小时以来,我没有再看到一所房子在燃烧。是由于恶劣天气(前些时候雨雪不断)的缘故,还是"日本老爷们改邪归正了",我无法确定。我希望是后者。克里斯蒂安·克勒格尔不得不把他启程的时间推迟一天。他1月23日(星期日)才可以走,当然是乘火车走。此外,还给他派了一个壮实的士兵作保镖,防止他在途中从火车上跳车。虽然大家都知道他是个"幸福的新郎",但别人永远也不知道他会不会还要逃走!我现在也想尽力搞到一张通行证,因为我想到上海去,至少能探望一下妻子。我可不能像克勒格尔那样找个要结婚这样的借口,因为日本人知道我是个幸福的丈夫、父亲和祖父;也不能像菲奇那样说牙疼,因为我很幸运,不能装出"牙疼啊、牙疼啊"喊个不停。剩下的只有一条出路——说真话:洋行"没钱"了。他们也许会立即斜着眼睛审视我这个西门子洋行的经理,但这也不会影响我的决心。我还得向克里斯蒂安·克勒格尔借500元钱,以便凑齐1月份的薪水。

致上海全国基督教总会伯因顿电报

18日电报上所恳求的船运许可证能得到吗?对大米绝望的询问与日俱增。请于23日(星期日)用英国炮艇运1 000磅鱼肝油(大包装)和200磅包扎用药棉到大学医院。请敦促无论如何把1月10日在国际药房预订的20万单位白喉血清也一并送来。布拉迪大夫准备返回这里,正在香港等候我们为医生和护士们办理入城许可证。这事我们到现在尚未办成。您在上海能通过格伦·麦英托什为在星期日启航的炮艇办到航行许可证吗?

签名:史迈士

1938年1月21日10时,南京

1月22日

上面这份致上海全国基督教总会会长伯因顿先生的电报使人稍稍看出我们的危急情况。预订的1 000磅鱼肝油将用来增强肺病病人的体质,20万单位抗毒血清用来治疗这里正蔓延的白喉。日本人直至现在仍然拒绝发给上海和香港的医生和护士入城许可证。不过我们希望依靠大使馆的帮助不久即可得到,否则就对日本当局的拒绝态度毫不留情地予以披露。

下面收入了刊登在日本人在上海办的《新申报》上的一篇关于这里情况的文章译文,它再一次表明报纸特别是日本报纸什么胡言乱语都会有。这篇文章是一个彻头彻尾、荒谬绝伦的无耻谎言,其造谣手段已达登峰造极的地步。

关于我们为上海和香港来这里的医生申请通行证一事,刚才日本方面来消息说,他们愿意为我们给美国的鼓楼医院提供两名日本医生。我估计这项提议立刻就会遭到美国大使馆的拒绝。

译自上海《新申报》第3版的文章译文:

日本部队安抚中国难民

南京出现令人欣慰的和谐气氛

南京的街道上还是死一般地寂静。阳光像是充满了同情心,特别照顾城西北的难民区。摆脱了艰难和死神的难民群众由于日本士兵的高尚行为得到了安抚。他们满怀忠诚和感激的心情跪在街道两侧。在日本部队占领该城之前,他们饱受了中国抗日军队压迫的苦难。他们既买不到大米,也买不到小米,病人得不到治疗,饥饿的人没有饭吃!市民们的痛苦无法加以描述。令他们走运的是皇军进入该市后,放下手中军刀,伸出援助的双手,以便治愈这些最穷苦人的伤口和痛苦。在日本大使馆西面的区域,成千上万的难民聚集在一起特别感激日本人保全了他们的生命,完全放弃了他们对日本人的敌对情绪。男女老少跪下来叩头,以证明自己对皇军的忠诚。对于一个中国人来说,这是具有特别意义的一种礼仪,只有出自真心真意时才会这样做,因为他们的这种礼仪是非常严肃的。在这个区内,男女难民都从日本士兵处得到面包、糕点和香烟,大家对此非常感激。城墙旁最穷的人也得到了施舍的物品。

与此同时,我们的医疗队已开始工作。许多几乎失明的眼疾病人在日本医生的治疗下又恢复了视力，并痊愈。母亲们送来了她们患哮喘病的孩子，两脚肿胀的妇女们也来请求治疗。他们都对日本医生赞不绝口。医生的检查和治疗结束后，他们中的许多人聚集在太阳旗和红十字旗下，高呼“万岁”表达他们的谢意。在一条街道上，一个商人刚刚开店恢复营业，一个宪兵正和一个居民温和地交谈。日本大使馆旁的鼓楼那里有个山丘，从那里可以眺望四周。人们可以看到附近挂着星条旗的美国大使馆，西北面有英国国旗，北面还有法国国旗，东面的苏维埃红旗则倒映在玄武湖碧波之中。在中央，在日本大使馆的铁塔上，太阳旗突出于一切之上。人们从高处向下望去，可以看到日本士兵正在和中国儿童愉快地玩耍。

南京目前正处于世界的焦点，众目注视。可以肯定，这里的人们又重新享受到了和平的幸福与劳动的快乐。

1月22日

我在这本日记里多次写到一名被枪杀的中国士兵的尸体，这具尸体被捆绑在一张竹床上，自12月13日起一直横躺在我的房子附近，没有掩埋。我对日本大使馆提出抗议，请求他们派人或是准许我进行掩埋，至今仍没有结果。尸体依然在原来的地点，只是绳索已被剪断，那张竹床扔在两米远处。我无法理解日本人对这件事的做法。他们一方面要别人承认它是和欧洲强国平起平坐的大国并受到同样对待；另一方面其行为却时时表现出残暴、野蛮和兽性，以致别人可以把他们同成吉思汗的部落相比。既然我为安葬这具可怜的尸体所付出的种种努力没有任何结果，我只好作罢，但是随着时间的推移，我越来越意识到，这个人虽然死了，但他的尸体将永远留在这个人间。

今天早晨，约翰·马吉牧师陪我和会讲一点日语的科拉到后勤军医总监平井大夫那里，我必须对他作一次回访。我们利用这个机会，请求平井大夫准许我们访问红十字医院。这所医院是我们在外交部设立起来的，我们现在还向那里提供大米。但在南京沦陷后就不许我们进去，因为日本人接管了这家医院的管理工作。平井大夫对我们的请求稍作考虑后，答应要向总参谋部提出申请。他看上去是个和蔼的、平易近人的老先生。我们今天访问他时,他身穿整齐的制服正坐在靠背椅上,让一名日本画家画肖像。

马吉又收集了几起令人厌恶的暴行。日本士兵抢走了他们搞到的全部用于屠宰的牲畜。日本人最近叫一些中国年轻人去找猪,有几个动作不麻利或没找到猪的年轻人被日本人用刺刀刺死了。一个被刺死的年轻人内脏拖在肚皮外面!一个人老是听到目击者的这类报告,就会感到厌恶。人们也许会认为,日本军队都是由释放出来的囚犯组成的,正常的人不会做出这等事来!我们今天看到几辆装满中国士兵的卡车从南面开来,并朝下关驶去。我估计他们都是在这里和芜湖之间被俘的战俘,要在扬子江岸边被处决。

高玉先生来拜访我。他是领事馆警察的负责人,是日本大使馆的参赞,我给他搞到一辆汽车,希望他给一张征用收据。他没有在收据上签字,一声不吭地把收据塞进了口袋。我吃亏了。以往他来时总是穿一套合身的蓝色制服,现在却穿了便服。他目前正在寻找在南京拍摄的空战和坠毁的日本飞机照片。这方面的照片很多,是由半官方的中央党部摄影社拍摄的。该社的办事处离我这里很近,但这时已被日本人烧光了。这个摄影社拍摄的有关这方面的照片花一元钱可以买到一张(顺便说一下,我觉得太贵)。这些照片中有一张是16个日本飞行员的合照,他们因飞机坠毁而被关进中国战俘营里,受到中国人的细心护理和良好治疗。据说其中有高玉的一个朋友,我们不知道他的名字。高玉似乎对这个被俘飞行员的命运很关心,希望从我们这里了解到关于他更详细的情况。我们无法给他提供任何情况,因为事实上我们一无所知;即使我们知道一点,提供情况无论如何要非常小心谨慎,因为大使馆秘书福田先生已经告诉过我,一个日本军官(飞行员中有几个军官)做了俘虏,必须剖腹自杀,一个日本军官是不可以被俘的。这是日本人自己之间应该解决的事。如果有一批在这儿犯下残暴罪行的日本人剖腹自杀,我是绝不会反对的,但尽管这样我对此仍不能提供帮助或信息。

我们委员会的总稽查施佩林先生,看到了我们写的所有报告。这唤醒了他至今一直沉睡着的荣誉感,他按捺不住,也凑成了一篇报告。施佩林挽救了许多人的生命(他理应得到荣誉),在我们中间确实也经历得最多。但他这个人比较简单,因此报告写得并不怎么样。我们大家都不是天生的文学家,但是施佩林写的那些文理不通的东西,看上去的确非常滑稽可笑。他把草稿拿给我看。我当然不忍心把他那令人惊异的描写改掉,就让他那样报告下去吧。但是"……有许许多多的妇女,……用颤抖的乳房给孩子喂奶","赤身裸体的日本兵趴在一个年轻、漂亮的女孩子身上……"这类句子他还是应该删掉的。下面就是这篇报告:

爱德华·施佩林
南京大方巷21号
1938年1月22日

致罗森博士先生
德国大使馆
南京

在南京和南京周围发生战事期间,我同其他先生们冒着生命危险留在这里,并在国际委员会成立时被任命为南京安全区总稽查(警察委员)。我作为总稽查驾车巡视时,有机会亲眼看到一些好事,但更多的却是坏事。我的外勤任务并不轻松。我有650名训练有素的警察,还有一个组织得很好的平民警察队协助我。我们维持了良好的秩序。这里我必须再次证实,我受到了中国人的重视和尊敬。如同我经常看到的一样,这个民族善于忍受痛苦和煎熬,而不去抱怨或发牢骚。有20万难民不得不离开了自己的家园,他们只身逃离,寻找安全的地方,寻求得到保护,这其中还有许许多多的妇女,她们怀抱幼小的孩子,用颤抖的乳房给孩子喂奶。

在南京安全区,我们原来有两个组织良好的消防站,一个在鼓楼,另一个在大方巷,可惜我们的消防龙头和消防车都在日本军队进驻后被他们征用了,因此我们在遇到许多火灾时束手无策。火灾几乎每日每夜都发生,我们却帮不了忙,也许我们的帮忙也不受欢迎。真是可悲,但却是真实的。

自从日本部队于1937年12月13日进驻以来,安全区(其实根本算不上是安全区,因为它无法提供绝对的安全)的骚乱才真正开始。迄今一切都组织得非常安宁与平和,但是根本得不到日本士兵的尊重，他们对于卐字旗和德国大使馆用德、英、中3种文字书写的布告不屑一顾。德国大使馆也特别为德国人住家的佣人们发了保护证明，但他们每天都来向我报告，说日本士兵把床上用品和钱财等抢走，疯狂地用枪托和刺刀强行把锁着的房门砸开，闯了进去。根据报告，被偷走汽车的有：陶德曼博士(已归还)、罗森博士、林德曼、克勒格尔、施塔克、增切克、贝克博士、博尔夏特、洛伦茨、皮尔纳、马丁、海因里希、胡梅尔、施罗德博士、齐姆森。还有许多汽车被偷走后还没有报告。

12月17日，许尔特尔先生的汽车在德国大使馆被偷。事也凑巧，当时哈茨先生和我同日本领事馆的一名官员正在附近，还来得及在第二个街角把偷盗者逮住，我们好不容易费尽口舌才把汽车要了回来。在这件事上，我看出日本文职官员的权力很小，这位领事馆官员在和强盗军人告别时不断地大幅度弯腰鞠躬。

1937年12月17日～20日，日本领事田中乘车到所有外国人的住宅，让人在这些房子的外面贴上用日文书写的能起到保护作用的布告(后来我发现这个破东西有几张被人撕下扔在地上)。尽管如此，日本士兵仍然继续破门而入，将这些房子洗劫一空。

12月21日中午，我看见黑姆佩尔的饭店在燃烧，尽管它外面贴有日本领事馆的布告，几天后基士林克—巴达糕饼店也被烧得仅剩断壁残垣。

12月21日，根据日本总部菊池先生要求，我找到60名电工去维修下关电厂。工人们不愿为日本人干活，因为他们有50名躲在下关和记洋行避难的伙伴被日本士兵残酷地枪杀了。

12月22日，我和菲奇先生在云南路所谓的安全区里，看到30个穿平民服装的中国人，被捆绑着杀害后，扔进水(塘)里。根据克勒格尔和哈茨先生的报告，在汉西门外约有500个平民也遭到类似方式的枪杀。我估计被这样残暴杀死的有5 000人～6 000人，全都是走投无路、手无寸铁的人。

12月27日～30日，根据日本大使馆的请求，我同日本领事馆警官高玉乘车查看了40所德国人的住宅，它们的大部分都遭到了抢劫。除了德国大使的住宅外,在安全区以外房子里的所有佣人和看守人都跑掉了,看上去最糟糕的有孔斯特—阿尔贝斯公司、罗德、沙尔芬贝格、施密特公司(哈蒙)、施佩林、埃克特、基士林克—巴达糕饼店和黑姆佩尔饭店的房子,最后这 4 栋房子完全被烧毁。在德国人也参股的福昌饭店里,保险柜被砸开,整整一层楼的饮料、床铺、被子、衣物、银餐具等等被抢走。日本警官到处都做了笔记,记下了有关房子的状况。我的私人住宅也被抢过,木箱和皮箱被强行撬开,我冬天和夏天的全部衣物及用品被盗。坐落在中央路上的增切克、林德曼、布瑟、尤斯特的住宅部分被抢。我对日本警官高玉先生说,我可以发誓,绝大多数房子在日本部队刚进驻的时候还是完好无损的。

12 月 29 日,我找到 25 名工人去修复水厂。1938 年 1 月 3 日,一些房子里已经有了电和水。

在 80 多起案件中,我被中国平民找去,把闯进安全区房子里强奸女人和女孩子的日本士兵赶出去。办这种事情我没有任何困难。

元旦那天,几个日本士兵寻开心。一个漂亮女孩子的母亲来叫我,并跪在地上哭着恳求我帮她忙。我和她乘车赶到汉口路附近的一所房子。我走进这所房子时,看到了如下情形:一个赤身裸体的日本兵趴在一个年轻、漂亮的女孩子身上,她悲痛欲绝地哭喊着。我用各种语言对着这家伙大声训斥,祝他“新年快乐”,他仓皇地跑了出去,手里还拿着裤子。所有这些案件,包括抢劫在内,都写了报告,保存在国际委员会的卷宗中,随时可以查阅。

将近一个半月之后的今天,仍然没有平静下来,抢劫仍在继续,房子依然被烧……住在所谓的安全区里的难民们,无法回到被毁坏了的或部分已被烧掉的自己住房里去。

新成立的“自治委员会”也只有依赖日本人,但日本人自己也不知道或是不想知道应该怎样解决这些难民吃和住的问题。

国际委员会是个纯民间性质的组织,与政治毫无关系,其总的原则过去是,始终也是支持遭受战争损害并且还在受苦的平民。

我简略地描述了关于日本士兵野蛮暴行的几个事件。在绝大多数德国人的屋顶旗杆上，卐字旗自豪地高高迎风飘扬，门上都贴着用3种语言书写的德国布告以及日本大使馆的布告。就在这些房子内，我和日本领事馆警官高玉目睹了一个所谓友好民族的士兵们所造成的疯狂破坏。无论如何我还可以写好几份有价值的报告，对此我随时准备着。

致以德意志的问候。

签名：爱德华·施佩林

局势报告

1938年1月22日

南京安全区国际委员会目前担负着一个救济委员会的职能，保障城内25万居民的利益。大部分难民(至少百分之九十)仍然生活在安全区内，因为他们害怕在安全区外的家中被满街乱窜的日军士兵纠缠，甚至遭受火烧之灾。一些已经回家的人也因日本人的强暴而重返安全区。居民们似乎正在做准备，安家落户，在此过冬，毫无迁出的打算。尽管地方狭小，又有规定，不得携带家具进入安全区(因为当时预料难民有可能在一两周后即回家)，现在还是有许多人把家具弄了进来，以免被毁。

城里只有两名外籍医生，因此一旦发生传染病，救治的希望微乎其微。到目前为止，未发生疫情还算是运气。我们提出再要两名医生和两名护士，但是允许其进入南京的要求遭到拒绝。大学医院(鼓楼医院)里挤满了重伤的平民，新近又有相当数量的孕妇被送到这里，她们属于最贫穷的阶层。现在发现了几例白喉病人，目前这种湿冷的天气也使不少人患了感冒。疾病的增多当在意料之中。

目前国际委员会下辖25个难民收容所，计6万人。他们分散在安全区内的公共建筑和学校里。其中规模最大的几处分别位于：金陵大学附属中学，1.5万人；老交通部，1.2万人；金陵大学难民收容所，6 000人；金陵女子文理学院，5 500人。

由于日军进城前大量难民涌入安全区，造成了区内的混乱，因此在所有的难民收容所开设粥厂已无可能。为此我们不得不决定，向那些一无所有的难民免费发放定量口粮。那些在红卍字会和红十字会领导下的粥厂及口粮发放站每天供应5万人的伙食，免费分发粥或干饭。借此机会，不得不用赞许的口吻提及一支日本小分队，它向红卍字会赠送了2 000余袋米，这样的援助太宝贵了。

开始时，国际委员会出售大米，所得钱款用来为那些身无分文的难民购买食品储备。原先的打算是，一旦局势平稳，私营粮店开张之后，我们便停止销售。鉴于"自治委员会"打算于1月10日开设米栈，我们便于同日中止了救济基金大米储备的销售。然而两天之后，日本人却停止向"自治委员会"开设的商店提供粮米，此后安全区内的大米销售也被全面禁止。一个星期之后，"自治委员会"获准在城南开设两家米店，距安全区南端一里。即便如此，来自上述地区的居民仍然不敢回家。由于日军的存在，那里还没有恢复安定和秩序。日本人总共只提供给"自治委员会"2 200袋米和1 000袋面粉。据估计，为了给25万人提供食物，每日便需1 600袋米。到目前为止，难民们靠自己的储备过活，然而这些储备也即将告罄。如果不尽快采取果断、周密的预防措施，解决居民粮米、燃料的供应，那么饥荒和由此带来的一切严重后果是可以预见的。国际委员会试图购买储藏在南京城外或上海的食品，以此作为救济基金的储备，然而所有这些努力也都因日本当局的阻挠而失败。

国际委员会的基金随时可以用来购买食品和燃料，然而所缺的只是日方的许可。今天我们为5万人提供了伙食，而目前我们所掌握的粮食只够这5万人维持不到30天。我们向上海方面提出追加购买价值5万元粮食的请求已迅速得到答复，但是目前未获日方装船运输的许可。而如果不允许国际委员会直接购买粮食，就只有一条路可走：给难民发放救济现金。然而我却不看好这一方式，因为这会大大增加我们管理的工作量，虽然某些问题的解决看来别无他法。

一个下属委员会即所谓的"恢复秩序委员会"，制定出一些计划，以帮助难民重返原住所，首要的是让他们从事某些商业活动。自从日军12月19日有组织地焚毁城里四分之三的商店以来，这一问题变得十分紧迫。以下事件便可说明情况。有一户人家,常年以织毯为生,独自经营着自己的生意。1月1日夜里,其房屋被日军焚毁,衣物被烧,所有钱财被日军士兵一抢而光。像这样一个被洗劫一空的8口之家,如何才能帮助他们开始新的生活呢?我们免费向他们分发粮米,我们所能给他们的最好的帮助只能是现金,因为除了在上海路、宁海路路边摆些小售货摊之外,我们没有什么生意可以介绍给他们做。所有的居民靠着带来的东西在此维持最低限度的生活。我们希望春天能够开始农业生产。这当然取决于那些甚至连自己城内小菜园都荒废了的农户回去后能否安全地从事生产。

恢复秩序委员会面临的另一个问题是照顾那些寡妇和孤儿。第一次临时调查的结果表明,仅在金陵女子文理学院就有420名妇女的丈夫被日本人杀害。许多平民因为被日本人怀疑是身着便装的中国士兵而丢了性命。有些可怜的人还是在日本人那里登过记,而且在妻子及家里人为其担保的情况下被带走的。

谈到恢复生产的问题,可惜国际委员会没有专项基金为那些想开业的人提供贷款。有些难民的亲属在中国的其他地方生活,并有收入,对于这样的难民,委员会也不能借款给他们。上海以及其他城市的一些中国组织将进行一系列的宣传活动,帮助他们在南京的同胞。

在自由出入南京未获南京日本当局许可之前,使家庭重新团圆,或是让难民回归故里根本做不到。

总有一天,"自治委员会"新任食品委员,人们都称之为"吉米"的王承典先生和我们委员会运输部门负责人查尔斯·里格斯先生会写出一个惊险的故事,讲述他们如何不知疲倦地努力,想尽一切办法得到日本人的许可,为城内的居民运送更多的米、面粉和煤炭。运输工作先是由里格斯先生亲自领导,后由一名领事馆警察负责,现在则由日本特务机关的一名卫兵负责。日本人在入城后的第一个星期毁坏了城中大部分的卡车和其他车辆,备件无处可寻,这就给我们运送粮食和燃料带来了很大的困难。与此同时,数百辆日军的卡车却散乱地闲置在街上。

现在，在一些选定的建筑物里已通了电，较低处的水龙头里有时也能得到城市水厂供应的水。电话还不通。据日军和日本大使馆的一些人士讲，目前南京城中既没有可以好好吃顿饭的餐馆，也没有可以消遣娱乐的去处。南京往日的繁华已化为灰烬。现在人们看到的是，南京的居民在废墟中挖掘可以变卖的东西来换取食品。

如果那些为日军服务的苦力的劳动能建立在一定的商品交换基础上，那么城市的居民还能有一小笔收入来源。一些好说话的士兵给予替他们干活儿的苦力应得的食品，还有少数士兵甚至付给他们少量的钱。但愿这是一种好的兆头，预示着情况一天天会好起来。

南京平仓巷3号
1938年1月22日

尊敬的伯因顿先生：

本函是装在美国大使馆的信封中，由克里斯蒂安·克勒格尔先生带到上海的。克勒格尔先生是除洛维特·弗雷泽和沃尔泽先生之外，第一个被日本人准许离开南京城的外国人。克勒格尔先生自安全区建立以来一直为其工作。他的本职工作是安全区的财务主管，但他却参与了多方面的工作。在城市陷落之前，他冒着日军空袭的危险，协助将粮米储备运进安全区，之后又参与运输，直至因手部烧伤而不能从事此项工作。他在我们这些人中行程最远，跑遍了城里城外。因此毫无疑问，他能够向您讲述某些令人感兴趣的细节。

我建议您安排一个午餐会或一次会面，召集那些对此感兴趣的朋友们参加，例如：里斯、佩蒂特、威尔伯、沃林、钱塞勒、田伯烈、莫里斯、贝克尔诸位先生。您可以让克勒格尔先生做一个简要的汇报，您也可以借此机会向他提问。克勒格尔先生的介绍一定能帮您更好地了解日本人。

如果您获准将食品用船运往南京,克勒格尔先生作为礼和洋行的雇员将很愿意提供帮助。不过我们得提请您注意,克勒格尔先生将于约两周后离开上海,动身去香港。

在此预先对您将为克勒格尔先生所做的一切致以诚挚的感谢。

顺致亲切的问候

您忠实的

签名:S.C. 史迈士

南京安全区国际委员会

南京宁海路5号

1938年1月22日

致C.L. 伯因顿先生

全国基督教总会

上海

尊敬的伯因顿先生:

在此我们把国际委员会的财务主管克里斯蒂安·克勒格尔先生介绍给您。他将向您通报我们在援助过程中遇到的困难和物资匮乏情况。在您竭力帮助南京人民的过程中,克勒格尔先生很愿意助一臂之力。

在南京期间,克勒格尔先生在礼和洋行工作,现奉公司之命返回上海。

非常遗憾,克勒格尔先生离开了南京。可是他在各方面都非常愿意帮忙,因此在上海逗留期间也会给予我们帮助。如果您能派一位精明强干的人接替他的工作,我们将非常欢迎。

我们请求您,把克勒格尔先生引见给所有对南京救济基金工作感兴趣的机构。

在此预先对您表示感谢。

顺致亲切的问候

签名:S.C. 史迈士

南京安全区国际委员会
南京宁海路5号
1938年1月22日

致约翰·M. 爱利生先生
美国大使馆秘书
南京

尊敬的爱利生先生：

今天中午您向我提及1月18日致电伯因顿先生一事，就此我想对我处原有的大量粮食储备作如下说明：

在1937年12月1日南京市政府向我们委员会授予安全区行政管理权之时，即向我们提供了3万担(2.4万袋)大米、2万袋面粉(每袋50磅)。在日本人到来之前，我们共运进了约8 800袋大米和1 000袋面粉。虽然我们在1937年12月14日的致函中提出抗议，但其余的1.5万袋大米和1.9万袋面粉还是被日本人没收了。关于这批储备粮的移交事项，我们有前市政府专门的文件。

另外在移交时，我们还被告知，中国军队还在城里和城郊储藏了10万担大米。此外私人手中还有大量的大米储备，例如上海商业储蓄银行。关于购买事宜，我们已经与之取得了联系。

因此很明显，这里的确有大量的米、面储备，据此估计日本当局可以满足中国老百姓的需要。

希望上述说明对您有所帮助。

永远忠实于您的
签名：刘易斯·S.C. 史迈士
秘书

南京安全区国际委员会
南京宁海路5号
1938年1月22日

致C.L. 伯因顿先生
全国基督教总会
上海

尊敬的伯因顿先生：

您已经收到菲奇先生和我发给您的众多电报和信函，但至今还没有一份关于目前工作情况的详尽报告。现作如下报告,以便您对我们的工作有一个确切的了解。克勒格尔先生不久将赴上海并转呈本函。如果您愿意 ,他将作进一步的说明。在过去的6个星期里,我们才算是真正地认识了日本军队。有关这方面的情况克勒格尔先生也会向您汇报的。

今天菲奇先生已收到您和方·塞克先生的来函,米尔斯先生也收到了经多迈先生转来的沃林先生的来信。我们非常感谢您的通知。沃林先生告知我们,美国顾问委员会提供了2.5万元援助南京。这对我们来说实在是深受欢迎的。

当我们向您请求就食品船运南京的问题与日方交涉之时,我就已经意识到,这种要求几乎不可能实现。日本人干脆一口回绝了我们的要求。这个时候,我们就不知道再有其他什么出路了。所有3个使馆已经准备在这一问题上采取间接或半官方的步骤,只是至今还没有机会。一份详尽的报告已发给美国国务院。据说只有在迫不得已的时候,也就是说只有在发生饥民暴动的时候才会采取官方行动。但是这样的事态发展是我们无论如何也要避免的。于是我们立即向日本人提出申请,向"自治委员会"提供更多的米和面。因为日本人在宣布拒绝运输食品时曾表示,日军将担负起养活中国居民的责任。

在1月21日的电报中订购的1 000磅鱼肝油,是我们的食品追加订单中的一部分,专为居住在难民收容所里的1.5万名10岁以下儿童订购的。我们都清楚,在药品的分配及使用过程中不会不出现困难,尽管如此,这还是会有很大帮助和成效的。大白菜价格虽然是平常的10倍,但还是能够买到,只是我们自己的储备不久也将告罄。

请您告知我们(如有可能,用电报),在上海的难民收容所里是怎样用鱼肝油进行治疗,并如何分配的。

1. 分配给谁?

2. 如何分配?

3. 如何使难民领取和使用药物?

4. 有何成效？

美国大使馆的爱利生先生一直在为争取医生和护士进入南京城而奔波。今天日本人为我们提供了几名军医，虽然这对于我们难民收容所及安全区的日常工作总的看来还是有益的，但还是遭到了鼓楼医院的拒绝。爱利生先生建议，一旦我们的医生和护士获准进入南京，他们便可乘火车来此。他想，在这方面您在那儿或许能够帮上忙。

我们11日、15日、18日和21日的订单以及提出的请求肯定使您不堪重负了。想必您也一定相信，我们不会不知道您工作的困难程度。可我们还是希望，通过您在上海和我们在这儿的努力能够找到一个办法，挽救这里的局势。从东京传来的消息说，我们发往华盛顿、柏林及伦敦的报告已经有一部分产生了效果。

作为我们通过华盛顿转达抗议的结果，东京方面已经下达命令，要求在此的日军重组军队，而且据承诺，这将在三四天内完成。只有城里的秩序得到了恢复，食品供应畅通无阻，我们才可以精神饱满地开展救援工作。除了一些个人的日用品外，我们还订购了以下物品：

100吨蚕豆；

1 000磅大包装鱼肝油；

20万单位白喉抗毒血清（向国际医疗队订购）；

200磅绷带纱布。

据多迈说，白喉血清可能今天就已装船运出。遗憾的是，关于这个问题在威尔逊今天中午的报告里没有说得很清楚。

关于汇款到这里的问题，目前并不重要。目前我们有足够的钱可供使用，再说我们眼下根本无法购买到粮食。我们正在不断地努力，试图找到办法，能够为救援工作弄到更多的米、面、谷物和煤炭。

我们这里有许多滞留在此地的家庭已经一无所有（在金陵女子文理学院难民收容所里的有些靠免费发放口粮过活的家庭，据他们说在外地也有有钱的亲眷）。如果齐先生以及在上海的其他中国人,有能力向这些家庭提供贷款或预支款项供其重建和恢复生活的话,那么现在把现金汇到这里,或许正是时候。但目前,我们更倾向于在上海购买食品船运到这里,而不是汇款。如果哪一天我们迫不得已作出决定,出于援助目的大量发放钱而不是食品的话,到那时当然也需要更多的现金。在未通知您有何变故之前,请您在上海替我们保管好已筹集的资金以备我们使用。

我们已和普里多-布龙先生谈到过您的建议,他同意待局势恶化时,我们可从英国人的基金中获得一笔贷款。如果需要钱的话,我们届时将正式向他提出书面申请。

在我们的局势报告中也提及了这里地方狭小,人群拥挤。新住宅区的私房里挤满了难民,安全区里的其他住房也同样如此。城里的其他地方已荒无人烟。一些人白天回到原来的住处,防范当地的盗贼。自从日本人拿走了他们想拿的东西之后,这些盗贼 10 天前也开始打家劫舍了,他们称之为"抢救行动"。这些白天回去看家的人晚上回到安全区里。有些人家打算搬回去常住,但其中大部分很快又回来了,据他们说遭到了日军的残酷虐待。

您大概已经发现,我们对区内居民的估计数字已从 20 万升至 25 万。我们从未做过精确的统计。日本人登记的数字为 16 万人,这其中不包括 10 岁以下的儿童(通常占人数的四分之一),由于日本人对登记已经厌倦,所以对其中一部分 17 岁以下的女孩以及 30 岁以上的妇女也根本未加登记。因此 25 万与其说高估,不如说低估了,总数可能会有 30 万人。

您忠实的

签名:S.C. 史迈士

1月23日

克里斯蒂安·克勒格尔果真于今晨 6 时动身赴上海。据哈茨跟我说(他获准开车送克勒格尔去火车站),克勒格尔不得不和一大帮日军士兵上了一节敞篷车厢。如果换了我,我会拒绝如此去上海的;非要这样,我宁可不去。在这个季节,这么长的旅途,而且是坐在敞篷车厢里,谁都

会得上重感冒。可克里杉这回不得不尝尝滋味了。

辛德贝格又来了一趟市中心,带来了 6 只蛋和 20 只活鸭,其中 3 只因为熬不过上班的几个小时断了气。厨师说:“不要紧,还能吃。”前一阵子老是吃大白菜烧咸肉,现在吃烤鸭肯定会觉得味道不错。

高玉先生来到我的办公室,还带来了 8 个警察,看样子他们很恼火。美国大使馆在发给华盛顿的电报中说,几天前一所美国学校的钢琴被盗。现在警察局接到东京的指令,要求必须将钢琴完璧归赵。可没人知道这乐器现在何处,可能早就给人拿去生火取暖了。我把这帮人请了出去,我可不想纠缠到这种事里去。

16 时 30 分,在平仓巷做礼拜。米尔斯先生的弥撒辞讲得非常好。

18 时,拜访罗森博士。他今天到几个城门转了一大圈,带回消息说,高尔夫俱乐部已完全烧毁。

19 时,我们在平仓巷设宴庆祝我们的总干事菲奇先生的 55 岁生日。我送给菲奇的礼物是两只活鸭。但是它们很瘦,可怜的家禽已经很久没有进过食了。

21 时 45 分,从上海全国基督教总会的广播里得到好消息(见附件),那里成立了一个上海救援南京委员会,并已募集了 20 万元。在伦敦也筹集了大笔捐款。

1 月 24 日

高将军的男佣突然露面,他说没饭吃了。我给了他 5 元钱。据他讲,他的主人已去了汉口。

安全区委员会想通过基督教总会致电上海西门子洋行(中国),请求允许我在此留至 3 月 1 日。于是我暂时收回了向日本大使馆办理旅行护照的书面申请。

上海全国基督教总会(NCC)广播报道,1938 年 1 月 23 日 21 时 45 分

扬州安定而有秩序。中国人受到了良好对待。

非洲、比利时、澳大利亚、新西兰、墨尔本的 G. W. 谢泼德和多蒂、英国、美国及马来亚各处纷纷对中国的基督教徒以及苦难的中国表示同情。

新西兰的多比(前布克公司的代表)将募集1万英镑。伦敦的市长基金现已筹集到8万多英镑。

约翰·R. 莫特和悉尼·甘布尔主持美联邦基督教理事会的募捐活动,所得捐款8.7万元已汇往中国。

现有26名学生就读于闽南神学院。

福建教会大学照常上课。

郑州:据1月前寄出的一封信说,答应提供的救济金已经到达。医院无偿收治了50名外来患者并建立了澡堂和除虱间,同时还向病人发放衣服和救济金。

长沙的里斯和郑在克普勒的陪同下已动身去汉口。

南京:菲奇先生上周来电求助5万元。我们的捐款已达20万元。南京的来信约有100封,信中报道了那里骇人听闻的状况。难民总数达到25万人,其中有3万人在金陵大学。粥厂每天免费向5万人施粥,然而储备即将消耗殆尽。日本人总共只从大量的储备当中拿出2 200袋米、1 000袋面粉用于销售,而每天的实际需求估计就要1 600袋米。南京方面也请求我们把食品从上海发船运往南京,但是我们至今未获日方的运进许可。我们能做到的只是通过多迈寄送一些小批量的私人物品。一批鱼肝油和绷带纱布已备齐,准备用船运至大学(鼓楼)医院。上海救援南京委员会于星期五下午成立。名誉主席团:约翰·C. 福格森,W. W. 任,翟明则(音译),W. F. 罗伯茨。主席:P. F. 普赖斯和一名中国人(姓名没听清楚)。委员会成员还包括4位曾在南京居住过的传教士(未提及他们的姓名)。

上海电台,1938年1月23日22点10分

汉口正在大规模备战。日军在津浦线已逼近明光。中方在芜湖方面继续进攻,阵地沿含山至合肥一线展开。日本军舰在芜湖遭中国飞机的袭击。双方正准备在徐州打一个大的战役。中方拥有从广西精选的5个精锐师以及强大的、装备有现代化武器和40架高速战机的中央军的若干个师。

《曼彻斯特卫报》[1]说："没有一支军队会喜欢别人报道它的恶行，但绝没有权力禁止新闻监督。"田伯烈先生（《曼彻斯特卫报》记者）欲采访日军司令部，遭到日本人阻止。人们希望，外国诸强在新闻监督的问题上不要作出让步。

美国驻日本大使馆在东京强烈要求日方采取措施控制南京的混乱局面。上个星期曾报道，日军粗暴地进入美国辖区。华盛顿政府圈内人士真正地感到了不安，因为日方自"巴纳号事件"之后曾明确保证尊重美国未来在华的利益。日军军官及日本大使馆官员均拜会了南京的美国大使馆，澄清事件，并就将要采取的一些措施进行了协商。据报道，日本人虐待中国妇女，10名妇女被强行带走。这已不是有关于此的第一篇报道了，它证实了此前有关日军士兵强奸中国妇女的报道。因此华盛顿政府的官员们不再对中国拒绝日方的和平提议而感到意外了。

致伯因顿

上海全国基督教总会

贵会昨晚的广播消息令我们非常振奋。对于筹集款项以及帮助建立上海救援南京基金会的诸位先生致以我们诚挚的谢意。同样，衷心地感谢你们寄来了鱼肝油和绷带纱布。请妥善保管在上海的基金以备我们使用。你们的帮助，使我们有能力缓解此处的困境。请您尽可能通过磋商，能够获准船运食品；再就是医生和护士的入城许可，这里平民需要他们的照料。我们在此也继续努力促成此事。

请尽快装船发运100吨蚕豆。我们在这里努力敦促日本人增加发放米、面以及燃煤的数量。不知您在那里能不能在这方面帮些忙？

---

[1] 即今《卫报》。

免费发放口粮的需求越来越大，因为私人储备已消耗殆尽了。关于史迈士博士22日信中所谈问题，我们想就邮汇贷款一事（收款人由您推荐）和您的上海救援南京基金会统一行动。

我们恳请贵基金会，向贵处的西门子洋行（中国）提出请求，允许约翰·拉贝先生作为国际委员会的主席至少继续工作至3月1日。

签名：菲奇

1938年1月24日15时

1月24日

我们在这里变得堕落、没有骨气，丧失了正直的人格。帕特南·威尔（伦诺克斯·辛普森）在他的关于1900年围困北京的书中（《北京信札》）毫不隐讳地说道，他和另外的一些欧洲人也干过抢劫的勾当。我想，我们也好不到哪儿去。我的男佣张今天花了1元2角钱就买了一台台式电风扇（价值约38元），非让我也跟着高兴不可。一些明代花瓶真品只卖1元钱一个。它们放在壁炉台上，仿佛在用责备的眼光看着我。只要我高兴，我可以把整所房子用各种各样稀奇古怪的玩意儿塞满，这些东西都是偷来的，价格之低如同破烂。现在贵的东西只有食品，一只母鸡要2元钱，也就是说抵得上两只明代花瓶。

今天我还去了精英美发厅。两台电动烫发器还在那儿，只是不能确定是否完好无损（我上次理下来的头发早就夹在西门子的账簿里当书签了）。其余的物件都遭到了损坏或是不见了踪影。理发的靠背椅只剩下了3张，其中一张摆在院子里。但是坐垫已被掠走，就是说椅子不能用了。屋里的窗帘也不在了，门窗也被打破。中山路西侧的许多房屋已经在火海中化为废墟，而这所房子未被烧毁已是奇迹了。根据抢劫的状况来看，这所房子太应该烧毁了！

22点10分，广播里没有克勒格尔先生到达上海的消息。但愿他已经挺过了这艰难的旅途。

从长沙的广播里传来消息，日军在南京的暴行在那里已广为人知。

高玉先生今天又到了我们的总部，并且带了一名会说中文的级别较高的警官。高玉在一个大学难民收容所找寻女孩子的时候被贝德士博士当场抓住。他解释说,他要找几个女洗衣工和女厨子。这当然没人会信,因为在远东众所周知,洗衣和烧饭在中国是男仆们做的事儿。高玉要求恢复他的"好名声"。史迈士博士记录下了整个谈话并向他指出,他肯定要把此事通知各大使馆,这当然不合高玉的心意。他明确地提请我们注意,不要打扰大使馆,随后便沮丧地离开了这里。这件事着实让总部的全体人员幸灾乐祸了一番!

约翰·马吉把一封信和一把日本步枪刺刀放在我面前的办公桌上。信中说,一名日军士兵用这把刀威胁一名中国妇女,当我们委员会的3名成员撞见他的时候,他撇下刺刀不要了。史迈士兴奋地记下了整个事件,随即通报了美国大使馆,因为目击者是美国人。美国大使馆的爱利生先生为我们提出了抗议,对此我们非常高兴。爱利生先生无法摆脱对日本人行为的震惊,罗森博士给他起了个绰号——"仙境中的爱利生"①,这个谑称在此一直被引为笑料。

1月25日

约翰·马吉把外交部医院的一男一女两名中国护理人员带到总部来。据他们说,该医院的一名勤杂工被一名日军士兵刺死。我们仔细询问了这两人,并把他们的述词写进了机密档案。此外我们还让他们介绍了军政部医院的情况,看来那里也很糟。

南京安全区国际委员会

关于南京外交部红十字医院事件的机密档案

南京,1938年1月25日

1月22日23时,3名日军士兵出现在外交部医院的3楼过道上寻找姑娘。由于她们都躲了起来,所以没有找到。

第二次,那是1月23日凌晨4时,又有一名日军小个子士兵出

---

① 此处为拉贝用Allison(爱利生)和《艾丽丝漫游奇境记》一书中Alice(艾丽丝)名字相似而制造出的幽默。

现在3楼的过道上，他的肩章上有一颗星，手执刺刀，皮带上别着左轮手枪。他叫来了医院的勤杂工，逼迫他去寻找姑娘。勤杂工非常害怕，因为他发现了这名士兵手上和刺刀上的血迹。当他走出房间时发现了医院里另一名勤杂工的尸体，看起来是被这名士兵杀害的。于是他领着这名士兵上了4楼，在后者的威胁下，打开了几个女护士的卧室门。屋里有5个姑娘，她们应声赶紧穿上衣服。房门一打开，其中3个马上逃进厕所并将门反锁。其余2个姑娘没有逃掉，于是日本兵便向她俩扑去。她们此时也发现了士兵手上和刺刀上沾有血迹，于是便迷惑他，让他跟她们进后面的房间。那儿住着常泽德(音译)大夫，姑娘们希望他能保护并救得了她们。当士兵看见里屋里有张床时非常满意。这时常大夫走了过来，同时也看清日本兵手上和刺刀上沾满了血。此时他也意识到了危险，于是扯下袖章，证明他是国际红十字会的医生。日本兵一把夺过袖章扔在地上。医生随后在一张纸上写道："请您明天来，我们会考虑您的愿望。"日本兵答道："你们的人在上海杀了我1 500个朋友，如果你现在不满足我的愿望，我就杀了你。明天我就要回上海了。"医生拿上衣服穿好，说道："这些姑娘都病了，跟我走，我替你找几个长得漂亮的。"于是日本兵放了这两个姑娘，随着医生穿过许多房间，最后进了一间男人住的房间。日本兵掀起了一张床上的被子，当发现床上躺的是一名男子时火冒三丈。隔壁房间住的是妇女，日本兵想打碎玻璃门，把她们弄到手。医生提醒他，这样会把手弄伤的。他想想也就作罢了。医生领着他穿过对面的房门，那是院长屠大夫的房间。屠大夫对他们的到来非常气愤，他让常大夫把日本兵带到曹大夫那里，说他会说日语。于是日本兵和常大夫来到曹大夫的房间。曹大夫向日本兵解释，医院受日方的保护，绝不允许任何人侵扰。曹大夫和常大夫把这名闯入者送下了楼。日本兵发现自己被人当猴儿耍了，气得要命，临走时还煞有介事地用刺刀吓唬了常大夫。曹、常两位大夫下楼时，那名勤杂工的尸体已经被抬走了，但是还能看得见水泥地上的血迹。

关于外交部红十字医院状况的机密档案

南京,1938年1月25日

1. 病员:

医院里有300多名病员,全是受伤的中国士兵,其中的50人~60人已痊愈,但不允许离开医院。

2. 工作人员:

中国女护士	21名
中国男护理员	40名
中国勤杂工	70名~80名
中国医生	约20名
日本军医	2名
日本男护理员	4名

3. 食品供给:

中方工作人员每日两餐,分别在10时和16时,吃的是米饭和极少量的大白菜。只有屠大夫吃得稍好些。在中国医生当中,他有两个朋友,有时也会邀他们一起用餐。病员也是一日两餐,用餐时间相同,只有3碗很稀的粥。

4. 病员的治疗:

根据传到我们这里的消息说,医生听任日本人惩罚病员,其中一些人甚至被日本人绑走了。原先的病员肯定要比现在多得多,但是具体数目已无法确定。当红十字会接管这家医院时,地下室里有很多尸体,其中一部分已掩埋在亭子附近。此外还有人向我们报告说,许多病员在此期间已经死去,还有些人翻过外交部的院墙逃走了。

军政部红十字医院状况

一星期前还约有200名病员住在军政部医院。过去每天有3名外交部医院的女护士在日军士兵的带领下来到该院,最近一次是在一星期前。该院的状况据说很糟糕。伤员就躺在地上,除了一名中国医生之外再无其他人照顾他们。女护士只在换绷带时才来一下。

美国海军电报

大使馆(美国)　　　　　　　　发自：上海,1938年1月23日
致特里默大夫(鼓楼医院)　　　发至：南京,1938年1月24日

日本军方宣称,南京各医院的状况令人满意,病人在不断减少,病人在日军控制的医院里受到了适当的照顾,因此不需向那里派遣医护人员。我们急需有关目前医护人员、病员的准确报告,并了解与过去相比而言的需求状况。在我们为需增加的人员向日方提出进入南京的申请时,将附上这些报告。——汤姆森

签名：高斯

致克劳德·汤姆森电,上海

您23日的电报已收到。

需外科治疗的病员逐渐减少,然而其他疾病以及产科病人却大大增加！因此现在比任何时候都需要增加人手。原先我们这里有42名经考试合格的女护士、50名见习护士(女大学生)、4名美国医生、19名中国医生,现在仅有14名经考试合格的中国女护士、1名美国女护士、3名学历较低的中国医生及2名美国医生。由于目前人手短缺,医院只能维持极少的临床门诊,25个难民收容所中的6万人没有临床治疗(重复一遍：一点也没有)一些难民收容所令人感动地腾出了房间供分娩用,只是没有医生和护士。医院只能收治一些危重的病人,而同时却有大批病号躺在大学的寝室里。我们至少需要2名美国医生及2名美国女护士。布拉迪可以来,其余的人则需要熟悉中国的情况并懂中文。经过认真调查,我们不得不遗憾地报告,我们不能确定(重复一遍：不能),日军对城中的25万平民正在采取或已采取了哪些医疗措施。而且我们对他们针对南京平民做了哪些重要的医疗工作并且在医院方面做了哪些工作一无所知。您一旦获得批准,请即为2名医生和2名护士办理通行证。非常感

谢您的帮助。

签名：特里默大夫

南京，1938年1月25日10时30分

事态报告

195）1月17日，金陵大学附属中学难民收容所中的一位妇女和家中的一名男子回到自己城南的原住处，这个地区刚刚开放。一名日军士兵闯入屋内，欲对该妇女施暴。她自卫的时候被该日本兵用刺刀杀害。（贝德士）

196）1月19日，日本领事馆警官高玉来到大学附中物色6名洗衣女工。同往常一样，他被告知，如果有妇女自愿报名，我们没有意见。可高玉提出，只有年轻妇女才在考虑范围之内。当被问及为何要年轻妇女而不是更适于洗衣的其他人时，答复是：她们还得长得漂亮。（贝德士）

197）1月20日，一群住在大学附中的人去升州路买米，途中遭日军士兵拦截，钱被抢走。

198）1月19日，一位与福斯特先生及我合住在同一栋房子里的尼姑说，她昨天获悉，她的叔父（姓朱，65岁）在去日本人指定地点买米的途中遭多名日本士兵抢劫并被刺死。此事约发生在一星期前，其叔父外出未归，当时无人知晓他发生了什么事。（马吉）

199）1月20日，马吉先生报告说，中国伤兵在外交部红十字医院每天只能得到3碗稀粥，其中一名伤兵向一名日本军官（或一名医生？）抱怨，这名军官便揍了他一顿。伤兵继续表示抗议，日本兵便把他带出去用刺刀刺死。（马吉）

200）又有妇女从金陵女子文理学院的难民收容所被人带走。（魏特琳）

201）1月20日，有3名妇女从金陵神学院被人带走。（索恩）

202）1月18日，中华路基督教女中的一架钢琴被盗，窃贼是穿过院墙上的窟窿把钢琴搬走的（所谓的“钢琴穿墙事件”）。

（麦卡伦）

203）1月20日15时，2名日军士兵闯入基督教女中的寝室。他们离开后，一名校工在房间里发现了点燃的纸。（麦卡伦）

1月22日9时

附言：昨晚6时左右，菲奇先生及本人去升州路查看由"自治委员会"经营的新米店。我们发现米店还在开门营业。在前一天日本兵3次试图窃取店里的钱，于是店里的人转而这样干：在其他地方出售购米券，把钱送回办公室，在第三地供货。这家米店在双塘街上，大约是在被烧毁的卫理公会①教堂对面。过去的10天里，日本人交给这家米店500袋米。如果天气不好，日本警察便拒绝送米。"自治委员会"想在保泰街或其附近再开一家米店。

签名：史迈士

1月25日

下面是一件我们未曾报道的事：

一名中国工人给日本人干了整整一天的活，没有领米而是领了钱回到家中。他疲惫地和全家人坐在桌旁，家庭主妇端上了几碗稀粥。一个6口之家只有这么可怜的一顿饭。饭刚端上来，一个路过的日本兵寻开心地向这几只半满的碗里撒了一泡尿，随后笑着扬长而去，未受到任何惩罚。听到这件事，我想起了《别把我们当奴隶》这首诗。但是，我们不可能指望一个贫穷的中国工人能表现得像那些自由的佛里斯兰人②一样。中国人遭受了太多的凌辱，长时间以来已经习惯逆来顺受了。这件事未受到重视。如果每起强奸案都能遭到致命的报复，那么相当一部分占领军早就被消灭了。

通过德国大使馆我收到了下列邮件：妻子1月18日的来信，格蕾特尔于12月26日寄自宾德的信，奥托于11月19日寄自慕尼黑军人路42

① 基督教中的一个支派。
② 佛里斯兰是德国境内的一个少数民族，他们经常受到德意志人的歧视和嘲笑。

号的来信以及洋行1月14日编号J24691的来函。妻子说，我现在可以立即返回德国休假，如果我这次不回去，那就要再等5年了。实际上也不至于这么糟。上海的基督教总会正在申请让我留到3月1日，我正在等待答复。恐怕即便到那时候我这儿的工作也不见得能结束。我个人倒是很愿意现在就和妻子一起去度假。说实话，我在中国真待够了。但此时此刻我不能逃之夭夭!!

刚才从广播里听到，中国飞机昨天又空袭这里了，共投下了3枚炸弹。由于日本人让我们伤透了脑筋，所以我们对此竟毫无察觉。如果我们听见机关枪响，就会以为是日本人在处决什么人；如果声音比往常更响的话，那多半是哪间着了火的房子的屋架塌了下来。

我刚从中央路回来，在那儿看了一下布瑟先生的住宅。楼上楼下被翻了个遍并遭到了抢劫，但家具大部分还完好，只是一些椅子的坐垫被划开了，可能以为里面有钱。隔壁增切克的住所则被洗劫一空。街上仍然能看到抢劫的士兵，他们让中国苦力拖运赃物。

1938年1月25日22时10分，上海电台消息：克勒格尔先生在敞篷车厢里待了12小时，终于在星期天晚上(1月23日)平安到达上海。

1月26日

我再次发现，那名死去的中国士兵仍然在离我家不远的地方横尸露天。这种不可思议的局面还要持续多久？听说，一名日本高级军事官员正在来这里的路上，他不属本地驻军管辖，而直接隶属于东京方面。这名官员的任务是恢复这里的秩序，希望如此。也该是恢复这里的治安的时候了。一名年轻的美国人这两天在一名日军卫兵的陪同下驱车来到这里，向日本人出售大批的木材。这批货是一家英美木材公司的。这名派来帮助英国大使馆的男子说，在从上海至此途中的前50里中，他总共只碰见了约60人。南京还是他见到的唯一一座在人口方面值得一提的城市，沪宁之间的其他城市简直如绝了人烟。如果谁走出我们的安全区，穿过一条条空荡荡的马路，毫无遮挡地进入每一所房子，那景象真是令人触目惊心。所有的门都被砸开或是敞开着，接二连三的破坏让人感到野蛮而又不可理解。日本人想从这些废墟中捞到什么好处呢？为什么要杀死他们最好的顾客呢？应该考虑到这些人未来的购买力呀。这些问题暂时无法回答。城中还能见到浓烟冲天，纵火不断。人们不禁要问，这种毫无意义的毁灭究竟为了什么呢？日本大使馆的态度表明，他们中有人长时间以来对日军的做法深感羞耻。只要能做到，他们就试图作适当的遮掩，禁止出入南京城便是众多手段之一。借此可以使外界对南京目前的状况一无所知，可这也只能在短时间内奏效。自从德、美、英大使馆重新派驻代表之后，有数百封信函发往上海，详细地报告这里的局势，更不用说各大使馆发的电报了。安全区是南京唯一有生气的地方。一些铺面逐渐在市中心的马路上出现了。一大清早，天刚蒙蒙亮，就有中国人带着他们自认为值钱的、劫后余存的物件进入安全区，寻找有兴趣的买主。主顾们大都是些除了购买食品之外还有些节余的人。这里，熙攘的人流穿梭在店铺之间，在贫困中形成了临时的年前集市。在极度的困境之中，一切物品的价值都得按照最急需的食品和享受品的价格重新估算，比如大米、面粉、肉、盐、蔬菜以及烟!!

在下面的函件中，我们试图促使3国大使馆，即德、美、英使馆帮助我们解决一批大米储备问题。我们这批储备完好地存放在城内的仓库里，而现在被日本人占有了。但成功的希望渺茫，3位先生[①]都充满疑虑地摇摇头。不能设想，日本人会把这批可能还存在的储备交还给我们。恰恰相反，他们还会千方百计地阻止我们运输粮食，因为我们碍了他们的事。他们巴不得我们走。我们一天天不受欢迎，恐怕总有一天要被赶回上海。

南京安全区国际委员会
南京宁海路5号
1938年1月26日

致爱利生先生，美国大使馆
普里多-布龙先生，英国大使馆
罗森博士先生，德国大使馆
南京

尊敬的先生们：

在12月14日致日本当局的信函以及和他们的会谈中，我们郑

① 此处指德、美、英3国大使馆的官员。

重提出了关于分配给国际委员会的粮食储备问题。应日方的特别要求,我们告诉了他们贮藏粮食的地点。然而此后虽然我们向日本当局多次提出申请,但均未被理睬。

因此我们觉得有必要,向诸位提供分配给国际委员会用于供养安全区内居民的粮食储备的有关数据。

前任马市长在1937年11月30日的信中许诺,提供给委员会3万担米,随后又在1937年12月3日的另一封信中答应给我们1万袋面粉。之后他又口头允诺给我们1万袋面粉。

12月2日我们收到了一张1.5万袋米的发货单,12月5日又收到一张5 009袋米的发货单。而实际上我们只运回了其中的8 476袋,加上在下关发放给难民的600袋,也就是说我们总共收到了9 076袋米,折合1.1345万担。由于供货单上一共只列出了2.0009万袋米,因此,自日军12月13日占领该城之后,我们还有权得到不超过1.0933万袋的大米。

发货单上的1万袋面粉我们一袋也没拿到。我们运进来的1 000袋面粉还是大同面粉厂在此期间应亚细亚石油公司的要求赠送的。

扼要重述一遍:

	供货单开列	实际收到	日本当局没收	
米:	2.0009万袋	9 076袋	1.0933万袋	每袋96公斤
面粉:	1万袋	0袋	1万袋	每袋50磅

我们提请注意,这1.0933万袋米和1万袋面粉被日本当局从国际委员会的手中拿走了。

如果诸位能帮忙提出我们的要求,我们将非常高兴。

在此预先对诸位将作出的努力表示感谢。

顺致崇高的敬意

签名:约翰·拉贝

西门子洋行(中国)

致约翰·拉贝先生　　　　　　　　　　　　　　　上海

南京　　　　　　　　　　　　　　　　1938年1月14日

编号 J. 24691/Vo Dept. Dr. P. /Wo

亲爱的拉贝先生：

我们欣喜地从各种报刊,当然首先是从您写给您妻子的信函中得知,您仍安然无恙。但愿不久后能够建立联系,以便我们能收到您关于洋行业务、首都发电厂以及其他重要设施情况的报告。

在此附上一份哈普罗公司在南京的住宅和办公楼的清单,这是埃克特先生交给我们的。他请求您尽最大的可能去查看一下这些房子,并把详情通知他。他的地址是:香港哈普罗公司,122号信箱。我们在此处不清楚您在那里有多大的行动自由,如果您能抽空查看并通知哈普罗公司,我们以及埃克特就感激不尽了。

我们会一直想念并祝福您!

致以德意志的问候

西门子洋行(中国)

签名:普罗布斯特·迈尔博士

附件一份

1938年1月25日

德国大使馆转交

签名:约翰·拉贝

约翰·H.D.拉贝

南京

1938年1月26日

上海理事会　　　　　　　　　　　　第991号文件/卷17

关于您1月14日的来函

(编号 J24691/Dr. P/Wo)

您上述来函直至昨日才由德国大使馆转交给我。礼和洋行的工程师克里斯蒂安·克勒格尔先生此时已到达上海。我已请求他向您汇报这里的情况。

关于首都发电厂：

发电厂在日军占领南京期间未遭继续破坏。大约是在12月6日，白先生来我处，请求我向双方当局施加影响，要求中日两国军队不要占领该厂。对此我已竭尽全力，但没有成功。发电厂最终未能免于中日双方的占领，后者就更不用说了。白先生当时还有意和陆法曾先生一道在此地坚持下来。两人还请求过我，一旦日军占领城市，让其住在我处。但是事情的结果并不是这样，因为他们现在已逃往汉口。

南京陷落之后我自愿帮助日本人，为工厂重新开工招募必要的工人，并提出如有必要，还可以发电报给您，请求派几名工程师来此。但是这个建议遭到了日本人的拒绝。施佩林先生(国际委员会的委员)在安全区内找到了大部分原来厂里的工人，并让他们替日本人干活。这期间我们发现，有43名留在下关的工人被日本人误认为是解除了武装的中国士兵而被枪杀(另外一种说法是，因为他们是国营企业的雇员而遭杀害)。据目击者说，这43名工人是和许多解除了武装的中国士兵用绳子拴在一起，在扬子江边被机枪扫射而死。提供报告的是另一名和他们在一起的工人，他由于站在倒数第三排，没有受伤，与同伴的尸体一起落入江中，这才幸免于难。

南京沦陷之后没几天我便获准进发电厂。外表看来，工厂是正常的。机房里有不少手榴弹和其他弹药，这表明中国军队的确也占据过此地。除了空袭造成的破坏，其他的损失还无法确定。在江边的泵站里躺着一具被枪杀的中国士兵的尸体，还有不少弹药。各种测量仪表遭到破坏。

日本人从沈阳召来了3名日本工程师，他们在发电厂的中国工人的协助下恢复了中央发电机组的运转。此后我就再也不能去下关了。听中国人说，2号和3号涡轮机组靠波斯西公司的锅炉设备也投入了运转。除了日军机关外，难民区内只有少数房屋通了电。为防空袭，路灯也没有开。

关于哈普罗公司的办公楼和住宅:

关于哈普罗公司一事的答复详见附件。因为此地除非通过大使馆,否则无法直接写信给香港,因此请您将此报告从上海寄出。

致以德意志的问候

签名:约翰·拉贝

附件:

关于哈普罗房产的报告

南京,1938年1月26日

1.	苜蓿园6号 埃克特先生	遭劫被焚,全损。
2.	沅江新村1号 布瑟先生	大部分家具未损,一些坐垫被划破,可能是想找钱,柜子里空空如也,仆人不在。
3.	琅玡路16号 哈普罗办公室	一些物品被窃,未见勤杂工。
4.	琅玡路11号 齐姆森住宅	一些物品被窃。
5.	珞珈路13号 克莱因先生	未受损。

约翰·H.D.拉贝

南京

1938年1月26日

亲爱的多拉:

你1月18日的亲切来信已于昨日收到,随信附上的其他信件也同时收到,一封是格蕾特尔于12月26日寄自宾德,还有一封是奥托于11月19日寄自慕尼黑的。奥托的信也随我的信一并寄给你,我不知道你是否读过它,因为它是单独装在一个信封里寄来的。礼和洋行的克勒格尔先生目前已到达上海,他肯定已把这里的情况详细地告诉了你——很好,难道不是吗?此时我们这里正通过基督教总会询问上海西门子洋行，是否允许我在此留至3月1日，因为我目前作为主席还不可缺少。我个人当然恨不得今天就离开这里，可我也意识到，不能离开岗位，说走就走。如果我一走了之，韩一家老小、2名装配工和他们的家人、仆人们（2个杂工、张和他生病的妻子、厨师、苦力），甚至那600名住在我们院子草棚里的难民会怎么样呢？我心里也没谱。但去留还得由洋行决定！说到底，我是派来替洋行而不是替难民做事的，当然他们的境遇非常值得同情。你要来这里，此事绝无可能。亲爱的多拉，你根本就不会获准进入南京。我本人倒有可能获准出城，但是要在不长的时间（4个月～6个月）内再次进城也无可能。这儿可能也有人巴不得我走，因为我们欧洲人在日本人看来如同眼中钉。但是我一旦离开南京，暂时就别想再回来了。我应该做什么？我正在等待洋行的消息。克勒格尔也肯定跟你说了，我整天都在总部，即国际委员会的办公室里为难民区工作，这里离德国大使馆不远。当然我还是住在小桃园的家里，在这里我已经挡住了日本兵的骚扰恐怕有100次了。你很难想象城里是个什么样子。街上没有人力车和公共汽车，一辆也没有。有的只是些私人小汽车，但大部分都被日本人占有了，只有很少一部分是我们委员会委员的私车。安全区内的街道已人满为患，区外却是荒无人烟。太平路和夫子庙，近郊所有的地方均遭火焚，尸体依旧随处可见。虽然有人说局势会一天天好转，可天天有房子被烧，天天有人被抢，天天有妇女和姑娘被强奸。

衷心地祝福并吻你

你的约翰尼

向你处的所有朋友和熟人代致问候。

1月27日

昨天早上6点左右，我被一种很像是中国空袭警报的声音吵醒了。声音虽然不响，距离虽然不近，但并不因此而不清晰。慢慢地，这种声音消失了。我心满意足地翻了个身，以为自己做了个噩梦。可紧接着的爆炸声却告诉我，这不是梦，而是严酷的现实。终于，日本人也用上了电动警报系统(警报声持续了很长时间)。这是中国飞机在自己的机场上空轰炸。机场不断地被重新平整,又不断地被炸得面目全非。麦卡伦这时早已起床,正在机场附近为医院大批采购蔬菜。他亲眼看见一所房子被击中,顿时燃烧了起来。据电台报道,一架日本飞机被击毁。今天早上,空中又是马达轰鸣,但是人们没有听见炮击声,日本人已变得小心谨慎。

今天是德国皇帝的生日,稍稍纪念一下丝毫无损于一个国社党党员的形象。德皇时期出生的人都不会完全忘了他。我想念的只是那个时代,而不是皇帝本人。但是就如同人们常说的,回忆总是抓住人不放,因为在这一天亡灵们又出现了,他们在皇帝的寿辰之日,身着彩色制服,快乐而自豪地列队接受检阅。如今他们(几乎所有的人)都已化为尘埃,愿他们在黄泉之下安息吧!

据上海电台的消息,法国政府授予饶神父“荣誉骑士”称号。我们在这里一起经历了很多,委员会的15名成员尽了最大的努力,克服了重重困难。饶先生做出了常人无法想象的成绩,封他为荣誉骑士,他当之无愧。

今天上午,我和罗森博士去了趟城东,一路上经过北门桥、国府路等地,所有的房子被抢劫一空,其中约三分之一被烧毁。紧接着我们还一起去了英国人开的旅馆“皇宫饭店”,一家上海德国格里尔代销公司就设在此处。这所房子已面目全非,有一半家具被砸毁了,一部分家具横七竖八地散落在院子里,其中有一部分已经被烧毁。所有的设施损失极为严重。那些德国货连个影子都没有了(我曾经参观过这里的陈列室)。我在脏兮兮的房间里发现了几件中国军服(军帽和夹克衫),由此推论,这所房子有可能遭到过撤退的中国军队的抢劫。当然也有这种可能性:这些中国军装是事后放进去的,为了给人造成一种假象,好像是中国人抢劫了这座房子。有一点要说明的是,这所房子比较隐蔽,不可能是中国军队撤退时选择的路线。

刚才传来一个坏消息,掌管鼓楼医院的麦卡伦先生被两名未经允许便闯入医院的日本士兵用刺刀刺伤了脖子。幸好此伤没有性命危险。但此事非常严重,已迅速电告了美、日两国政府。

今天我和史迈士博士先生一同去日本大使馆向福井先生递交了一封信。总领事冈崎前不久回日本向美国驻日大使声明，中国人在南京陷落之前许诺给委员会的粮食储备既不准运进，更不应移交。如果今天还得不到美国大使馆有关此事的通知，我将撤回在此信中提出的要求，实现这些要求看起来希望渺茫。福井一开始声明说，我们应该去找“自治委员会”的人，他们已受托负责向难民发放食品。经过反复磋商，他答应，他个人愿意就此问题再和军事当局商量。在我们放弃等待东京方面的消息之前，我们只能静观事态的发展。

南京安全区国际委员会
南京宁海路5号
1938年1月27日

致福井先生
日本大使馆
南京

自从1937年12月14日与日本当局首次接触以来，我们在多次会晤中均与您谈及了如何供养本地平民的问题。我们从一开始便向您提出申请，把前南京市政当局分配给我们的粮食储备交给我们。后来我们主动提出，用我们的救济基金向贵方购买食品。然而这一请求也被贵当局驳回。

目前只有少量的米增运进城里。此外令人担忧的是，私人储备及我们本身的储备也日渐枯竭，因此我们再次向您提出申请，允许我们运进前南京市政当局提供给我们的所有剩余粮食。

为了使您清楚地了解事情的来龙去脉，我们将具体数据提供如下：

南京前任马市长在1937年11月30日的一封信中许诺，向国际委员会提供3万担米，在1937年12月3日的另一封信中又答应拨给1万袋面粉。此后在新闻发布会上他又口头保证再拨给1万袋面粉。

12月2日我们收到了一张1.5万袋米的发货单，12月5日又收到一张5 009袋米的发货单。而实际上我们只运回了其中的8 476

袋，加上在下关发放给难民的 600 袋，也就是说我们总共收到了 9 076袋米，折合 1.1345 万担。由于供货单上一共只列出了 2.0009 万袋米，因此，自贵军 12 月 13 日占领南京之后，我们还有权得到不超过 1.0933 万袋的大米。

发货单上的 1 万袋面粉我们一袋也没拿到。我们运进来的 1 000袋面粉还是大同面粉厂在此期间应亚细亚石油公司的要求赠送的。

扼要重述一遍：

	供货单开列	**实际收到**	**12 月 13 日前后均未收到**	
米：	2.0009 万袋	9 076 袋	1.0933 万袋	每袋 96 公斤
面粉：	1 万袋	0 袋	1 万袋	每袋 50 磅

请允许我们提请您注意，上述粮食是明确提供给国际委员会专门用于供养难民的。

如果能收到您的一份有关贵当局如何处理并签署此事的书面答复，我们将非常感谢。预先对您将作的努力深表谢意。

顺致崇高的敬意

签名：约翰・拉贝

南京安全区国际委员会主席

电报：致上海国际红十字会

12 月 8 日，我曾通过美国大使馆致电目前驻汉口的国际红十字会中国分会会长潘先生，关于这份电报，不知已采取了哪些步骤，请告知。在这份电报中通报了我们在此成立了一个委员会，并想把它作为国际红十字会的一个分支机构。此项申请得到了陆先生的支持。关于此事详情请参阅史迈士博士先生写于 12 月 14 日及 15 日的信。12 月 14 日，日本当局禁止委员会进入外交部及军政部医院，此处挤满了中国伤兵，然而此前委员会已接管了这两所医院。我们想心平气和地达成一个协议，然而一切尝试均以失败告终。我们有证据表明，挤满了 500 名伤员的上述两所医院的情况不能令人满意

(重复一遍：不能)。在我们采取进一步的步骤之前，我们建议，我委员会作为红十字会的一个分支机构能够得到贵组织的正式承认。请迅速答复。

签名：约翰·马吉

南京，1938 年 1 月 27 日

1938 年 1 月 25 日 16 时许，一名姓罗的中国女孩(她和母亲及兄弟住在安全区的一个难民收容所里)遭一名日军士兵开枪射击，命中头部致死。这名女孩 14 岁。这起事件发生在距离古林寺(难民区边缘的一座知名的寺庙)不远的农田里。这名女孩在兄弟的陪同下忙着在农田里摘蔬菜，此时一名日军士兵出现并欲对其施暴。女孩惊恐之下起身逃走，于是被日本兵击毙。子弹从这名女孩的后脑射入，从额头穿出。

签名：欧内斯特·H. 福斯特

南京，1938 年 1 月 27 日

约翰·H.D. 拉贝

南京

1938 年 1 月 27 日

亲爱的多拉：

英国领事普里多-布龙先生不久将搭乘一艘英国炮艇去上海。他将带去很多邮件，其中有 3 个厚信封是给你的，里面有我在南京的日记：

第二卷：第二部分；

第三卷：第一、第二部分；

第四卷：第一、第二部分；

第五卷：第一部分。

第一卷和第二卷的第一部分存放在汉口的"库特沃"号船上的储藏室里。我今天寄给你的这部分内容的时间跨度为自"库特沃"号启航直到昨天，主要事件都在里面。这些都是为你写的，日后我会让人把它们装订起来。第一卷已装订成册。如果有谁想读它或是读其中一部分,任凭你处置。未经党的允许,此日记是不能公开发表的。关于此事得去问一问上海的拉曼先生。不过我想,在我未到上海之前,你还是不发表此日记为好,因为我对帝国是否允许这样做深表怀疑。而且此日记如同我其他的日记一样,不是写给公众看的,而是献给你和全家的。我还不知道何时能离开这里。在城里我行动自由,可就是不能出城,至少暂时不能。

衷心地祝福并吻你

你的约翰尼

约翰·H.D. 拉贝

南京

1938年1月28日

亲爱的多拉:

在昨天的信里附上了我的日记,可是忘了告诉你,一旦日记到达上海,请你通过德国大使馆电告我此事。这份电报可以通过美国总领事馆发出,因为这里的美国大使馆设有一个无线电收发报机。如果电文是BUGAN①,我便认为日记已安全到达。请让克勒格尔先生或者洋行(或者此事也可以由你去办)通知我,在上海可以用哪些货币支付。我的意思是,哪些银行的货币比较硬?拒收哪些货币??某些省份发行的货币会被拒收吗??在出售大米的时候,我们现在接受各省、各银行发行的货币。不过我打算不收那些在上海不能流通的货币,别到了哪一天我们的保险箱里装了大量的不能用的钞票。

精英美发厅正如我在日记中所说,几乎遭到了完全的破坏。请通过沃尔特马德太太写信给罗太太,这笔损失是否应该记在她的名下(别人的名字不行)向德国大使馆申报。遇到这种情况,一般得寄

① "BUGAN"在此处是双方约定的"Bücher gut angekommen",即"日记已安全到达"的缩写。

一份财产价值清单来，就是说，罗太太得把索赔要求寄给沃尔特马德太太，然后再由后者通过上海的德国总领事馆转寄此处的德国大使馆。在此问题上我目前没采取任何行动，因为我不知道罗太太是否愿意提出索赔，也就是说她是否愿意以财产所有者的身份露面。

此外请你详细地告诉我，你对自己的病采取了什么措施。你在上海是否去检查过血压？如果没有，务必马上就去，并让我知道医生是怎么说的。千万不要忘记！

刚才英国领事普里多-布龙在与我们辞行时向我们介绍了他的继任者：杰弗里和威廉斯。我们在委员会里还有很多事情要做。昨天我又去日本大使馆问了一下，答复是：我可以获准离开南京，但在短时间内不能再回此地。我在等待洋行方面的消息，我究竟是否要离开南京。如果走的话，我就得丢下所有的一切：委员会、房子、动产、雇员。他(它)们会怎样，谁也不知道。据我看来，肯定还要有半年到一年的时间战争才能结束。现在的问题是：怎么办??

衷心地祝福并吻你

你的约翰尼

1月28日

今天田中先生出乎意料地批准菲奇先生去上海，并允许他6天后返回。后者将于明早9时搭乘英国炮艇“蜜蜂”号(普里多-布龙先生也乘此船)去上海，一个星期后将乘美国炮艇“瓦胡”号返回。我认为此事有点奇怪，特别是日方没有给他任何书面的东西，比如通行证或是诸如此类的东西。昨天晚上在我请求福井批准菲奇先生出入城申请的时候，还遭到了他的粗暴拒绝。今天他们对美国人可能好说话一些，因为这几天，他们和美国人之间发生了一些不愉快的事件。昨天一名日本士兵竟然出手击中美国大使馆代办爱利生先生的脸部，此事立即通报了华盛顿，今天作为伦敦广播的最新消息传到了这里。日本人今天就这记耳光向爱利生先生道了歉，但他们认为这事的起因是爱利生先生激怒了这名士兵，是他用日语对后者说了不得体的话。简直是胡扯！早就该有人教这些士兵什么叫作得体的举止了。

罗森先生也做了件不讨喜的事。他昨天开车陪我去城东，却不愿带上配给他的日本卫兵。我平心静气的规劝丝毫不起作用。这件事报告给了日本大使馆，今天我就收到了如下声明："在南京还有部分身着便装的中国士兵。日军士兵得到命令，可向所有可疑人员射击。因此我们向各使馆官员派发卫兵，保护诸位的安全。"要说明的是，南京即使真有身着便装的中国士兵，他们也不会伤害我们几个外国人。连孩子都知道，我们就是为了保护中国人才留在这里的。

我们得到消息，日本人将于2月4日强行解散所有难民收容所。据说难民将回到断壁残垣的城区中。日本人才无所谓难民们在废墟中如何安身立命！这太糟了，可我们也不知道该怎样阻止这场灾难的发生。日军掌握着生杀大权。

刚才收到了妻子寄来的一个"肥包裹"：香肠、黄油、奶酪还有松脆面包片。我兴奋得活像个士兵。有了它，中国新年餐桌上的伙食就可以改善了！

南京安全区国际委员会
南京宁海路5号
1938年1月28日

普里多-布龙
英国大使馆
南京

尊敬的普里多-布龙先生：

作为驻南京的代办，您对南京安全区的设立以及与此相关的难民工作等所有重大事件非常熟悉。关于难民工作，我想在此再多言几句。

南京25万难民中的一大部分是由于城内及周边地区火势的蔓延而无家可归的。在许多家庭里，养家糊口的人不是被日军带走就是遇害，于是家里剩下的人便陷入了极度的困境。这样的事不说有千万件，也有千百件。如您所知，居民的经济生活被完全摧毁。有许多居民，他们带着少量的食品和钱进入安全区，他们仅有的这一点储备都快用光了，现在他们变得一无所有。

可供委员会支配的救济基金当然也捉襟见肘。我们在南京有10万元，在上海可以再得到5.7万元。要想摆脱25万人的困境，这15.7万元是远远不够的。令人焦虑的是这成千上万的人需要的不仅是食品，还要有安身立命之地。除此之外我们还要给予他们一定的帮助，使他们能开始新的生活。

给予一些贫困家庭相应的经济资助，这对他们能够重新生活也是一种极大的帮助。进行这样的援助，我们只能依赖这笔基金了。

因此请允许我提出如下请求：请您帮忙，获得伦敦市长基金的相关资助。我们已从美国顾问委员会获得了一笔捐款，即包含在上文提到的5.7万元中。我们也希望英国委员会不吝给予我们援助。

预先对您的支持表示最衷心的感谢。

顺致亲切的问候

您忠实的

签名：约翰·拉贝

主席

事态报告

南京，1938年1月28日

204）1月25日，难民收容所魏报告：

在此我向您递交一份被强奸妇女的清单以及一根日军士兵丢下的皮带。

时间	年龄	备注
1月13日14时	16岁	2名士兵强奸了该少女。
1月13日14时	37岁	该妇女被一名士兵强奸。
1月13日21时	27岁	该妇女被一名士兵带走，次日才被放回。
1月19日20时	37岁	该妇女被一名士兵强奸。
1月20日晚	13岁	该女孩被一名士兵强奸。
1月20日晚	48岁	同一名士兵又强奸了该妇女。
1月20日晚	36岁	还是这名士兵又强奸了该妇女。

从下午至次日早上，该士兵奸污了3名女性。他于早上5时离开时丢下了随身携带的皮带。

签字盖章：李瑞亭，鼓楼西难民收容所负责人。

205) 1938年1月25日16时许，一名姓罗的中国女孩(她和母亲及兄弟住在安全区的一个难民收容所里)遭一名日军士兵开枪射击，命中头部致死。这名女孩14岁。这起事件发生在距离古林寺(难民区边缘的一座知名的寺庙)不远的农田里。这名女孩在兄弟的陪同下忙着在农田里摘蔬菜，此时一名日军士兵出现并欲对其施暴。女孩惊恐之下起身逃走，于是被日本兵击毙。子弹从这名女孩的后脑射入，从额头穿出。(欧内斯特·H. 福斯特)

206) 1月25日晚上9时，一名持枪的日本兵闯入阴阳营49号我的住所，强奸了我18岁的女儿。当时我想找您报告此事，但日本人不让我离开。我家有6口人，儿子和女婿已去了汉口，家里连我只有4名妇女。撇开我女儿被奸污不谈，如果这种事情继续发生，那么区内所有的妇女将处于危险之中。因此，我请求贵委员会作为慈善机构就此事件向日本大使馆提出抗议。(签名：贾箫鸣)

207) 昨天下午(1月27日)午饭后，大学(鼓楼)医院的负责人麦卡伦先生被人叫去，让他把闯入医院后面寝室的2名日军士兵请出来。当两名日本兵从房子的后门出去的时候，麦卡伦向他们指了指那儿的美国国旗。他们被激怒了，并命令他跟他们走。他答应了，以为这样就能跟着进日军司令部。可走了约100码后，其中一个士兵让他返回。麦卡伦说道："不，我陪你们走。"随后这名士兵便拔出刺刀并威胁要刺死他。见麦卡伦不理睬，他便向麦卡伦先生的下巴猛地刺去，后者为了不致送命随即把头向后一仰，可脖子上还是留下了一个伤口。另一名士兵见状便把他的同伴带走了。聚集在鼓楼医院门口的老百姓正在寻求帮助，就在这时他们发现了一名日本领事馆警察，他正开车经过。于是这名警察把麦卡伦先生带上车并追踪这 2 名士兵到了下一个街角，下车规劝了这 2 名士兵并记下了他们的名字。他还说，他会将此事告知日本大使馆。这时特里默大夫先生赶到这里，他正准备去美国大使馆通报此事。（事后麦卡伦先生向美国大使馆递交了一份书面报告。）

当天下午，这名领事馆警察在医院里就此事件向麦卡伦先生表示遗憾。晚上，他又带着 2 名宪兵来到平仓巷 3 号，向麦卡伦先生再一次了解了此事的全部细节。（根据麦卡伦先生致史迈士博士的一份报告）

208）1 月 24 日 14 时，有人请求福斯特先生、波德希沃洛夫先生及马吉先生去保护一名妇女。一名日本士兵欲强奸该妇女并用刺刀威胁她。这 3 位先生说，当我们赶到时，那名日本兵已逃走了，但丢下了刺刀，因为他发现我们在尾随他。我们把刺刀交给委员会作进一步处理。这起事件发生在距我们住处不远的英台村（音译）1 号，就在安全区内。（签名：欧内斯特·H. 福斯特、约翰·G. 马吉、波德希沃洛夫。地址：英台村 1 号，大方巷）

（注：我把刺刀交给了美国大使馆的爱利生先生，后者将它面交福井先生，并同时通报了此事。此事后交由宪兵调查。——史迈士）

209）1 月 24 日 23 时，2 名别着浅色袖章的日军士兵闯入胡家菜园 11 号的一家农具商店，他们用武器威胁该店主并搜了他的身。随后他们拖走了他的妻子，强奸了她，2 小时后才将其放回。（注：这起事件涉及私闯民宅、以军用武器相威胁、劫持和强奸。）门上的日本布告被撕去。里格斯及贝德士 2 位先生后开车带着这名妇女去寻找强奸现场。她指着通向小粉桥 32 号的那条路，这里正是日本宪兵区队部。贝德士博士先生于是在美国大使馆提出正式抗议，因为这件事是在金陵大学的地段上发生的。1 月 26 日下午，2 名日本宪兵、一名翻译及高玉先生为调查此事，与里格斯及爱利生先生一起去了该农具店以及日军宪兵区队部。这名妇女得去日本大使馆接受讯问，可她在那里被拘留了 28 小时，直至 1 月 27 日 20 时 30 分才被放回。她讲述了如下情况：她提供的一楼至二楼间的台阶数目不对，在描述当时现场的铺盖以及照明情况时也说错了，因为她把煤油灯说成了电灯。此外，她也说不清楚被带走的具体时间（商店里愤怒的群众所提供的时间和她说的不一致）。因此认定，强奸不是发生在那所房子里，并由此推定不是日本宪兵所为，而是一些在此期间已经受到惩罚的普通士兵所为。

既然已经认定此事不在日本宪兵区队部发生，那么这起举报以及美国大使馆的抗议便当然地被视为反日宣传。（在平仓巷 3 号，高玉先生及其翻译向贝德士博士和里格斯先生证实了这个情况。——里格斯、贝德士）

食品供应情况

自 1 月 16 日至 22 日的一个星期以及本星期的前几天，“自治委员会”共得到了 1 000 袋大米（这就是前面提及的 2 200 袋中的一部分）供应城南的米店。

在本周二、三，即 1 月 25 日、26 日“自治委员会”又得到 1 000 袋米，这样从去年 12 月 13 日至今，已发给“自治委员会”3 200 袋米按规定出售。“自治委员会”已开始打算接手我们以前提及的 1 000 袋面粉。可是昨天，1 月 27 日，在另行通知之前，大米供应就暂时停止了。

在和国际红十字会及红卍字会开设粥厂的合作中，国际委员会继续向 5 万名难民免费供应定量米粥，同时也在各难民收容所免费分发大米。平民的私人储备日渐枯竭，因而领取赈济口粮的人越来越多了。

我们用于赈济的粮食储备也只够维持约 3 个星期了。

根据我们以往在水灾区的经验，3 月和 4 月的食品供应情况最为糟糕，灾民往往得挺到夏收的时候。安全区内的小店里尽管有不少寻常的食品，豆腐除外，店主却总是想尽快出手。和人们通常在一座拥有 25 万人口的城市里见到的商店相比，上海路和宁海路上的这些小店简直太小了。

因此国际委员会还得想办法弄到一些粮食用于销售，而且得快，每天至少1 600袋米，这其中包括赈米的数量，免费分发的粮米必须能满足 5 万～10 万人的需要。总储备必须要达到能维持至 4 月底，至少是至 4 月 1 日的水平。

在现有储备耗尽之后，还必须维持 6 周的时间。为此，国际委员会和“自治委员会”必须共同想尽一切办法筹集到足够的大米和其他食品，向 5 万～10 万人免费发放。也就是说，自 2 月 15 日至 4 月 1 日期间，赈米的数量必须达到7 000袋～1.4万袋。在此期间还得有2 000袋～4 000袋的额外储备，它不是用于一般的赈济，而是用于紧急状况下的定量配给。

签名：史迈士

1 月 29 日

昨天晚上 7 时，不远处的多尔莉·罗德太太的房子着了火。今天早上又报道了另一起纵火事件。

英国领事普里多-布龙先生和乔治·菲奇先生带着我的日记于今天早上 9 时乘坐“蜜蜂”号起程了。这里没人相信菲奇先生在短期内会回来。日本人与我们欧洲人之间的紧张日益加深。目前我们正在认真考虑，是否应解散安全区委员会，代之以救济委员会，并寻求与“自治委员会”，即新的“自治政府”进行合作。当然，现在的问题是，日本人是否同意我们与“自治委员会”合作。我一再建议与日本人合作，但美国人反对，而且在整个委员会同意之前，我也不能向日本人提出，况且我对日本人能否同意也无把握。或许现在这种合作也太晚了，最佳时机可能已经错过了。再说如果日本人像他们所威胁的那样，在 2 月 4 日强行疏散所有难民收容所里的难民，把他们送进集中营，不让我们进入营地的话（他们在红十字医院就是这么干的），我们对此是根本无能为力的。我得到确切的消息，德国大使馆收到了日本人的一封函件，信中对德国大使馆给予难民的各种帮助表示感谢，并通知，将从2月4日起遣散所有难民收容所的难民。我召集了委员会的所有成员开了个会，我们决定让我们各国的使馆弄清并确认以下几点：

1. 日本人会不会将外国辖区和外国侨民住宅里的中国难民驱逐出去。（一大部分难民收容所就在美辖区里，我这里的难民收容所属于这种情况，因为它就在一个德国人①的院子里。）

2. 我们是否被允许在我们的收容所里接纳更多的难民。

3. 在我们未阐明自己的立场之前，请求我们的大使馆暂不对日方的函件作答复。

约翰·马吉发现了2名小女孩，一名4岁，一名8岁②，她们的家人（共11口）全部惨遭杀害。她俩就守在母亲的尸体边，在一间屋子里待了整整14天，直到被邻居救出。姐姐用家里仅有的一点点米养活着自己和妹妹。

南京安全区国际委员会
南京宁海路5号
1938年1月28日

致“自治委员会”
南京

尊敬的先生们：

此处附上的中文信函的英文原件昨天已面呈日本大使馆的福井先生。我们在信中重申了我们的请求，即允许我们提取前任马市长交给我们的米面储备中的剩余部分。我们请求福井先生再次向日本军事当局提出这一问题。福井先生让我们与贵委员会接洽，因此从现在起，我们也请求你们，就此事与日本军事当局进行协商，以便我们能用这批有争议的米面储备赈济城中的难民。

以往在水灾区的经验告诉我们，难民在3月和4月主要依靠赈

① 指拉贝本人。
② 即夏淑琴。

米生存。而我们用于施赈的现有储备只能维持至2月15日前后。目前粥厂每日免费定量向5万人发放大米或施粥。此数目在下月估计将增至目前的2倍。对此我们必须预先采取措施，以保证10万人在10周内的供养。为确保危机时期的定量，我们需要1.2万袋米，供5万人维持10周，如果是10万人则需2倍，即2.4万袋。由此你们可以看出，我们在报告中提及的1.0933万袋大米及1万袋面粉只够用于今年春天在南京发放。

一旦这批储备得以落实，我们将在向安全区内外的居民赈放粮食的工作上与你们合作，并愿意效劳。

预先对你们将在这件事上作出的努力表示诚挚的感谢。

顺致崇高的敬意

签名：约翰·拉贝

主席

南京安全区国际委员会

南京宁海路5号

1938年1月28日

致中国红十字会

南京

在此我们恳请你们购买100袋大米，并将其交给金陵大学的红十字难民收容所，以救济那里一无所有的难民。

我们已准备为此预付500元，余款货到付讫。先决条件是每袋的价格（含到红十字难民收容所的运费）不超过10元。此外我们还同意承担由此产生的150元杂费，不过我们希望这笔杂费能包括在用于购买首批100袋大米的1 000元之内。米袋将由我们提供。

预先对你们将作出的努力表示衷心的感谢。

顺致崇高的敬意

签名：休伯特·L. 索恩

南京安全区国际委员会总干事

南京安全区国际委员会
南京宁海路5号
1938年1月30日

致罗森博士
德国大使馆
南京

尊敬的罗森博士：

对于您提出的关于国际委员会目前状况的问题，我们简要回答如下：

众所周知，1月28日下午，一名日军特务机关的长官会同“自治委员会”通知各难民收容所的负责人，计划立即将难民遣返至其他城区的原住处。

我们完全赞同《特别措施告示》，它将较好地保护城中的居民，为那些住所被焚或因其他原因失去住处的居民提供新的落脚之地。

国际委员会在救援工作之始便希望难民能尽快恢复往日的生活。由于整个局势的不宁和安全区内的拥挤状况造成了一种紧张局势，这给我们委员会以及我们中的每一个人产生了不利的影响。我们也曾鼓励区内的不少中国人回到安全区外的原住处，并且我们早已就此向各难民收容所下达了指示。

随后，一些难民收容所的人数也确实减少了。但是有相当数量的难民又重新回到了难民收容所！为什么??

城中任何一位居民都有权提出以下最基本的要求：

1. 免受日军士兵的暴力侵犯、强奸和抢劫；

2. 保证按时运送米面等食品，并在城中的指定地点集中发放，供应蔬菜，然而这在城内和附近地区以及运输通道的安全得不到保障之前根本无法做到；

3. 房屋免遭日军焚毁，长时间来，日军持续烧毁了众多的房屋和店铺。

如果这些基本的要求确实能够得到满足，居民们会很快回到原住处，他们自己也希望在此居住并使住所受到保护。

真正实施新的安全和保护措施，并且让居民确信这些措施确实已经执行，尚有一段时间。

在此期间，如果下达2月4日之前难民（如果他们不想被日军驱逐出去的话）必须回到原住处的命令，并强制所有的商贩离开难民区，那么这项工作估计会十分棘手，而且会导致非常严重的后果。对此应慎重考虑。

在此请允许我们指出，如果日本人的威胁兑现的话，有可能会产生以下后果：

1. 如果日本人用刺刀将中国平民从相对安全的地方赶到一个危险的地方，这将激起他们的仇恨和报复情绪。这种做法既不符合日本军方也不符合市政当局的政策。他们之间已经达成一致，保证善待中国平民并向他们提供足够的生活条件。

2. 进一步加剧世界舆论的批评。长时间以来世界舆论一直对在南京发生的事件持批评态度，对向手无寸铁的平民使用武力表示了最强烈的谴责。

3. 不利于外国诸强对日本的态度。它们中的一些国家此前已站在人道主义的立场上对南京的局势表示出了忧虑。对此事的否定性的批评必将造成新的麻烦。

4. 鉴于上述几点，东京的日本当局或许会有这样一种愿望，即为了免除这些麻烦，他们将放弃这一打算。

由于我们的目的也是让南京能重新恢复秩序，居民能像过去一样生活，我们建议，为了消除居民的恐惧，赢得他们的信赖，应当立即发表如下声明：

1. 日本当局和“自治委员会”立即采取切实的、专门的措施，恢复南京各地区的秩序。

2. 居民虽应尽快从安全区内迁至城里的其他区域，但在此过程中日军不得使用任何武力。

一旦第一条付诸实施，并令各方满意地得到贯彻执行，居民们定将会自愿地回到原来的住处。既然这样，也就完全没有必要考虑使用武力。

只要有必要,国际委员会愿意在适当的时候提供自己仅有的救济金。

我们满怀信心地希望,城内的局势在今后的几周内会逐渐好转,这样,国际委员会就可以不再以目前的规模去从事它投入全部精力的救助活动。

一旦城内所有的地区恢复了秩序,安全区自然也就没有存在的必要了。因此,国际委员会已经开始考虑暂且更名为"南京救济委员会"。一旦全城的居民能够受到日本当局相对较好的保护(最近安全区受到了后者的保护),那么委员会的这一名称或许与它所从事的工作更为相符。

我们希望,我方已经阐明了救济工作的目的。如果有必要在居民返回原住处方面采取并落实切实可行的措施,我们愿意在此明确表达我们的合作意愿。同时,我们也想让您知道我们的忧虑,我们不能排除这样的情况:日军将兑现他们的威胁,在城里未恢复秩序之前即强迫难民回到原来的住处。

在此预先对您的帮助表示感谢。

顺致崇高的敬意

签名:约翰·拉贝

南京安全区国际委员会主席

电报:

致伯因顿先生,上海

向佩蒂特转呈谢意。货已安全运到。另外的1 000袋米已经当局批准销售,自城市被占以来,共计4 200袋米。由于供应较好,双方一直未能达成协议。由于没有豆腐,急盼用船运来任何一种豆类食品。周五有28名难民接到离开难民收容所的命令。如果到2月4日命令得不到执行,他们将被武力驱逐出安全区。我们试图干预此事,减轻平民的痛苦。6万难民的住所被毁,他们不得不冒着严寒在雪地里寻找新的住处。您能在此事上帮助我们吗?? 菲奇将于周二乘"蜜蜂"号到达上海。望医护人员迅速起程。威尔逊大夫颈部得了病，因此南京目前就没有外科医生了。

签名：史迈士

南京，1938 年 1 月 30 日 9 时 30 分

南京安全区国际委员会

南京宁海路 5 号

1938 年 1 月 30 日

致“自治委员会”

南京

尊敬的先生们：

在此请允许我们向诸位递交有关到今天为止使用贵方卡车和其他车辆所耗汽油的账单。

根据协议，因运输粮米、燃煤等赈济物资所耗汽油的费用一项，我们不再增加贵方的负担。请诸位向我们提供一份详细的清单。诸位要做的只是消除其中的差额。

请允许我们指出，我们之间已有约定，凡用于运输待售的米、面和燃煤，以及私人(包括贵委员会的成员)使用我方汽车及贵方私车所耗的汽油费用均由贵方承担。

由于我方的储备即将告罄，我们正在为汽油一事而忧虑。因此我们希望，贵方需要的汽油将来可从其他渠道获得，比如中国木材进出口公司或德士古石油公司等私营公司，它们在此设有仓库。也可向日本当局申请，其价格或许比上述两家公司要低。

如有必要，我们随时愿意对相关问题作出解释。

顺致崇高的敬意

签名：刘易斯·S.C. 史迈士

南京安全区国际委员会财务主管

1 月 30 日

我们在上面提及的写给罗森博士的信中表达了我们委员会的忧虑之情，并且请求他和日本人进行磋商。我们对能取得多大的进展不抱多少希望(因为罗森博士在日本人的眼里不是一个可爱的人，而是一个可恨的人),但我们必须试图让日本人放弃将中国难民强制赶出安全区的打算。在此事上我只能选择罗森博士,因为我作为委员会的德国籍主席最好通过德国大使馆或它的代表行事。

史迈士博士和我今天早上去了“自治委员会”。在那里,原拍卖商,现高级官员吉米·王接待了我们。他答应尽力说服日本人归还没收的粮米和面粉储备。就是这种努力也不见得能取得什么效果,但是不管它的结果如何,我们也得去做,因为我们不能放弃任何尝试,要坚持自己的权利。

我家的难民收容所成了一片沼泽。在两天大雪之后,雪开始融化。家中的600名难民已经获悉,他们在2月4日必须迁出难民收容所,为此他们非常悲伤。他们中的大多数离我的住处不远,一旦情况危急,还可以迅速回来。韩和我为其中最穷的约100人举行了一次私人聚会。我们凑了100元钱,分给了他们每人一元,他们高兴得不得了!! 他们太不幸了。明天就是中国的新年,是这些可怜的中国人最盛大的节日!! 委员会同意给我这个规模相对来说较小的难民收容所一笔5元钱的特别补助,用来买些做年夜饭的调味品。600人才5元钱,多了我们也拿不出,就是这点儿馈赠他们已经感激不尽了。此外每个人除每天配给的可惜为数甚少的两茶杯口粮外,还(偷偷地!)得到了满满一茶杯的米。

我们的汽车机械师哈茨今天穿了一双从平克内勒的房间里偷来的长统靴来到办公室。当然是经过了克勒格尔先生的允许。他是这么说的! 还说什么呢? 我们大家对此也没有什么异议。哈茨是个穷鬼,又碰上平克内勒这么个好心人,此时他和他那两条长腿也许已在美丽的上海或香港了。关于克勒格尔先生,我们除了在广播里听到他一周前到达上海的消息外,一无所知。

1月30日

下午4时,在去平仓巷的路上,我的汽车在汉口路被约50名中国人拦住,他们请求我去解救一名妇女,她刚被一名日本兵带走,后者欲强奸该女。我被领至薛家巷4号,该日本兵就是把这名妇女带进了这所房子。这所房子已被抢劫一空,地上到处是各种各样的碎片,在一间敞开的房间里停着一口棺材,我在隔壁的一间堆着稻草和杂物的房间的地上发现该日本士兵正欲强奸那名妇女。我硬把他从房间里拖到走廊上。当他看见这群中国人以及我的汽车停在外边时,便夺路而逃,消失在邻居住宅的废墟里。这群人情绪激动地低声议论着,还站在门口不肯走。在我的请求下,他们才很快散去,以免引来其他日本兵。

16 时 30 分,在平仓巷做礼拜。

18 时,和史迈士一起在罗森处喝茶。

20 时,和施佩林及哈茨在沙尔芬贝格和许尔特尔处用晚餐。我们在希特勒掌权 5 周年之际向地方党小组长劳滕施拉格尔博士发去了一份电报。

1 月 31 日

中国的新年:佣人和雇员都隆重地向我拜年。难民们在院子里排着整齐的队伍向我三鞠躬。这其中还有许多年轻姑娘,大家都感谢我保护了她们,救了她们。只可惜还没有一个圆满的结局。他们献给我一块长 3 米、宽 2 米的红绸布,上面写着汉字。我猜想,这是封感谢信。我把这块布交给了佣人张。使我吃惊的是,他竟恭恭敬敬地把它悬挂在客厅里。不少中国客人虔诚地站在它前面,其中有个人把它翻成了英语:

"You are the living Budda for hundred-thousand people."("你是几十万人的活菩萨。")

起初我没有专心地听,但这样的赞誉我可承受不起。我仔细地看了看这位说话的人,他是前中国政府的一位级别较高的官员,算不上我特别的朋友,但他是一位古文专家,一位学者。我请他把中文再翻译一遍,但不要加任何恭维的修饰。他说:"我所念的,字字准确。我当然还可以翻译得更完整一些,大概是这样:

你有一副菩萨心肠,
你有侠义的品质,
你拯救了千万不幸的人,
助人于危难之中。

愿上天赐福于你，
愿幸福常伴你，
愿神祇保佑你。

你难民收容所的难民”

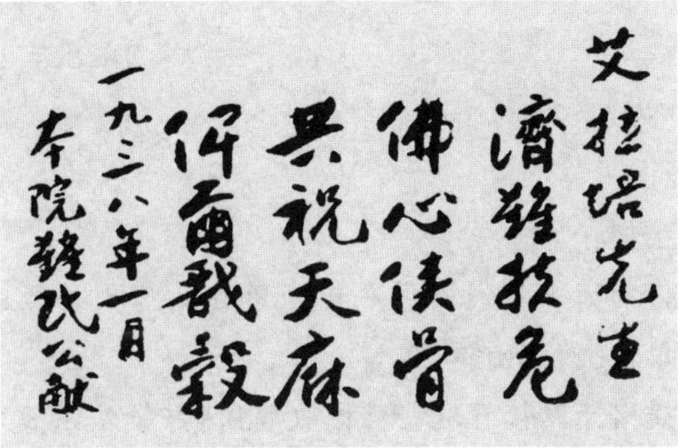

如果时局不是这么的严峻，面对这动人的贺辞我真要笑出声来。他们把我当成什么人了！我还没从这“市长”的岗位上退下，就已经有人把我当成成千上万不幸人的活菩萨了！但如上所述，我不敢对这份在无数的鞭炮声中献给我的礼物有丝毫的兴奋，因为2月4日一天天迫近了：这一天，这些可怜的难民将无一例外地从我这院子里的难民收容所被赶出去。但我仍然希望能用我的德国国旗来防止最糟糕事情的发生。上帝保佑!! 和这帮道德败坏的日本兵痞旷日持久地斗来斗去，我已经厌倦了。

刚刚我的佣人张又带来了下面一则消息：

吴秀珍（音译），一位收容在我处的24岁姑娘，今天早上11时在广州路46号原来的家中被一名日本兵强奸。她的叔叔前些时候听从日本人的命令回到家中，这姑娘是回去给他做午饭的。这名士兵用刺刀逼迫其就范，否则她就没命了。

听到这种消息，我还应该劝人们回家吗？在下面这封致“自治委员会”的信中有这样一种想法，即由“自治委员会”接管政府大楼里的难民收容所。这种想法当然源于我们，只不过是我们借“自治委员会”之口提出罢了。

南京安全区国际委员会
南京宁海路5号
1938年1月30日

致王承典先生
“自治委员会”
南京

尊敬的先生们：

今晨你们请求我们提供一份坐落在政府大楼里的所有难民收容所的清单，现随此函奉上。

你们提出愿意接管这些难民收容所，并设法从日本当局处获得粮食以赈济难民，我们认为此项建议非常之好。

我们对于你们对难民的关注表示感谢。

顺致崇高的敬意

签名：约翰·拉贝

注：截至1月25日的统计，在这8所难民收容所里共有1.79万人。——拉贝

1月31日

我终于满意地发现，那名在我门前横尸达6个星期之久的中国士兵今天终于下葬了。

普里多-布龙先生的接替者，英国领事杰弗里转交给我一份杭立武博士从汉口发给菲奇先生的电报，后者现在上海。

杭立武博士致乔治·菲奇，汉口，1月28日

担忧地获悉委员会需要钱粮。请告知除上海援助外所需的其余数量及其他细节。

关于我1月28日写给普里多-布龙先生的信，我收到了如下答复：

英国大使馆

致约翰·拉贝　　南京

南京安全区国际委员会　　1938年1月28日

南京

尊敬的拉贝先生：

您今天的来信已经收到。我已将此事转告了我的接替者杰弗里先生。我希望在到达上海之后能和我们的代办豪先生商量此事。

我认为(这是我个人的观点)，您提及的问题事关重大，必须采取全面的措施才能胜任此项工作，而且在目前的这种情况下，此事是否能成功在很大程度上取决于日方的支持。如果有什么援救南京难民的新计划出台，而且此计划在现有条件下有实现的可能，那么我将向英国的基金会申请在我的职权范围内所能申请到的资助，给予支持。

请您放心，我对您和您同事为难民的利益所作的努力完全赞同。我会惦记着尽力帮助您。

衷心地祝福您

您忠实的

签名：H. 普里多-布龙

2月1日

罗森对前文中提及的致电劳滕施拉格尔博士一事表示了异议。为了不伤和气，我们也作了退让，毕竟当时罗森未被邀请共进晚餐。因此我们就不能说，在南京的所有德国人都参加了庆祝会。

从四面八方传来中国人的申诉，他们回家后，妻子、女儿便遭到了日本兵的强奸。因此今天又有很多人重返安全区。我们不知道，除了接纳他们之外，我们还能做什么呢？

南京局势报告

南京，1938年1月31日

驱逐难民出收容所

1月28日下午，“自治委员会”召集国际委员会各区的所有负责人举行了一次会议。日军驻宁特务机关的松冈先生主持了此次会议，一开始他便宣读了如下通知：

1. 安全问题：鉴于难民害怕返回原住处这一事实，现已决定由日本特务机关全权负责维持治安。为此采取以下3项措施：

(1) 设置报警电话，一旦遇到骚乱，宪兵或特务部队随叫随到。

(2) 主要街道的街口由宪兵把守，禁止日军士兵随意在这些街道上游荡。

(3) 日本特务机关在所有的公共建筑和公共场所张贴告示，禁止日军士兵进入上述建筑和地区内。

2. 难民返回原住处：要求所有难民在2月4日(宣布之日起7天后)前回到原住处。如果不遵守此要求，便解散难民区(国际委员会)，随之日军士兵将所有难民驱逐出安全区。

3. 商贩：各区负责为商贩指定经营场所并进行登记。提供100袋米。拆除小商贩在安全区街道两旁搭设的小草棚。

关于向他本人提出的问题，他作了如下回答：

1. 对于那些不能支付生活费的极度贫困的难民予以登记；他们将住在日本人新设立的难民营中，并获得免费食品配给。

2. 对于无家可归的难民也予以登记，并向他们提供空房子，供其居住。

3. 至于治安问题，比较难以解决，因为士兵很难对付，宪兵的数量也不够。但宪兵的数量正日益增加，治安状况也将随之好转。

4. 今天还不敢肯定地说，什么时候每个岗位上都配上宪兵。

5. 新的难民营正在筹备之中，不日难民即可迁入。

6. 为鼓励私人商业活动，米栈的数量将会增加。

国际委员会的态度

在国际委员会1月29日的一次会议上决定，通过以下方式，尽全力帮助难民渡过危机：

1. 向日本当局申请，首先请他们保证居住在新指定区域内的难民的安全，再者就是宽限搬迁的时间。一旦秩序恢复并得到维护，难民将自愿回家。

2. 为尽可能地减轻难民的痛苦，可否试行以下方案：

(1) 请求“自治委员会”接管设在政府大楼里的难民收容所，而不是把难民送进新的难民营。

(2) 对那些必须返回的难民提供任何可能形式的帮助，特别是那些住宅被焚的难民。

星期天，1月30日，警察和士兵受特务机关的委托在各难民收容所发布通知，所有的难民最迟至2月4日必须离开难民收容所，否则将封存所有的财产，关闭大楼。

日本士兵的暴行

在此期间又有人向我们报告了日军士兵一些新的暴行。由此可以证明，无论是在安全区内还是区外，距真正恢复秩序还差得甚远。令人鼓舞的是，在1月30日的某些案件中，一些日军士兵被宪兵当场逮住并被拘捕。但关于此类事件的惩罚，迄今为止还仅限于轻微的体罚，或者是肇事士兵在遭训斥之后行一个军礼。下面是一些有关日军暴行的简短报告。前两件早就应该报告，可惜被忽略了。

210) 1月21日夜间，2名日军士兵在高家酒馆44号搜寻妇女，幸好这家的妇女前一天去了金大附中。这2名士兵便向人勒索香烟和钱。由于这家人很穷，他们便去了隔壁一家。在这家他们碰上了2名妇女，随后竟当着她们丈夫的面将其强奸。1月22日，这2名士兵又带着2名同伴笑着站在这家门前。(索恩)

211) 1月25日下午，鼓楼医院收治了一名中国妇女。夫妇2人住在难民区圣经师资培训学校附近的一个草棚里。12月13日，日本兵带走了她的丈夫，她被带至城南某处，并拘禁在那里。她每天被强奸7次～10次之多，只有夜间才让她睡一会儿。可能因为她已患病，情况很糟，5天前被放回。她已身染3种性病：梅毒、白浊和下疳，这几种病非常厉害，极易传染，她在短时间内便患上这些疾病。她在获释之后立即回到了安全区。(威尔逊)

这名年轻妇女被日本兵从安全区的一个草棚中带走并拖至城南，在那里关押了38天。在此期间，她每天被强奸7次～10次。由此她不仅患上了3种最严重的性病，而且阴道大面积溃烂。这促使日本兵最后释放了她，因为她已经不能供他们发泄兽欲了。她于1938年1月26日被送进教会医院(鼓楼医院)，此画面摄于几星期之后。

在她被日本兵带走的当天，她的丈夫(一名警察)也被日本人拖走，从此杳无音讯。可以断定，他和当时其他被带走的数千人一起遭到了杀害。

212) 1月29日下午，一年轻妇女从一个难民收容所出来，前往莫愁路买面粉，途中被日本兵拖上一辆驶往夫子庙的卡车，车上还有约20名被抓的姑娘。据她说，她被分给了日军军官。一名中国佣人见她在哭泣，出于同情给她出了个主意，让她逃脱厄运。在军官们吃饭的时候，她把手指伸进喉咙使自己呕吐，于是军官们便将其赶出房间。她便利用这个机会逃走，终于在次日凌晨2时赶回难民收容所。(贝德士)

213) 1月29日,3名妇女在金陵中学南边的安乐里被日本兵强奸。(贝德士)

214) 1月29日,8名收容在金陵中学里的难民在莫愁路遭日本士兵抢劫。

215) 1月28日晚9点,日本兵闯入中山东路路边的天明浴室(日本特务机关办公室的东面,日军驻扎区内),向3名勤杂工勒索钱财,并开枪射击,2人受重伤,另外一人被打死。该浴室是应日本人的要求由“自治委员会”主持开业的,日军曾许诺予以特别保护。(史迈士)

216) 1月30日下午,一名日本兵闯入铜银巷1号和3号院里(美国人住宅区,分别是弗兰克·普赖斯和汉德尔·李的住宅)搜寻妇女。因为没有找到,他便穿过马路,从圣经师资培训学校拖出了一名妇女。这时有一队宪兵经过此处,当即将他逮捕,并将该士兵和妇女带走。(米尔斯)

217) 1月30日下午4时20分,我从住处乘车去平仓巷教堂,正欲拐进汉口路时,我被50多位中国老百姓拦住,他们告诉我说,一日本兵把一名中国妇女拖进了离司法部不远的薛家巷4号。我立即被这群人领到那里,我发现这所房子已被抢劫一空,地上到处是各种各样的碎片。第一间房里没人,第二间房里停着一口棺材,隔壁的房里堆着稻草和杂物,该日本士兵就在地上正欲强奸那名妇女。他企图阻止我走进房间,我拽着他的手臂,硬是把他拖到了走廊上。当他看见守候在大门口的这群中国人和我的汽车时,便夺路而逃,消失在邻家住宅的废墟里。此时这名妇女也离开了,我继续开车前往教堂。(拉贝)

218) 1月31日,据麦卡伦先生说,他在日本宪兵队看到了19架钢琴。中华女校(基督教女子中学)失窃的3架钢琴,在这里发现了2架。还有2架是从城南中华路的基督会教堂窃得的。他还发现了一架自家的钢琴,另外一件乐器也由于他的详细描述而物归原主。(麦卡伦)/注:前不久麦卡伦先生被一名日本兵刺伤颈部，现已痊愈。

219）据约翰·马吉先生说，城南有一户人家，共计13口人。1月13日、14日两天，日本兵将这家的11人杀死，妇女都被奸污后杀死。只有2个孩子保全性命，这2个孩子讲述了这一悲剧。（马吉）

食品供应情况

1月30日：日本人又交给了“自治委员会”1 000袋米，这样，自12月13日至今总共是4 200袋。

1月31日：库存用于赈济穷人的粮食储备已经告罄。后续物资已无希望。据全国基督教总会的广播报道，食品在上海已经装船完毕准备发运，但遭到了日军的阻拦。

史迈士

来自金陵大学的报告（自中文译出）

日期：　1月30日

姓名：　欧戴氏

性别：　女

年龄：　不详

看到“自治委员会”的告示后，我就想和2个女儿回门西饮马巷的家中。在途中我们被3名日本兵拦住，他们抢走了我身上仅有的3元2角钱。于是我们又返回了难民收容所。

日期：　1月31日

姓名：　叶金木（音译）

性别：　男

年龄：　不详

据此人说，他在石婆婆巷和丹凤街交界处的街上发现了一大摊血。经打听后得知，昨天有3个人在回家的途中被日本兵杀害。我请求调查此事。

日期： 1月28日
姓名： 丁李氏
性别： 女
年龄： 不详

回到西华巷家中以后，我碰见几名日本兵，他们正逼迫我70岁的祖母为他们找姑娘。这促使我赶紧返回到难民收容所。

日期： 1月28日
姓名： 苏茂盛(音译)
性别： 男
年龄： 不详

在回升州路171号家中的路上，我遭到数名日本兵的抢劫。他们抢走了我42元钱，只让我留下了3角钱。我家被烧了。

日期： 1月29日
姓名： 苏卢氏
性别： 女
年龄： 64岁

我们回到国府路247号的家中。可昨天早上6个日本兵闯进我家，把我们一家人关在一间屋里。他们把整所房子翻了个遍，抢走了我们所有的东西，就连我身上仅有的1元4角钱也不放过。请让我们回难民收容所住吧。

日期： 1月28日～31日
姓名： 李王氏
性别： 女
年龄： 28岁

前几天接连有几名日本兵闯进后宰门321号我的家中。我的房东刘文龙的太太被日本兵打伤，因为她拒绝为他们找姑娘。我情急之中逃走，躲在一个防空洞里。请你们让我回难民收容所住吧。

日期： 1月29日
姓名： 周必清(音译)
性别： 男
年龄： 不详

1月29日，他亲眼看见，日本兵借口说要用米面换鸡鸭，把一些妇女和姑娘骗到老米仓，然后强奸了她们。

日期： 1月31日
姓名： 马清仁(音译)
性别： 男
年龄： 不详

听到“自治委员会”的公告后，我于1月31日携全家回到家中，但是日本兵天天闯进我家，要钱要姑娘，我们只得再次出走。

日期： 2月1日
姓名： 顾吴氏
性别： 女
年龄： 不详

我住在安品街旁的千章巷13号。昨天晚上我回家拿米，刚到家就被日本兵强奸。他们还抢了我的东西，我就赶紧回到了难民收容所。

日期： 1月30日
姓名： 姚
性别： 男
年龄： 不详

姚是水西门一家商店的店主。他今天回到自己的店中，碰到一个日本兵向他勒索钱财。姚很有钱。不久这个士兵又来了，他向邻居打听姚的行踪，此时姚早已回到难民收容所。

2月1日

今天早上8时,新街口(波茨坦广场)附近有不止4所房子着了火。

菲奇昨天到达上海。据广播报道,他说"南京的局势正在好转"。这种局势的小小改善只是偶尔能够感觉到,可惜总是长不了。可如果说局势好转得能让人流出"高兴的泪花",那是毫无根据的。菲奇的语气之所以如此的"软",恐怕是为了能够让他回南京吧。据今天下午1点的广播说,布劳恩先生想搭乘一艘从上海开往芜湖的日本轮船。看样子,他果真获准往这个方向来,而且目的地还是附近正在进行激烈战斗的芜湖。

2月2日

据韩的一项统计显示,在我处避难的135户(共计600多人)中有21户已无家可归,因为他们的房子被烧毁了。一些难民昨天哭着回了家。人们根本不相信日军,这也理所当然。前面两个难民收容所(共计25个)的报告就是明证,这里根本无安全可言。昨天本间将军受东京方面的特别全权委托抵达南京,负责重建这里的秩序。他将在此逗留两天,可他是否能在这两天内达到预期的目的很值得怀疑。罗森博士拿着我1月30日的信和本间谈了难民的困境,但得出的印象是,从他那里也别指望得到什么好消息。

今天中午,我和罗森博士以及日高(驻上海参赞)在罗森的住宅进行了午餐会谈。从下面的报告中可以明显看出,在过去的3天当中共有88起日军士兵的暴行登记在案。这甚至超过了去年12月份我们经历的最糟糕的时期。当我把这份报告递交到日高手中的时候,他对这些"日本流氓"的行为表示遗憾。据说,前一批野蛮的部队已在1月28日调走,他们在离开南京之前又干了一些坏事。但对此他辩解道,此类事件在部队换防的时候会偶尔发生。这类借口我以前也听说过。遗憾的是我们有证据表明,最近报告的一系列强奸事件和其他事件是新部队所为。在问及难民是否要在2月4日强行遣散出难民收容所时,日高答道:据他所知,根本不存在强迫问题。那些在2月4日之前离开安全区的难民在重新安置的问题上将得到一些方便,也就是说,将向那些房屋被焚的难民提供其他住房。据日高的说法,已经有8万名难民报名回原住处。我们提请日高注意，我们多次请求难民回到原住处，特别是因为我们很愿意马上解散安全区，但是难民是否愿意返回完全取决于安全区外各城区的治安状况。日高请求我们不要将日本方面无意强行撤销安全区的消息告诉中国人，以免使撤销工作陷于停顿。我答应他不公布这个消息。

陶德曼博士从汉口传来消息，中国的行政院院长孔祥熙让他向我转达其对我们在此所做的工作的感谢。我正式向委员会作了传达。

摘录自 1938 年 1 月 29 日

致南京安全区国际委员会的一封信(自中文译出)：

我们不久前接到“自治委员会”的一项要求，让我们把姓名登记在一份特别名单上，以此表达我们愿意回原住处的愿望。我们有些人服从了这项要求，回到家中，指望着能平平安安过日子。可事与愿违，这些难民在回家的路上即遭遇日本兵，他们三五成群地追赶着女孩子，弄得大街小巷很不太平。夜里日本兵闯入民宅，不是抢劫就是强奸妇女。一旦遇到反抗，或有什么事让他们不称心，他们便拔出刺刀将住户杀害或致其重伤。不久前天明浴室刚刚遭劫，一名勤杂工被打死。尽管下着雪，一名难民在街上还是被抢走了衣服。

现在我们得到通知，安全区内所有难民收容所必须在 2 月 2 日前腾空。鉴于此种野蛮和惨无人道的行为，试问我们能回家吗？

本着对贵委员会救援工作的信任，我们请求你们向日本军事当局提出申请，让其重整军纪，使我们能平安地回家。

难民区的难民(签名)

事 态 报 告

南京，1938 年 2 月 1 日

1 月 28 日发出通告，所有难民必须返回自己的住所，此时发生了下列事件，而且绝大部分是发生在已经设法回家的人身上。

220) 1 月 30 日下午 5 时，一日本士兵闯入大学附中要女人，一位工人求他放弃这种想法。他走了，但从相邻的一所房子里拖出一个妇女，正好被宪兵撞着。宪兵要抓他，但直到

叫来第二个宪兵帮忙才把他抓住押走。(贝德士)

221) 1月31日上午11时,一位24岁的姑娘从西门子难民收容所回家(广州路46号),为她的叔叔准备午饭。一日本士兵尾随其后,手持刺刀威胁她,如果她不想找死,就把身子给他。(拉贝)

222) 1月30日,要求难民离开难民收容所的通告发布后,被安置在蚕厂的一家人返回了位于二条巷30—35号的住所。当天晚上,3个日本士兵捣毁后院篱笆闯了进去,他们围着房子绕了一圈,敲打前门。因为没有让他们进屋,他们就砸开大门,扭亮电灯,命令居民起床,他们谎称是“稽查队”。其中一人持刀,一人携枪,一人徒手。他们花言巧语向住户解释说,不用害怕,他们不会动其一根毫毛,并命令男人们继续睡觉。然后,他们搜查屋子,掠夺钱财。身带佩刀的日本兵奸污了年仅12岁的少女,其余2人轮奸了一个老妇。直至半夜,他们才离开这所房子。这家人于1月31日重新返回了安全区。(里格斯)

223) 2月1日早晨6时30分,一群妇女聚集在大学门前,向即将回国的贝德士博士先生恳求,不要让她们回家。一位原被安置在大学的妇女因害怕难民收容所关闭后家中的床上用品会丢失,就与两个女儿于昨天返回西华门家中。晚上,日本兵闯进她家,要对其女施暴。两个姑娘极力反抗,即被日本兵用刺刀刺死。妇女们说:“与其我们回家被人杀死,还不如留在这里,等到2月4日日本人来驱赶我们,被他们杀死在难民收容所好了。”(贝德士)

224) 1月30日下午5时,几百名妇女聚集在一起,请求索恩先生想办法,不要强迫她们在2月4日返回原来的住处。她们说:“如果我们回家后反遭抢劫,受到凌辱,甚至无辜被害,那么回家干什么?你们至今一直在保护我们,但是不能半途而废,帮人帮到底!”一位62岁的老妪回到汉西门家中后,当晚就有日本兵闯入要强奸她。她说她年纪太大

了，日本兵就用棍棒戳她。幸运的是她死里逃生，重新回到了难民收容所。（索恩）

225）1月29日，一位妇女回到黄泥巷30号家中，她家再次遭到抢劫，日本兵用刺刀威胁她，要她设法弄到女人。

226）1月30日11时，两位小姑娘回到竹丝巷的家中，被两个日本兵奸污了。

227）2月1日下午2时30分，一个孩子跑进我们的屋子，告诉我和福斯特先生，日本兵闯进了他们的家，并对妇女进行骚扰。我们跑向这所位于华侨大厦附近的房子，有人把我们带到卧室，看到门锁着。我们敲门，无人开门，于是我们破门而入，发现屋内有两个日本兵，一个坐在床上，另一个躺在床上，边上躺着一位姑娘。一个日本兵立刻跳起来，抓起皮带和手枪，穿过墙洞撒腿就跑。另一个喝得酩酊大醉，不能很快逃脱，我们不得不帮他穿上裤子。因为他的皮带丢了，他只得用两只手拎着裤子。我们帮他通过墙洞，到了外面街上他还想和我们握手，以示感谢。福斯特先生先走一步，他去叫宪兵来，而我陪这个日本士兵走了一程，在上海路和中山路的交叉口，我们把这个醉鬼交给两名日本哨兵。遗憾的是，我们听说，在我们到达之前，这位姑娘已被强奸了。（马吉）

228）1月29日，一位42岁的妇女返回位于通济门的家，她一到家就被一日本士兵抓住。他把她拖进一所空房子里强奸了。于是，她现在又住回到蚕厂来。

229）1月31日，一位30岁的妇女回到中华门里家中，她说，一日本士兵闯进她家要女人。

230）1月29日，一位22岁的妇女（其丈夫被日本人用刺刀刺伤，于前天去世）回到三牌楼2号的家中后，3次遭日本士兵强奸。

231）1月30日，一位45岁的妇女回到南门附近的家中后，有4个日本士兵闯入她家中，把她家洗劫一空，向她要女人。

因她无法为他们弄到女人，就惨遭毒打，她的登记证也被抢走了。

232) 陈王氏，28 岁，于 1 月 29 日返回原来住处，半路上，她和另一个妇女被 3 名日本士兵拦住，他们要她俩跟他们走。尽管她们下跪求饶，但仍被拖进一家商店，陈王氏被他们强奸了 3 次。

233) 1 月 28 日，张杨氏，37 岁，回到家中后，两次遭日本士兵强奸。

234) 1 月 31 日，倪冯氏，一位 17 岁的年轻女子，回家后正在井边淘米，一日本士兵向她袭来，打翻米篓，把她拖到桑田，肆意强奸。

235) 1 月 30 日，姚彩珍(音译)，一位 16 岁的少女，与她母亲一起前往鼓楼医院探视病人。在鼓楼附近，两个日本士兵把她摔倒在地，在光天化日之下强奸了她。

236) 1 月 30 日，徐秦氏，一位 36 岁的妇女，正同丈夫以及几个邻居一道回家，走到长白街太平巷时，她被两个日本士兵拖进屋子，遭到强奸。

237) 1 月 30 日，江刘氏，一位 27 岁的少妇，与其公公回到自己的家。1 月 31 日 22 时，两个日本士兵闯进她家，幸好她已躲藏起来，未被发现。

238) 1 月 28 日，魏陈氏，一位 45 岁的妇女，与一位女邻居一起回家，被一日本士兵抓住。他要把她拖走，另一位具有同情心的士兵救了她，而她的女邻居却被强奸了。

239) 1 月 28 日，高思伟(音译)，一名 24 岁的青年男子，为日军特务机关干了几天活，一日本士兵盗走了他 5 元钱和登记证。

240) 周陈氏，36 岁，于 1 月 30 日返回位于通济门附近的住所，遭到两个日本士兵的强奸。

241) 秦王氏，一位 22 岁的少妇，于 1 月 23 日被日本士兵从安全区的难民收容所中拉了出去，至今未归。

242）白吴氏，27岁，1月28日回家后遭到两个日本士兵的强奸。

243）1月28日，刘尹氏，42岁，回到门东附近的家中，午夜时分，一些日本士兵闯入她家要女人。

244）1月29日，秦马氏，35岁，回到北门桥的家中后遭到强奸。

245）1月28日，张卫氏，一位20岁的年轻女子，回家后遭到两个日本士兵的强奸。

246）1月28日，徐朱氏，32岁，回家后遭到一个日本士兵强奸，她丈夫的衣服被盗走。

247）秦方氏，36岁，家住通济门附近，在回家途中遭到两个日本士兵的强奸，其房屋被焚烧。

248）1月29日，姚王氏，34岁，在回家途中被两个日本士兵强奸。

249）1月29日，13岁的姑娘蔡家英（音译）与其母亲回到马台街家中，被两个日本士兵强奸了。

250）1月30日，朱张氏，40岁，回到新巷桥附近的家中，被两个日本士兵强奸。

251）1月29日，吴殷氏，19岁，刚分娩4天就遭一日本士兵强奸。

252）朱姚氏，46岁，1月29日在回家途中被日本士兵阻拦，他们向她要女人。

253）王张氏，43岁，1月25日回到新桥家中遭日本士兵强奸，丈夫被他们用刺刀刺死。

254）1月31日夜里，2个日本士兵闯入天妃巷一人力车夫家中，要他为他们找姑娘。他陪他们到螺蛳街，告诉他们说找不到姑娘，他们就把他痛打一顿。（米尔斯）

255）46岁的妇女潘乐泽（音译）从蚕厂的难民收容所回到国府路西侧的家中后，日本士兵蜂拥而来找姑娘，因此她又回到了难民收容所。

256）1月30日，一姑娘在返回位于国府路住处的路上，遭到2

个日本士兵的袭击。他们把她拖进一间空屋轮奸,因此她又回到难民收容所。

257) 1月30日,一位44岁的妇女在返回大中桥住处的途中,遭到日本士兵的袭击。他们把她拖进一间空屋强奸,她不得不又回到了蚕厂难民收容所。

258) 1月30日,一男子回到申家巷家中,日本士兵前来找他要年轻姑娘,因此他又回到了安全区。

259) 1月29日,许陈氏,42岁,回到她热河路的住处后,被2个日本士兵强奸。

260) 1月30日,欧戴氏读了"自治委员会"的通告后,想带着2个女儿回到门西饮马巷的家中。途中被3个日本士兵阻拦,他们抢走了她身上的所有现金,共3.20元,她只得返回难民收容所。

261) 1月28日,丁李氏回到西华巷的住处。在家中,她看到日本士兵正逼迫她70岁的老母为他们找姑娘,于是她赶紧返回难民收容所。

262) 1月28日,苏茂盛(音译)先生在返回升州路171号住所的途中被日本士兵抢走了42元钱,他们只给他留下3角钱。他的房子被烧毁。

263) 1月28日早上,6个日本士兵闯进国府路64岁的苏卢氏家中,强迫一家6口人挤进一个屋子。他们翻箱倒柜,洗劫一空,连最后的一点小钱1.40元也都被他们抢走。因此,苏老太请求返回难民收容所。

264) 2月1日晚上11时,3个日本士兵越过金陵神学院的院墙,从一草棚里拖出一个姑娘,姑娘逃脱了并大声呼救。难民收容所里的难民被惊醒,慌忙跑出草棚,大声喊叫,迫使日本士兵翻墙而逃。(索恩)

265) 1月31日,李王氏报告说,几天以来(即1月28日以来),日本士兵再三骚扰位于后宰门321号的她的住所。房东刘文龙(音译)的太太拒绝为他们找姑娘,他们就把她打伤。李太太急忙躲进防空洞才免遭残害,她请求允许她留在难民收容所。

266) 1月29日,这一天,日本士兵以米、面换鸡鸭为借口引诱一些妇女和姑娘到老米仓,把她们强奸了。周必清(音译)亲眼目睹了这一切。

267) 1月31日,马清仁(音译)报告说:我见到"自治委员会"的通告后,偕同全家回到原来的住处,但不得已又要离家而去,因为日本士兵每天都来骚扰,要钱、要女人。

268) 1月31日晚上,顾吴氏回到安品街千章巷13号家中取粮食,她一到家就遭日本士兵强奸、抢劫。她立即返回难民收容所。

269) 1月30日,水西门一家宜兴商店老板姚先生回到店里,遇见一个日本士兵,他强迫姚交出钱来。姚生活宽裕,这个士兵就多次上门要钱,并向邻居打听姚的去向,可是姚已经回到了难民收容所。

270) 杨中林(音译)的兄弟杨中惠(音译)和母亲杨何氏在雨花路80号经营一家茶馆。1月29日他们被日本士兵杀害了。杨中林闻讯回家查看情况,半路上,在中华门遇到日本士兵,他们抢走了他的全部钱财。

271) 1月29日,刘洪泰(音译)回到小王府园35号家中整理他微薄的家产,3个日本士兵闯入他家要女人。他回答说,家里没有女人。他们就抢走了他仅剩的2.40元钱。

272) 1月29日,齐文修(音译)先生回到大王府巷24号家中,日本士兵闯进来,问他家中是否有姑娘。他回答说没有,他们就抢走他6元钱和1斗米,用刺刀挑破他的衣服,幸好他未受伤,后来就逃走了。

273) 1月31日,日本士兵多次骚扰位于三茅宫13号罗马天主教堂后面的曹家,搜寻姑娘。

274) 1月28日,日本士兵闯进白下路10号陈家要女人。陈先生的女儿躲在地下室,而陈先生的一笔现金却被全部抢走，约 200 多元钱。

275) 1 月 30 日，4 个日本士兵闯进山西路大方巷 6 号某难民家，要强奸他 14 岁的女儿。在她父母的哀求下日本兵才放弃这歹念。

276) 1 月 30 日，2 个日本士兵闯进上海路 46 号，强奸了一个寡妇，宪兵来时，他们已逃之夭夭。

277) 1 月 30 日下午 1 时 30 分，3 个日本士兵闯入慈悲社 2 号闵先生家，把男人都赶出屋，对妇女们肆意奸淫，居民们纷纷要求返回难民收容所。

278) 1 月 30 日，3 个日本士兵闯入豆菜桥 30 号，抢劫了房主的财物，强奸了他的姨妈，她半个月以前才生了孩子。

279) 1 月 31 日早晨，一个日本士兵闯入同仁街 18 号，盗走了居民才买来用以储存的蔬菜。

280) 1 月 29 日，一位女难民回到朝天宫西街 47 号自己家看看，刚刚到家，就有日本士兵闯了进来，幸好她及时躲到了柴火堆里。经邻居哀求，士兵才离开了她家。过了三五个小时，又有 4 个士兵来搜查她家，幸运的是，他们也没有发现她。

281) 1 月 28 日，3 个日本士兵闯入大纱帽巷 1 号宋先生家，抢走了屋内所有的衣物，强奸了一个少女。第二天，他们又来要女人，因家中没有女人（她们都回到了金陵女子文理学院难民收容所），他们火冒三丈，举枪四射。

282) 1 月 29 日，在内桥一家当铺对面，一个 20 岁的姑娘被日本士兵强行拉到一条小巷内。

283) 据 2 月 1 日的报告，家住天青街 384 号的 50 多岁的周寡妇被日本士兵拉去强奸。这天，士兵们还把她扣留下，强迫她为他们做饭。

284) 1 月 29 日 18 时，日本兵冲进东瓜市 8 号要花姑娘。

285) 1 月 30 日，张华福（音译）服从“自治委员会”的命令，回到他张公桥 22 号的家……（下文缺）

286）1月30日，一个日本士兵闯入汉口路132号要姑娘，被告知没有时，他火冒三丈。幸运的是，无人被他伤害。

287）1月29日晚上8时，5个日本士兵（其中只有3个身穿军装）闯入慈悲社11号，用刺刀对准马良慈（音译）的胸膛，胁迫她随他们走。其丈夫和嫂子也受到刺刀的威胁，他们把刺刀架在她丈夫的头上。但是，一切威胁都是徒劳的。

288）1月30日19时，一个日本士兵持手枪闯进上海路115号，抢走现金12元。

289）1月30日早上，4个日本士兵闯入莫愁路13号杨先生家，搜遍所有房间。当他们看到一年轻姑娘（杨的女儿）的照片时，要求一位住在那儿的老妇把这姑娘带来。老妇不从，他们暴跳如雷，但是她沉着冷静，摆脱了困境。

290）1月30日上午11时，一位小姑娘离开金陵女子文理学院难民收容所，回到朝天宫黄鹂巷19号家中。4个日本士兵闯进她家，轮奸了这个10多岁的孩子。

291）1月31日早晨，几个日本士兵闯入东瓜市一居民家，企图拉走并强奸2个姑娘。人们把宪兵叫来的时候，他们早已逃之夭夭。

292）1月30日晚上，在五台山永庆巷被拉走了2个姑娘。

293）1月28日傍晚，2个日本士兵闯入江苏路的草棚找姑娘。他们没找到，一气之下用刺刀对一个六旬老人的左肩戳了一刀。

294）1月29日晚上，3个日本士兵在一名妇女的私宅轮奸了该妇女。

295）1月29日晚上，3个日本士兵在珠江路一住宅轮奸了一名妇女。

296）1月29日傍晚，3个日本士兵闯入古林寺9号强奸了一名20岁的姑娘。

297）1月29日晚上，阴阳营71—1号的一位妇女被日本士兵强奸。

298）1月29日晚上，阴阳营43号、44号、45号和46号遭日本士兵洗劫，他们抢走了钱财，强奸了妇女。在44号那一家，4个日本士兵轮奸了一位妇女，并毒打她丈夫。

299）1月30日早晨，在四象桥太平旅店，一位妇女被日本士兵拖到门口当场杀害。

300）1月31日，一位妇女在广州路被2个日本士兵轮奸。

301）1月31日，在彩霞街“崔记水产店”附近的一条小巷里，一位50多岁的中年妇女和一个12岁的小姑娘被日本士兵强奸。

302）1月31日，在鼓楼二条巷，一个12岁的小姑娘遭到强奸。

303）1月31日，在四象桥，一位年逾60的老妇被强奸后，被刺刀戳进阴道致死。

304）1月31日，一位为红十字会服务的老人（他先前在金陵大学难民收容所的粥厂工作过）要回下关的家中（于1月28日向亲戚借了些必要的行李），走到中山北路和三牌楼的交叉路口时，其全部行李被日本士兵抢走。

305）1月30日，难民李望才（音译）和李山日（音译）回到新桥住所，日本兵先后到他们家搜查10余次，索要钱财和姑娘，并打了他们五六次。

306）1月28日早晨6时，一个日本士兵闯进卫清里（音译）7号住宅，登上二楼，砸开房门要找女人。因未找到而离去。

307）不久前，在三牌楼火车站，一位60多岁的老妇遭到强奸达十余次。

308）2月1日中午，2个日本士兵闯入珞珈路21号住宅，肯定不怀好意。居民们纷纷逃到隔壁23号一欧洲人居住的院内，请求他把日本人赶走。

说明：

这份清单是不完整的！

发生在 1 月 28 日前几天的事件尚未计算在内，但它足以说明事态发展的一般情况。

这是我们把至今收集到的事件罗列下来的最长的清单。早些时候，即 1937 年 12 月 19 日提交的较长的清单记载了 12 月 13 日～19 日 6 天内所发生的事件，编号为 16～70。今天这份清单共报告了发生在 1 月 29 日、30 日和 31 日 3 天内的 88 起事件。

我们有意不提中国报告人的名字，因为有一个报告人已经被害，另一个正受到严重威胁。这段时间，所有报告人员都属于我们正规的工作班子，他们都不用真实姓名。根据编号可以对每个事件随时进行审核。

签名：L. 史迈士

致杭立武电——汉口

28 日来电收悉，感谢您对我们的关心，菲奇暂住上海。粮食问题相当紧迫。南京城沦陷前，我们运进了 9 000 袋米①和 1 000 袋面，此后就断了供给。直至今天，由当局通过“自治委员会”出售了 4 200袋米和 1 000 袋面。3 000 袋米发给了红卍字会，2 000 袋米已答应免费供给安全区外的居民。到目前为止，安全区内的居民靠他们自己带来的粮食储备和安全区委员会提供的米、面生活。现在，存粮已告罄，是否有新的供给尚未达成协议。委员会用于免费供给的粮食仅够两个星期，我们设法在本地或上海筹集或购买食品的努力失败了，因为日本人拒绝合作，不允许在安全区内提供或出售大米。1 月 28 日，日方发出命令，要求 25 个难民收容所里的 6 万难民必须在 2 月 4 日以前离开安全区，回到自己的住所，否则就强行驱逐。撤离工作已经开始。安全区外的情况相当糟糕，特别是对妇女和房屋已被烧毁的家庭而言。我们正在谈判，争取推迟驱逐出区的时限，想方设法减轻居民返回住所的困难。自 12 月 27 日不让日本

① 在前面克勒格尔的报告《南京受难的日日夜夜》中，运进安全区的大米为 8 000袋。原文如此。

士兵进入安全区以来,安全区是比较安全的。您现在不能把大米装船运来,资金问题以后电告。

签名:拉贝

1938年2月2日17时

2月3日

现在,难民收容所里处处演出此类悲剧,我家院子里的70个姑娘和妇女双膝下跪,频叩响头,嚎啕大哭,令人可怜。她们不愿离开我的院子,因为她们害怕遭到日本士兵的强奸(这害怕是有道理的)。她们不断诉苦说:"你就像我们的父母,你保护我们到现在,可不能把我们甩下不管啊!如果我们受到污辱不得不死,那我们宁愿死在这里!"

这是恳切的语言。对这合理的诉说,我不能无动于衷,我允许她们留下了,只有一些上了年纪的老人离开了。但是,我不能保证可以拯救那些受我保护的人,不过,我愿意试一试。我希望日高说的是事实。他告诉我说,日本军队是不会强行把难民赶出安全区的。我可是经历得多了,每次都令我大失所望,因此,对将要发生的一切均有思想准备。我们委员会的每个成员明天将坚守岗位,每个人都要在本国国旗下保护一大批难民。日本人来了会感到惊讶的。我们渐渐地对这些兵痞失去了耐心,日本当局称他们是"兵油子",而我们则称之为"刽子手"。如果这些强盗得到当局的许可敢于进犯我们的收容所,就不可避免会发生冲突!

刚才,张(国珍)告诉我说,他们以前曾居住过的东门街附近的街口小屋内有17人,其中6人已被杀害,因为他们在家门口向日本士兵下跪,求他们不要伤害其女儿。然而,老人遭枪杀后,姑娘们仍被拉走强奸。现在,全家仅一名姑娘幸存,她是被好心的邻居收留下来的。看到遍地是女尸,有的阴道里戳着竹竿,人们会恶心得透不过气来。甚至连70多岁的老妪也多次遭到奸污。

我把下列信件送给日高先生,以书面形式再次确认他曾作过的不强行把难民驱逐出安全区的承诺,同时敦促他再次与日本军事当局商谈此事。遗憾的是,我在日本大使馆没有见到他,只好让人证实收到了此函。

南京安全区国际委员会

致日高先生　　南京宁海路5号

日本大使馆　　1938年2月3日

南京

尊敬的日高先生：

再次感谢您昨日给我的不强行把难民驱逐出安全区的保证，我相信，您这明智的决定可以避免由此可能产生的不必要的麻烦。我认为，您会与军事当局在所有细节问题上达成一致的。从一开始就要排除各种误解的可能性，这点非常重要，因为最近又发布的一些公告说，如果难民收容所至迟于2月4日星期五前不解散，将要采取军事强制措施，关闭其大门。

非常感谢您使我有机会与以您、本间将军先生和即将上任的广田中将先生为代表的日本当局取得联系。

顺致衷心的问候

您忠实的

签名：约翰·拉贝

南京安全区国际委员会主席

档案记录

我们的一位中国基督教徒董国振（音译）先生向我作了如下的报告：

1月31日晚8时，三牌楼区模范马路8号71岁老妇所居住的草棚附近发现有2个日本士兵，他们爬上屋顶，也许想看看草棚内是否有姑娘。老妇听到屋顶上的响声，走出草棚。这时，日本士兵从屋顶上跳下来，闯入屋内要女人。老妇回答说屋内没有姑娘，便遭到毒打。然后，日本士兵想扒她的裤子，老妇反抗，他们就用从地上捡起的硬器猛砸她的头部，致使她头上出现一个大血瘤。这时，日本士兵才离开草棚。

2月1日中午，在颐和路东头站岗的日本士兵搜查沈先生的口

袋，抢走了他身上的6元钱。

2月1日下午2时许，在山西路警察局附近，一位姑娘被拉进岗亭，遭扣留长达2个小时。这事被一个住在对面草棚的名叫陆朝治（音译）的男子和一个和尚看见了。离开岗亭时，她泣不成声地回答和尚说，她在那里被扣留了2个小时。

陆光伟（音译）是圣公会的通讯员，他与许多中国基督教徒一起住在大方巷的广东新村。1月29日，他在外交部和三牌楼之间的狮子桥受到日本士兵的阻拦和搜身，搜遍全身才发现10枚1角钱。他们掠其所有，还翻开他朋友的口袋，拿走了4角钱。

签名：约翰·马吉

德国大使馆

约翰·H.D. 拉贝先生　　南京

南京　　1938年2月2日

今年1月6日，驻汉口的陶德曼大使先生致外交部的报告说，汉口各界人士对国际委员会为南京难民区所做的工作大加赞扬。孔祥熙部长请求大使先生向您转达他衷心的感谢。

签名：罗森博士

下面的信件是从中文译成德文的，因此，与原文多少有些出入。信件来自离我住所5里路的栖霞寺，是该寺庙的方丈起草的，有当地20位知名人士的签名。

签名：B.A. 辛德贝格

1938年2月3日

以人类的名义

致所有与此有关的人

值此，我们向您简要汇报该地的情况及本寺庙所遇到的骚扰。

南京沦陷以来，每天都有数百人逃至我庙寻求保护，要求安置。

我写此信的时候，寺庙里已聚集了2.04万人，大部分为妇女和儿童，男人们几乎都被枪杀或被掳去为日本士兵当苦力。

下面，我们扼要地列出日本士兵自今年1月4日以来所犯下的罪行：

1月4日：一辆载着日本士兵的卡车驶来，他们掠走了9头牛，并勒令中国人为其宰杀，以便把牛肉运走。与此同时，他们放火焚烧邻近的房屋以消磨时光。

1月6日：从河上来了很多日本士兵，他们抢走了难民的1头毛驴，并抢走了18个铺盖卷。

1月7日：日本士兵强奸了一位妇女和一个年仅14岁的少女，抢走了5个铺盖卷。

1月8日和9日：有6位妇女被日本士兵强奸。他们像往常一样闯进寺庙，寻找最年轻的姑娘，用刺刀威逼她们就范。

1月11日：有4名妇女被强奸。喝得酩酊大醉的日本士兵在寺庙内胡作非为，他们举枪乱射，击伤多人，并损坏房屋。

1月13日：又来了许多日本士兵，他们四处搜寻并掠走大量粮食，强奸了一位妇女及其女儿，然后扬长而去。

1月15日：许多日本士兵蜂拥而来，把所有年轻妇女赶在一起，从中挑出10人，在寺庙大厅对她们大肆奸淫。一个烂醉如泥的士兵晚些时候才到，他冲入房内要酒喝、要女人。酒是给他了，但是拒绝给他女人。他怒火冲天，持枪疯狂四射，杀害了2个男孩后扬长而去。在回到火车站的路上，他又闯进马路边的一间房子，杀害了一位农民70岁的妻子，牵走了一头毛驴，然后纵火把房屋烧了。

1月16日：继续抢劫、奸淫。

1月18日：盗走了3头毛驴。

1月19日：日本士兵大闹寺庙，砸坏门窗和家具，掠走7头毛驴。

大约在1月20日，开来了一支新的队伍，换下栖霞山火车站的岗哨。新来部队的指挥官是个少尉，他心地较好，自他来后，形势明显好转。他在寺庙内设了一个岗，哨兵努力把专来捣乱、偷窃和抢女人的士兵拒之于寺庙大门之外。因此,我们害怕,一旦这位少尉撤离此地被派往别处,原来可怕的情景会重新出现。所以,我们请求你们,不管是谁,只要能帮助我们阻止重现这种惨无人道的残暴行径即可。安置在我们这儿的难民百分之八十已失去了一切,他们的房屋被毁,牲口被杀,钱财被抢。此外,许多妇女失去了丈夫,孩子没有了父亲,大部分年轻男子遭到日本士兵的杀害,另一部分则伤的伤,病的病,躺在这里缺医少药,谁也不敢上街,害怕被杀害,而我们还只剩下少量的粮食储备。我们的农民既无水牛又无稻种,怎能春耕播种呢??

在此,我们所有签名者再次恳请您的帮助。

栖霞山寺庙

1938 年 1 月 25 日

(以下是 20 个签名〈略〉)

2 月 3 日

上述由栖霞山江南水泥厂(京特博士)的辛德贝格先生递交的报告,证明不仅南京饱受了日本兵痞之苦,而且,从四面八方都传来了有关日本士兵烧杀奸淫的消息。我们不禁这样想,这些身穿军服的士兵全都是日本的刑事犯罪分子。

如果罗森博士先生的秘密报告能得以认真对待的话,我收藏的勋章将又要增添一枚,即是说我已被上级机关提名为德国红十字功勋勋章的获得者。而克勒格尔和施佩林也同我一样历经了种种风险,可现在好事却让我一人摊上了。但是,谁也不会来征求我的意见!能领取全额工资的退休金,对我来说更实际、更好。(还能有比这更好、更美的事吗?!)

2 月 4 日

今天我得亲自站岗,也就是说,我必须注视着自己的难民收容所,双眼盯着我家后面德国学校里的 600 名难民和我家前面中学里的 5 000 名难民。如果日本人强行闯入,我虽然阻挡不住,但我起码可以做一个目击者，观察事态发展以向世界通报。我一定想方设法保护好我自己的房子，我们倒要看看，他们敢不敢在我面前侮辱德国国旗！

G. 普罗布斯特博士
西门子洋行(中国)
上海，南京路 233 号
电话：15400
目前地址：成都
1937 年 12 月 22 日

致约翰 · H.D. 拉贝先生
目前在汉口

亲爱的拉贝先生：

如果您觉得有必要，我们完全可以在一起共同欢庆圣诞节，为我们的勇气干上一杯，而我这里尚无此必要。值此，请允许我从中国的和平地区向您及贵夫人致以热烈的节日祝贺和亲切问候。我们这里，大家还不大相信战争确已爆发，或者是不宣而战？祝您在这特殊时期节日快乐，在新的一年里身体健康，生活幸福！

致以亲切问候

您永远的
签名：G. 普罗布斯特

我是 1938 年 1 月 29 日在南京收到此信的，我从未去过汉口，那可是齐泽尔的管辖范围。——约翰 · 拉贝

担惊受怕的 2 月 4 日过去了，一切都很平静。这意味着，只要日本人有所顾忌，我们就不会遇到麻烦。我们大家对此都感到非常高兴。今天是中国春节的最后一天假日，尽管天公不作美，下着雨雪，中国人仍是兴奋地在院子里燃放鞭炮。这些可怜的人如此知足：只要不被打死，他们就满意了。

昨天晚上，乔治 · 菲奇又在广播中讲了话，对日本人仍然很客气。如果他知道，1 月 28 日～1 月 31 日期间比去年 12 月份那最可怕的日子里发生了更多的强奸等暴行，他就不会这样措辞了。我至今还没有得到

妻子的消息,不知我的“日记”是否安全到达了上海。是否同意我在此待到3月初,公司也没有给予答复。

2月5日

从下面的事态报告中可以获悉,截至2月3日又发生了98起强奸等案件。在难民收容所里,我们今天未遇到麻烦,谢天谢地。但是在设在中学的难民收容所里,其校长在2月5日的信(原信附后)中说,难民人数已从5 000人增加到8 000人,这就很能说明问题了!

致美国大使馆爱利生先生的备忘录:

到2月4日为止,日本当局还未处理国际委员会向它提出的重要请求:

1. 请求允许取回前南京市政府分配给委员会的粮食:

(1) 1.0933万袋大米;

(2) 1万袋面粉。

2. 请求允许从上海通过轮船把另外600吨食品运往南京。

3. 请求允许两名美国医生和两名美国女护士进入南京,其中一名医生就曾经是鼓楼医院的医生。

4. 请求发放自由出入城门的通行证:

(1) 允许里格斯先生通过太平门前往金陵大学农场;

(2) 允许马吉先生去下关查看他的教会财产;

(3) 允许菲奇先生去下关开展救济工作。

5. 请求释放刘文彬先生。

6. 请求保管存放在南京的外国人邮件。

事态报告

南京,1938年2月3日

日本军事当局强行把难民驱逐出安全区的期限已近,许多难民不得不撤走了。与此同时,办公室有关日本士兵抢劫、强奸等暴行的报告接踵而来。许多已经返回原住处的难民再次受到日本士兵的欺凌。此外,今天已停止供应大米。

许多曾经安置在安全区难民收容所并无偿获得定量供应米饭或米粥的难民不得不忍受巨大的痛苦,因为他们回到难民区外后再也得不到粮食供应的保障。这些地区根本没有做好充分的准备,我们为之深感遗憾。想当初,1937 年 12 月的头两个星期难民进入安全区时,我们的工作人员冒着生命危险,顶着日本人对设防的南京城的空袭,加紧把储备米面运进安全区。时至今日在这危急时刻,两周前还答应供给我们的1 000袋面粉仍扣押不发,商店中又毫无存粮,致使粮食供应工作彻底瘫痪。

日本士兵的罪行真是不胜枚举,下列清单只是罗列了 2 月 1 日以来所发生的事件,其余事件以后详告。

309) 2 月 3 日,今天上午 9 时,一位 18 岁名叫蔡晓喜(音译)的年轻男子离开难民收容所回家,走到四象桥时,因没有立即向日本士兵行鞠躬礼,被这位士兵用刺刀捅了一刀。今天中午,他回到我们这里接受医生治疗。(米尔斯)

310) 2 月 1 日中午,在颐和路东头站岗的 2 个哨兵翻查沈先生的口袋,抢走了 6 元钱。(马吉)

311) 2 月 2 日早上 7 时半左右,53 岁的刘宋氏在宁波同乡会的后屋被 2 个日本士兵轮奸了。

312) 2 月 1 日晚上 10 时,20 岁的苏王氏在阴阳营 49 号被 4 个日本士兵轮奸了。

313) 2 月 1 日,在西康路,萧先生被 4 个日本士兵抢走了 5 元钱。

314) 2 月 1 日下午 5 时许,刘先生在古林寺附近琅玡路,被 4 个日本士兵抢走了 3.70 元钱。

315) 2 月 1 日中午时分,张先生在古林寺附近被日本士兵抢走了 8 角钱。(这些在安全区西部发生的事件表明,这些农民每天上下工要克服多大困难。)

316) 2 月 2 日早上 8 时,冯先生去下江考棚登记,11 时回到西华门三条巷 100 号家中,半小时后一日本士兵闯入他的住宅。此时，正巧邻居高先生及其儿媳在冯家做客。这个日本士兵不怀好意，因冯先生略通日语，把他打发走了。高先生事后回到干河沿。

317) 2月1日上午9时，王先生返回北门桥15号家中。他正在收拾屋子，突然闯进来一个日本士兵，向他要姑娘，他回答说没有。于是，这个日本兵转向王先生的孙子，问他的母亲在哪里，孩子支吾不答，他就让小孩领他到隔壁屋子，仍然没有发现女人，他给了孩子1角钱就走了。

318) 2月2日，江先生要返回位于新门口的住所，在云南路和中山北路交叉处的一个街角，遇见了五六个日本士兵。他们强迫他把餐具挑到挹江旅馆。他办完事后正要回家，在铁道部附近又碰到两个日本士兵，要他把大米扛到上元门。他遵命完成任务后，时间已晚，不得不放弃回家的想法。

319) 2月2日。张先生，46岁，曾在难民收容所住过，1月11日受雇于日本小桥部队。2月2日上午8时许，他在去部队的途中，在云南路丁家桥遇见10多个日本士兵，他们胁迫他搬运大量重物。他向他们出示了小桥部队颁发给他的证件，以证明他为日本军队工作的合法身份。可是，他们撕毁了证件，殴打他，逼迫他从命。

320) 2月1日，王先生在回家途中的珠江路附近的小纱帽巷，遇到了两个日本士兵，他们抢走了他1.12元钱。

321) 2月2日。陈先生和苗先生于1月30日前往中山东路的东面牌楼，安排2月2日回厂事宜。抵达工厂时，看到4个日本士兵正在搬运印刷机和其他机器。日本兵不让他们进入厂房，他们别无他法，只得返回难民收容所继续等待。2月2日清晨，他们再次来到工厂，发现工厂里有很多日本士兵。哨兵要他们出示证件和图章，向他们索要女人，最后还抢走了陈先生18元、苗先生12.80元钱。这两位先生身无分文，只得重新返回难民收容所。

322）2月2日下午，朱先生想返回位于建康路的家中，他与他的朋友同行。他们到达铁管巷时受到5个日本士兵的阻拦，他们不得不听从日本士兵的命令，为他们工作到深夜。从此，他们再也不敢有试图回家的想法。

323）2月2日，马太太回到光华东街的住所，刚一到家，日本士兵就从她家前门和后门蜂拥而入，向她要姑娘。幸好姑娘们及时躲藏在床底下，没被发现。日本士兵顺手拿走了5个盆碗和10根蜡烛。

324）2月2日下午3时，4个日本兵闯入王府巷包先生的家找姑娘，当他们得到否定的答复时，悻悻离去。

325）2月2日下午2时，日本士兵穿墙闯入朱家苑一居民家中，搜遍全屋找姑娘，好在妇女们躲藏起来没被发现，他们于2时30分离去。

326）2月1日下午1时，3个日本士兵强奸了止马村的一位29岁的妇女。

327）2月1日下午1时，3个日本士兵闯入鼓楼附近五条巷某人家中，拉走了一个十来岁的小姑娘。在1月28日就已有3个日本士兵来过一次，并强奸了2名妇女。

328）2月2日下午3时，3个日本士兵闯入七家湾某人家中找姑娘，该家主妇从后门逃走，他们拿了4个盆走了。

329）2月1日10时，一日本士兵闯入门东转龙巷某人家中，问一个11岁的男孩哪里有姑娘。孩子说没有，他就使劲打了孩子两个耳光，并抢走了一个盛满热水的铜壶离去。

330）2月3日上午10时左右，七八个日本士兵闯进白下路江先生和江太太的家中（此时他们已回家），命令江先生出去，企图对他太太施暴。当他们看到江先生带着国际委员会的袖章时，悻悻而去。

331）2月2日10时许，马先生的太太走近中华门时被日本士兵抓住，遭到强奸。

附：上述23起事件是对2月1日、2月2日和2月3日下午统计出来的事件的补充。所幸的是,这些事件并不像1月29日~1月30日期间所发生的事件那样严重。其中一个原因是难民们已清楚地知道,年轻妇女和姑娘受到的危险最大,因此,得采取特别措施保护家中的妇女。但是,日本士兵不断搜寻年轻妇女,敲诈勒索和抢劫掠夺仍严重妨碍中国老百姓重返住所过正常生活。如上所述,年轻妇女正面临着最大危险,我们希望能够帮助她们,至少为她们开放几个难民收容所。当然,难民重返住所,并不意味着救援工作就算是结束了,特别是在当前情况下,老百姓还不能重新开始或继续进行正常的经济生活。相反的,难民突然返回自己的住所可能会增加我们救援工作中的困难,我们将不得不招收大批工作人员,采用新的方法来解决这些困难。我们的恢复秩序委员会正忙于制定新的计划,对至今获得免费定量供应大米的5万名难民还将无偿提供粮食,我们甚至估计到这类难民数还将增加。至少在4月,这样的援助是必不可少的。

下列事件发生在2月1日以前,由于时间太紧,当时没来得及列入事态报告的清单上:

332) 1月31日,63岁的李太太回到她长乐路的家中,她第一次在自己家中睡觉,晚上七八点钟,日本士兵闯入她家索要钱财。她交出全部现金后,于第二天清早逃回难民收容所,幸运的是,她未受到伤害。

333) 1月31日,三牌楼区模范马路一草棚内住着一位71岁的老妪。当天晚上8时,两个日本士兵爬上棚顶,窃听屋内是否有姑娘。老妇听到响声走出门来,此时,日本士兵从屋顶上跳下来,闯进屋内要姑娘,老妇回答说没有,便遭到毒打。然后,他们想扒她的裤子,老妇极力反抗,于是,他们从地上捡起一个硬器猛砸她的头部,致使她头上出现一个大血瘤。最后,他们扬长而去。(马吉)

334) 圣公会通讯员陆先生住在大方巷广东新村基督教徒住宅区。1月29日,他在三牌楼和外交部之间的狮子桥受到

日本士兵的阻拦和搜身，身上仅有的10枚1角钱全被抄走，他们连他朋友的口袋也翻了个底朝天，拿走了4角钱。（马吉）

335）魏先生在理发店理好发后回家，途中受到3个日本士兵的袭击，他们把他拖进竹林，抢走他身上的3.80元钱和7包香烟。

336）1月29日，李太太带着儿子回到四条巷的家中，3个日本士兵闯入她家，抢走她5角钱。母子俩立即返回难民收容所。

337）1月29日下午，姚先生回到张府园的家中，同一天，几个日本士兵闯入他家，抢走他2箱火柴。1月30日，又有一批日本士兵前来，剥下全家老小包括80多岁老母的衣服，并搜寻钱币，一无所得。与此同时，邻居翟先生家被劫走3.50元。2月1日，又来了3个日本士兵，他们以同样方式搜查钱财。于是，姚家打算返回难民收容所。

338）1月31日早晨，王太太正好回家，3个日本士兵闯入她家要女人。因为家中没有姑娘，他们就用刺刀威逼她，想抢她的钱财，不过一无所得。王太太在受此遭遇后只得重返难民收容所。

339）1月29日中午，门东膺福街一家豆腐店开门营业，1月31日晚10时，4个日本士兵闯进该店，抢走店主的全部收入，共20多元。

340）1月30日早晨，4个日本士兵（其中3人身穿军服）闯进阴阳营49号王先生家，从他的口袋里抢走了1元钱。傍晚，他们撬开后门入内，再次骚扰，幸好妇女们从前门逃走，在外面躲藏起来。

341）日本士兵一而再，再而三地闯入建邺路30号，找寻姑娘，抢走了最好的食品。

342）1月31日傍晚，一个日本士兵不怀好意地闯入吉兆营41岁的罗太太家，幸好家中还有几个男人，罗太太才免遭凌辱并得以逃脱。日本兵用枪托殴打这些男人,并拿走了放在桌上用于买米的1元钱。

343) 1月27日晚8时,4个日本士兵闯入华安里某家,偷走了一枚金戒指,用刺刀威胁并奸污了24岁及21岁的吴家姐妹(见受到侮辱的姐妹俩来信)。1月29日,这些日本士兵再次前去骚扰,要姑娘。

344) 1月29日,黄泥岗朱太太家遭到日本士兵的抢劫,日本士兵用刺刀威逼她提供年轻姑娘。

345) 1月30日,日本士兵洗劫了石鼓路蔡福安(音译)家,强奸了一位妇女。

346) 1月27日,日本士兵抢走了家住中山东路的钱太太的行李。

347) 1月30日,叶太太在金陵神学院被日本士兵强奸了。

348) 1月27日,一日本士兵在扫帚巷强奸钱太太未遂。

349) 1月28日,2个日本士兵在评事街强奸汪太太未遂。

350) 1月29日,绫庄巷的马小姐家遭劫。

351) 1月30日上午11时,两个日本士兵从扫帚巷邵先生家中拉出两位年轻姑娘强奸。

352) 1月29日,一个日本士兵手持刺刀闯进黄泥岗裴连世(音译)先生家,要年轻姑娘。

353) 1月29日,一位39岁的黄陈氏在彩霞街被日本士兵强奸达十多次。

354) 1月20日,31岁的陆倪氏在彩霞街整整一天受到日本士兵的强奸,现在她身心受到严重摧残。

355) 1月29日傍晚,日本士兵闯入平安巷林太太的家,掠夺了她的衣服和其他物品。

356) 1月30日傍晚,3个日本士兵手持刺刀袭击太平桥的莫太太家,向她要年轻姑娘。

357) 1月29日傍晚,日本士兵手持刺刀袭击石鼓路的张太太家,向她要年轻姑娘。

358) 1月28日，日本士兵来到柳叶街的王秦氏家抄家、搜钱、要女人。

359) 1月27日傍晚，日本士兵闯入止马营余言模（音译）先生家，向他索要被褥和现钱。

360) 1月28日傍晚，日本士兵查抄了朱太太家，抢走了被褥、衣服和现钱。

361) 1月27日傍晚，沈太太在东钓鱼巷遭到了3个日本士兵的围攻，他们向她要年轻姑娘。

362) 1月30日傍晚，周太太遭劫，日本士兵掠走了她的现钱和被褥。

363) 1月28日，于太太在评事街被抢，日本士兵抢走了她的被褥和其他物品。

364) 1月28日，在绫庄巷，日本士兵抢走了刘太太的1元钱，向她要姑娘，把她吓得要命。

365) 1月29日上午，日本士兵在评事街向马强林（音译）要姑娘。

366) 1月29日，58岁的何太太回到回龙街的住所，她两次遭到日本士兵的强奸，不得已又回到难民收容所。

367) 1月30日，家住公园路的周太太3次遭到日本士兵的强奸。

368) 1月29日，21岁的杨太太在船板巷遭到3个日本士兵的轮奸。

369) 2月2日，家住光华路的邱爱贤（音译）女士被日本士兵偷走了衣服和一只盆。

向斯芬克司①提出一个新问题：

漫长7周，强盗肆虐，烧杀淫掠，买卖不成，这会给穷苦百姓带来什么样的后果？

---

① 希腊神话中的带翼狮身女怪。

"部队换防",听起来振振有词,实则不是道歉的理由。老百姓还是老百姓,他们被盗被抢的钱物没有得到偿还的可能。

签名:L. 史迈士

事态报告

对2月3日报告的补充

下面补充自1月28日至2月3日所发生的事件:

370) 2月2日下午2时,2个日本士兵手持刺刀闯入王府巷王先生的家,要姑娘。王先生告诉他们家中没有姑娘,即挨一顿毒打。

371) 2月1日,汪先生报告说,下午5时半,有3个日本士兵闯入天目路他家中要姑娘。当时,他太太正好躲在厨房,未被发现。那几个日本士兵从他身上掏走8.60元钱后走了。

372) 2月3日,白太太回到她西石坝街的家中,她出门刷洗马桶时遇到了3个日本士兵,他们企图把她拉走。她就跪倒在地,求饶说,她要照顾疾病缠身的婆婆。房东证实白太太说的是实话,他们则进屋察看,确认该女子没有说谎,其婆婆确实卧病在床,这才放过了她。(按上拇指指印)

373) 2月3日早晨,刘太太回家,通过西华门二条巷孙园(音译)正门时,遭到了3个日本士兵的袭击。她被拖进一座洋房里遭到强奸,其衣服被刺刀挑成碎片。(按上右手食指指印)

374) 2月3日,秦太太回到中华门麦糖街(音译)的家中,到家门口时,一日本士兵阻止她入内。他企图把她拉走,对她施暴。她一再要求不要碰她,日本士兵才松手放开她,走之前却打了她。(按上右手食指指印)

375) 2月3日,马太太回家途中,在同仁街某屋前被3个日本士兵抓住,他们把她拖进一间空屋进行轮奸。(按上右手食指指印)

376) 2月1日，戴太太在回家途中在梅楼街被2个日本士兵抢走了一个银耳环。（按上右手食指指印）

377) 2月3日，陈先生在返回东关头家的途中，遇2个日本士兵，他们向他要姑娘。他回答说没有，他们就用刺刀把他的大腿刺伤。（按上左手食指指印）

378) 1月30日，陈太太回家途中，在石坝街遭到3个日本士兵的袭击，他们把她拖进“恒茂酱园”（音译），对她轮奸后才放她走。（按上右手食指指印）

379) 1月31日中午，3个日本士兵闯入萨家湾附近盐仓桥李先生家，向他要姑娘。他回答说“没有”，他们拿了1元钱后才走。

380) 2月1日，在华侨路的一条小巷里，日本士兵抢走了张青梅（音译）7.90元和30枚铜板。

381) 2月1日，单璜荷（音译）前去下江考棚办理登记手续，在璇子巷被日本士兵抢走了3.30元和15枚铜板。

382) 2月1日，吴金生（音译）回他光华门外的家，到家时，7个日本士兵把一个老妇拖到他跟前，强迫他俩性交，而他们站在一旁哈哈大笑。

383) 2月1日，孙贵新（音译）返回唱经楼的家，途中被劫走7.60元。

384) 2月2日，易李氏回到她申家巷东头的住所，当天夜里，日本士兵闯进屋子，企图强奸她。

385) 2月2日，易张氏在饮马巷遭到2个日本士兵的轮奸。

386) 2月2日，乔凡云（音译）回家途中在市政府大厅前遭到日本士兵的拦截，被抢走5.30元和十几个铜板。

387) 2月2日，马老太太回到家中后，日本士兵前来骚扰，向她要姑娘。

388) 2月3日，吴罗氏回她户部街的家，路遇日本士兵，他们企图强奸她，幸好她得救了，免遭其难。

389) 1月28日，刘李氏在九王村（音译）遭到日本士兵威逼，他们强行向她索要钱财。

390) 1月29日,张马氏在“明星戏院”后面的四象桥遭到日本士兵的强奸。

391) 1月29日,李费氏在黑廊巷遭到2个日本士兵的强奸。

392) 1月29日,在珠江路宪兵团门前,日本士兵用匕首胁迫蔡罗氏交出她的2枚银戒指。

393) 1月29日,在珠江路宪兵团门前,日本士兵用匕首要挟李张氏,抢走了她的银戒指。

394) 1月29日,一日本士兵手持匕首,在鱼市街附近追赶梅李氏,她好不容易逃脱了。

395) 1月29日,在三省里,3个身带匕首的日本士兵向刘品源(音译)索要钟表和钞票。

396) 1月30日,赵邱氏在瓦青桥(音译)遇到一日本士兵,他把她拖到旁边的小巷子,对她搜身要钱。

397) 1月30日,杨陈氏已回到贵标(音译)的家中,夜间闯进一日本人,他用匕首威胁她,逼她交出现钱并强奸了她。

398) 1月30日,张王氏刚回到中华门外的家,日本士兵就闯进来索要钱财并强奸了她。

399) 1月30日,王江氏在红寺庙被日本士兵搜身要钱,还遭到一顿毒打。

400) 1月29日,魏金生(音译)报告说,下午2时,2个日本士兵闯入他天目路家中,一个把守大门,另一个上楼强奸了他嫂子。他母亲对日本士兵下跪求饶,却被他们摔倒在地,他们还用刺刀威胁她。

401) 1月29日上午10时,阴阳营的陈先生报告说,2个日本士兵闯入他家要姑娘,他母亲恳切哀求,才使他们平静下来。最后,日本人抢走了1元多钱。

402) 1月29日晚上8时,2个身着便装的日本士兵来到豆菜桥的马家要姑娘。他们说,他们只需要一夜,第二天一早即可送回。他们答应给马家送米、送钱、送衣服。尽管马家人苦苦求饶，他们还威胁说第二天早上再来。

403）1月30日，几个日本士兵闯入七家湾附近小礼拜寺的秦先生家，企图强奸一个10岁的小姑娘，经秦先生苦苦哀求，他们才放过这个孩子。

404）1月30日，家住虎踞关的胡太太做饭时，遭到日本士兵的袭击，要不是她母亲及时相救，她准被强奸。

405）1月29日，几个日本士兵闯入某家，企图污辱家中仅10岁的小姑娘，经她父亲一再哀求，他们才放过这个女孩。可他颈上被捅了一刀，孩子也遭一顿打。

406）1月30日上午11时，两个日本士兵闯进高家酒馆苏先生家，他是1月25日刚搬到这里的。日本士兵向他要姑娘，遭到拒绝，他们就用刺刀胁迫他，抢走了他的手表和一枚金戒指。

签名：L. 史迈士

《大陆报》发表的消息，上海，1938年1月25日

据日方报告，中国军队在南京难民收容所寻求保护。

晚上在（上海）新闻发布会上发布的这份报告，是以1937年12月的消息为依据的。

日本陆军发言人永井大佐在昨天的新闻发布会上声称，据驻南京的日本宪兵队报告，中国军队的军官和士兵们把居民疏散出首都后，在国际安全区寻求保护。

如上所述，此份报告是以去年12月份的资料为依据的，它指出，中国军队撤出南京后，大约有20万难民被安置在安全区。报告说，此项调查是由日本宪兵队与日本陆军师团总部派往南京的调查法庭共同进行的。

中国军官隐藏起来了！

报告说，可以确认，中国军队的高级军官隐藏在外国官员撤出的大使馆和公使馆内。据说，直到1937年12月28日，日本人在安全区各所房子里共抓获了23名中国军官、54名下级军官和1 498名士兵，其中有南京保安队队长王新尧（音译），他对外称陈觅（音译），实际上领导着国际难民区第四区的工作。另外还有原第八十八师的副官马宝山（音译）中将①以及中国警察局高级官员米幸喜（音译）。

报告说，马将军在安全区内煽动反日情绪，制造动乱。安全区内还藏有王安（音译）上尉及他的17名士兵。而王新尧及他先前的3名下属在南京城掳掠奸淫，威吓百姓。

防空洞里的武器是怎么回事?

报告说，在外国官员撤出的大使馆和公使馆的防空洞里发现藏有武器弹药。经调查，藏在某特殊防空洞里的武器有：

1门轻型火炮；

21挺捷克造机关枪和60梭子弹；

3挺其他机关枪；

10挺水冷式机关枪和3 000梭子弹；

50支步枪和42万发子弹；

7 000颗手榴弹；

2 000发掩体迫击炮炮弹；

500发其他大炮炮弹。

有人问这个防空洞属于哪国大使馆，发言人回答说，他没有授权对此问题作出陈述。此外，对美国大使馆里是否藏有或发现了中国军官，他也避而不答。

虽然对此尚无官方报告，发言人却说，有一批中国陆军军官因抢劫而被捕、被处决。

有人问，被捕者是否作为战俘或间谍处理，他回答说，这要看当事者是在何种情况下被捕的。

① 据查，国民党政府军原第八十八师无中将副官。

金陵大学附属中学
中国南京
1938年2月5日

尊敬的拉贝先生：

在此，请允许我转告您，越来越多的难民回到我们学校寻求保护。他们说，他们不可能继续留在家里，因为日本人不断进行骚扰，向他们要姑娘。如果他们不从，就威胁要杀死他们。形势从来没有像现在这样严峻。在这样的情况下，难民们怎能返回住所？请您给予他们仁慈的帮助，除了您和您的朋友之外，我再也不能请求他人保护。请您与德国、美国和日本大使馆商谈此事。难民来找我帮忙，可我却无力相助。"自治委员会"丝毫影响不了日本人。人们告诉我们说，除了国际委员会，谁也不能保护我们，即使是"自治委员会"官员的夫人也跟平民百姓一样难免遭受日军的奸淫。我简直无法理解，"自治委员会"怎能在这样恶劣的情况下还要求难民返回自己的住所。它自己也很清楚，在安全区外，谁也不能保护难民不受日本人的欺凌。

这些难民多么可怜，简直难以形容。我祈求上帝，不要离开中国，拯救我们吧！如果您及您的朋友不帮我们，谁还能帮助呢？恳请您及您的朋友考虑一下，通过什么途径帮助这些难民。

尊敬的、亲爱的拉贝先生，您是我们的先导，我写此信时已泪流满面，但愿上帝与您同在，请为我们祈祷吧！

您的
签名：D.G. 格兰姆斯

2月5日，下午2时15分

像往常一样，警报信号响彻天空，呜，呜！中国飞机再次飞越南京上空，不管怎样，飞机上标有中国标志，至于飞行员来自哪个国家，很难确定。我们希望，但愿不是俄国人。否则，我们在卐字旗帜下是不会有好下场的!!

根据日本人的最新要求，所有难民收容所必须在2月8日解散，难民群中一片哗然，情绪安定不下来。至今已有大约三分之一的难民撤离了安全区，余者大多为妇女和儿童，他们拒绝离开安全区。今天，鼓楼医院的医生传来消息说，已有两个患脚气病的病人送进医院。这对只以大米充饥的单一营养者来说是不足为奇的。我们已电告上海求购药品。

从电台广播中我们获悉，布洛姆贝格、弗里奇和其他几个将军回国后不是辞职，就是被人解雇，据称是考虑到我们的外交政策。我们几个德国人非常沮丧。我们焦急不安地等待着其他详尽的报道。外面世界一片混乱，令人痛苦不堪，偏偏这时，我们还要为国内的和平而焦虑！

邀 请 信

1938年2月5日南京安全区国际委员会举行理事会会议，特请您参加。

会议议程：

1. W. P. 米尔斯先生关于恢复秩序委员会的工作报告。

2. 副总干事 H. L. 索恩先生的报告，内容：

(1) 难民收容所问题；

(2) 大米分配问题；

(3) 剩余的大米储备问题；

(4) 因为工作人员现在是购买大米，建议：付现款，不发大米。

3. 工作人员的工资问题。

4. 汽油：

1938年2月5日的库存：

宁海路5号(包括拉贝的汽油)	600加仑(已经审核)
金陵大学	1 510加仑
共计	2 110加仑
扣除漏损	30加仑
	2 080加仑

问题：我们继续出售汽油还是留下库存供委员会用？

5. 更名问题：我们是否要将现用名更改为“南京救济委员会”，此名在上海已家喻户晓①。

2月6日

我作为一个过路人，到各防空洞察看了一下。我发现，在中国飞机的最近一次空袭中，大家都站立在外面，经过察看我才明白，所有防空洞无一例外地被地下水浸泡。奇怪的是，没有一个人动手排水，经历了日本士兵带来的苦难后，人们对空袭的危险已变得无动于衷了。成群结队的难民默默地站在院子里，眼睛望着飞机，有些人对飞机根本不屑一顾，而是从容不迫地在草屋里做他们的事。

今天，我向日本大使馆递交了一份往返上海的申请。福井告诉我说，原则上，此类申请一律不予批准。尽管如此，他将作出努力。罗森博士为我写了一份推荐信以示相助，但这也帮不了多少忙。如前所述，在日本人的眼里，罗森先生不是一个“受欢迎的人”，而我作为国际委员会主席也不受欢迎，但无论如何还得试一试。我至今还未收到公司的任何消息，不知他们是否同意我继续逗留。万一他们让我去上海，我想乘坐外国炮艇前往。

约翰·H.D. 拉贝

致日本帝国大使馆

南京

南京

1938年2月6日

第991号文件/卷12

因我要与上海西门子洋行(中国)经理商谈可能关闭该行在本地的下属办事处详尽事宜，需往返上海一次，特此申请，望批准为盼。衷心感谢！

致以崇高的敬意

签名：约翰·拉贝

---

① 指“上海救援南京委员会”。

南京安全区国际委员会

致约翰·M. 爱利生先生　　　　南京宁海路5号

美国大使馆　　　　1938年2月6日

南京

尊敬的爱利生先生：

国际委员会的责任在于本着南京平民百姓的利益使用委托管理的钱财和粮食储备。因此，委员会准备与“自治委员会”合作或以“自治委员会”的名义分发储备的大米。

但是，国际委员会不能放弃自己决定储备粮发放形式的权利，因为它为苦难平民工作的成效大都取决于此。

我们必须指出，任何没收合法提供给委员会使用的物资的行为，毫无疑问地会对中国国内及外国舆论起到负面影响。

我们认为，上述立场是公正友好地解决问题的有力保证。

您最忠实的

签名：约翰·拉贝

主席

致菲奇先生

驻华基督教青年会，上海

已发现多例脚气病病例，请尽快向医院寄发10加仑维生素B药水（我们强调的是维生素B!），另加60毫升白喉抗毒血清素——这两种药请优先供给卫生署。医生建议用大豆作预防食品，请用“瓦胡”号船运100袋蚕豆来。如缺货，请设法筹办一大部分。再寄500个带软瓶塞的6盎司瓶子，我们用来给缺乏营养的婴幼儿喂奶粉。请检查一下礼和洋行在码头的仓库。难民撤离安全区的期限已推迟几天，我们为此感到很高兴。现已有三分之一的难民撤走，但是，他们仍迫切需要帮助。暴行事件还在不断发生。今天，指派王先生销售了9 000袋面粉和1 000袋大米。信在伯因顿处取。

签名：史迈士
南京
1938 年 2 月 6 日 14 时 30 分

2 月 7 日

日本人把抛弃在马路上的凌乱军服及装备堆放在一起，放一把火烧了，现在又在焚烧停留在马路上的报废汽车，不过，他们已取走了一切有用的零部件。

许博士传来消息说，昨天夜里在玄武湖附近的城墙内，有 4 名中国人被日本士兵枪杀。原因据说是：一位上了年纪的男人去取藏匿在他家附近的人力车时被枪杀，他妻子及其他两个亲戚赶去救护，也被打死。

今天上午，红卍字会的两个服务人员带着我和索恩先生到西康路附近的偏僻之地，人们从两个水塘里捞出 124 具被枪杀的中国人的尸体，他们中约一半是平民百姓。日本人用铁丝捆住受害者的双手，架起机枪把他们杀害，然后浇上汽油，纵火焚尸。因嫌焚尸时间太长，他们就把烧得半焦的尸体扔进水塘。据说，附近的另一个水塘里也发现 23 具尸体。南京所有水塘都以类似方式受到严重污染。

记　录

南京安全区国际委员会理事会

1938 年 2 月 5 日

与会者：约翰·H.D. 拉贝，W.P. 米尔斯，C.S. 特里默，爱德华·施佩林，约翰·马吉，L.S.C. 史迈士和副总干事 H.L. 索恩

会上作出如下决议：

101. 通过恢复秩序委员会的一项计划：城内新设两个平民区，每个区配备 6 个援助人员，即南京城西南 1 号区和东南 2 号区共有 12 个援助人员，其办公室分别设在中华路的基督会教堂和双塘基督长老会教堂内。12 个人的生活费是每人每月 30 元，含伙食费。这样，下月的预算为 360 元。此外，批准每月支出计划外的费用

40元。

102. 同意向金陵女子文理学院现金援助基金会拨款100元。

103. 同意向金陵女子文理学院难民借贷基金会拨款500元。这笔借款可分期归还,归还时不必汇入基金会,而是用于学院的社会支出。在可能的情况下,建议申请者向上海申请贷款。

104. 金陵女子文理学院申请特批专项资金3 000元,为一贫如洗的寡妇和毫无家庭资助的妇女开办一所家庭手工劳作学校,计划给150名妇女每月发10元工钱。国际委员会讨论决定,要求金陵女子文理学院拿出具体计划,并说明计划为妇女提供的培训是否能为她们从事这项手工劳动提供必要的准备。

105. 向恢复秩序委员会这段时间内从事该项工作提供预算资金5 000元,它包括已批准拨给金陵女子文理学院的600元以及恢复秩序委员会职工2月份工资计400元。换句话说,只需向恢复秩序委员会追加4 000元。

106. 为援助那些居住在其他城市却想返回家园的难民,国际委员会委托秘书向全国基督教总会了解沪宁线沿线各城市的生活情况及它们提供援助的可能性。

107. 理事会委托拉贝、索恩和史迈士3位先生组成特别委员会,为下次会议提交一份有关所有基金会的初步预算报告。特别委员会还负责估算我们向杭立武先生申请的款项数额。

108. 停止向员工发放大米,按价给他们现金补贴,防止因其他用途而过多占用本应援助穷苦难民的储备粮。

109. 据此原因,国际委员会应完全停止销售粮食。

110. 授权上述由拉贝、索恩和史迈士组成的特别委员会即预算委员会解决员工的工资问题。

111. 在向"自治委员会"继续提供汽油前,先要求"自治委员会"支付1月份的汽油费。在预算委员会进行的谈判取得初步结果之前,应暂时完全停止销售汽油。

附:里格斯先生(他是最后一分钟来参加会议的)说,"自治委员会"已准备付款,每辆汽车每开一趟平均消耗汽油

2 加仑。

附：在理事会邀请信的会议议程一项中，史迈士先生提到，现有汽油库存(包括少量漏损在内)总共 2 110 加仑。2 月 5 日，它们分别存放在：宁海路 5 号 600 加仑，金陵大学 1 510 加仑。

112. 关于更名问题也转交拉贝、索恩和史迈士 3 人委员会讨论，他们应在下次理事会会议上报告讨论结果。

会议于 19 时结束。

签名：刘易斯 · S.C. 史迈士

注：副总干事索恩先生报告说，我们已经将 85 袋大米作为赈济口粮供应难民，分发给金陵女子文理学院和难民收容所内红十字会粥厂的粮食也包括在内，还包括每天出售的大约 10 袋大米。目前，我们仅剩有储备粮约2 000袋大米。

尊敬的拉贝先生：

兹敬告，今日下午 5 时在平仓巷 3 号举行国际红十字会会议，将讨论下列事宜：

1. 刚收到上海国际红十字会的电报，询问以何种方式帮助我们。

2. 中国伤兵医院当前的形势：

(1) 工人的工资问题；

(2) 食品供应问题。

3. 我们委员会要向日本伤员提供帮助吗?

您忠实的

签名：欧内斯特 · H. 福斯特

秘书

1938 年 2 月 7 日

2 月 7 日

今天下午，我和米尔斯与惨遭枪杀的一位中国妇女的女儿及其姐妹们一起来到现场，就在豪布斯少校先前住过的房子附近，亲眼目睹后确信，许博士报告说4人被害一事千真万确。我们看见了3具尸体(1具女尸，2具男尸)并排横卧在空地上，还有1具男尸在10米以外。一副临时担架是一块用绳子绑在竹竿上的木板，被老年死者的妻子唤来的2名男子想用此担架去抬老年男子的尸体时被枪杀，担架就落在尸体的中间。这件事又是发生在贫苦农民身上，他们仅占有一小块耕地，其中一部分已经耕作，土房里空空荡荡，一无所有。据女儿说，她母亲身上大约还有10元钱，这可是她的全部家产，但衣服口袋里已不见其踪影。我和米尔斯为此感到十分震惊。女儿已欲哭无泪，我向她手中塞了10元钱，她频频叩头，这起码是补足了她的钱。我们临走时，死者的姐妹们在每具尸体身上撒了一把土。

2月8日

早上8时，所有妇女和姑娘一个紧挨着一个地站立在我们院子中央的小路上，这是院子里唯一的一块空地。她们耐心等待着，直到我吃完早饭。我要动身去委员会总部，刚一出门，她们就双膝下跪，跪在潮湿冰冷的水泥地上不起来。我通过她们信赖的刘司机对她们说："日本人和"自治委员会"公开宣布，你们今天必须离开难民收容所(即安全区)，如果你们想留下，我个人也不反对，我不会赶你们出去的！但是，如果日本兵大队人马开进来，强迫你们离开我的屋子与院子，我一个外国人单枪匹马的又有什么办法呢？你们必须看到，我的权力太小，我不能长期保护你们！尽管如此，我还会想方设法阻止日本人闯进院里。请让我到德国大使馆去与使馆代表商谈一下。""他没办法。"刘喊道。这样，她们才站起来，让我走了。

我曾想今天上午与贝德士博士一起去日本大使馆，把一个日本官员带到百子亭的杀人现场。在我家附近的中山路上，我看到约200名日本士兵列队而来，我害怕这些军人(如宣称的那样)会强行清理安全区。因此，我急速驶往平仓巷找美国人，动员所有外国人为难民收容所站好岗。然后，我又亲自来到德国大使馆，找到罗森博士，他很乐意与我一起返回小桃园，想亲眼看看，日本人是如何侵犯我的领地和房屋的。谢天谢地，什么事也没发生！日本士兵列队是为了欢迎顺道来访的日本将军。在我家叙谈了一个小时后，我们来到美国大使馆与爱利生先生商谈。然后，我们驱车前往总部，再次确认，日方确实没有进犯安全区。于是，我们5人（罗森博士、史迈士先生、施佩林、我和“自治委员会”代表吉米·王）一起来到百子亭杀人现场。此时，已有人用芦席把4具死尸裹了起来，准备把他们埋葬在附近的小山坡上。吉米在附近找到一个中国人，他给我们详细描述了当时的情况：人们所说的想保护自己人力车的那个中国老人，想从一草棚中搬出两把椅子放进自己的家。就是为了这两把可能是偷来也可能是廉价买来的椅子，他被日本士兵的子弹击中，身受重伤，躺在地上。他的妻子（或是妹妹?）与其他两个男性亲属急忙来救他，想把他抬走，就在这时，他们也遭枪杀致死。即便这位老人偷了两把椅子，每把新椅子也不过5元钱，也没有理由说日本人可以因其盗窃行为把他打死，更没有理由把正要去抬走这个伤员或垂死者的两位男子和一位妇女杀害，况且，他们自己每天都从屋里搬出大量家具，在马路上公开烧毁。

除此之外，今天一切平安无事，待在我院子里的难民可以喘一口气了。除博斯先生（荷兰大使馆代表）外，与“蜜蜂”号一起到达的还有大批信件：妻子1月22日、2月1日和2月4日发自上海的来信；奥托去年11月25日发自慕尼黑的来信及总部2月3日发自上海的函件。总部来函通知我说，我必须关闭南京办事处，最迟于2月底抵达上海，然后回德国休假。

事态报告

南京，1938年2月8日

407）2月5日晚上7时30分，5个日本士兵闯进天竺路麦梁氏家，翻查男人的口袋索要钱物，并企图强奸麦太太，但未能得逞，麦太太逃脱了。

408）2月5日晚上7时40分，2个日本士兵闯进颐和路池迟氏的家，抢走5元钱，还想强奸妇女，好在她们逃跑了，幸免于难。

409）2月5日上午8时，2个日本士兵闯入夫子庙附近瞻园路的艾李氏家，她是2月3日回到家中的。此时，酒店里的男人们都被拉去做工去了，于是，日本人把艾太太拖进屋里，房门反锁长达10分钟，他们逼迫她脱光衣服，她可是10天前才分娩，孩子夭折了。屋里的另一个名叫冯何氏的妇女故意撒谎说，她4天前才生了孩子，孩子一出生就死了，这才未遭蹂躏。日本士兵临走时威胁说，他们还要再来，看看她是否说的是实话。

410) 2月5日上午10时，四五个日本士兵闯入黄泥岗的王刘氏家中，向她要姑娘和女孩子。傍晚5时，又来了一批日本士兵，他们猛烈敲门，要强行进屋。王刘氏和家人从后门逃走了。他们是按要求于2月4日回到家中的。

411) 2月4日，魏特琳小姐报告说，有8个中国人为日本人干了七八天活，所得报酬是一张印有1908年2月7日日期的德国纸币，面值为100马克。这张钞票当然已无价值，被入档保存。(魏特琳)

412) 2月4日下午4时，3个日本士兵(其中2人全副武装)闯入(宁海路以东的)华新巷某家，索要钱财和姑娘。屋内的老妇们吓得跑走，躲过了这些士兵。

413) 2月4日下午，冯太太想带孩子回跑马巷的家，当他们经过富民坊时，受到2个日本士兵的袭击。他们把她拖进防空洞，想对她施暴，孩子大喊大叫，把他们撵跑了。

414) 2月3日早晨，吴先生携带全家回到他在龙蟠里的家中，一个日本士兵两次闯进他家，几乎掠走了他的全部行李。后来，这个日本兵又来了，把男人们都赶到屋外，扒光一个已婚妇女的衣服，强奸了她。

415) 2月3日下午5时，3个日本士兵闯入大中桥附近尚书巷某家，把女主人怀抱的婴儿甩在一旁，把她强奸后，狂笑着离去。

416) 宋曹氏报告说，她离开安全区后，在水西门被日本岗哨拦截，他们对她进行搜身，拿走了3.80元钱。穿过城门后，她又被日本士兵拖进防空洞。他们正要强奸她时，迎面走

来一位30来岁的妇女，于是，他们强奸了这位少妇，而她逃回了城里。

417) 2月4日，3个日本士兵闯入西门太平桥杜太太家，想要强奸她。当她听到声音时，急忙钻到织布机后面躲藏起来。日本士兵搜寻30分钟未果，然后离去。杜太太又回到了难民收容所，亲自报告了这件事。

418) 2月3日晚上8时，4个日本士兵翻越北平路某家院墙，抢走史先生1元钱、陶先生3元钱，两次强奸了赵太太和刘太太。

419) 2月3日晚上8时，3个日本士兵闯进北平路的另一家，抢走了金先生2.20元、胡先生2.50元和杜先生1.40元钱。

420) 2月3日下午1时，刚回到家中的23岁的姚罗氏就遭到日本士兵的强奸。

421) 2月2日早上，王玉林(音译)正和妻子一起返回住所，路遇一辆载有3个日本士兵的卡车，卡车猛然刹住，士兵们纵身跃下，抢走了王先生的提箱，逼迫其妻登上汽车。幸好王太太挣扎着从卡车上跳了下来，才免受其难。然而，行李丢了。

422) 2月2日，王杨氏回到她和平门外蟠龙山的家中。当天上午11时，4个日本士兵闯入她家要强暴她，她即下跪求饶。他们狠狠打了她一顿，抢走了10元钱才放手。王太太害怕日本士兵再次侵扰，带着孩子回到了难民收容所。

423) 2月2日，24岁的谢钱氏在返回下关住所的途中遭到日本士兵的袭击，他们把她拖进一间屋子进行强奸。获释后，她在城门外又遭到三四个日本士兵的骚扰，巧遇一个日本海军军官解救了她。在红卍字会的帮助下，她又返回了难民收容所。

424) 2月1日中午，6个难民离开难民收容所，回到位于西玉壶坊的家中，一个日本士兵闯了进来，四处张望。他还叫来一个同伙，把这些才回家的人洗劫一空。他们用刺刀胁迫，抢走了8.30元和几个铜板。

(不完整!)

签名:L. 史迈士

2月9日

昨天下午,日本大使馆邀请我们去听音乐会(详见下面的节目单),罗森博士断然拒绝,而我们委员会只能逢场作戏,笑脸前往!

南京日本大使馆军人音乐会

1938年2月8日下午3时

节　目　单

乐队指挥:陆军军乐中尉大沼哲

1. 序曲:轻骑兵	F.V. 苏佩　曲
2. 多瑙河之波圆舞曲	V. 尹瓦诺夫斯基　曲
3. 一步舞:中国城,我的中国城	J. 施瓦尔茨　曲
4. 长歌:　老松	大沼哲　曲
5. 梦幻曲:阿依达	威尔第　曲
6. 序曲:威廉·退尔	G. 罗西尼　曲
7. 进行曲:我们的军队	军乐队

我们上午还在四处查看被日本军人杀害的中国人,下午却要去欣赏日本军队举行的音乐会,显然有些过分,但是,在这充满了欺骗的东方世界,一切都是可能的。为了给对方面子(一张早已丢尽的脸面),为了顾及闻名于世的东亚礼仪,我们委员会几乎全体成员都出席了音乐会!此外,沙尔芬贝格和许尔特尔,美国领事爱利生和英国代表杰弗里也大驾光临。我们还极有耐心地让人为《读卖新闻》照了一张相,杰弗里和一个叫盖莎的可爱的女人站在我们中间。

为解决我申请往返上海的事宜,福井先生约我今天一早就去日本大使馆。也许他想再次提醒我,让我切切不可忘记,在上海只许说日本人的**好话**!如果他认为我会不同意,那就大错特错了。当然,在这方面他不会错,我也不会错,他对我已经相当了解,他知道,我会以同样的亚洲式虚伪向他保证，说他想听的话。至于我以后是否还把它当真，那就是另一回事了。对此，他肯定是不会相信的。据总部最后一封来信，我是决不可能再回到这里了，但是，现在我还不能让别人知道。

现在是到了最后关门的时候了！我对张（国珍）说："我得回德国。"张听了忧心忡忡地直摇头。"我需要箱子，也就是说，要用木料做箱子，我还有几件小行李要装箱。""木料？"张问，"现在连做棺材的木头都不够了。"不过，他会设法搞到几块木板。我们的家具以及由我自己付钱购买的办公设备全部留下，带不走。至于这些家具以后怎样处置，谁也不知道。我最心疼的是那幅油画，但又有什么办法呢？普菲岑罗伊特太太说什么来着？她说，"不必为 50 芬尼的东西操心！"

张刚才带回来消息说："根本没有木料，惟独日本人有，可是，他们不卖！"我真为这些漂亮的旧衣服感到可惜！

2 月 10 日

昨天去日本大使馆，想会见福井先生，未遇。当晚 6 时，他来看我，商谈我去上海事宜。他果然忍不住威胁我说："如果您在上海对报社记者说我们的**坏话**，您就是与日本军队为敌。"他告诉我说，克勒格尔的报告非常差劲，并以一封来自伦敦的长篇电报为例，说明克勒格尔的思想很坏。他相信，此份电报是从香港拍给他的。我忙安慰福井说，依我看，那段时间克勒格尔根本不在香港。这显然毫无意义，因为电报有可能就是在上海拍的。从下面 1 月 28 日克勒格尔的来信中得知，他在上海作了详细报告，并同意公开发表。我问福井，允许我在上海说些什么，他回答说："这就由您自己斟酌了。"对此，我说："依我看，您期待着我对报界这样说：南京的局势日益好转，贵刊不要再刊登有关日本士兵罪恶行径的报道，这样做等于是火上加油，使日本人和欧洲人之间更增添不和的气氛。""好！"他喜形于色地说，"真是太棒了！""好吧，我亲爱的福井先生，现在请您给我机会与你们的天谷将军①和本乡少佐亲自谈谈此事，听

---

① 此处由德文 Amaya 转译，原译"麻生"。根据当时在宁日本军人资料，应为天谷或本间。

说本乡先生说得一口流利的德语。我认为,我和贵方之间,即委员会和日本军方之间总会取得谅解并进行友好合作。我们为鼓楼医院争取到几个外国医生和护理人员,您为什么还拒发他们来南京的通行证?为什么不允许我们从上海船运粮食来南京?为什么禁止我们进入外交部里面的红十字医院?这个医院还是由我们委员会提供食品的呢!"他的答复就是耸耸肩膀或是翻来覆去的那一句话:"如果您说日本人的坏话,就要激怒日本军方,这样,您就回不了南京!"我问道:"能否带一个中国佣人同往上海?"他回答说:"可以,只是他决不能再回南京!"

礼和洋行
上海
1938年1月28日

亲爱的拉贝阁下:

火车旅行甚是辛苦,回上海后,喝了些格罗格酒暖暖身子,还洗了个热水澡,慢慢地又像个人样了。这星期,我到人群中走走,大家都衣冠整齐,上海还相当平静,不像南京那样满街都是强盗。这段旅途很有意思,但我得承认,当我在火车站看到是敞篷车时,我的心都凉了。这是我那位可笑的警官的过错,我本可以坐棚车走的,就像后来在镇江坐的那样。在那里,我用了几根香烟向日本士兵说明,我想搭他们的车走,尽管警官极力反对(看来他有严格命令),结果我们还是搭他们的车走了。好在这次他比我冻得还厉害,这样,理智战胜了毫无意义的规定。

至常州(武进)的路上,风景很美,但很荒凉。车再往前开,情况立即有了变化,农民已经在田里耕作了。看来好像刚"扫荡"完毕,到处都留有掳掠的痕迹。沿途也有士兵上车,他们捧着一捆捆猎物,还要帮军官们背掠来的财物,其他就没什么可看的了。公路上确实不很安全,尤其是夜晚。尽管如此,我还是十分愿意乘坐自己的车。

我已经作了几个报告,明天还要带些人去,即便如此,还是宣传得不够,因为日本人到处煽风点火,矛头对准南京,在那里他们肯定是有企图的。我随信寄上两篇报刊文章，我建议，如果时间还来得及，应对此作出反应。明天，日本人肯定会对新的“爱利生事件”作出解释，但是日本人的文章只要一看就知道是在欺骗。那两次事件发生时，我去过报社，只是我对详情不甚清楚，所以，无法准确地用文字表达出来。以后，每逢事件发生最好立即对新闻界明确表态，这样日本人就欲作浪却又兴不起风。我担心的是，我们通过新闻媒介施加压力，只不过使他们有所收敛罢了，对此，“爱利生事件”肯定是特别合适的。

据我所知，难民的供给问题几乎没有任何变化，至今，我们尚未获准船运粮食。福田先生告诉我说，日军已提供了更多的大米，我不太相信。对这个问题应连续不断地进行报道，让报社大造特造舆论，如“日本军队正在饿死南京平民”等诸如此类的消息。从美国的情绪来看，这样的宣传效果颇佳。我认为，对在上海筹措的钱款必须加以伪装，即不能公开宣称这是中国人捐赠的。因为目前美国也在积极募捐，如果能够证明日本军队不准把这些钱用在南京和其他占领区，就可以很容易地赢得美国舆论的支持。我怕委员会在那里会遇到很大困难，因此，非常有必要通过新闻界多做工作。如有可能，我们应该每天写一篇新闻报道，以保证报刊不断得到新的消息，否则无法对付军队中那些粗野的家伙，这帮无赖竟自吹什么要给东方带来光明！在上海，他们也一样胡作非为，作战地区至今仍是遍地尸体，那里没有人居住，没有人天天经过，即使这样还发生了多起事件。在租界地和法国城之外，就连白人妇女也感到不安全。他们真是一批畜生！

今天，我才见到您那可爱的太太，她忧心忡忡。您最迟于一个月后来上海，然后再回德国，这似乎更好些。我与普罗布斯特博士谈了很久，他对一切都感兴趣。我估计，他们在商务上并不需要您，他们想把您换下，安排您去休假，当然，您也有足够的理由去休假了。他们想派人来替换您，我认为，这是没有意义的，因为没有人熟悉工作，从长期看，业务也开展不起来。您先得争取摆脱那些难民，中国人喜欢下跪求人保护，而您总得呼吸一下新鲜空气吧，我的意思是,您首先应该为您太太和您自己的健康考虑考虑,身体可是最要紧的。还有一个建议,我的行里有一辆克虏伯柴油汽车,事实上,礼和洋行有权利使用这辆车,但是,没有人会使用它,哈茨倒是想开这辆车来上海的。您看吧,可以慢慢收拾行李,让哈茨把它送到上海,估计至3月中旬,时间还来得及。您心肠虽好,也该下决心了,为您的太太想想吧,否则,她要乘坐日本军用火车去您那个破家了。我想,她为您操尽了心。

我的行李没有受到检查,抵达上海也未遇到什么麻烦,我感到惊讶。建议您不要火车托运,因为很难把东西从北站运出来,您几乎不可能从上海开着卡车去那里。因此,您可以把所有行李装在柴油汽车上,哈茨会帮您运到这里的。您只要坚持用木箱装运,就会找到木箱的。其他很多事情,您的佣人不是都已经办妥了嘛。我总是在想,这件事的前前后后完全是以亚洲人的方式进行的,我们欧洲人的感受不同,本不应该掺和与卷入到这场纷争及冲突中去的。

请告诉那个"青年男子",我已转告了他的消息,不过收件人不在这里,而在广东。其他消息我会亲自转达,因为我星期一就要乘坐"孔特·罗塞"号去香港,那是中国新的经济中心。商务当然在办理之中,虽然一切都不畅通,但是中国人仍在订货,这对我们来说可是件头等大事。中国人照样支付货款,即使数额不高。有些合同已经取消,想必贵洋行也是如此,今天,谁都要作好这种准备。汇率还不错,甚至很稳定。看来,对日本人来说,这块肉太大,他们除空袭外,显然在中国南部没有其他企图,至少目前是如此。也许徐州决战后局势会发生变化,在那里,中国人肯定也坚持不了多久,而日本人也终将找到一处力量薄弱的地方,以破坏中国人的全部设施。虽然,中国人的军事工程进展不快,但是相当坚固。

原准备3月5日在香港举行婚礼,但是现在不行了,特别遗憾,因为日本人刚在烟台登陆,埃利卡不想在此时此刻离开父母,再说,也不能在烟台结婚。以后的事情谁也不知道。这场战争肯定要延续到秋天,至少我不清楚,如果没有第三国干预或不诉诸武力,双方将如何走到一起。殖民地也不是理想的方案，纵然德国现在的态度比日中交战时更为中立，但也不要指望它会改变初衷。遗憾的是，大英帝国的自治领抗议割让殖民地。不过，要到那一步，还需等上几年。

在香港，我会向孔夫人，或许还要向宋子文报告，有何结果，尚需等待，也许两人只是出些钱而已。听说，唐将军真的被枪毙了。

这里有一帮“南京人”，他们是劳滕施拉格尔小姐、施泰内斯小姐和谢尔，还有许多人我不曾见过面。这些人要干什么，非来找我不可。梅考太太和施梅林太太已启程去香港，另外，法尔肯豪森把事情办得很漂亮，博迪恩把两个好斗之士带到了香港，把皮尔纳送上了轮船。后来，施梅林接到命令，要他留下。他现在正待在香港，以平定情绪。到香港后，我会给您写信的。

谨向美国人致以衷心的问候，这里的组织工作非常出色，我对他们怀有崇高的敬意，在南京，我也很乐意与他们合作。最后，向所有德国同事问好，特别是您。

您的

签名：克·克勒格尔

请记住，尽管您在南京的工作非常重要，您务必要在3月中旬平安抵达上海。

再次问候您！

您的

签名：克·克勒格尔

我希望，您今天已经听了广播，您可以立即对“爱利生事件”提出抗议。

事态报告

425）2月7日，星期一早上，我们收到一份报告。报告说，前一天，即2月6日下午近5时，有4名中国人（3男1女）在百子亭后面遭到日本士兵的杀害。临近中午，一位受害者的邻居来到我们办公室，证实了这条消息的准确性。同一天下午近 4 时半，一位姑娘来到我们办公室，请求我们帮助，因为受害妇女正是她母亲。她母亲前几天才回到家中，身上揣着全部现钱，姑娘希望能在母亲尸体上找到这些钱。

拉贝先生和米尔斯先生立即跟她来到现场，发现 4 具尸体躺在血泊之中，详见下列草图：

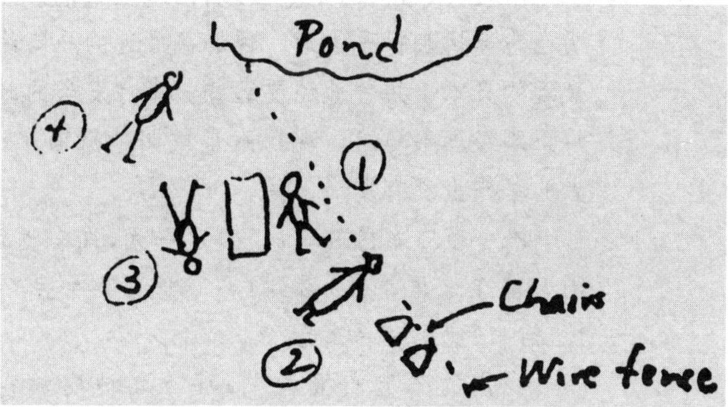

1 号是一位老人，他是第一个被杀害的；

2 号是赶去救护的妇女；

3 号、4 号是想去抬走受伤人员的两名男子；

长方形表示用来抬人的门板。

报告说，这位老人拿了两把椅子，走在铁丝网旁边的小路上，被日本士兵拦住，当场被杀害。估计这位陪同老人的妇女看到他还没有死，只是受了伤，于是叫来两个男人，要他们用门板（作担架用）把他抬走。当这位妇女和两位男子来到老人身旁时，他们 3 人都被枪杀。

因当天时间已晚，不能采取任何措施，米尔斯和拉贝先生回到办公室，决定第二天早上向“自治委员会”报告此事。

第二天2月8日，星期二早上，“自治委员会”告诉我们说，他们对此事已有耳闻，并向特务机关作了汇报。我们决定再次亲临现场，看看是否可以再敦促做些什么。德国大使馆的罗森博士正巧在我们办公室，他与我们同往。

罗森博士、拉贝、施佩林和史迈士博士先生发现，一大清早，红卍字会就把尸体搬至附近的小坟丘上，地上和门板上的血迹还清晰可见，门板和椅子尚未搬走。现场位于水塘附近，水塘四周是小园地，园地上新挖了两条垄沟，说明已为春播翻耕了土地。现场离最近的马路约200码，离最近的日本士兵营地还要远些。事件发生的时候，日本士兵正路经那条马路。现场附近或园地后面小山坡上遇难者的草棚里没有发现士兵。

唯一留守本区的农民说，这一天，许多返回住所的中国人都在地里干活，看到这一枪杀事件后，个个胆战心惊，后来，他们一一离开了。

我们的先生们报告说，那4具被安放在坟丘上的尸体，有几具已裹上了草席。那位老人头发花白，那位妇女双手沾满鲜血。前面提到的那位农民还报告说，那两把椅子是受害的老人从附近的一间茅草棚里搬出来的。

南京，1938年2月9日

426) 2月5日上午，一日本士兵闯入汉西门56号曹曾氏的家中，企图强奸她。因该楼的其他居民向日本宪兵报告，他才不得不放弃歹念。下午5时许，这个日本士兵再次侵扰，用刺刀把曹太太的脸划伤，她被送进大学医院急救。当时处理曹太太伤口的威尔逊大夫说，她伤势很重，他担心她颅骨骨折，她已处于半昏迷状态。

1938年2月5日

金陵神学院难民收容所

致约翰·H.D. 拉贝先生　　南京

南京安全区国际委员会主席　　1938年2月6日

南京

尊敬的拉贝先生：

战争在上海爆发并不幸蔓延至南京时，国际委员会建立了南京安全区。它帮助难民免遭危险，获得安全，这件拯救工作使全体难民至死也难以忘怀。

我们——您的助手，愿为您的追求献出我们的全部力量，我们把这看成是我们的神圣职责。在辞旧迎新之际，我们收到您的来信，信中对我们的工作大加赞扬，随信还附上了15元钱供我们欢度春节。虽然我们认为，我们不配接受这份礼物，但我们不予拒绝，以免让您生气，从而失去您的器重。

根据您的指示，我们已把钱分发给各位工作人员。特写此信，以表示我们的衷心感谢。

您非常忠实的

签名：陶忠亮（音译）

代表金陵神学院难民收容所全体职工

2月11日

今天，我们的苦力"钱瘌"（外号）步行回农村老家，他老家离城有3小时的路程。我很担心，他的家人是否还活着，他怎么能找到他们。据说，外面的日军杀人如麻。

刚刚传来一条消息：天谷将军所称的具有良好纪律的日本军队的一个士兵闯入民宅，屋内住有一位妇女和她两个女儿。这个士兵想要强奸其女，遭到反抗，随后，他把这3位妇女锁入屋内，纵火烧屋。一个女儿被烧成了焦炭，母亲脸部严重灼伤，此案正在调查中。

辛德贝格带来一条更糟糕的消息，这次说的是中国强盗，共4人，他们猜想某老乡家藏有钱财，于是，他们把他的四肢捆绑起来，吊挂在火堆上烤，强迫他供出藏钱的地方。我们这是在亚洲啊！此类暴行听得太多，就会想家的。

上海传来一条好消息：上海方面已把100吨蚕豆装船发往这里，这正是我们治疗脚气病所求之不得的。地平线上出现了一丝曙光！

张正在张罗木料(我想做几个箱子，把能带走的东西全部装箱运走)，谁知道，是否还有机会与南京重逢。于是我想，把能抢救的财物全部带走，东西不包装是保存不好的，尤其是在这个地方。礼和洋行还有一只空箱子，施佩林想把它弄来。

下午1时许，与英国炮艇“蟋蟀”号的军官一起在罗森博士那儿用午餐。他们都很友好。遗憾，我的行装还没收拾好，否则，我明天也可随“蟋蟀”号驶往上海。

荷兰大使馆的博斯先生从上海来此作为期3天的访问，以察看该使馆的房子。根据他的请求，给了他一份我们汇编的材料：

南京国际委员会遇到的几个问题
迫切希望与日本当局合作以求解决

1938年2月10日

1. 恢复秩序和纪律问题

不论是在为返回原来住所的难民开放的安全区外的5个新区，还是在安全区界内，日本士兵都必须尽力恢复秩序和纪律。松井将军前不久在南京时，于2月7日重新作出此项规定。有迹象表明，大马路及其附近的情况有所好转。但是，大马路以外的居民还深受其苦。依我们看，日本军事当局只有严明纪律，加强措施，严格规定日本士兵只许逗留在指定的区域内，这个问题才能得以解决。

2. 食品供给问题

时至今日，日本当局共交付了5 200袋大米和1万袋面粉，以解决平民的供给问题。这些粮食是提供给“自治委员会”出售的，其中包括不予销售的2 000袋大米，这2 000袋米是无偿分配给已返回原住所的难民的，然而直到现在才落实了几百袋。当前，既没有可出售的，也没有供无偿分配的储备粮。日本当局已同意把足够数量的燃煤运进安全区,以保证粥厂的开伙。2月8日,“自治委员会”得到了2000加仑汽油,减少了运输食品和燃煤中的困难。

这次慷慨提交了9000袋面粉(包括在上述的1万袋之中),大大改善了上一周的缺粮状况,但仍没有为今后定期供应做好准备。对25万难民每天起码供应2000担即1600袋大米,不做好这样的准备,难民的食品状况就很危险。要解决这个问题,日本当局或者从这里的仓库提取必要的储备粮,或者开放通往南京的运输线,以便把食品从后方或从上海直接运往南京。

国际委员会请求同意它调拨原南京市政府分配给它的1.0933万袋大米和1万袋面粉,以无偿分配给安全区内外的难民。国际委员会还声明,它愿意与“自治委员会”合作处理好粮食分配工作。我们考虑到,至今仍以赈济口粮为生的难民有5万人,这个数字会在不久的将来急剧增长,因为百姓的私粮业已告罄,而经济尚未复苏。另外,还考虑到,这些平民起码到4月份还要靠免费分发的粮食生活。如果这样,经我们核算,上述的米面储备足够无偿供应给那些急需的难民,确保他们以后3个月的生活来源。

如要预防疾病和瘟疫的蔓延(有报告说,已发现了几例脚气病病例),必须给那些至今仍依靠赈济口粮生活的难民和其他只剩有大米而买不到别的食品的人补充其他种类食品。现在,城里很难买到各种豆类。不容忽视的是,中国老百姓多半是从豆腐中获取蛋白质和维生素B的,而如今市场上豆腐已根本见不到。因此,老百姓的营养状况是够糟糕的了。我们请求日方能同意我们从上海购买豆类及其他补充食品,并用船运到南京,600吨这样的食品大概足以满足3个月的需求了。

3. 医院和卫生所的人员问题

自从建立安全区以来,医药卫生设备成为我们最大的烦心事,这也是我们组织的一个薄弱环节。我们侥幸遇到一个比较温暖的冬天,没有暴发疾病。但是,难民收容所里少不了我们无法处理的病例和分娩。春天即将来临,病人人数肯定会有所增加,特别是前两个月,难民们光喝稀粥,身体虚弱,抵抗力不强。

我们已经为两个美国医生和两个美国女护士申请了入城许可证，以便大学医院可以扩大它的门诊部，并把医疗工作拓展到各难民收容所。（虽然一部分难民离开了难民收容所，但我们估计留下来住在收容所里的难民可能还有数万人。日本人根据他们的登记，估计今天在安全区内的市民还有16万。）

上海的美国红十字会现在已经恳请南京的国际红十字会，向它提交在南京开展救援工作的建议和计划。南京委员会认为，考虑到社会医疗工作十分薄弱，应该在不同的城区建立起4个医疗所。这是非常迫切的，而且很有必要，因为回到了原来住所的难民们住得太远，无法回到大学医院来治疗。

然而，有关医疗工作的根本性问题仍是缺少医务人员。城里虽有一批中国医生和护士，但是其中大多数人受教育程度都不够。他们可以做优秀医生和护士的助手，但是他们不能组织或独立工作。因此我们迫切需要为我们所聘请的医生和女护士取得入城许可证。

总而言之，我们的要求非常简单，可以概括如下：我们请求日本军队恢复驻城部队的秩序，让我们运进粮食，发给我们为我们的医生和女护士申请的入城许可证。

签名：刘易斯·S.C. 史迈士
秘书

又及：

2月11日，今天又获准供应一批大米，但数量尚未确定。此外我们还得到消息，蚕豆已装上“万通”号轮船运往这里，对此我们非常感激。

这篇报告是根据（荷兰大使馆）博斯先生的愿望而写成的，交给他供内部使用。

2月11日

约翰·马吉牧师已经拍摄了残暴罪行的纪录影片。罗森博士让人在上海制作一部拷贝，他想把拷贝寄到柏林。据说以后也要给我一部拷贝。我暂时把各个场景的解说附在后面。影片中提到的好多伤员我都看见过,有几个人在死前我还和他们说过话,其中有些人的尸体,鼓楼医院还让我在停尸房看过。

约翰·马吉牧师关于他的影片《南京暴行纪实》的引言和解说词

引　言

下面放映的画面只能让人简单了解一下1937年12月13日日本人占领南京之后发生在该市的无法用言语描述的事件。假如摄影师(约翰·马吉牧师,南京安全区国际委员会委员和国际红十字会南京分会主席)有更多胶卷和更多时间的话,他就会拍摄下许多其他的场景。他像其他人那样,这期间从早到晚忙着保护这个城市的居民,或是以某种方式帮助他们,因此偶尔才有时间去摄影。此外他还必须非常小心谨慎地行动,摄影时千万不可让日本人看见,因为如果让日本人看见,就有被他们砸坏或没收摄影机的危险。因此,他不能直接拍摄处决的镜头,或是拍摄该市几个城区中堆放着大量尸体的场景。教会医院(鼓楼医院)收治了许多伤员和日本人暴行的其他受害者,假如摄影者能在那里逗留较长时间,那么,这部电影的内容必定还要丰富得多。他特别记得一位70岁的老太太,一颗子弹从她肩膀打进去,又从她的背部钻出来。侥幸的是,这颗子弹没有打中其要害部位,伤口很快就愈合了。还必须考虑到这个情况,就是在成千上万受伤的人中,只有极少数可以被送进医院或是为我们所知。在乡下,在小城镇里,也有成千上万的人被杀,我们外国人却无法看到这些暴行,也无法了解到这方面的详细情况,只是到后来才偶尔传来一些这方面真实可信的报告。

看来日本的军官和士兵们都认为,他们有权利对中国人采取任何一种暴力行为,因为中国人是他们的敌人。上级军官把强奸看成是轻微的过失,表面上之所以认为强奸也要被惩罚,只是因为它给外国的公众舆论产生了恶劣的印象,或是出于最高政府部门的一种压力。

为了公正，必须提到，许多日本人也承认他们的一些士兵表现非常糟糕。有两个文字记者对摄影者谈了这样的看法。一个记者认为，这类事件也许是“不可避免的”。一个日本总领事也表示了相同的意见，他承认日本部队确实缺乏纪律约束。这对日本军队是怎样一种评价？！

在一次战争中任何国家里都会沉渣泛起。当然也不可否认，犯罪分子和色情暴虐狂者就利用这机会，放纵自己丑恶的本性。在日本士兵身上所看到的这些残忍和嗜杀成性，在一个今天还崇尚“剖腹自杀”陋俗和让儿童阅读残暴好杀故事的国家里，也许是难以避免的。

把这些场景拍摄下来，并不是为了煽起对日本的复仇情绪，而仅仅是希望所有的人，也包括日本人在内，牢记这场战争的可怕后果，并使他们明白，应该使用一切合法手段结束这场由日本军队挑起的争端。

影片的拍摄者经常到日本去，熟悉这个国家的名胜古迹，知道在它的人民中有许多人具有高尚的精神。要是日本人民知道了这次战争是怎样发生的和怎样进行的，他们的内心就会充满厌恶！

影片的解说词

1 号影片

这段影片主要纪录了1937年9月和10月期间日本人对南京的空袭。该影片的结尾和2号影片的开头出现有中国的基督教徒，他们于1937年12月19日在安全区一个难民收容所的露天空地做礼拜。

2 号影片

画面序号

1）日本部队占领南京后几天，日本轰炸机飞越南京上空。

2）1937年12月16日，上海路。中国妇女下跪请求日本士兵

不要杀害她们的儿子和丈夫，他们仅仅是因为被怀疑当过兵而被无情地驱赶在一起。成千上万的平民也被这样用绳索捆绑起来，驱赶到下关的扬子江边、众多的小池塘边和空旷的场地上，在那里他们遭到机关枪扫射、刺刀砍杀、步枪齐射，甚至用手榴弹处决。

画面 2）

3）下关模范村四所村的中国圣公会信徒刘广伟（音译）和基督教教友们在日本人占领城市前逃进了安全区。12 月 16 日他和基督教会其他 13 位教友被日本士兵带走，据他估计约有 1000 个中国人的队伍被强迫赶到下关的扬子江岸边，在那里他们一排排站着，被机关枪扫射致死。当时正值黄昏，但是没有机会可以逃走，因为日本人用机枪围住了三面，而中国人的背后是扬子江。刘本人站在将被杀害者的后排，紧靠江边。当一排排中国人被机枪打死时，他也倒了下去，虽然他没被击中，却和几个被打死的人一起倒进浅水里，得以藏在尸堆中达 3 小时之久。后来他拖着被严寒冻得几乎不能走路的两条腿，爬上了岸，逃进一间无人居住的草屋中，他在那里脱去身上的湿衣服，钻进在那里找到的被褥里。在草屋中他没吃没喝地躲了 3 天。最后，饥饿迫使他出去寻找食物。他又穿上还未完全干透的衣服，走到以前工作过的中国进出口公司（一家英国洋行），在那里，他没有遇见任何人。当他离开时，碰上了 3 个日本士兵。他们先是揍了他一顿，然后把他带到下关的复兴街，要他给他们煮饭。几天后他们放了他，两个士兵交给他一张盖有图章和签名的证明。他拿着那张证明，穿过城门回到了安全区他的家人那里。

4）这个19岁的女子在难民区的美国学校里避难。她怀第一胎已经7个月（准确时间是6个半月）。一个日本兵要强奸她，她进行反抗，因此被他用刺刀狠狠刺了一通。她的胸部和脸部被刺伤19处，腿上挨了8刀，下身挨的一刀有2英寸深，因此她在被送进鼓楼医院一天后就流产了。这期间她的伤口已经愈合。

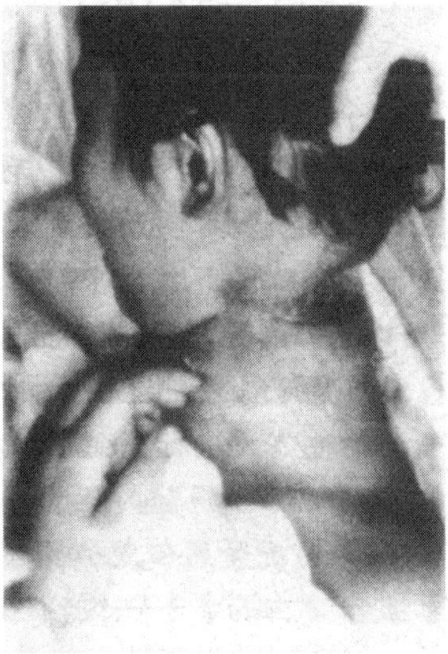

5）日本士兵闯入这青年女子在下关（南京的港口地区）的家里，一家人除去她侥幸不在家的丈夫外，均被他们杀死。她是一家英国公司（和记洋行）的职员。日本人用刺刀劈伤了她的脊柱，留下一个可怕的伤口。她最后死于脑膜炎。她没有对日本士兵进行过任何反抗。

6）日本人侵入这座城市时，这个约11岁的女孩和她的父母站在难民区一个防空洞的附近。这些日本士兵用刺刀刺死她父亲，开枪打死她母亲，用刺刀刺中她的肘部。她的伤口现在已愈合，但留下一只残废的臂膀。

7）这是一个7岁男孩的尸体，他被送入大学医院（教会医院，鼓楼）3天后死去。他身上被刺刀刺了5刀，有一刀刺进了肚子。（我亲眼见过这具尸体。——约翰·拉贝）

8）这个男子是一家中国饭店的职员，就他所知，他是被日本士兵从难民区的房子里拉出去并在该区西侧一座小山上枪杀的 80 个男人中唯一的幸存者。他自己的脖颈、面颊和手臂上各挨了一枪，现已治愈。当时他装死，后来得以逃脱，到了教会医院里。

9）这个男子的胸部挨了一枪，因为他不明白日本人要他做什么。他是个农民。在教会医院里有许多这样的情况。

3 号影片

1）这是一个男子的尸体。他和其他 70 个人被从金陵大学的蚕厂拉出来，他们全都或是被枪打死，或是被刺刀刺死，然后被浇上汽油焚烧。这个男子被刺刀刺了两刀。虽然他脸上和整个头部被烧得很可怕，但他还能拖着身子来到医院，到医院 20 个小时后死去。（我在鼓楼医院的停尸地窖里，当着威尔逊大夫的面叫人打开裹尸布，察看了尸体，以便亲自验证报告上所说的细节。——约翰·拉贝）

2）一个日本兵向一家搪瓷店的职员要香烟，因为他没有香烟，头上就被这个日本兵劈了一刀，这一刀砍破了他一只耳朵后的脑壳，脑子都露了出来。这是在这个受伤者被送进教会医院 6 天后拍摄的。大家可以看到脑子还在搏动，一部分脑浆从伤口外溢，他身体的右侧因此已完全瘫痪，但病人并未失去知觉。他在被送进医院后还活了 10 天。

3）这个抬担架的人和一大批中国人被带到江边，他估计有 4000人，他们在那里被日本人用机关枪扫射。他和其他约 20 个人成功地逃脱了，只是他肩上挨了一枪。

4）这个男子是扬子江上一条小舢板（小船）的主人，他被一个日本兵用枪击中下颚，然后被浇上汽油焚烧，他身体的上部和下部被严重烧伤。他在被送进教会医院（鼓楼）两天后死去。（在这个人死去的前一天，我还跟他谈过话。——约翰·拉贝）

5）这个中国人当过兵，但当他被日本人抓到时，已经手无寸铁。他的头部挨了两刺刀，还有一刀刺穿了脖子，他躺着等死。但是在教会医院（鼓楼）治疗后，又痊愈了。

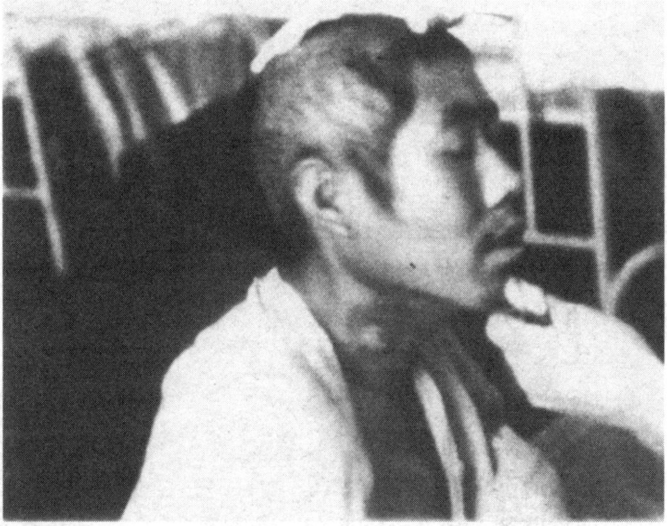

画面 5）

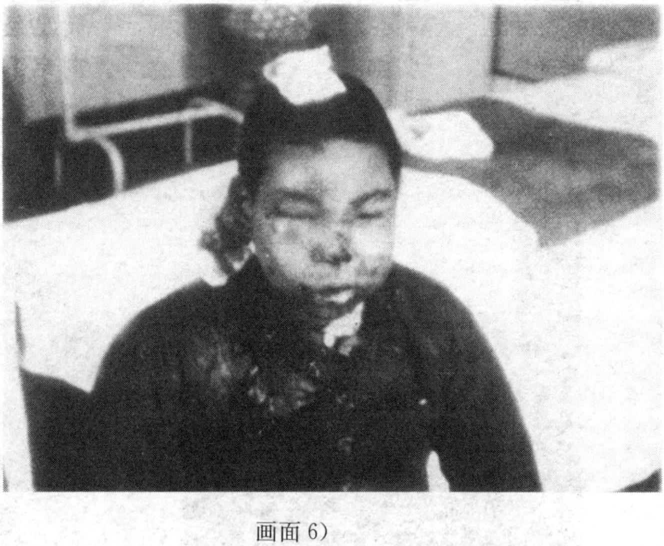

画面 6）

6）这个小男孩从吴淞逃到常州，被经过常州的日本部队抓走。他今年十三四岁，已经为日本部队干了 3 个星期活。在他们两天不给他饭吃之后，他于 12 月 26 日恳求他们放他回家，他得到的回答就是挨刺刀戳和铁棍往头上一顿打。这个画面是他被送进鼓楼医院时拍摄下来的，当时他正血流如注。后来他痊愈了。

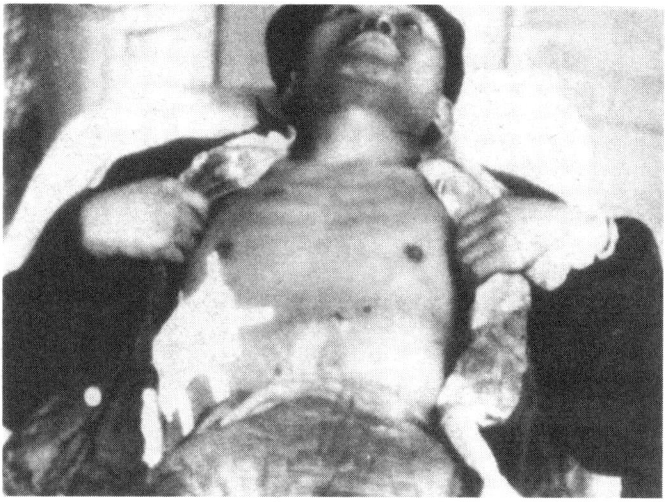

画面 7）

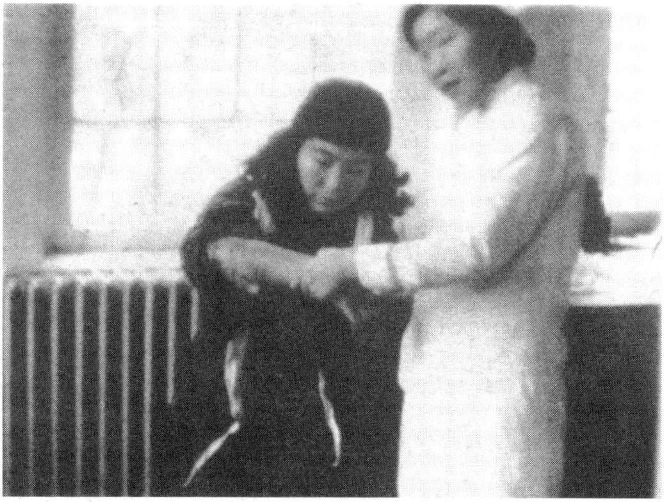

画面 8）

7) 这个男子的家在南城门内。日本人于1937年12月13日入侵这座城市时,打死了他的两个兄弟,用刺刀刺进了他的胸部。他在12月27日以后才被送进医院。这个画面是在鼓楼医院的药房里拍摄的。——这期间他必定已经死去,因为他胸腔里格格的响声说明他受了重伤。

8) 这个女子和她丈夫、她的老父亲及她5岁的孩子住在光华门内。日本人入侵城市时,来到她家要食物。日本人叫她和她丈夫走出去。丈夫随着叫声来到外面时,立即就被刺刀刺死;她因为害怕,留在屋里没有出去。日本士兵随即冲进屋子里,枪杀了她抱在怀里的孩子,同一颗子弹还打伤了她的手臂。

9) 这个姓吴的女子和她家6口人住在南京城隍庙后面。4个日本士兵在12月18日闯进她的家,用刺刀刺死了她60多岁的老父亲以及她兄弟的十一二岁的孩子,用刀凶残地砍伤了她丈夫并企图强奸她。由于她解释说自己有病,他们才放过她。但这些士兵每天都去要钱,还刺伤了她邻居的脸。

10) 下关电话局职员于西棠(音译)是住在金陵大学难民收容所里的4 000个难民之一。12月26日,日本军官来到难民收容所,对所有的成年人进行登记入册。这些军官告诉中国人,如果他们中间有当过兵的,凡自动承认者,即可免于一死,而不报告者抓出来就杀。军官们说,自愿承认者要编入役工队,并且给他们20分钟时间考虑。接着约有200个男子承认当过兵,他们被带走了。在街上还有一批被日本人诬指为当过兵的中国人被抓走,于(西棠)是其中的一个,他是在路上被抓走的。据他说,他和其他几百个人被带到金陵女子文理学院附近的山丘上,在那里日本人用刺刀刺杀他们。他被刺了6刀,其中2刀刺入胸部,2刀刺入小腹,2刀刺在腿上,他失去了知觉。当他重又醒过来时,朋友们把他送进了教会医院。这个画面是威尔逊大夫给他动手术时拍摄的。

威尔逊大夫在这些日子里一直为他的生命担忧，但他却在此期间恢复了健康。

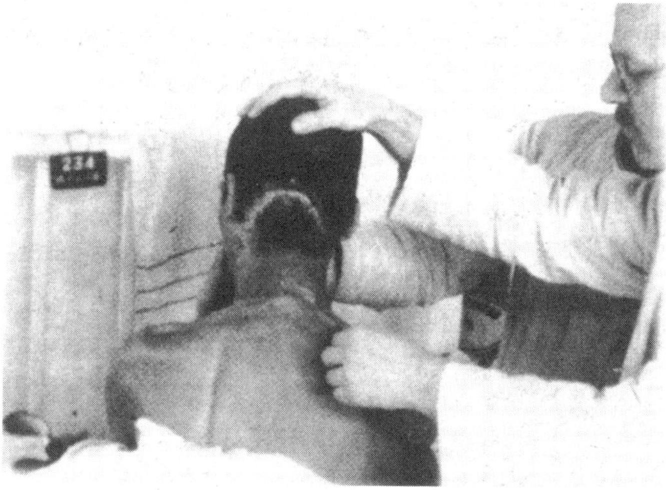

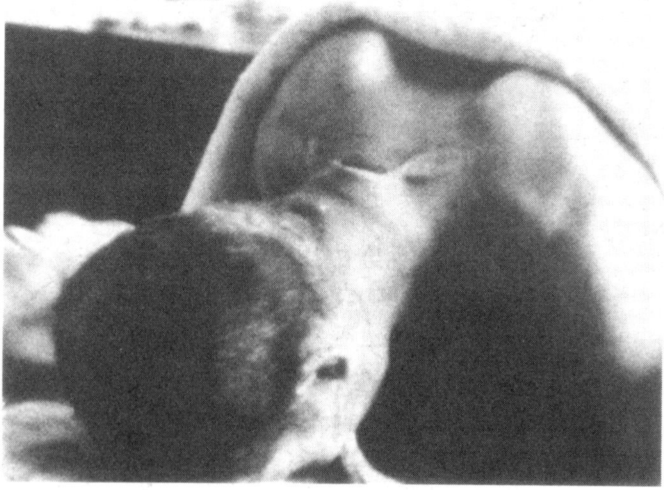

画面 11)

11) 这个男子是南京的一所房子的主人。日本人闯进他的房子里要女人，他回答说没有女人，日本人就用刺刀刺他，他挨了两刀，刺刀深深地刺入后颈部。在这期间他的伤已愈合。

12）一个日本兵强迫难民区的一个中国警察带走一个女子，因为这个日本人想避免亲自把她拖走。他们来到国府路时，天已经黑了下来，这个警察得以逃脱。可是他又落到了其他日本士兵手里，他们用绳子把他捆绑起来，从后面用刺刀刺他，然后把他抛弃在那里，因为他们以为他已经死了。日本人走了以后，他成功地挣脱了绳索，在一所房子里躲了起来。他在那里找到一张床过夜。第二天，他身体非常虚弱，在一个中国人的帮助下到了医院。他一共被刺了22刀，但他被救活了，并且已痊愈，这确实是个奇迹。

4 号影片

1）这个女子和其他5个女子被强行从难民区的一个收容所里拖出来，去给日本军官们洗衣服。她被带到一所看上去像是军人医院的楼房中。白天她必须洗衣服，夜晚供日本士兵们取乐消遣。根据她的报告，年龄较大的和普通的女子一夜要被强奸10次～20次，而一个比较漂亮的年轻女子一夜被强奸达40次。这里拍摄下的是一个普通女子。1938年1月2日，两个日本士兵要她跟他们走。她被带到一所空房内，他们欲砍下她的脑袋，没有成功。人们发现她躺在血泊中，就把她送进了教会医院，在那里她逐渐又恢复了健康。她的后颈被砍了4刀，刀口很深，颈部肌肉都撕裂了。此外，她的手腕有一道严重的刀伤，身上挨了4刀。这女子一点也不明白他们为什么要杀死她。她不了解其他女子的情况。

2）和3）一个尼姑和一个八九岁的小帮手：这孩子被刺刀刺入背部，刺伤数星期后仍然因伤口未愈而发烧；尼姑因枪击造成左髋骨复合性骨折并因此引起严重感染，如果有救的话，就需要进行一次特殊的手术，才能使她恢复行走。这尼姑和别人合住在城南一座庙后面的一所房子里。日本人占领南京时，杀死了这寺庙旁边的许多人。把这尼姑送进医院的那个裁缝估计，那里被杀死的有25人。在这些死者中，有尼姑庵的一位65岁的住持和一个六七岁的小帮手。画面上的这个尼姑及其小帮手也是那次受的伤。她们逃进一条沟里，在那里待了5天，没吃没喝。沟里有许多尸体，其中有一具68岁尼姑的尸体，她是被倒在她身上沉重的尸体压死或窒息而死的。第5天这尼姑听到有一个日本兵看到这些尸体时说了这样一句中国话“好惨啊”，她随即睁开眼睛，恳请这个士兵救她。随后他把她从沟里拖出来，叫来几个中国人把她送到陆军救护站，她在那里受到一个军医的治疗。之后有了机会，她被一个邻居转移到了教会医院。

4）1月11日，3个日本士兵强迫这个十三四岁的男孩把蔬菜挑到城南，在那里他们抢走了他的钱，用刺刀向他背部刺了两刀，一刀刺进下腹。两天后他被送进教会医院时，他的内脏从伤口里拖出来约一尺长。送到医院5天后他死去了。给他摄影时，病人非常痛苦，连医生都不敢把伤口上的绷带解开。

5）这个人听说他母亲被打死了，他就离开国际委员会建立的安全区，去证实这消息是否确实。他前往第二区，这是日本人称之为安全的市区，并被推为可以再定居的一个区。他没有找到他母亲的尸体，却碰上了两个日本兵，他们把他以及他朋友的衣服都抢光，只剩下了裤子（这天是1938年1月12日，是寒冷的一天）。随后两个日本兵把他们的登记证撕得粉碎，用刺刀刺倒他们，把他们抛到一条沟里。这个男子1小时后从昏迷状态中醒来时，发现他的朋友已经失踪。后来他终于回到了难民区，进了教会医院。他被刺了6刀，其中一刀刺破了肋膜，导致肋膜下的外伤性气肿。在此期间他痊愈了。

6）这个男子是4 000个难民中主动承认自己以前当过兵的200名中国人中的一个，因为日本人答应过他们：自动承认者可以免受处罚。他和其他许多在街上被日本人抓到的人（虽然他们以前是平民）一道，共约300人～350人被带到坐落在五台山附近的一所房屋里，在那里他们被分成10个人一组。

日本人用钢丝把他们的手捆在背后，要把他们押到水西门外（他听人说）去处死。在快轮到他被押走时，他和房子里的另外3个人躲在一堆垫子下，但他们还是被发现了，因为他们中有一人发出了咳嗽声。他们后来被拖到外面，20人一组站着，日本人用刺刀刺他们。刺了几下，他即失去知觉，后来又从昏迷中醒来，连滚带爬地来到美国学校的一栋大楼里，那里的一个中国人给他解开捆在手上的钢丝。他在一条沟里躲藏了一些时候，最后才去了教会医院。医生诊断他被刺了9刀，此外被钢丝捆绑的手也受了伤。他现在已恢复了健康。

7) 这个中年男子在1月10日回到坐落在对过山上的太古洋行附近他的住房里。他在自己的院子里遇到3个日本士兵，其中一个无缘无故地开枪打伤他的两条腿，有一处伤口相当严重，但是他现在很可能已痊愈。

8) 1月24日，日本士兵企图命令这个男子纵火焚烧坐落在大学医院附近双龙巷里的中和（音译）饭店。由于他拒绝纵火，他们就用刺刀击打他的头部，他的头部裂了3个口子，但是没有危险。这次摄影时，他差不多已恢复了健康。

9) 12月13日，约有30个日本士兵出现在门东新路口5号房子前并想入内。姓哈的房主人是伊斯兰教徒，他刚刚打开门，立即就被左轮手枪打死。一位姓夏的先生在哈死后跪在士兵们面前，恳求他们不要杀害其他居民，但他也遭到同样命运。哈太太质问日本士兵为什么杀害她的丈夫，也同样被枪杀。先前抱着1岁的婴儿逃到客厅一张桌子下的夏太太，被日本兵从桌子下拖了出来，她的孩子被刺刀刺死，她的衣服被抢走，一个或几个士兵强奸了她，然后还在她阴道里塞进一只瓶子。后来几个士兵走进隔壁房间，那里有夏太太的76岁的父亲和74岁的母亲及16岁和14岁的两个女儿。日军要强奸两个女孩时，祖母试图保护她们，立刻就被左轮手枪打死了。祖父去扶祖母，也遭杀害。他们撕下了两个女孩身上的衣服。她们分别被二三个日本士兵轮奸。后来大女孩被匕首刺死，而且他们还用一根木棍插进了她的阴道。小女孩也被刺死，只是她没有像她母亲和姐姐那样遭受到用东西插入阴道那么残暴的恶行。后来，士兵们又用刺刀刺伤了也躲在房间里的夏太太的另一个七八岁的女儿。最后还杀死了房子里哈先生的4岁和2岁的两个孩子。4岁孩子被刺刀刺死，2岁孩子的脑壳被军刀劈开。

那个七八岁的小女孩受伤后爬进隔壁房间，那里躺着她母亲的尸体。她在那里同她没有受伤的 4 岁妹妹待了 14 天。两个孩子靠着炒米和她们在一只锅里找到的剩饭活命。摄影者从这位小姐姐的口中了解到了以上报告的一部分情况，将孩子的叙述与被杀害者的一个邻居和亲戚的叙述作比较，并在此基础上修正了一些细节。这孩子还说，士兵们每天都回到这房子里，以便把屋里的东西拖走，但没有发现她和她妹妹，因为她们藏在旧被子下面。

在发生这些令人毛骨悚然的事件之后，所有邻居都逃到了安全区。画面中的这个老太太 14 天后来到她的邻居家，发现了这两个孩子。就是这个老太太把摄影者领到了摆放尸体的院子里。她、夏先生的兄弟和被救出来的大女孩对我们讲述了这个悲剧的详细情况。画面上也可以看到 16 岁和 14 岁两个女孩的尸体，她们和其他尸体排列在一起，这些人都是在同一时间被杀害的。夏太太和她的婴儿同样可在画面中看到。①

① 此为夏淑琴一家悲惨遭遇最早、最详细的官方文本，文件亦见德国外交档案中。

乡下的老百姓抬着伤员去传教士在村子里开设的诊所。请注意，人们运送伤员的工具非常简陋，伤员大多数是在日军占领后受害的平民。

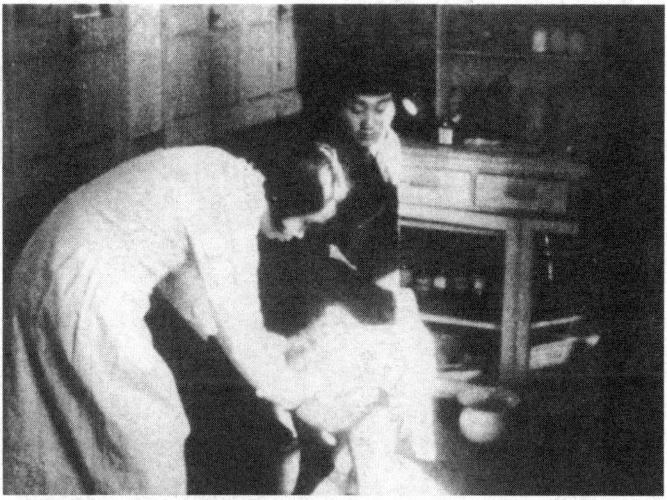

这是守城部队的一名士兵。他和其余8名同伴于1937年12月13日在紫金山向日本人投降。日本人连续3天不给他们吃喝，随后把他们和其他200多名被俘士兵及平民押至江边一块空地上，让他们站成3长排，用机枪射杀。他虽然未受伤，但也随他人一起倒在地上。日本人向他们的身上浇上一种液体燃料，点燃后立即燃烧了起来。由于天色已黑，这名士兵乘人不备，成功地从尸体堆中爬了出来。1937年12月18日，他终于到达了教会医院。他的伤口难以治愈，但当两个月后拍摄此画面时，他已基本康复了。

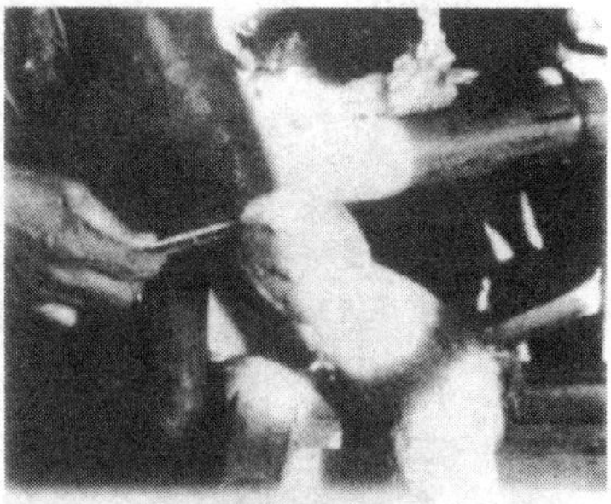

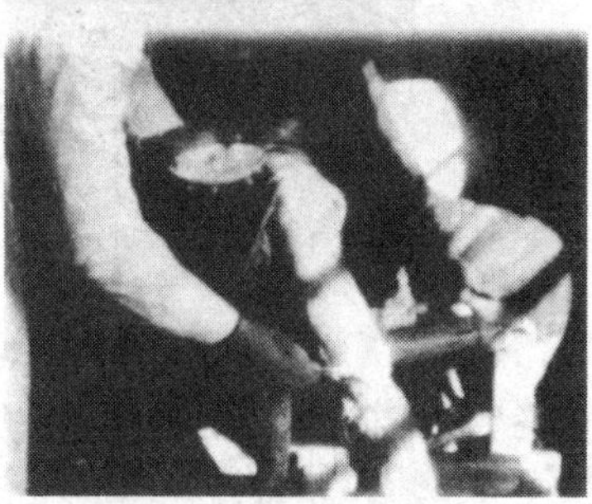

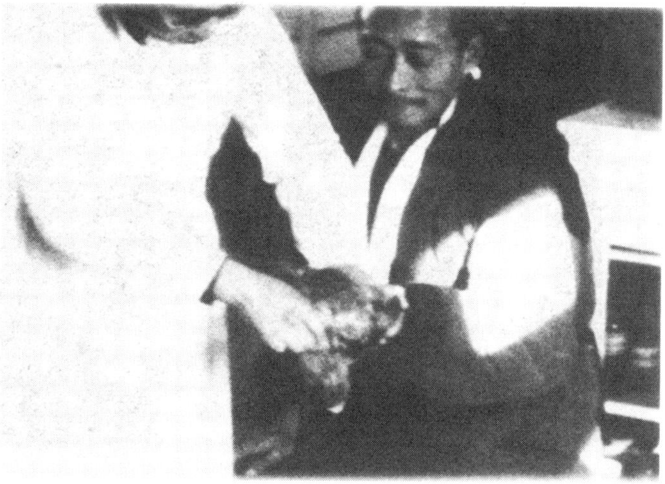

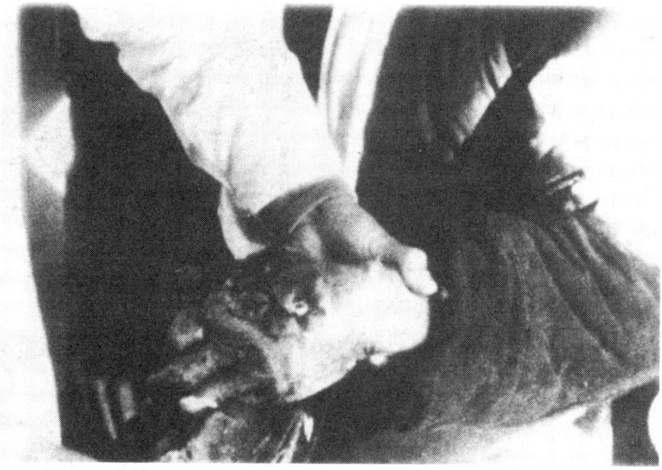

此人是南京附近长芦乡的一位农民。一名日军士兵闯入他家中，向他索要姑娘。当他回答说“没有”时，这个日本兵便将其手部射伤。当时在鼓楼医院治疗时，其伤势非常严重，此画面是偶然拍下的。

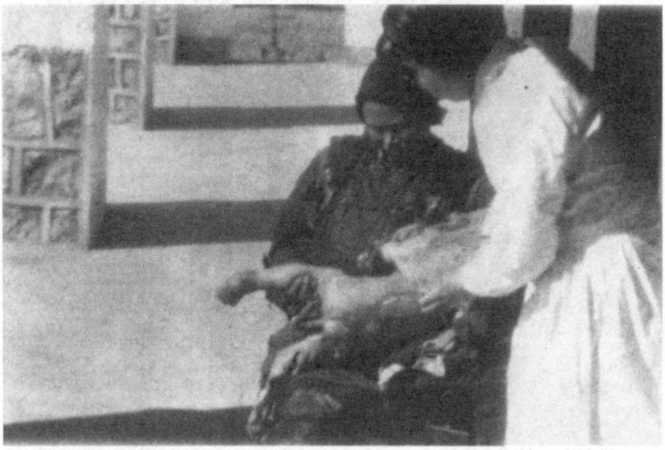

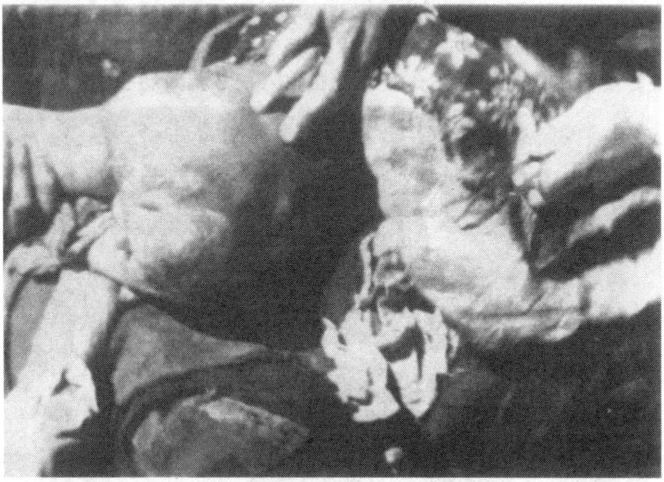

这名 3 岁孩子的母亲前往一个受外国人保护的难民收容所，但其丈夫和孩子留在了家中。当 1938 年 2 月 14 日日本兵闯入其家中时，父亲撇下孩子独自逃走。事后一位邻居救了孩子，孩子说，日本兵曾问起他的妈妈。由于没找到这位母亲，他们便点火烧了房子。一位邻居从火中把这个已严重烧伤的孩子救了出来。这个孩子能否康复值得怀疑。

这名63岁的农民姓周，家住乌龙乡，距南京和平门约6里地。他在去找水牛的途中被日本士兵用枪击中，于1938年1月26日被送进鼓楼医院。此画面是在他入院3周后拍摄的。

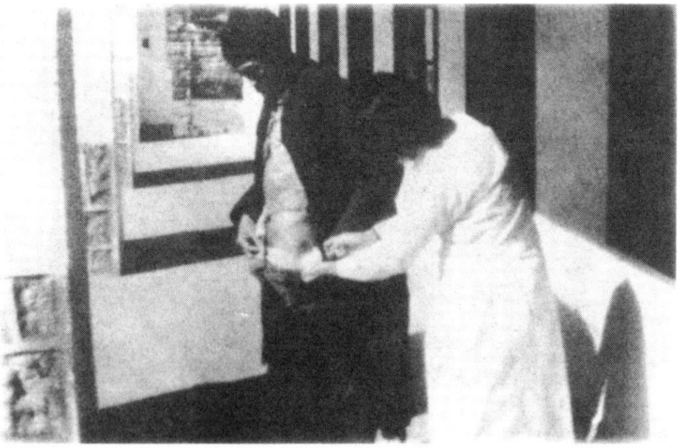

这位姓朱的农民56岁，家住位于南京边缘的东流镇许巷(音译)村。日本士兵闯入他家中，命令他们全家人离开。老人26岁的长子头部中两弹而死，次子被刺刀捅死。老人背后也中了一弹，子弹从他下腹部穿出。他妻子以及几个年幼的孙子未受伤害。

教会医院药房等候室一瞥。每天有众多的患者在此耐心地排队等候。

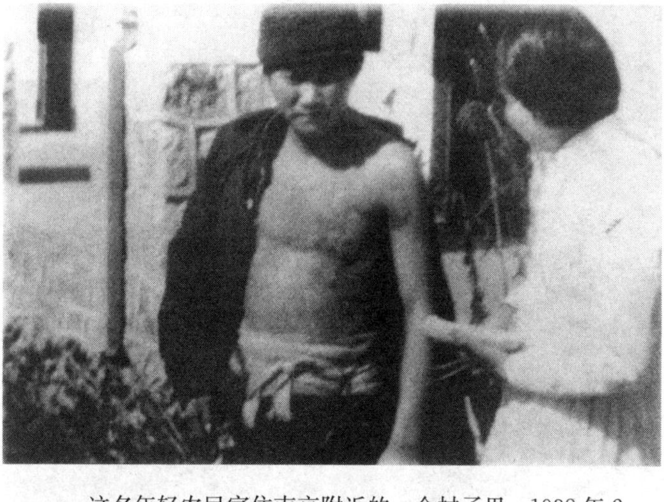

这名年轻农民家住南京附近的一个村子里。1938 年 2 月 9 日，几名日本士兵闯入其家中索要钱财。当他回答“没有”时，他们便在他的身上浇上煤油，点着了衣服。请注意他上身的烧伤。

以上这些画面形象地展示了众多被日本人杀害后横尸街头的中国平民的惨状。

1938年2月15日，南京上海路上又一景。

难民区内的临时集市。拍摄此画面时，售货摊（草棚）的数量已经减少，因为一部分难民已回到了各个城区。目前区内最棘手的问题是，如何在这条人群熙攘的马路上开出一条道来。

1938年2月12日

现在的确到了我离开这里的关键时刻了。今天早晨7时，张带来一位从天津来的朋友，他姓冯，在大方巷一个美国人那里看家。他的妻子临产，胎儿3天来一直抗拒来到这个悲惨世界（我们确实也不能责怪他），孕妇看来有生命危险，必须立即引产。这时他们竟然跑来找我！“我又不是医生。”张说：“对的。”“我也不是‘快马’（中国北方人称产婆为快马）。”“对的。”“我是‘市长’，用不着去为别人接生！你们赶快把产妇送到鼓楼医院去！”“是的，”张说，“这三点，你说得都对。但是你得一道去，否则产妇进不了医院，她会死的，孩子也会死。你必须一起去，这样一切就会好，母亲会有救，婴儿也会活着！”真是天大的玩笑，你们这些傻瓜、无赖。大家都去，就是说我也必须一同去。这真是难以置信，我一走进那房子，那男孩就生下来了。母亲笑了，婴儿也笑了（实际上是叫喊，但在这一时刻反正都一样），大家都很高兴。张，这个滑头精，又是他有理。此外，这个玩笑还要我花去10元钱，因为我必须给这个可怜的男孩带点小礼物。

如果这故事流传出去，我就要破产。只要想想，城里有25万难民。你根本想象不到会有什么事情发生！

下午5时

中国飞行员"来访"，整个天空布满了飞机，日本防空部队开炮，竭尽全力，但是却没有命中！——这就好，因为没有人想走进防空洞。中国人相信，他们在自己的同胞进行空袭时是安全的。

菲奇先生今天下午随同"友好的海军"又从上海回来，带来了香肠、干酪、胰岛素和许多邮件，其中也有妻子的一张照片（照片上看上去她挺精神的）和韦尔纳厂的舒尔茨第37号信件，并附有下面的柏林报纸剪报，剪报上欢呼"拉贝出任南京市长"。啊，孩子们，我多想退休时可以拥有一份市长退休金！——中国的先生们，我看你们该自己管理自己了，或者自己统治，或者让别人统治，我是不想再干了，我必须休息了！

韦尔纳·舒尔茨
柏林西门子城
1938年1月12日

尊敬的拉贝先生：

尽管我估计，附上的这份报纸简讯可能已从各个方面到达您手中，但为了稳妥起见，我还是把它寄给您，因为当您读到您在南京的工作也受到这里新闻界的如此赞扬和肯定时，必定会感到高兴的。

从施密特先生寄来的几张照片上，我们看到您站在防空洞的入口处已经钦佩不已；您安排工作的时间是21时～23时，从中可以看出，您仍然保持着您的幽默感。当然，我们在这里怀着特别的兴趣注视着在中国发生的事，也经常想念您。

我们希望，您在南京的家中会安然无恙地度过这个时期，因为我们不时谈到，撇开您在东亚的30年时间里所收集到的一切美好东西不谈，一个人处在战争区域之中是多么艰难啊。

我衷心祝您和您夫人未来万事如意；我经常怀着感激的心情回想起在您好客的屋子里度过的美好时光。

请您代向韩先生和李先生问好。

致以德意志的问候

您忠实的

签名：韦尔纳·舒尔茨

附：

德国办事机构在南京重建

上海1月10日电讯

大使馆秘书罗森博士、大使馆行政官员沙尔芬贝格和领事馆秘书许尔特尔于星期五乘坐一艘英国炮艇离开上海，已经到达南京。德国大使馆在南京的办事机构随之又将重新开始工作。它的第一项任务是保护德国人在南京的财产并查明损失情况。根据已知情况，有12栋德国人的房屋完好无损，其余房屋的损失情况这里尚不清楚。

南京的许多报道一致肯定了德国西门子洋行（中国）驻南京代表拉贝值得赞扬的和卓有成效的工作。从11月中国当局完全撤离以来，他以难民区委员会主席的身份，实际上做了市长的工作。他在其他德国人和外国人的支持下，维护社会秩序，关心市民的福利。据日本大使馆一名代表的报告，拉贝的工作在过渡时期里起了很重要的作用。

在日本海军士兵兵不血刃地占领青岛后，日本当局答应保护第三国的国民。根据目前已知情况，在青岛的所有德国人全都安然无恙。

我的朋友舒尔茨（这个名字经过德译汉，汉译德，舒尔茨有时遗憾地发现，他的名字听上去像“鞋带”）没有说错，从其他方面也传来了类似的报道：

一个德国人卓有成效的工作

上海1月10日讯

南京的许多报道一致肯定了德国西门子洋行(中国)驻南京代表拉贝值得赞扬的和卓有成效的工作。从11月中国当局完全撤离以来,他以难民区委员会主席的身份,实际上做了市长的工作。他在其他德国人和外国人的支持下,维护社会秩序,关心市民的福利。据日本大使馆一名代表的报告,拉贝的工作对过渡时期是十分重要的,同时对目前为了居民和难民的利益而与占领军进行的合作也是很有益处的。留在南京的中国居民怀着感激的心情赞许拉贝的帮助。

一个德国人维护南京的秩序

南京的许多报道一致肯定了德国西门子洋行(中国)驻南京代表拉贝值得赞扬的和卓有成效的工作。从11月中国当局完全撤离以来,他以难民区委员会主席的身份,实际上做了市长的工作。他在其他德国人和外国人的支持下,维护社会秩序,关心市民的福利。留在南京的中国居民怀着感激的心情赞许拉贝的帮助。(《汉堡消息报》)

在日本人占领城市前不久,有两位中国政府官员住在我的房子里,他们的箱子里装满了钱,他们在许多场合都给我的佣人小费,小费超过了正常的标准。由于蒋介石曾答应给我们委员会10万元,而我们费了很大力气才拿到8万元,为此我要求这两位先生给我写份书面声明,说明他们不拥有应提供给南京安全区国际委员会的钱。他们交来的声明如下:

南京,1938年2月9日

致约翰·H.D. 拉贝先生
南京安全区国际委员会主席
南京

我们谨通知您,我们从中国政府那儿收到的资金总额为5万元

（大写：伍万元），我们将这些钱分配如下：

1. 给南京安全区国际委员会	2 万元
2. 给南京国际红十字会	3 万元
共计	5 万元

上述款额我们已按委托付给上述单位。

我们听说，南京安全区国际委员会先前已收到过 6 万元，因此总共已给该委员会 8 万元，给南京国际红十字会 3 万元，已付讫。

我们特此声明，我们很遗憾，再也没有其他基金可提供给上述组织。

顺致崇高敬意

签名：周清锋（音译）
龙顺钦（音译）

直接促使我询问和取得上述答复的起因是基于这样的事实：一天，我发现我私人办公室的书桌上有一捆纸币，一共有 5 000 元，同时还附了一张纸条，上面写着："为了您值得尊敬的、拯救穷人的行动。"我立即将这笔钱交给委员会会计组，给了这两位中国人一张正式收据，他俩接到这张收据时显然有点吃惊。

下面这封信是今天由美国大使馆交给我的。

金陵大学校长办公室
中国南京
汉口办公室
大利亚大厦 12B
1937 年 12 月 9 日

致拉贝先生
西门子洋行
南京

尊敬的拉贝先生：

我谨以金陵大学师生员工的名义，对您将您的汽车供给我们用于运送人员和行李表示我最诚挚的赞扬和衷心的感谢。没有您友好的帮助，要把 500 多人及时从南京运往汉口，我们是完全办不到的。我们中的一些人在本周还要继续到中国西部去，我们希望路过这里的每班船都能带走一批人。无论如何还得过段时间，我们才能使所有人登上旅程。

我们常常惦记着南京。我们希望，留在那里的所有人都能摆脱战争的恐怖。

对于您为建立安全区所做的一切和正在做的一切，我们向您表示我们最衷心的感谢。

怀着许多良好的祝愿向您问候！

您非常忠实的
签名：陈裕光
金陵大学校长

此外，我今天还收到同样由美国大使馆转交的如下电报确认：

电报确认
西门子洋行（中国）
香港分行
香港，1937年12月1日

致南京办事处
发报时间：1937年12月1日

我们收到上海如下电报，应要求，将它转发给您："不同意那些措施，请立即动身去汉口代表洋行利益。"

西门子洋行（中国）
香港分行　施……

2月13日

9时～12时委员会开会，讨论预算问题。根据菲奇的报告，上海和其他地方共为我们募集了20万元。因此我们目前的总财产约为30万元。我们可以用这些钱办一些事。

下午在平仓巷做礼拜。贝德士博士发表了令人惊异的讲话，他谈论亚伯拉罕·林肯，说林肯的名言在一些方面仍完全适合于当前这年代。

他朗读了1863年林肯的宣言。

对于今天收到的、上面援引的洋行1937年12月1日电报确认必须说明,我从未收到过这份电报。尽管当时有人通过电报建议我,避开对我生命的更大危险;若是德国大使馆离开南京,可以和他们一起走。最后,还要求我发一份电报,说明我的打算。我的回答是:"我已决定留在南京主持国际委员会工作,以建立中立区保护20多万平民。"据我现在从电报确认中看出,上海总部对此不同意。不过我从没有收到过这份电报。这确实是一件憾事。我真是个倒霉鬼!当时我的确是听话的,现在这事不中洋行的意!当然可以相信,洋行上述电报的意图只是为了使我避免任何生命危险。但从另一方面来看,我没有收到电报是好事。作为一位很守纪律的职员,也许我在最后一瞬间还会改变我的决定,并乘上怡和洋行的三桅帆船离去。众所周知,这条船遭到了日本人的猛烈轰炸。此外,我总是在怀疑,假如我跑了,西门子洋行(中国)在南京的其余雇员以及还有一些穷苦的可怜人今天是否还活着。

我还是出乎意料地成功地搞到了木板箱。在我的老百姓中(即在我院子里的难民中)有一个木匠,通过他的关系我弄到了20只木板箱,而且不仅有木板箱,还有稻草。这些难民中有几个人冒着大雨,从汉西门城外拖来了3车稻草,总共花了2元钱。木匠免费帮忙包装行李。可以看到,和穷人的友谊是有价值的。有时(例如这一次)甚至十分有价值,因为木头几乎从市场上消失了。

克·克勒格尔先生从上海发来的信还附了"简讯摘要"。

1938年1月30日《字林西报》简讯摘要:

美国驻东京大使提出更强烈的抗议

日本一名哨兵打了J.M.爱利生先生耳光,这一行为引发出新的外交交涉。

美国官员的报告已发表(华盛顿,1938年1月28日):

国务院今天委托美国驻东京大使约瑟夫·格鲁向日本政府提出强烈抗议,抗议在南京的一名日本哨兵动手殴打美国大使馆三等秘书约翰·M. 爱利生的行为。

目前在驻南京美国大使馆代表美国利益的爱利生先生报告,他被一名日本哨兵毫无理由地打了耳光。——在给格鲁先生下达指示的同时,国务院公布了爱利生先生关于这次被打受辱事件的报告,报告与日本人的叙述有很大不同。

(对这一事件的较长叙述待续)

同一报纸的摘要:

日本大使持怀疑态度

日本大使认为中国关于日本人暴行的报道不准确,并因此持怀疑态度。

伦敦,1938 年 1 月 29 日讯

驻伦敦的日本大使吉田茂先生今天在接受《每日杂谈》代表的采访中,对传到欧洲的关于日本士兵在中国犯下残酷暴行的报道表示遗憾。他补充说,简直难以想象,我们的部队竟然会如此放纵自己,会这样违背悠久的传统。大使接着又说,我已经电告东京,报道我们部队残酷暴行的消息已经传到英国,我请求不要对我隐瞒真实情况。关于据说日本士兵虐待平民并当着父母的面杀戮孩子们的报道,使我感到异常震惊。这样的行为与我们的传统根本不相符,在我们国家全部历史上没有发生过这样的事例。无论您到哪里去进行调查,您都提供不出我们的军队曾经有过这类行为的证据。我们的军队有着良好的纪律。我再重复一下,这支军队会以这样的方式违反传统,是不能想象的。我作为我国的大使,对于出现这样的报道,只能表示极为遗憾。(合众社)

前一篇文章中关于一名日本兵殴打爱利生先生的事件,这时已通过日本政府出面郑重道歉而获得解决。

从《日本大使持怀疑态度》这篇报道可以看出,全世界这时已获悉日本士兵在南京犯下的残酷暴行。吉田茂大使先生如此为自己的同胞辩护，没有人会因此而见怪。此外，这里25万难民中的每个人都可以给他提供证据，证明关于日本兵痞难以形容的暴行的消息是真实的！

大学医院
中国南京
1938年2月12日

致王承典先生
"自治委员会"
南京

我们期待2月14日星期一早晨上海救援南京组织用太古洋行的"万通"号轮船运来100吨蚕豆。英国大使馆的杰弗里先生通知我们，日本当局已经表示，希望这次船运粮食事宜由贵委员会进行办理。

为此，我们请求贵委员会为我们运进这批货物，并取得许可证，将这批货物寄存在贵委员会的仓库里。这些蚕豆应该免费分发给南京的穷人和有困难的人。

我们对贵委员会满足我们的请求预致谢意。

顺致崇高的敬意

签名：罗伯特·O.威尔逊大夫

致美国大使馆电，南京
发出：上海，1938年2月14日
收到：南京，1938年2月15日11时
急件——下面是致史迈士博士和特里默大夫的：

我们星期日继续查询的结果是，蚕豆靠岸的地点完全由南京军事当局决定。如完全由"自治委员会"运入，预计不会有困难。——汤姆逊

高斯

2月14日

由于我们这里发生了几例脚气病（鼓楼医院愿意提供详情），我们曾

请求上海运给我们100吨蚕豆,这批货应该于今天由太古洋行的“万通”号轮船运抵这里。在上海的日本海军早已发给许可证准许船运这批蚕豆在下关靠岸,但是南京的日本军队尚未同意,后来果然遭到了拒绝。今天下午1时,上海的无线电台报道了这事,并指出:由于我们的国际委员会(上海人称为“南京救济委员会”)和“自治委员会”“缺少合作”,运入货物产生困难,不言而喻,运入之事只允许由“自治委员会”办理。从我们上面收录的信函中可以看到,我们早已于2月12日就此事向“自治委员会”提出了请求。由于此事涉及鼓楼医院(大学医院),因而该信由医院的威尔逊大夫签署。日本人声称,他们对南京的脚气病一无所知,这一点也不令人奇怪,因为他们根本不关心这里的健康状况。

2月15日

昨天晚上,龙和周离开了我的家。他们今天要动身,怎样走,我不知道;他们没有把自己的计划对我讲,我也没有问。我们的友谊出现了裂痕,尽管如此,我还是祝愿他们一路平安抵达香港。不过,我不想再见到这两个人。

我现在忙于收拾东西,这对我来说并不容易。我的健康状况并不很好,每天只睡两个小时,也许这和我的糖尿病有关。但是,这不要紧,我差不多已经闯过来了。总会成功的!妻子说得对,不要在最后一刻发生“抛锚”,她在最近一封信里这样写道。她当然认为,我应该以最最安全的方式(乘坐炮艇)走,不要像克勒格尔那样坐运货车,而且还是在敞开的车厢里,免得最后又得了什么病。就这么做,妻子,别担心!

“蚕豆问题”尚未解决。日本人就威尔逊大夫的信已拒绝了“自治委员会”。他们要求我们无条件地将豆子交给“自治委员会”,否则这货物不许运入。由于我们这批蚕豆是在上海买来的,我们不能无条件地交出去。而且很有可能会有这样的危险:日本人突然拒绝“自治委员会”把豆子分配给我们的各个难民收容所。此外,这些蚕豆是委托鼓楼医院代销的,就是说,日本人试图禁止把粮食交给私人机构。爱利生先生目前正在(与英国大使馆一道)作出努力,促使日本人改变态度,从而有利于我们。

据我刚才听说,难民收容所的负责人一致决定,给上海西门子洋行发电报，请求让我继续留在这里。这根本不合我的意。我的神经的确有些吃不消了，我真想出去休假旅行。此外我也担心洋行的人会认为，是我本人叫人拍这份电报的，当然情况并非如此。除去我的家具外，我已经把所有小件物品都包装好了，此刻我就坐在已空出了一半的房子里，没有任何舒适设备。大件家具和已装好的木板箱，我只好暂时放在这里，请韩(湘琳)看管。

南京安全区国际委员会关于形势的内部报告

1938年2月14日

难民

1937年12月下半月难民的人数达到最高点时，在25个难民收容所里共有6.9406万人。1938年1月25日有6万人，而今天在24个难民收容所里只有3.5334万人。从1月28日日本人给“自治委员会”发布命令，要难民最迟于2月4日离开难民收容所以来，收容所的难民人数曾减少了2.5万人。我们可以看作为成果的是，在上海的日高先生到达后，日本人根据我们的抗议，秘而不宣地表示同意不再使用武力在2月4日将难民赶出安全区的难民收容所。但是如上所述，这种同意只是对我们委员会秘密作出的；1月28日发布的命令不仅仍然有效，而且日本人通过“自治委员会”的代表于1月30日检查了难民收容所后，还强调重申了这项命令。国际委员会也建议有条件的难民返回自己的家里去，但是回家只能逐步进行。应该预见到，数万名难民中特别是寡妇、丈夫被抓走的女人以及房子完全被烧毁的那些人，要过几个月后才能回去。这些人当然必须在特别为他们而建立起来的难民收容所里受到照顾。根据日本当局对返回自己住处的家庭登记的报告，今天在安全区内还有15万人，而今年1月份是25万人。由于回到自己住所的家庭仍然需要我们帮助，因此我们在最近为重新定居而开放的每个区内都设立了一个恢复秩序委员会办公室，以便在需要的情况下为他们提供帮助。

援助

现在仍看不出短时期内有重新启动经济生活的迹象，甚至不久将有经济生活的希望也甚微，某种程度的局部性生产也不可能。至于安排好在城墙内外小块田地和小菜园春播春种，也是困难重重。许多地段、建筑物、设施以及储备都已被毁坏，只有极少数工人为日本军队和其他日本当局工作而得到报酬。所有这些事实都表明，经济生活的复苏在今后几个月内是不可能的。形势的严峻还由于下述事实而加剧：大部分市民都是依靠带来的储备粮食生活，这些储备每天都在减少，毫无疑问不久就会耗尽。因此可以预见形势还将恶化，在今后数月中要求我们在更大的范围内给予援助。

行政管理和与其他机构的合作

目前的一切救济工作均由组织安全区的国际委员会实施。由于在元月的最后几天有五分之二市民回到了自己的家里，安全区与市区其他部分之间的严格界限已变得模糊。因此国际委员会已不再作为一个特定的区域委员会，而是作为一个纯民间的救济组织继续进行工作。

国际委员会一开始就与中国红十字会进行了极好的合作，与它共同从事了大规模的粥厂工作。此外，委员会还和红卍字会合作主持两个大粥厂，红卍字会同时负责掩埋尸体，事实证明这是一件相当艰巨的任务。这个组织虽然每天掩埋200具尸体，但今天在城里各个地方还有3万具尚未掩埋的尸体，其中大部分是在近郊下关。这里的国际红十字会特别关心中国的伤兵，对大学医院的免费治疗病员，它按照战争前的标准为他们支付治疗费、伙食费以及三等病房的住院费。医院失去了正常的诊治收入，而原先的储备连一半的亏空都弥补不了，因此没有红十字会在这方面的支持，医院是不可能维持下去的。

我们与“自治委员会”保持着十分良好的关系。“自治委员会”的食品委员以前就是我们组织的成员，他在新岗位上，只要是在日本当局许可的范围内，都和我们进行合作。只要有可能，我们也尽力帮助他解决问题。我们敦促日本当局开放禁令，通过他将大量的米和面粉出售给居民。为此目的，我们委员会的一个委员从圣诞节以来(早在“自治委员会”正式成立之前)就和这些人合作将粮食和燃料运进城内。正是这个委员今天领导着“自治委员会”的汽车修理厂，实际上负责全部车辆的调度，并负责车辆优先供社会服务使用，然后才派其他用途。

此外，我们还建立了与“自治委员会”下属的救济课的合作。救济课与我们的恢复秩序部之间每周共同举行数次座谈会。尽管实际效果要将来才会显示出来，但这两个组织已经提出了恢复秩序工作的共同计划。实际合作工作按两种方式进行。一些难民来自沪宁铁路沿线的城市，他们想返回家乡，对此，“自治委员会”将努力为他们争取免费运送，我们委员会则准备给这些难民每个人发一小笔回乡救济现金，以帮助他们克服回乡开始时的生活困难。日本当局交给“自治委员会”2 000 袋米供免费分发。“自治委员会”将应由其救济课分发的这批储备粮中的绝大部分，先在安全区外面他们的店里出售，出售所得的米款再分批交还给救济课。目前救济课已经声明，如果我们认为有必要的话，将对从我们难民收容所返回自己家园的每个家庭免费发给一小部分储备米。

我们与日本当局的合作，至今实际上只停留在他们默认和容忍我们委员会所做的工作上，但他们同时试图竭力限制我们的工作。最近几周来，这种限制已有所放松。他们曾允许向安全区运进了两批数量很大的大米(这些米其实不是给我们委员会的)；他们还答应不用武力将难民赶出安全区；他们允许我们将 100 吨蚕豆从上海船运到这里来；我们现在得到了给一位美国医生的入城许可证，这位医生以前就是鼓楼医院的工作人员，现在又回到南京。甚至在严格限制我们工作的时候即今年元月，日本人也允许“自治委员会”给安全区的粥厂供应煤，当然我们必须支付煤钱，因为这些煤是私人经营的。这些与我们难民收容所紧密合作的粥厂实际上代表了一个分布面很广的利益团体。

运回和分配储备粮

从 1938 年 1 月 11 日以来，日本当局禁止在安全区内出售米，但允许居民到位于安全区以外南边一里处“自治委员会”的店里买米，并将这些米带进安全区。开始只允许每个难民买 2 斗米，但后来允许买一整袋。最近，安全区外东边不远处的“自治委员会”另一家店也卖面粉，当然只能少量出售。此外，如同我们前面提到过的，不久前向安全区运进了给“自治委员会”的两批数量很大的大米。

由于我们就地购买补充粮食或从上海进口粮食的努力受到日本人的阻止，我们的粮食储备已大大减少。目前我们还有1 267袋米、266 袋面粉和 12 袋蚕豆。因此我们目前的储备粮只能免费发放2 个星期，即只够发到 3 月 1 日。现在我们就地采取了预防措施，即由红十字会在下关购买免费发放的米并支付米款。

我们今天达成了一项协议，它使我们的难民收容所能够直接向“自治委员会”的粮店买米，使我们自己少量的储备粮得以留作这个不可靠的供应渠道万一发生中断时使用。

上海的日本海军中将已签发许可证，准许船运 100 吨蚕豆到南京并在南京上岸，第一次突破了至今对粮食运往南京的禁令。

但是南京的日本军事当局却为蚕豆的到岸和运进城提出了先决条件，这就是无条件地把蚕豆交给“自治委员会”。这批蚕豆原先是委托大学医院销售的，但是在事情办到一半的时候，医院向日本军队表态，请求“自治委员会”为医院运入这批蚕豆，储存在“自治委员会”的仓库里，并在那里免费分发给穷人。日本军队至今仍拒绝这项建议。我们委员会暂时还未下决心建议医院将这批货物无条件地交给“自治委员会”，因为蚕豆是用托付给国际委员会的钱购买的，因此国际委员会要对这批货物的最终去向负责。决定运入这批货物是一次有意义的尝试，看看这里的一个民间救济组织是否能够运入粮食。蚕豆是中国普通食品的重要部分，当前在市场上已经买不到。免费将这批蚕豆发给穷人将会阻止营养不良状况的继续恶化，因此它对两个月来几乎只是以粥为生的南京居民有很大帮助。我们的医药顾问也建议食用蚕豆以防止脚气病。这种病已在难民收容所里出现了。

国际委员会竭力敦促日本当局发还前中国当局合法给予国际委员会的1.0933 万袋米和 1 万袋面粉，这项努力直到今天也未获成功（有关这方面的全部详情请见国际委员会主席拉贝先生 1938

年1月27日致日本大使馆的函件，文件号44)。

假如有朝一日我们自己已无法向难民分发食物，我们将不得不改为发放救济现金，就是说，只要“自治委员会”还在出售米和其他食品的话。

从1937年12月13日至1938年2月12日，日本人只提供了5200袋米(包括前面提到的供免费分发的2000袋)和1万袋面粉。2月12日，日本当局通知“自治委员会”，他们将在6天内给“自治委员会”每天提供1000袋米，并说假如“自治委员会”能够运入这些储备粮的话，将会继续得到同等数量的供货。令人遗憾的是，日本人没有遵守这个承诺，在3天内总共只提供了2200袋米。但是，为了维持25万居民的生活，每天就需要1600袋米。因为他们从家里带来的私人口粮不久将用尽，目前供应的数量是绝对不够的，因而情况十分危急。日本人从占领南京以来，正式提供的全部食品还不够维持一个星期的。

约从1月底以来，允许农民们到城外的地里去取蔬菜等东西回来。但据这些人说，走那么远的路是不值得的，因为地里几乎没有剩下什么东西了。

凡是运给医院的东西，由于规模小，至今都是由外国炮艇运输的，可以毫无困难地运上岸，并交给医院。真正的困难是运进和分发给全体居民所必需的食品。

财务预算

我们委员会的财产现在总共有30万元，是由下述组织捐助的。

南京：

前南京政府	8万元
卖米收入	1.3万元
南京基督教徒战争救济委员会	7000元
小计	10万元

上海：

中国银行家协会	5万元
美国红十字会	2.5万元

英国市长基金会	2 万元
黄金律基金会(1 900 美元)	6 350 元
扶轮国际	2 500 元
西雅图中国俱乐部(610 美元)	2 035 元
其他组织(上海救援南京委员会尚未转到我们的账上)	10.9115 万元
小计	21.5 万元
总计	31.5 万元

因为上述款项中有一部分为受行情波动的有价证券,为小心起见,我们将财产总数估定为 30 万元。

这里附上的财务预算是为了说明关于打算用作今后两个半月即至 5 月 1 日所必需的总款项。这项财务预算只包括我们目前所能支配的款项,只限于南京的工作,平均每人只有 1.20 元。

除了几个司机和苦力外,国际委员会的全部工作都是由志愿救援人员做的。至今我们发给中国的志愿工作人员只有每天的口粮和 1 角 2 分钱的菜金。但因为这些人中有许多人并无其他任何收入,而我们又不想不必要地过度占用他们的救济储备粮,因此我们决定从 2 月 1 日起付给中国助手现金报酬,每人每月约为 10 元～35 元左右,包括全部零星开支在内。在过渡时期,必须对人员进行工作调动,从难民收容所管理部到恢复秩序部等,我们总共需要 420 个助手,从事包括从苦力到委员的各种工作。

其他

国际委员会很清楚,除了财务预算中列举的项目外,还有其他一些同样重要的工作也必须完成,而且只要有足够的资金和人员,这些工作也是能够完成的。

我们在此提出居民的健康状况。他们长期严重缺乏营养,每天的伙食经常只有两顿,而且只是稀粥。还有,这些人都是挤住在一起,生活在一种完全不正常的条件下,它对孩子们、孕妇们和身体虚弱的人会产生有害的影响。这些平民实际上应该在大学医院得到医生的治疗。而医院人员流失严重,缺乏经费,与工作范围的规模不相适应。医院的医疗工作应该相应地扩大，在各难民收容所和市区开设诊所，制定出一项医疗卫生工作和注意观察居民健康状况的计划。

“自治委员会”在很长一段时间内将最多只能维持一所医院，即便是这样，也只是为了不丢面子。

此外，在南京附近，有许多村庄被烧毁，遭受了严重的战争损害，它们也十分需要南京给予救济。例如我们收到了来自一个近于荒芜的地区要求救济的呼声，那是一个有2.4万人口的栖霞山难民营；还收到了有2000名难民的葛塘集需要救济的请求。我们不仅要考虑到本城居民区的艰难和贫困，也应该考虑到有许多人是从外地逃难到这里或是被驱赶到这里来的，现在他们想返回自己的家园；还有成千上万滞留在城里的乡村居民，此刻正在等待着，一有机会就回到他们的家乡去。

南京和周围的菜农和农民们的绝望情绪很严重，因为他们不知道春播时应该怎样耕种他们的土地。后果将是灾难性的，因为人们最多只能希望有一小部分田地会被耕种。当我们询问一些农民是否有春耕的种子时，回答是具有讽刺性的：这个问题并不重要，重要的是明天是否有足够的米活下去。金陵大学的5个大农场仅剩一点儿蚕豆，其余的一切都被日本军人抢走了或烧掉了，包括所有房屋、家具、库房和储备粮。其他上千个农场也是同样的痛苦命运。可惜我们不能直接采取行动恢复安全，使人们进行正常的劳动。但是，我们必须设法搞到种子。如果可能还要搞到耕田的牲畜。

尽管25万不同年龄的难民没有一所小学、戏院或体育场，但我们遗憾的是，还是不能考虑重新开放小学和娱乐场所，因为这对我们来说是一种“奢侈”。

结论

尽管有各种困难和不安全因素，国际委员会仍然根据不同情况努力严格按照工作计划办事，虽然我们也经常会为大批一贫如洗的难民几乎得不到任何救济金而丧失勇气。国际委员会十分感谢许多友好组织给予它的慷慨的援助、很好的建议和巨大的关注。我们请求继续给予援助并提出建议，使我们的努力能够继续下去。

南京安全区国际委员会财务预算

（1938年2月13日通过）

1. 食品

5万难民2个月（3月和4月）需1万袋米，每袋价10元，计	10万元
附加食品	3万元
小计	13万元

2. 燃料

每天供粥厂10吨煤 2个月烧煤＝600吨，每吨20元，计	1.2万元

3. 恢复秩序

救济返回南京以外家乡的难民5 000人，每人1元，计	5 000元
救济2 000户家庭（住在难民收容所内，自己原有住房被烧毁）每家10元，计	2万元
通过提供借款、劳动救济和各种项目的直接救济	7.5万元
小计	10万元
合计	24.2万元

4. 行政管理（3个月：2月、3月、4月）

（1）中国助手的生活费用：

	工作人员数	每月	3个月
总部办公室	13人	170元	
管理房屋与难民收容所	193人	2 350元	
食品部	51人	520元	
卫生部	128人	1 640元	
恢复秩序部	35人	1 050元	

小计	420 人	5 730 元	1.719 万元

（2）杂费：

	人数	3 个月
汽车：	4 名司机	360 元
汽车修理费		200 元
卡车：675 车货物，米和食品及煤，每车 2 元		1 350 元
卡车修理费		250 元
办公杂费		100 元
小计		2 260 元
合计		1.945 万元

5. 计划外开支基金

如无更重要的开支，则用于恢复秩序的费用	4 万元
总计（今天拥有的款项）	30.145 万元

南京，1938 年 2 月 15 日

尊敬的拉贝先生：

请允许我通知您，为了欢送您，定于本星期四下午 4 时在金陵实验小学举行告别茶会，敬请出席！

我们大家十分希望您能放弃您的旅行计划，在这个困难时刻不离开我们。南京还十分需要您。

致以最亲切的问候

签名：明妮·魏特琳

2 月 15 日

在我们委员会的上述报告中（它不得予以发表），最令我感到震惊的是红卍字会的说明，尽管它每天掩埋 200 具尸体，但至今还有 3 万具尸体尚未被掩埋（其中大部分在下关）。这些数字指的是那些最后被打死的中国士兵，他们拥挤在下关，没有能够渡过长江去。[①]

为了和我告别，我的所有美国朋友一个接一个地邀请我，虽然他们大家自己也没有多少吃的东西。现在又轮到了明妮·魏特琳小姐请我去喝茶告别。魏特琳小姐在12月最恶劣的那些日子里，率领400名逃难的妇女和少女穿过城市，将她们安置到安全的金陵女子文理学院难民收容所里，她由此赢得了我的特别尊敬。

英国大使馆的代表杰弗里先生今天答应我，他将为我向英国海军请求，让我或者乘2月22日太古洋行的"万通"号轮船，或者乘两天以后开航的英国炮艇"艾菲斯"号去上海，我可以带上一个佣人(经日本大使馆同意)。因此，还有一个星期，啊，然后就回国去啰!

2月16日

"自治委员会"吉米·王同时(暗地里)又是我们组织的成员，他告诉我，中国人已决定把我们总部的房子宁海路5号买下来赠送给我们委员会。多么好的想法。"自治委员会"目前没有钱，不过这一点好像并不重要，我可以设想得出，现在的房主(银行团和张群部长)将为此目的赠送这所房子，在这种情况下根本不用"自治委员会"花一分钱。

美国大使馆的爱利生先生带来消息说，"蚕豆问题"已获解决，已准许运进蚕豆，既可以在安全区内也可以在安全区外予以分发。

2月17日

很可能我将于2月22日或者23日乘"万通"号(就是要运送蚕豆到这里来的那艘轮船)离开这里。据我刚才听说，这艘轮船也被允许将怡和洋行的三桅帆船上的难民(即尚在三桅帆船上的中国难民)带往上海去。邮政专员李奇先生正在和日本人商谈开放这里的邮政问题。直到现在为止，他还没有在受到破坏的任何地区恢复通邮方面取得成功。

① 下关至燕子矶一带江滨，是日军反复进行大屠杀的地点，其数字巨大，至今仍在不断补充、验证中。

南京，1938年2月16日

电报

致维克莱伊，黄金律基金会

林肯大厦，纽约

汇款已收到，谢谢。25万南京平民中现在有5万人靠免费的口粮维持生命。因为经济生活估计在数月内不可能重新恢复，如不继续进行救济，形势可能还会恶化。我们打算扩大大学医院的医疗服务，救济数千个父亲或丈夫被杀死或被抓走的家庭，以及数千个被烧毁房子的家庭。我们想为耕种农田提供种子和耕畜，使南京周围地区的菜农和农民们能够重新开始农事耕作。没有一个家庭不在某种形式上遭受到战争的灾祸。因此我们请求继续予以救济。

菲奇

南京安全区国际委员会

南京宁海路5号

1938年2月16日

致"自治委员会"

南京

谨请允许我用书面形式确认不久前与尊敬的贵委员会代表所作的商谈。商谈中我们一致认为，由前市政府交给我们国际委员会的全部行政管理责任将随着"自治委员会"的成立而结束，并移交给现已完全承担了这种责任的贵组织。从这时起，我们委员会将是一个纯民间的救济组织。就我们的考虑，安全区也应该由此停止存在。

我们高兴地获悉，方厚先生已被任命为第四区的区长，据我们听说，这个区包括有前安全区的区域在内。我们十分乐意随时和方先生进行合作，并在可能的情况下支持他的工作。

致以崇高的敬意

您最忠实的

签名：G. A. 菲奇

总干事

2月17日

明妮·魏特琳小姐组织的告别茶会令人十分愉快。除了贝德士博士和菲奇外，还邀请了邮政专员李奇先生、爱利生先生和罗森博士。有许多好吃的东西，但告别是十分难受的。大学难民收容所的难民，今天还有3000个姑娘和妇女，她们围住了大门，要求我答应不丢下她们不管，就是说要求我不离开南京。她们全都跪在地上，又哭又叫，当我要走时，她们干脆拉住我的衣服后摆不放。我不得不留下我的汽车。在我艰难地挤出一条路走出大门后，身后的门立刻就被关上了。我不得不步行走回家去。这一切听上去十分伤心和夸张，但谁要是也见到过这里的悲惨情景，他就会理解我们给予这些穷人的保护意味着什么。其实这一切都是理所当然的事，从我们方面而言，它与某种英雄品质并无任何关系。

2月18日

委员会会议："蚕豆问题"将最终得到解决。我们给上海克劳德·汤姆逊发去了下述电报：

南京，1938年2月18日

电报

致克劳德·汤姆逊，上海

因为我们得到了这里日本军事当局的保证，如果将蚕豆交由"自治委员会"分发，他们就对在前安全区内或区外分发蚕豆不加任何限制。因为我们深信"自治委员会"将会令人满意地做好分发工作，我们国际委员会和大学医院决定将分发蚕豆的工作交由"自治委员会"办理。"万通"号轮船目前尚在芜湖，可能会在下周三返回南京，对卸货事宜会事先做好必要的准备。我们谨请您注意，我们委员会已将名称改为"南京国际救济委员会"。信函明天发出。——史迈士

我任命米尔斯先生为副主席或执行主席的提议被接受了。我还要留任约两个月。如果以后我回不了南京，米尔斯可能将被顺理成章地任

命为主席。我们决定,将安全区委员会的名称如同在上述电报中指出的那样更改为“南京国际救济委员会”。索恩先生被指定为去美国旅行的菲奇先生[1]的继任人。史迈士先生除任秘书的职务外,暂时还将继续担任财务主管职务,但以后应该减轻他的负担。跌伤脚的里格斯先生在痊愈后主要应该为恢复秩序部工作,因为他在“农业方面”有很好的经验,他将放弃恢复秩序部运输主任的职务。今天离开上海来南京的布拉迪大夫将以他的一部分时间为南京国际救济委员会工作,鼓楼医院将为此得到某种方式的补偿。

我和以前一样,仍是南京国际红十字会的委员。

陆今天和辛德贝格驾车去栖霞山江南水泥厂。

上海路上的售货棚被拆掉了,其中一部分又在山西路搭了起来。

福田到总部来访问我,通知我去上海的事已最终被批准了。他不知道还准许我带一个佣人走的事,因此他还要了解一下。也许我带蔡一起走。“万通”号已定于2月23日起航。

2月19日

从英国大使馆得到消息说,我可以乘英国炮艇“蜜蜂”号在星期三即2月23日起程。“万通”号要晚些时间才到达这里。我感激地接受了这个建议。杰弗里先生想打听一下,我是否可以将53箱家用物品由“万通”号运往上海。日本大使馆的福井也表示要努力就船运事宜获得日本军方当局的准许。如果得不到许可,我就不得不把我的东西留在这里。家具反正必须留在这里,只是可惜都没有包扎好,因为我现在已无法搞到木箱。

2月20日

国际委员会的中国人想要于明天下午4时在总部给我举行一个盛大的招待会。我必须赶快写好一份讲话稿,恰如其分地对每个人表扬一番。那些美国人(他们当然全都被邀请参加这个招待会)还要于明天晚

① 菲奇在大屠杀发生后脱出南京,前往美国向公众介绍南京大屠杀的实情。

上8时在平仓巷为各个大使馆举行一个特别的招待会。我感到特别高兴的是他们也邀请了日本人。罗森博士是否还会来很成问题。他说,他不愿意再和“刽子手们”在一起聚会。这对一个外交人员来说肯定是太过分了,但是很难和他这个人打交道。

下文译自中文。

南京,1938年2月17日

致约翰·拉贝先生
南京安全区国际委员会主席
南京

尊敬的拉贝先生:

日本人占领本城后,从1937年12月16日起押走了许多中国人,据说是命令这些人为他们从事必要的劳动。这些人绝大部分是年轻人,有些还是未成年的孩子,我们的独生儿子也在内,他们都没有兄弟。许多人是商人家庭出身,从来没有当过兵;另一些人是手工业者或是小商贩,但大家都是本分的公民。现在留在家里的只有孤苦伶仃无依无靠的父母和祖父母,以及无人养活的妻子儿女。

我们从未有过财富。在您建立安全区时,我们希望能够在那里继续我们的生活和工作,并且不会受到伤害。可是,64天前,日本人突然从那里拖走了我们的儿子,我们直到今天还没有听到他们的消息。我们这些老老少少、女人们和孩子们,在安全区没有任何收入,在风里雨里,在严寒的冰雪天,等待着他们归来。如果这种情况继续下去,我们这些从未当过兵的人就会因饥饿和寒冷而死去。我们不知道我们的儿子们在哪里,也不知道他们如今怎么样,家属们日日夜夜都是在泪水中度过的,其中有些年老的和身体虚弱的因悲痛而病倒了。我们的笔难以给您描述这些人的痛苦。你们的委员会过去曾表示过,你们感到有责任去调查那些被押走的人和失踪者的下落。我们曾于1月28日和2月1日两次给您写信。现在又过去了几个星期,但是毫无结果。我们大家(我们这些为儿子、丈夫及其他人担心的人）走投无路，不知该向谁求救，但我们知道您心肠好、怜悯人，因此再次请求您找到能帮助我们的方法和途径，使那些年轻人能够回到我们身边，把赡养者还给家庭，搭救我们的性命。请求您告诉我们，您能为我们做些什么？那些年轻人是否还活着？他们此刻在哪里？（活着还是死了？）他们是否还能回到我们这里？什么时候能够回来？请您不要对我们隐瞒什么。请您把详细情况告诉我们。我们相信您的好心肠和怜悯心，我们将一辈子都感激您。

此致

敬礼！

您十分忠实的

24名难民的代表（签名）

尤朱氏　朱唐氏　王苏氏

许朱氏　许潘氏　费于氏

南京，1938年2月19日

致难民

尤朱氏　朱唐氏　王苏氏

许朱氏　许潘氏　费于氏

南京

你们2月17日的来信已悉。我们向你们保证，我们对你们的痛苦深感震惊。关于请求调查你们来信中提到的那些年轻人下落以及他们的命运（是死还是活），他们是否或何时能够再回来，我们已经不遗余力地尽了我们最大的努力去搭救他们。我们一再向日本人提出有关这方面的问题，他们的答复总是千篇一律，说他们对查询的年轻人一无所知。

你们可以从中看出，为了满足你们的请求，我们已想尽一切办法，不惜一切辛劳。令人感到极大遗憾的是我们无法回答你们的询问。我们希望你们会理解我们的难处。

假如你们无法维持生活，我们请你们向我们委员会的恢复秩序部提出申请,说明你们家庭的人数、年龄和目前的生活状况,请求给予救济。这样我们委员会肯定不会拒绝你们申请的。

致以亲切的问候

签名:约翰·拉贝

大学医院
南京
1938年2月19日

尊敬的拉贝先生和史迈士先生:

昨天我对你们有关医院财务情况作了错误的通报,对此深表遗憾。

简而言之,我记得,红十字会对在我院三等病房免费治疗的病员支付了一个月的费用共5000元。昨天我却以为,南京安全区国际委员会额外同样付给了我们5000元,供一个月的。但现在查明,我们只收到了红十字会的5000元,这个款额也只是供1938年2月用的。

根据我的仔细估计,我们每月结算要透支5000元~6000元,而且是从1937年11月底起。我们的医疗活动至今几乎都是依靠11月底以前存在仓库的储备药品和包扎材料等维持的。

我们的病员一天比一天更付不出医疗费用了。但是,在我们预算的基础上和在缺少受过培训的医生、护士和助手的情况下,我们还是尽一切可能做好工作。

我们指望依靠贵方的合作和帮助,以克服我们的透支情况。

对贵方的帮助预致谢意。没有贵方的帮助我们是无法支持到今天的。

致以亲切的问候

您的
签名:C.S.特里默

又及:我还记得,您还结清了中国政府为治疗士兵欠我们的账目。现特附上一份今年2月初所作财务报告的副本,使您手头有这个数目。

金陵大学医院1938年2月初的财务报告

这是我们能够提出的第一份财务报告,供我们的朋友们和捐助者了解我们目前维持医院活动的状况。报告采用月度预算形式,我们建议把这个试预算看作是今后6个月的基础。本报告参照过去两个月的经验,提出报告前已将各个项目和过去6年的实际支出作了比较和核对。从预算中可以看出,我们每月的全部开支目前为1.4791万元,而我们以往的正常预算为2.36万元。

我们估计每月总收入为2000元,与过去每月2.1万余元的收入相比大大地减少了。尽管我们的医疗活动范围没有过去大,服务内容没有过去多,但我们对病员的服务并没有减少。诚然,服务是十分重要的,这里的重病员和贫困病员都需要它。过去两个月,我们实际上每月向病员收费约2500元。尽管如此,我们不得已决定将2000元的小笔款额估算为向病员的收费收入。这些病员都是难民,他们仅有的一点现金在今后6个月将会大大地减少。

这意味着,如果不想负债的话,我们每月必须筹集到1.0748万元。我们希望,我们能从救济基金中得到相当于免费病员在医院实际治疗费用的款额,即每天每人约8角钱。我们过去两个月的预算通过当地的红十字会得以补足或平衡。它答应1月份给我们5000元,但我们工作的实际费用达6000元左右。

如果全部病例确实都是三等病员,我们当然无法抵偿这笔费用开支。每天8角钱的款额是这样计算出来的,即除去三等病员外,还有一等、二等和特等病员,由此三等病员的费用得到了补偿。因此,如果要想把我们的医疗活动维持下去,我们就必须每月至少有5000元的补助。我们同时将本报告寄给南京当地的救济组织、大学校长及财务主管,以及我们在中国和美国的朋友们及捐助人。目前的邮政情况不允许我们等待进一步的答复。

您一定会理解,这里提出的要求是我们在困境下所需要的最基本需求。我们的医生和护士人数有限,他们医疗工作的时间很少。我们现在实际上只有5名医生和30名护士,过去却有22名医生和92名护士。我们所能找到的中国医生和护士与我们的其他人员相比,他们受过的训练太少,经验也不足。有一些护士只上过一个月的急救培训班。因此我们现在的医疗业务水平并不高。我们正努力尽可能地提高全体职工的水平,对增加的人员进行试用。但在这个预算中并未安排有提高职工业务水平以及改善业务状况的经费。

在预算中也没有规定扩大我们业务的经费。但是,改善公共卫生和在许多收容所里开设医疗诊所已迫在眉睫。仅在大学校区估计就住有1.9万名难民。我们请求布拉迪大夫回来,并请另一名外国医生和两名外国护士也到南京来,但只有这些人作为志愿救护人员并由外界支付他们的费用才有可能。医院的费用也必须由特别的救济基金来承担。

我们相信,我们在这里做了很好的工作。在我们最初决心继续开展医院的业务时,我们并未想到钱和生活费用的事。但是,现在如果要想继续我们的工作,我们就必须想到筹措经费的问题。诚然,我们信任我们的朋友们和捐助者会出主意。我们打算先继续做好今后6个月的工作,希望会取得比今天预算中提出的更好的结果。

本报告系由金陵大学副校长[①] M. S. 贝德士博士、医院的牧师特里默大夫和医院领导委员会委员、现任院长麦卡伦牧师送达给您。

签名:C. S. 特里默大夫

M. S. 贝德士博士

麦卡伦牧师

---

① 金陵大学本无副校长的设置,在撤往成都前,特别给予贝德士这个名义,以便他在南京保护校产。

附件一份

金陵大学医院1938年2月～7月紧急状态预算的建议

每月支出	
外国人员薪水	2 400元
中国人员薪水	2 200元
行政管理	350元
经营和维持	2 191元
厨房	2 500元
洗衣房	50元
亚麻布	250元
外科和药品供应等	1 750元
药房和药品商店	2 500元
实验室	250元
其他(请求?)	350元
合计	1.4791万元

每月收入	
传教士薪水	1 600元
传教补贴	360元
赠礼(亚麻布内衣)	83.33元
病员收费收入	2 000元
计	4043.33元
透支	1.0748万元
合计	1.4791万元

我们建议,免费病员的5 748元由救济基金支付,其余每月由医院的捐助人募捐筹集5 000元作为补贴。

南京国际救济委员会
南京宁海路5号
1938年2月19日

致上海救援南京委员会
P.F.普赖斯牧师先生亲收
上海

561 John Rabe

我们委员会对您提供的慷慨救济向您表示最衷心的感谢。我们特别感谢您为我们的利益举行的募捐活动，获得捐款21.1万元，并借此机会确认已收到您通过乔治·菲奇先生在2月12日转交的2万元现金款以及美国红十字会的另一笔为数1.5万元的款额。此外，我们也十分感谢您克服众多困难在短时期内办成了发运蚕豆事宜。这批蚕豆于下个月交货，对于这里居民的健康尤其是（如同我们所希望的）对在难民中抑止脚气病的蔓延十分适时。

2月18日，南京安全区国际委员会决定将其名称更改为“南京国际救济委员会”，此名称更符合委员会的工作性质，便于委员会继续开展自己的工作。

鉴于我即将离开南京，现特通知您，我们委员会于2月18日选举W.P.米尔斯牧师先生为副主席，同时接受了我任命刘易斯·S.C.史迈士博士先生为财务副主任的提议。此外，史迈士博士先生仍留任他目前的秘书职务。

此外，我们要告诉您，乔治·菲奇先生在上海为我们委员会在纽约国家城市银行开立了两个账户，即一个账号为18412的美元储蓄账户，一个为当地货币的支票账户。菲奇先生于2月18日将这两个账户转到了我们的财务主管刘易斯·史迈士博士的名下，并请求银行对来自美国汇到菲奇先生名下的汇款（电汇或期票）记入史迈士先生的这两个账户。

对于您给予的一切援助，我再次表示衷心感谢。我向您保证，尽管我现在必须离开南京返回德国，但我仍将一如既往地关心这里的工作。

致以亲切的问候

您永远忠实的

签名：约翰·拉贝

主席

史迈士博士先生的签名如下：

Lewis S.C. Smythe

南京国际救济委员会

致“自治委员会”　　南京宁海路5号

南京保泰街　　1938年2月19日

我们谨通知贵委员会，南京安全区国际委员会已于2月18日将其名称更改为“南京国际救济委员会”，该名称更符合其目前的工作性质。

贵委员会自今年1月1日即自贵委员会成立以来给予了我们帮助，我们借此机会表示我方衷心的感谢，并希望能为了南京贫苦市民的利益，继续与贵委员会进行良好的合作。

致以最崇高的敬意

签名：约翰·拉贝

主席

南京国际救济委员会

致罗森博士先生　　南京宁海路5号

德国大使馆　　1938年2月19日

南京

尊敬的罗森博士先生：

我们谨通知您，南京安全区国际委员会已于2月18日决定将其名称更改为“南京国际救济委员会”，该名称更符合委员会的工作性质，便于委员会继续开展自己的工作。

我们借此机会，谨向贵大使馆自安全区建立以来所给予的道义上的支持表示衷心感谢，同时对您给予我们委员会救济工作的关心深表谢忱。

致以崇高的敬意

签名：约翰·拉贝

主席

同样内容的公函也发给了美国大使馆和英国大使馆。

事后呈送的1938年2月12日17时在平仓巷3号召开的南京安全区国际委员会会议纪要如下：

出席的委员：拉贝、米尔斯、里格斯、马吉、史迈士和菲奇总干事、索恩副总干事

1. 菲奇先生报告了他的上海之行。他在那里查明，人们为我们南京的工作总共募捐到约21万元，其中5万元为自由债券(J.C.汤姆逊博士2月9日来信报告的总数为21.1万元，其中10万元为自由债券)。

2. 史迈士博士先生代表特别委员会(预算委员会)作关于预算的报告。

会议中断，改为2月13日9时在宁海路5号继续举行。

会议于1938年2月13日9时30分在宁海路5号继续举行。

出席者：拉贝先生、米尔斯先生、贝德士先生、马吉先生、菲奇先生和索恩先生。

3. 继续作关于预算和薪水支付报告。

4. 米尔斯先生报告关于恢复秩序部有关使用10万元的计划。该款是预算委员会规定用于恢复秩序部工作的。

113. 会议决定，通过预算以及恢复秩序部提出的计划和下属委员会关于薪水及工资的建议，并同意用4万元作为“计划外支出基金”，从而使预算结算为30.145万元。

会议于11时结束。

补　充

南京，1938年2月17日

这是对1938年2月14日《南京安全区国际委员会关于形势的内部报告》的补充。

自该报告于2月14日写成以来，有些方面的情况发生了变化。

1. 蚕豆

我们和日本人关于从上海船运蚕豆与靠岸事宜的谈判今天已告结束。日本人声明，假如该蚕豆交由“自治委员会”办理，他们对在安全区以内或以外分发蚕豆不作任何限制。因为我们对“自治委员会”的食品委员抱有充分的信任，我们相信，蚕豆分发会令人满意，已不存在任何困难，我们现已满足了日本人的愿望。

2. 大米

我们难民收容所在前3天从“自治委员会”的店里买到了大米，但对其购买必须加以限制，因为“自治委员会”担心日本人会禁止卖米给难民收容所。这期间，红十字会在城里私人处购买到1340袋米，此刻正在运入这批储备粮。我们试图在江北的六合采购，可惜没有成功。因此，我们希望，我们能够通过各种途径还能购买到足够的大米，以便我们的储备粮足够供应现在还依靠我们免费口粮的2.7万多名难民的生活。

日本人关于在6天内每天给“自治委员会”运送1000袋米的提议，其结果令人十分失望。尽管有着大量的卡车可供每天运送1000袋米，但在前3天每天却只运送了300袋～400袋米。因此在6天内运送的总数只有3200袋米，即只有许诺数量的一半，为每天必需数量的三分之一。“自治委员会”派出了一批人到南京以外的地方去寻找大米，取得了一定的成绩。

3. 卫生保健

一个最严重的问题是妇女们被日本士兵强奸后染上的性病。我们希望尽快加强治疗工作，通过免费治疗治愈这些病人。还有一个棘手的问题是，那些母亲们到我们这里来，要求解决她们的未婚女儿被日本士兵强奸后造成的恶果。在此以前，大学医院坚决拒绝这种堕胎，导致这些家庭自己采取办法，这给那些年轻女子的健康和生命带来严重危险。

再有要解决的是注射天花疫苗问题。我们希望，待预期在下周抵达的其他医生来到这里后能够大规模地开展注射疫苗工作。

4. 更改名称

国际委员会早已考虑更改其“南京安全区国际委员会”的名称，为此选择一个新的名称，以更好地符合其目前作为纯民间救济组织的工作性质。为了更好地表达我们存在的理由，不久前，我们在与日本人谈判有关运进蚕豆事宜时，向日方提出更名的想法，可以看出，日本当局对更名是十分欢迎的。因此很有可能在您收到这份报告之前我们委员会的名称已经更改为“南京国际救济委员会”了(2月18日就已改名)。

5. 恢复秩序

这两周，日本军事当局在他们的部队内部成功地恢复了较好的秩序。因此，我们希望将来能够比以往更为积极地处理救援和救济问题。

南京安全区国际委员会1938年2月18日理事会会议纪要

出席者：拉贝、贝德士、米尔斯、特里默、马吉、施佩林、史迈士

会议作出了如下决定：

114. 鉴于日本大使馆已向美国大使馆爱利生先生作出保证，如果最近从上海船运到这里的100吨蚕豆交由“自治委员会”分发，就不对在本城任何一个区(即安全区以内或以外)分发这批蚕豆加以任何限制，因为“自治委员会”也声明愿意就分发蚕豆事宜和我们合作，本委员会为此决定：同意该项建议，并随即委托委员会的食品委员索恩先生和韩(湘琳)先生采取相应的预备措施。

115. 决定“南京安全区国际委员会”自即日起以“南京国际救济委员会”的名称继续工作，这个新名称更符合其现在的工作性质。委托秘书史迈士博士先生将更改名称事项通知各大使馆以及上海各有关救援组织。

116. W.P. 米尔斯牧师先生被选为本委员会的副主席，因此在拉贝先生退出后就不必再选举一名新的主席。

117. 刘易斯·S.C. 史迈士先生被任命为财务副主任。

118. 在菲奇先生离开以后，应该请H.L. 索恩先生担任总干事的职务。

119. 决定请求大学医院在布拉迪大夫先生抵达这里后先为我们工作一段时期，以便在难民收容所里进行防疫注射工作，同时在收容所里设立医疗站。本委员会愿意为布拉迪大夫先生的工作承担费用。

120. 应该请里格斯先生从2月21日起，为恢复秩序部抽出尽可能多的时间，关心南京周围地区的农业工作。

会议于11时30分结束。

签名：刘易斯·S.C. 史迈士

秘书

2月21日

我缺少音乐才能多么遗憾。麦卡伦牧师先生为表示对我的敬意谱了一首《南京难民合唱曲》，还为此写了歌词："We want beans for our breakfast, beans for our lunch……"（我们要蚕豆做早饭，要蚕豆做午饭……）我一点也不知道，在这个几乎被日本人刺死的神秘老牧师身上有那么多的幽默。

下午4时，在总部的盛大招待会上，各方人士都给我们拍了照。人们递交给我一份用英文和中文两种文字写成的正式感谢信，该信的副本同时寄给西门子洋行(中国)及德国大使馆罗森博士。在好多致辞中对我作了过分的赞扬，我对此作了如下答辞：

(从英文译成)

亲爱的朋友们：

我十分感谢你们，你们的邀请使我有机会在我出发离开这里返回欧洲之前对你们作最后一次讲话。

如同你们大家在这时已经知道的，南京安全区国际委员会现在已将其名称更改为"南京国际救济委员会"。法国人也许会说："国王死了，国王万岁。"我们从此将在新的名称下继续工作，这个新名称更好地符合我们现在的工作性质。就是说，根据日本人的命令不得不撤销安全区以后，我们从此就只是一个纯粹的救济委员会了。请你们注意"纯粹"这两个字，就是说什么也不多，但是什么也都不少！

今天我们可以公开地说，现在已经解散的安全区尽管历经磨难，但却是成功的，甚至是很大的成功。我很感激能够在这里谈一谈这件事，因为聚集在我周围的你们，都曾忠诚地坚守在各自的岗位上，白天黑夜地时刻准备着，捍卫我们称之为"人道主义权利"的事业！对你们所做的一切，我永远也不会忘记。我想对你们大家——我的中国朋友们和外国朋友们，对你们中的每一个人，表示我衷心的感谢。

我一定利用机会，向我在德国的朋友们报告这里的情况，向他们报告你们在这里是怎样工作的！我一定不会忘记，明妮·魏特琳小姐是怎样率领400名女难民穿过全城，将这些人(她的难民们)送进我们安全的收容所里去的，当然这只是无数事例中的一个。

我一定会始终回忆起海因兹小姐和鲍尔小姐在我们唯一的医院里(鼓楼医院)做的艰苦而踏实的工作。

你们必须知道，建立安全区委员会的主意是米尔斯先生提出来的。我可以向你们保证，平仓巷3号是我们组织的智囊所在地。由于我们的美国朋友们米尔斯先生、贝德士博士先生、史迈士博士先生、菲奇先生、索恩先生、马吉先生、福斯特先生和里格斯先生的才干使委员会得以成立；也由于他们不知疲倦地工作，委员会得以在我们大家都十分危险的情况下能够顺利完成它的任务。

鼓楼医院由于人员减少，只有特里默大夫先生和威尔逊大夫先生两名外国医生以及医院院长麦卡伦先生，还有前面提到的少数女士，他们在医院工作中做出了我一生中见过的最好的成绩。实际上我们大家都担心过，我们必须暂时关闭鼓楼医院，因为它只有少量的人员(中国的和美国的)，他们在完全超负荷地工作，已是精疲力竭。

如果你们允许我就我的德国朋友们也讲几句话，那么我要在此指出，克里斯蒂安·克勒格尔先生是一位十分理想的财务主管。如果我们需要1元钱或2元钱，就很难找到他；可是，如果事关从日本兵手里解救出一个贫穷的平民，克里斯蒂安·克勒格尔肯定会在场。

再就是我们的总稽查爱德华·施佩林先生，我还能向你们报告什么有关值得赞扬他的而你们还不知道的事呢？他过去曾被日本人俘虏过，命运给了他进行报复的机会。他是怎样利用这个机会的呢？我们这些外国人大概谁都比不上他搭救了那么多的中国人，谁都比不上他从中国人的房子里赶走了那么多的日本兵。他能做到这一点，我必须承认，要部分地归功于他的日语知识，其实他对日语最熟悉的只有两个词：“滚，快滚！”

接下来还应该提到的是哈茨先生和科拉先生。哈茨先生是理想的司机，他精通驾驶技术，即使是汽车没有轮子他也能开。科拉先生能用日语对日本人说明他或是我们对日本人的真实想法。

如果说我们外国人现在取得了一定成绩的话，那我们有很大部分要归功于——这点我们永远不会忘记——忠实友好地帮助我们的中国朋友们。我们委员会各部门的实际工作都是中国人做的，我们必须坦率地承认，他们是在比我们冒更大危险的情况下进行工作的。毫无疑问，我们外国人也不时地受到日本兵的虐待，但尽管如此，相对说来，我们还有一定的安全感，还不至于遇到最糟糕的情况，而你们——我的中国朋友们，为我们委员会工作经常要冒着生命危险。

我们的中国朋友，你们的人太多了，这里我无法一一说出你们大家的名字，请你们原谅我在此只提到各个部门的领导人，即：

系主任汤忠谟先生，中方秘书处负责人；

韩湘琳先生，粮食委员；

许传音博士先生，住房委员；

沈玉书牧师先生，卫生委员。

我谨向你们，各位先生们，以及你们的全体人员表示我最衷心的感谢。我希望，良好的合作精神和至今把我们连结在一起的友谊对你们大家都是永久长存的。请你们一如既往地为南京国际救济委员会效力，使它的工作达到一个良好的、富有成果的结局。你们的工作将会载入南京的历史史册，对此我深信不疑。

我也要感谢德国大使馆的罗森博士先生、沙尔芬贝格和许尔特尔先生对我们工作的支持，并且要对——最后的但不是最不重要的——美国大使馆和英国大使馆的外交官员们爱利生先生、普里多-布龙先生及其后任杰弗里先生，为他们给我们委员会的极大帮助表示我深深的谢意。

我不得不离开南京使我深感遗憾。我真希望我能留下来和你们一道继续工作，但我的洋行召我回到欧洲去。然而，我希望还会回来，将来在这里再见到你们。

值此告别之际，我祝愿你们今后的工作多多走运，向你们大家衷心地说一声——

再见！

我的上述讲话不仅受到了美国人也受到了中国人的热烈欢迎，后者恳请我给他们文字稿，以便请人将它译成中文。中国人请求我签名，他们带来了很大的白纸，要我不管用什么方法将它写满，我因“缺少诗意的

文字”而陷入了窘境。我只得用我青年时代的老诗文“人是高贵的”等诸如此类的句子来应付，我该从哪里这么快地获得这所有必要的“灵感”呢？我几次拿起笔来，想把俾斯麦很好的警句“在自己的仆人面前谁都不是一个英雄”写在纸上，但我最后还是放弃了这个警句，因为我的中国人可能会不理解。

晚上7时，在平仓巷和我的美国朋友们愉快地共进告别晚餐。随后在晚上8时，德国大使馆、美国大使馆和日本大使馆举办了招待会，日本方面出席的有福井、田中和胜也。英国的代表杰弗里不能来，因为他的日本卫兵不让他在晚上8时后出门。杰弗里先生对此已经抗议了很久，但他过于彬彬有礼，因而对此无理行为没有采取有力措施予以制止。德国大使馆来了罗森博士、沙尔芬贝格和许尔特尔，美国大使馆来了爱利生先生、埃斯皮先生和麦法迪恩先生。考虑到日本人的缘故，我的讲话稿必须措辞谨慎。全文如下：

> 由于我的美国朋友们的好客，使我能够在这里愉快地欢迎3个国家大使馆的代表，同时我也有责任向他们表示感谢。
>
> 美国大使馆和德国大使馆在这里有他们的代表爱利生先生、埃斯皮先生、麦法迪恩先生、罗森博士先生、沙尔芬贝格先生和许尔特尔先生，两国的大使馆努力支持我们的委员会在南京建立一个安全区，从一开始起即去年11月以来，给予了极大的支持。我谨向他们对我们的工作——这时已取得了完全成功的工作——给予的帮助表示深深的感谢。
>
> 同时我要感谢您——福井先生，感谢您的帮助和支持。每当我被迫带着我们委员会的多方面要求去打扰您时，您总是十分耐心地听取我的申诉、抱怨，尽管有时您会因此而觉得十分劳累，但您总是在可能的情况下给予帮助。我听说，您已被贵政府调去孟买担任新的职务，我想借此机会在感谢您的同时也表示我的衷心祝愿，我祝愿您在新的工作岗位上取得很好的成绩。
>
> 南京安全区国际委员会现已改名为“南京国际救济委员会”，这个名称更符合它现在的工作性质。我谨希望在座的各大使馆成员，

将至今对南京安全区国际委员会的友谊和帮助转给南京国际救济委员会。

我向你们保证，南京国际救济委员会无意以某种方式干预日本当局或“自治委员会”的工作或事务。我们是一个如同在其他许多国家常见的纯民间组织，除了努力帮助本城受苦受难的贫苦居民以外，没有任何其他目的或目标。

我十分遗憾地不得不离开南京。这里还有许许多多我十分乐意参与的工作。在我离开本城之际，我衷心祝愿你们今后工作取得好成绩。请你们继续尽力帮助南京不幸而贫苦的居民渡过困难时期。我相信，如果能和以前那样协调和顺利进行合作，你们的努力一定会取得成功。

2月22日

罗福祥先生真正的名字叫汪汉万(音译)，是一位机长。他是空军军官和“军官道德修养协会”汪上校的兄弟。他在韩(湘琳)的帮助下得到了去上海的通行证。我将把他作为我的佣人偷偷带上“蜜蜂”号炮艇，使他最终脱离危险。他自南京沦陷以来，一直藏在我的房子里。汪机长曾击落过多架日本飞机，南京被日本人攻占时他正在生病。他试图逃走，但再也无法渡过扬子江。他在游过一条支流时失去了他的朋友，他自己终于翻过城墙来到了安全区。

2月22日

整个上午我都是在忙于“打包”中度过的。我的老百姓又搬来了很多木料，我估计全是偷来的，有些木板是直接从某个建筑工地拿来的，它们还沾着水泥。我从日本大使馆领到了可以将我的木箱通过“万通”号轮船运往上海的许可证。杰弗里先生也为我领到了由太古洋行船运物件的许可证，只剩下把东西送上船的事了，我不得不请韩(湘琳)先生和我的美国朋友代劳了，因为我自己将在“万通”号轮船到达这里之前就离开南京了。

下午1时，在罗森博士处和米尔斯先生、贝德士博士、魏特琳小姐、马吉、福斯特、许尔特尔和沙尔芬贝格共进午餐。

晚上8时,和罗森博士单独用晚餐。罗森对自己的命运有些心事,向我倾吐了一番。晚上10时收音机里传来新闻:德国承认了“满洲国”。据收音机里说,正逗留在汉口的我国大使陶德曼博士先生在中国政府面前陷入了尴尬的境地。我们担心他可能会辞职,尽管报道丝毫没有提及。从这里我很难看清国内的局势。可是,是对还是错?它毕竟是我的国家!

南京宁海路5号
1938年2月21日

致约翰·H.D. 拉贝先生
南京安全区国际委员会主席
南京宁海路5号

尊敬的拉贝先生:

我们荣幸地将下述决议通知您。该决议为今年2月15日在南京安全区9个区的区长及25个难民收容所所长第六次联席会议上作出的。会议一致决定:感谢南京安全区国际委员会主席约翰·H.D. 拉贝先生为组织和管理安全区所做的极其宝贵的工作以及与此有关的救援和救济工作。对拉贝先生为南京居民的利益所做的努力表示最高的赞赏。我们将永远感激地记住他的名字。

上述决议也应该向西门子洋行(中国)和德国大使馆通报,使他们了解南京居民对拉贝先生在这段困难时期所做工作的感激之情。

上述会议,还委托签名者向西门子洋行(中国)提出请求,在可能的情况下,保留您在南京的住房以及国际委员会主席的职务。

虽然安全区本身已经不再存在,但居民们的困苦仍然很大,比以前更加需要对他们进行救济。由于这个原因,全体区长和收容所所长请求您,如有可能,继续在这里工作。告别像您这样一位经过困境考验的朋友,使我们大家深感遗憾。

因此我们十分希望,西门子洋行(中国)会考虑我们的请求,允许您为南京的利益继续您的工作,并请您在它的同意下决定继续留在我们这里。如果不能如我们的心愿，也仍然希望您不久就会回到我们这里来，给原有的友谊换上新的纽带。它在过去的几个月内对我们变得如此的珍贵。

十分感激和忠实于您的

签名：南京安全区各区区长和各难民收容所所长的代表

J. M. 董　沈玉书

许传音　弗朗西斯·F. J. 陈

南京宁海路5号

1938年2月21日

致罗森博士先生

德国大使馆

南京

尊敬的罗森博士先生：

随函寄上一份致约翰·H. D. 拉贝先生的信函副本，并请劳驾转交给大使先生。信函内容自明。南京居民十分感激拉贝先生所做的工作，请求大使先生将其通报德国政府。

致以最崇高的敬意

签名：J. M. 董

弗朗西斯·F. J. 陈

沈玉书

许传音

南京宁海路5号

1938年2月21日

致西门子洋行（中国）

经理部

上海

谨给贵部寄上一份致约翰·H. D. 拉贝先生的信函副本，信函内容自明。

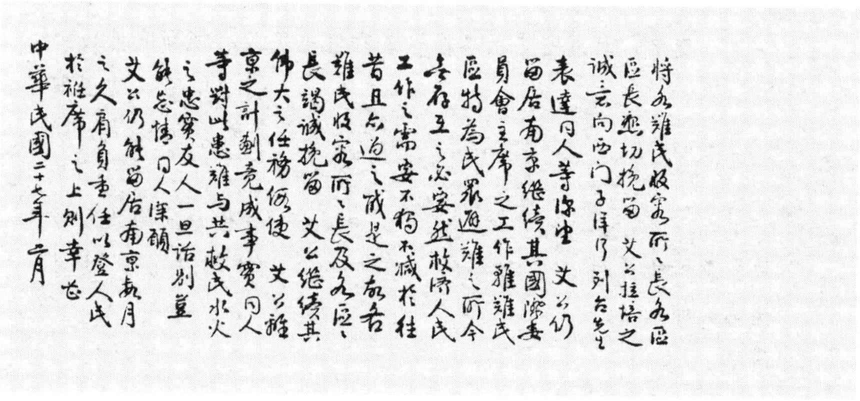

特為難民收容所所長各區
區長懇切挽留 文公拉培之
誠意向西門子洋行列台先生
表達同人等深望 文公仍
留居南京繼續其國際委
員會主席之工作雖難民
區將為民眾避難之所今
各存五六必要然救濟人民
工作之需要不稍不減於往
昔且亦過之職是之故吾
難民收容所所長及各區區
長謁誠挽留 文公繼續其
偉大之任務倘使 文公離
京之計劃竟成事實同人
等對此患難與共救民水火
之忠實友人一旦話別豈
能忘情同人深願
文公仍能留居南京數月
之久肩負重任以登人民
於衽席之上則幸甚
中華民國二十七年二月

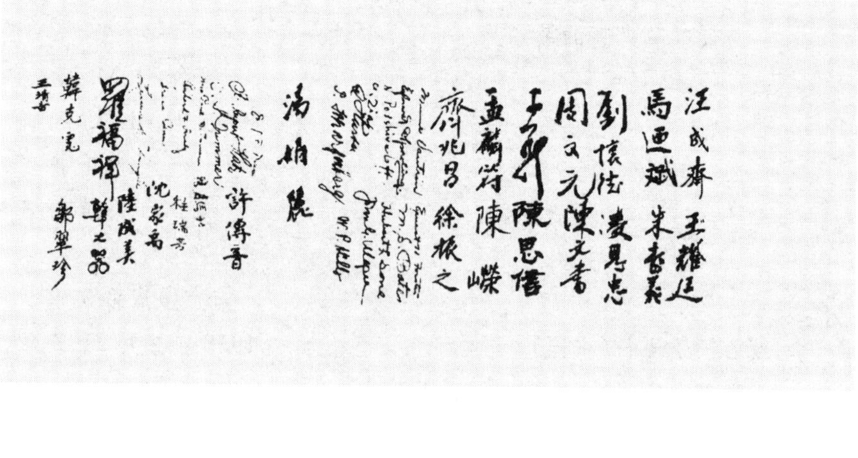

汪成齋 王耀廷
馬延斌 朱書蔡
劉懷德 凌恩忠
周文元 陳光書
陳思儒
孟蘭蔚 陳嶸
齊兆昌 徐根之
M. S. Bates
許傳音
桂瑞芳
沈家島
陸成美
羅福祥 韓之器
韓克寬 郭聖珍

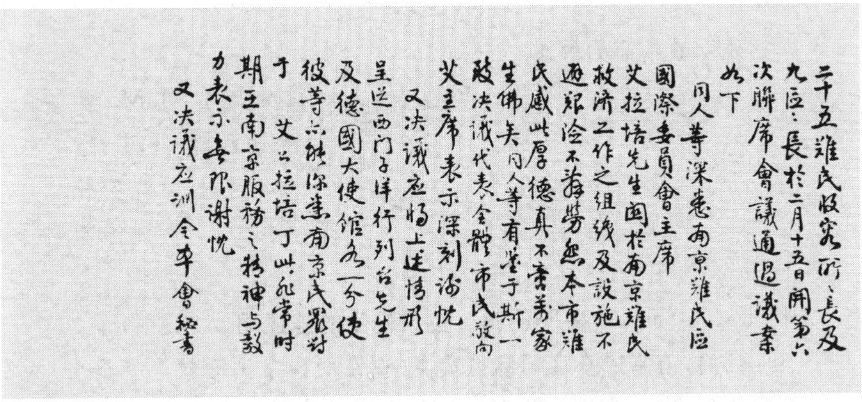
二十五難民收容所、所長及
九區區長於二月十五日開第六
次聯席會議通過議案
如下
同人等深悉南京難民區
國際委員會主席
艾拉培先生對於南京難民
救濟之工作之組織及設施不
遺餘力不辭勞怨本市難
民感此厚德真不啻萬家
生佛矣同人等有鑒于斯一
致決議代表全體市民致向
艾主席表示深刻謝忱
又決議應將上述情形
呈送西門子洋行列台先生
及德國大使館各一份使
彼等亦能深悉南京民眾對
于艾拉培丁此非常時
期在南京服務之精神與毅
力表示無限謝忱
又決議應訓令本會秘書

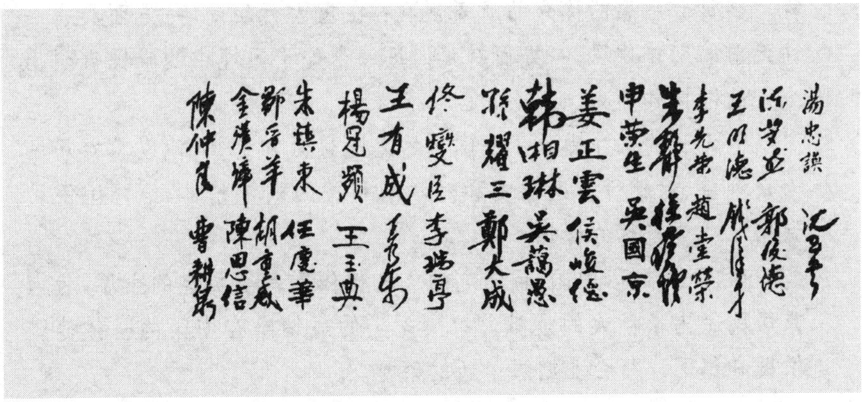
湯忠謨 沈[illegible]
許榮立 郭俊德
王明德 熊[illegible]
李先崇 趙宜榮
朱靜 桂[illegible]
申榮生 吳國京
姜正雲 侯峻德
韓湘琳 吳鶴恩
孫耀三 鄭大成
佟燮臣 李瑞亭
王有成 [illegible]
楊冠頻 王玉典
朱鎮東 任慶華
鄧晉華 胡重威
金漢璋 陳思信
陳仲良 曹耕[illegible]

南京居民十分感激拉贝先生所做的工作，我们恳切请求贵部同意延长拉贝先生留在我们这里的时间，以继续他在这里的工作。拉贝先生在危急时期做的工作，不仅给贵洋行也给他的祖国带来了荣誉。

致以最崇高的敬意

签名：J.M. 董
弗朗西斯·F.J. 陈
沈玉书
许传音

关于约翰·拉贝先生的陈述词

我们，南京安全区国际委员会(现在的南京国际救济委员会)的全体委员，谨向约翰·H.D. 拉贝先生(他在过去危急的3个月内作为主席领导了我们的委员会)所做的工作表示最衷心的感谢。在艰苦的工作中，拉贝先生的领导是勇敢的和善意的，将会长久地留在全体南京居民的记忆里，绝大部分群众在这个时期经受了流血牺牲。委员会主席的优秀品质表现在：在重大行动中，一方面具有一往无前的工作作风；一方面对我们每一个处于困境中的难民表现出个人的同情和关心。

他无私的工作受到了中国人的无比感激和赞赏，他以其对居民大众利益、对履行商人职责和对本国利益的献身精神，给外国侨民做出了一个光辉的榜样。

西门子洋行(中国)由于它的代表担任了本委员会的主席，为南京居民做出了巨大的贡献。拉贝先生的成绩给在中国的全体德国侨民和德国洋行企业增添了新的荣誉。

南京，1938年2月21日

签名者向拉贝先生致以衷心的问候和钦佩！

W.P. 米尔斯
约翰·马吉
爱德华·施佩林

M. S. 贝德士

刘易斯·S. C. 史迈士

查尔斯·H. 里格斯

C. S. 特里默

我们——留在南京的、非官方的外国侨民同意国际委员会的上述陈述词，也对拉贝先生的工作表示衷心的感谢。

明妮·魏特琳

科拉·波德希沃洛夫

A. 齐阿尔

欧内斯特·福斯特

R. 黑姆佩尔

休伯特·L. 索恩

格瑞丝·鲍尔

詹姆斯·H. 麦卡伦牧师

R. 鲁佩特·哈茨

伊娃·海因兹

罗伯特·O. 威尔逊

抄件(原文为德文，非译文)

南京，1938 年 2 月 22 日

亲爱的拉贝先生：

我想借此机会，对您过去几个月里在南京所做的一切向您表示衷心的感谢。经常会出现这样的情况，即沟通商人们和传教士们之间存在的鸿沟是很困难的。可是沟通这个鸿沟的桥梁就是上帝的爱，如果你给你周围的人献上了爱，那么上帝的爱也就得到昭示。您，拉贝先生，通过您在困难时刻对各阶层困苦居民的无私献身精神充分地表现出了这种爱。我也要感谢您给予我这个新来南京者的珍贵友谊。我希望，您和拉贝夫人返回德国一路平安，在家乡得到很好的恢复休养，然后再在南京愉快相见。听从上帝的召唤！

您忠实的
签名：欧内斯特·H. 福斯特
大学医院
中国南京
1938年2月21日

致约翰·拉贝先生
国际委员会主席
南京

亲爱的拉贝先生：

获悉您将在最近离开南京，我心里十分难受，因为我们将缺少一位好朋友，我没有机会再次见到您的亲切面容。可是，尽管我们之间相隔很远，您在这里的工作和做的好事将永远载入南京的史册。我也许可以这样说，只要我们回想起1937年～1938年的南京，您的面容就会出现在我们每个人的面前。我也深信，尽管您将离开我们，您的工作并未结束，您肯定会以另一种方式继续下去。

我为不能亲自前来和您告别深感遗憾。麦卡伦先生会友好地把我这几行告别问候转交给您。

再见了！我祝您回国一路平安。

您十分忠实的
签名：劳逊·H.S. 胡

2月23日

上午8时，全体美国人都来和我告别。

施佩林、韩（湘琳）和电厂的几个中国人送汪机长和我到下关去。英国大使馆的杰弗里先生和威廉斯准9时到来，在他们的帮助下，我毫不费力地登上了英国"蜜蜂"号炮艇的小汽艇。汽艇由年轻的中尉军官皮尔逊驾驶。"蜜蜂"号停泊在上游方向约2英里的地方。我在炮艇上受到了司令、艇长阿姆斯特朗和他的大副布雷恩·尼科尔斯先生的亲切接待。军官起居室的第四位客人是中校外科军医。我为艇上有一位医生感到高兴，因为我感到身体不舒服，我是感冒了。

出发前不久，贝德士博士给我送来一份给新闻界的简讯。我还必须考虑，详情公布多少为宜。无论如何，我要留心不使委员会因此而遇到困难。

南京
1938年2月22日

致爱利生先生
美国大使馆
南京

尊敬的爱利生先生：

今天上午9时30分，一辆车号为7375带有松井派遣军标记的卡车开到大学附中。坐在车上的日本士兵要劳工，由于没有及时满足他们的要求，他们显然对此十分不满，就对难民收容所所长拳打脚踢。在他们肆意搜查难民收容所时也粗暴地殴打了难民。有3个人被他们抓着到处推撞，有些人受到了痛打，其中一位是抗议逮捕她丈夫的妇女，后来有30多人被强迫带走，其中有我们粮食部的一位重要工作人员。

我们估计，日本当局会立即查明这起事件，还会指示他们的部下今后要以正当的方式征召劳工。

您十分忠实的
签名：贝德士

南京
1938年2月22日

致爱利生先生
美国大使馆
南京

尊敬的爱利生先生：

在对今天上午发生在大学附中的事件进行认真调查后还发现，一扇门的玻璃和两个房间的窗子被刺刀捅坏了。有几个人自愿出来为上述情况作证，对粗暴行为的愤懑给了他们勇气，更何况整个事件发生在全体公众的面前和光天化日之下。

实物损失虽然不大，但事实本身证明日本兵的行为根本谈不上是尊重美国国旗的(大楼上挂有美国国旗)，也谈不上是遵守纪律和服从其宪兵队的。

您十分忠实的

签名：贝德士

M. S. 贝德士先生报告的日本士兵最新暴行：

2月19日：在中央大学附近，一个日本士兵杀死了金陵大学一位职员的亲属。

2月21日～22日：2月21日～22日的夜里，一名士兵在唱经楼的一家建筑材料商店里强奸了一名妇女。当他醒来时发觉那个妇女逃走了，便发火用枪打死了一个站在附近的中国人。

2月22日：里格斯先生的工厂里和农业学校里被日本士兵拉走了两个人。

签名：M. S. 贝德士

下面是我起程前不久由 M. S. 贝德士先生交给我的一份给上海报界的关于南京形势的新闻稿：

你们不可能听到我讲关于暴行的故事，因为我在南京的一个日本朋友对我说过，如果我这样做，就等于与整个日本军队为敌。他这话不仅是讲给我个人听的，非常遗憾的是，也是讲给还在南京继续做救济工作的我的伙伴们听的。

无论如何，我可以告诉你们，南京的秩序比以前好了一些，五分之二的难民回到了安全区以外自己的家中，城市又逐渐恢复了正常生活。但是实际上，回到过去住房里的主要是老人和孩子们。

2月18日，南京安全区国际委员会决定以“南京国际救济委员会”的名称继续工作，该名称更符合其现在的工作性质。

无论是回到了自己家里去的或是仍住在安全区内的那些人，人人都面临着一个共同的困难，就是吃饭问题。

布拉迪大夫先生回到了南京，我们大家都很高兴。他在到达南京的当天就开始着手注射预防天花疫苗的工作，并在有3万难民的收容所里开展医疗工作。据他告诉我们，约翰·厄尔·贝克指出，我们必须特别重视居民要有足够的食品，否则以后会遇到生病的问题，他同时又指出，在制定预算时，我们必须考虑到我们对居民的粮食储备还要增加几个月。

粮食问题使我们大为担心。我们在上海的几个朋友设法搞到了船运100吨蚕豆到南京的许可证，我们迫切需要蚕豆作为粥厂烧粥的附加食品。

更为严重的是，我们不能够在难民收容所里再建立一些粥厂。因此我们没有办法，只能将生米发给难民，他们得自己煮饭。但他们又无法买到蔬菜作副食。所以，依靠我们免费口粮为生的5万难民中，有许多人在两个月内即从12月中旬起，就将米作为赖以生存的唯一食品了。

因此，蚕豆是很好的附加食品。可是，遗憾的是我不得不指出，蚕豆至今还没有运到南京。这其中的一部分原因是我们没有时间再次和南京的日本军事当局商谈靠岸事宜，他们对长谷川清海军中将签发的船运与靠岸的许可证还未核准。但是，据说蚕豆将于这个星期六运抵南京，由南京的"自治委员会"免费分发给本城的穷苦百姓。我们得到了日本军方的承诺，在这种情况下，不对在安全区以内或以外分发蚕豆作任何限制。如果这种引人注目的合作尝试能取得令人满意的结果，我们希望是为继续船运食品到南京找到了一条新的途径。

在这种情况下，我们决定放弃我们作为一个美国传教机构和民间救济组织理应拥有的权利：为救济某个国家贫困居民运送或接收食物。我们这么做，是因为我们认为，目前居民能够得到蚕豆比我们坚持严格遵守原则更为重要。不过，尽管如此，我们还是希望在将来能够遵守这些原则。

本委员会将负责代表出于慈善目的捐钱购买这批货物的人的

利益,将蚕豆发到原定领取人的手里。如果这一原则得不到贯彻,我们将敦促捐款人今后放弃继续船运货物到这里来。

我们的朋友们和捐助者一定也乐于获悉本委员会采取哪些措施,以确保收回日本人占领南京时从我们储备粮中没收的1.0933万袋米和1万袋面粉。我们试过一切办法与日本人谈判此事,但至今仍无结果。我们甚至对日本人表现出了新的姿态,在2月6日通知他们,如果他们将储备粮交给"自治委员会"分发的话,我们十分乐意和"自治委员会"进行合作。这次也是劳而无功。(参见1938年1月26日、1月27日我们的信函,文件号为43、44。)

在中国进行救济工作的经验表明,解决食品问题特别是粮食问题在每年的4月~5月通常要比冬季更为重要,当国内发生动乱影响收割庄稼或是在接下来的夏季里,情况也是如此。由于我们的粮食快要用完,为了对付这种可能出现的情况,无论如何需要购买新的储备粮。我们合法拥有的1.0933万袋米和1万袋面粉肯定足够应付这种情况。

在我们过去和日本当局就此事的谈判中,他们曾表示,他们希望一切储备粮均由"自治委员会"进行分发。在他们占领南京两个月内,他们通过"自治委员会"只免费分发了2000袋米。此外,他们还卖给了"自治委员会"8000袋米和1万袋面粉,由它转售给居民(例外的情况是有几次零星的救济和不定期的分发,但数量很少,而且不是通过"自治委员会"分发的。关于此事,我们想在这里指出,25万人吃饭每天需要1600袋米),但现在日本人给"自治委员会"的每天交货量已减少到400袋米;在我离开南京的前3天,他们既不提供米也不提供面粉了。这样,提供免费分发的数量要比没收我们的储备粮少得很多很多。

如果日本军队真像他们声称的那样关心中国居民的健康,它就应当相应地对国外的救援组织施加影响,使其为购买米、面和其他粮食募捐款项,达到相当于14.433万元价值的食品(按照南京现行市价计算),只有这样,才能补偿原本合法属于国际委员会,但后来被日军没收的那批粮食,也只有这样才能令国外的救济救援组织刮目相看。

2月23日(在英国炮艇“蜜蜂”号上)

“蜜蜂”号于上午9时起航,下午经过镇江。因为按日本人的命令夜间不得在长江上航行,晚上我们抛锚停泊在口岸。

我在船上被安置得十分好,舱房、伙食和服务都是一流的。艇上的中国服务人员似乎对汪先生(现在名叫罗福祥)在绞尽脑汁地猜想。他们看出他不是佣人,但我们绝不吐露。“蜜蜂”号上的军官们认为,他是我的买办。我的健康状况好了一些。

2月24日(在英国炮艇“蜜蜂”号上)

11时左右,我们航行经过江阴要塞。我们看得到中国人的许多大炮显然还很完好。除去一些弹坑外,没有受到太严重的破坏,据多家报纸的报道,破坏情况要严重得多。可以看到扬子江两岸有中国人在田里劳动。我们从3艘军舰的残骸旁驶过去:一艘日本炮艇、一艘中国炮艇和一艘中国的“海鹰”号巡洋舰。下午3时我们经过了通州。我们停泊在(吴淞口上游约30英里处)浮标附近宿夜。

2月25日

昨天晚上有些激动。从南京来了无线电消息,说根据日本军队的禁令,“万通”号船上的蚕豆不得运入南京。人们担心“蜜蜂”号有可能必须立即返回。在这种情况下,返航途中我就要在通州上岸。幸运的是并非一定要求返航,使我们今天上午能够继续向上海行驶,计划抵达上海时间是下午2时。我请人用无线电通过美国总领事馆和德国总领事馆分别向菲奇和西门子洋行(中国)通知我的到达。据说菲奇要在次日下午出发到美国去,我非常想在他出发之前还能见到他,把他的南京邮件交给他。

2月26日

我们于昨天下午2时驶抵上海。在经过停在港内准备起航的“格奈

森诺”号[①]时，我听到有人在呼叫我的名字，但却不能确定呼叫声来自众多舱房的哪一个窗户。今天我听说，原来是玛戈特·施密特，她正在“格奈森诺”号船上送别普罗布斯特夫人和霍普一家人。菲奇先生也在船上。因此我不再能把他的南京邮件亲手交给他，因为当我于3时15分上岸时，“格奈森诺”号已经驶走，并且联系不上了。在经过海关码头时，我看到妻子正在等我，但她在远处没有认出我，虽然我极力让自己表现得引人注目。

现在，我已在上海舒适而暖和地（像树与树皮之间的一条蠕虫）坐着，觉得很像是“胜利部队进入柏林后的吹牛家”。每个人都相信我是一位英雄，这使人十分难堪。因为我看不出自己身上或在内心有什么堪称英雄的东西。每当有人唱起赞歌时，我就会一再想起一首美丽的诗歌。这首诗是说有一个汉堡少年，他救了一个快要淹死的伙伴的生命。晚上被救者的父亲去拜访他（他已躺在床上），感谢他救了他儿子的命，他说：“救了命？？哦，没有的事！”满不高兴地又翻过身去睡了。

上海的德文报纸于星期六（1938年2月26日）刊出文章：

向约翰·拉贝先生致敬

当日本的部队在11月底以极快的速度向中国首都南京挺进时，在外国人的私人圈子里产生了建立一个安全区的想法，使外国的侨民和中国的平民在预期发生的战斗时可以找到一个避难的地方。

国际委员会由此诞生了。它把不同国家的公民（其中有3个德国人，还有美国人、英国人等）联合了起来。西门子洋行（中国）南京办事处代表约翰·拉贝先生在他的全体委员们的信任下，被任命为委员会的主席。

战斗爆发时，安全区已经组织完毕。委员会的成员们本来可以到停泊在扬子江上的轮船上去避难，这并不困难。可是，拉贝先生和他的委员们放弃了让自己到安全地方去的机会，决心将承担的使

① 德国护卫舰。

命进行到底。由于他们不怕自我牺牲的行动，在中国部队撤退和日本人占领南京后那些困难日子里，使数十万人得以免受饥饿和寒冷，在力所能及的情况下保护他们免受可怕的遭遇。

只有在他们不顾个人安危的全力投入下，国际委员会的成员们才能做出这种完全是人道主义的贡献。

安全委员会的主席承担着最大的工作压力，工作的成功主要应归功于他。约翰·拉贝先生在南京困难的日子里，证明了自己是一个完美的人，他的献身精神，给"德意志"这3个字和他的祖国带来了荣誉。

南京的安全区委员会在我们中间人人皆知，我们十分高兴地获悉，拉贝先生已于昨天下午抵达了上海，他还是那么身体健康和精神饱满。他的夫人已在上海十分焦急地等了他很长时间，她的心情我们是可以理解的。他肯定会受到他在上海的全体同胞的热烈欢迎！

德国国家社会主义工人党国外组织中国分部的党部机关刊物（《东亚观察家》）1938年3月1日在上海给我的献词，内容如下：

尤其是党员约翰·拉贝在南京的全身心投入工作值得给予最高的赞赏，他的战友、党员克里斯蒂安·克勒格尔和德国侨民爱德华·施佩林同样是如此。这3个男子汉甘愿冒着生命危险，自愿地献身于无法及时逃走的南京贫苦的和极端贫穷的居民。

不仅是在极端困难时得到过这3个男子汉帮助的中国人会感激他们，我们在中国的全体德国人也会由衷地钦佩他们。

签名：拉曼

中国分部部长

德国大使馆

编号：5720/2550/38

汉口，1938年3月22日

致约翰·拉贝先生

西门子洋行（中国）转交

上海

尊敬的拉贝先生：

鉴于您在1937年11月～1938年2月义务担任南京安全区国际委员会主席及后来的南京国际救济委员会主席期间，冒着生命危险，以人道主义的精神所做出的富有成就的和勇于牺牲的工作，我向您表示我的赞赏。

此外，我也真诚地感谢您在这期间勇敢地为保护德国在南京的财产所做的个人努力。

您的行为给我们的祖国带来了荣誉。

请允许我通知您，为表彰您在南京的工作，我已请求外交部向德国红十字会建议授予您一枚奖章。

签名：陶德曼

德国大使

迪尔曼街20号

致大使奥斯卡·陶德曼博士　　柏林西门子城

现地址：汉口　　1938年5月20日

尊敬的陶德曼先生：

衷心感谢您3月22日的亲切来信。由于我正和我的夫人回乡休假，您的信直到今天才收到。

我同样谨向您对我在南京的工作的赞赏表示衷心感谢，它使我感到十分高兴。特别是您建议的奖章（红十字功勋勋章）已在我到达这里时，很快由大区党部领导人、国务秘书伯勒先生亲自授予我。

这里所有对中国友好的朋友们都希望您——尊敬的陶德曼先生能坚持在您特别艰难的岗位上。您可以相信，这里的许许多多朋友正以极大的关切和祝愿注视着您辛劳的工作。祝您取得最终的成功。

我在这里作了多次关于我在南京经历的报告，其实到现在为止只是在很小的范围内，例如西门子的经理们、远东协会和外交政策局。关于那边的情况，这些人士的确抱有怀疑的态度，我希望我的报告能一直传到决策人物那里，以便为消除这种怀疑尽我一点微薄之力。

请代向您的夫人问好。我和我夫人向您致以衷心的问候。

您永远忠实的

签名：约翰·拉贝

在中国生活30年后又回到了家

1938年3月16日，我和妻子乘坐“孔特·比安卡·马诺”号回家。抵达香港时，已先期到达那里的汪机长带着他19岁的妻子以及她的已在那里定居的全家人到码头上来接我们。他以令人感动的方式接待了我们3天。德国侨民在香港的德国俱乐部为我举行了招待会，我在会上报告了我的部分经历。以法尔肯豪森夫人为首的几乎全体德国人都到船上来和我告别。

我们乘坐豪华的意大利轮船经过马尼拉和孟买，于1938年4月12日抵达热那亚。

4月13日我们在慕尼黑获悉，我们7年没有见面的奥托此时已作为士兵进驻奥地利了。

我们于4月15日到达柏林。国务秘书、大区党部领导人伯勒授予了我一枚红十字功勋勋章。在斯图加特我被授予国外德侨功勋银质奖章。中国政府授予我蓝白红绶带玉石勋章。5月2日我在柏林的西门子舒克尔特厂办公大楼电影院大厅作了报告，5月6日在外交政策局，5月12日在远东协会，5月19日在西门子城，5月25日在蒂尔皮茨河畔的国防部也分别作了报告。国防部的人其实只是对拍摄的影片感兴趣。

我内心期盼大区党部领导人伯勒能带我去见元首，但这个希望没有

实现，我便不假思索地在6月8日将我的报告[1]（见卷6/2《敌机飞临南京》）寄给了元首。然后发生了意料不到的事：几天以后我被盖世太保逮捕了。我连同我的6本日记被两名官员用汽车带走。到了警察总局（阿尔布雷希特街），我在那里被审讯了几个小时。后来，他们责成我要保持缄默以后，又恭敬地把我释放了。从此以后，不再允许我作报告，不准我出书，尤其是不许再放映约翰·马吉在南京拍摄的有关日本士兵暴行的影片。他们取走了我的日记和影片。1938年10月我收回了日记，影片却被警方扣留了。与此同时，帝国经济部（我曾给该部寄去过我给元首的报告副本）通知我，说我的报告已被最高层阅过，但我们的外交政策不会改变。我对此的答复是："我没有期待过这点。我曾经答应过中国政府将我在南京看到的和经历的向元首报告。这样我就完成了我的使命。"

---

① 报告全文如下：

元首：

我在中国的大多数朋友都认为，迄今为止还没有一份完整的有关南京真实情况的报告面呈给您。

在此附上的是我所作报告的文稿，其目的不是为了公开发表，而是为了履行我对身在中国的朋友们许下的诺言，即向您通报南京的中国平民所遭受的苦难。

如果您能让我知晓，此份文稿已面呈给您，我的使命也就此完成。

在此期间，我已被告知，不得再作此类报告以及展示相关的照片。我将谨遵此项规定，因为我并无意和德国的政策以及德国当局唱反调。

我保证坚定地追随并忠实于您。

签名：约翰·拉贝

附录：

盟国肃清纳粹法庭复议庭
认定拉贝为非纳粹分子的判决

现在从事口译工作并且有时被西门子公司临时聘用的拉贝在中国生活了很长时间，并且于1934年在中国加入德国国家社会主义工人党。他当时在南京建立了一所德国学校，有必要获得德意志帝国的支持，因此他必须加入该党。1935年约翰·拉贝临时担任了该党南京地方组织负责人。当时在中国的德国人并不了解国社党的罪恶目的和犯罪行径，有关这一点，证人的证词可以证实。南京安全区在日本人突破防线的时候建立，在美国人和英国人的请求下拉贝担任了该委员会主席。作为委员会主席他似乎是使得安全区避免了日本人轰炸。1938年拉贝回到德国，途中他作为贵宾乘坐了英国"蜜蜂号"炮艇到上海。拉贝在德国作了数场关于日本人残酷非人的战争行径的报告，因而被盖世太保逮捕，并被禁止进一步从事有关这方面的活动。战争期间，拉贝的工作是负责照料西门子驻外工作人员。

阿尔夫雷德·霍普和阿尔贝特·阿尔姆布鲁斯特与拉贝一起在中国待过，而且不是党员，这两个证人以及所获得的可代替宣誓证词的陈述词均能证明以上的全部内容，特别还要考虑到的因素有，在1934年的时候，国家社会主义工人党的政治和帝国主义目的在中国尚不被人所知。

鉴于以上所述，同时也尊重上述人所具有的人道主义的和社会的观念，委员会经多数票通过，支持认定其为非纳粹分子的提议。

占领区委员会

主席

签字：杨克

出版后记

1996年12月，我们获悉有关《拉贝日记》的信息后，即想方设法与德国有关方面联系中文版权事宜。在中共江苏省委、江苏省人民政府负责同志的关心下，在我国驻德使馆柏林办事处和前驻德大使王殊等同志的帮助下，终于在1997年4月初独家获得了中文版版权。

嗣后，我们组织南京大学、东南大学的7位德文教师，以忠实于原稿、对原文不作任何删改为基本通则，夙兴夜寐，进行认真而细致的翻译、校订工作，并邀请侵华日军南京大屠杀遇难同胞纪念馆有关专家对全部译稿进行审阅，力求准确反映《拉贝日记》的原貌，为世人研究侵华日军南京大屠杀暴行和拉贝其人提供真实可信的史料。

日记在大量揭露侵华日军南京大屠杀罪行的同时，少数地方的记载和引述的资料，不能全面反映侵华日军南京大屠杀的史实。这是由于当年日军对大屠杀现场严加封锁，拉贝主要活动范围囿于安全区之内，也没有亲历埋尸的全过程所造成的。对此，我们是不能苛求拉贝先生的。

本书中外国人姓名的译名，以《德汉辞典》附录"人名和姓氏"（上海译文版）、《新英汉辞典》附录"常见英美姓名表"（上海译文版）、《日本姓名辞典》（商务版）等工具书为依据。中国人姓名、地名、机构名和报刊等专名的翻译，则根据史料进行考订，力求所译符合历史原貌。但是，由于拉贝先生在记述中国人姓名、地名时读音不规范，给译名的复原带来一定难度，加之历时久远，世事沧桑，许多地名、机构等已变迁或湮没，无迹可寻，因此仍有少量译名只得采用音译处理。

我国以天干地支纪年由来已久，60年循环一次。拉贝于1937年（丁丑年）9月19日在南京开始了他的"战时日记"，直至1938年2月26日。

日记几经搬迁，在德国被尘封了60年，又于丁丑年回到了它的起始地，以世界首版在南京出版。我们从德国有关方面获悉，《拉贝日记》德文版将于今年10月出版，英文版和日文版也将于今年第四季度在美国和日本出版。

本书出版时间紧，工作量大，虽经数番校订，仍不免有挂一漏万之处，尚祈读者与专家教正。

1997年8月

再版后记

《拉贝日记》尘封60年后于1997年首次出版，即在海内外引起巨大反响。该书先后获得第十一届中国图书奖、第十一批全国优秀畅销书奖（社科类）、第十二届华东地区优秀哲学社会科学图书特等奖等许多奖项，深受广大读者的喜爱。

12年后的今天，取材于拉贝这部战时日记的同名电影在全世界隆重上映。应广大读者的强烈要求，我们将该书进行修订后再版，以飨读者。

此次修订，在保留第一版译文的基础上，统一了西方人士人名，订正了一些中国人名和地名，删除了几处不必要的注释，增加了一些必要的注释。

2009年4月16日